南京农业大学“中央高校基本科研业务费人文社科基金专著出版资助项目
江苏省社会科学基金重大项目“江苏建立健全城乡融合发展的体制机
策体系研究”（K0201900192）

新时代农业规划设计

Agricultural Planning & Design in the New Era

王树进　耿献辉◎著

图书在版编目（CIP）数据

新时代农业规划设计/王树进，耿献辉著．—北京：经济管理出版社，2020.12
ISBN 978-7-5096-7499-4

Ⅰ.①新… Ⅱ.①王… ②耿… Ⅲ.①农业发展规划—中国 Ⅳ.①F322

中国版本图书馆CIP数据核字(2020)第169220号

组稿编辑：曹 靖
责任编辑：曹 靖 郭 飞
责任印制：赵亚荣
责任校对：张晓燕

出版发行：经济管理出版社
（北京市海淀区北蜂窝8号中雅大厦A座11层 100038）
网 址：www.E-mp.com.cn
电 话：(010) 51915602
印 刷：北京晨旭印刷厂
经 销：新华书店
开 本：787mm×1092mm/16
印 张：20.75
字 数：479千字
版 次：2020年12月第1版 2020年12月第1次印刷
书 号：ISBN 978-7-5096-7499-4
定 价：98.00元

参与编著的课题组主要成员

王树进　耿献辉

许　朗　宋俊峰

伽红凯　李保凯

冯晓梅　刘爱军

田素妍　张春飞

黄　燕　潘　超

俞志成　陈劲松

张武超　刘　昭

序

南京农业大学是我国最早研究和实践农业园区规划设计的单位之一。自从中国农学会农业科技园区分会成立以来，南京农业大学农业园区研究中心一直是分会的副会长（副主任委员）单位，十几年如一日，持续为全国各地农业园区的健康发展提供咨询服务，农业规划设计是其重要的服务内容。

最近收到南京农业大学农业园区研究中心创办人王树进教授送来的团队新作《新时代农业规划设计》，并邀请我为之作序，欣然接受。浏览全书，觉得有不少可圈可点之处。

首先，因地制宜、因势利导、因人成事的规划理念，体现了系统工程的科学思想。农业是国民经济这个大系统中的子系统，必须服从大系统对其子系统的功能要求；不同地区的农业发展条件又千差万别，农业发展必然要受到当地的自然条件、社会经济条件等多种因素的制约。因此，农业的规划定位与方案设计，必须考虑该子系统内部的结构和外部的环境，还要考虑到系统内部人的因素，考虑靠谁去实现其功能目标的问题。

其次，突出加工、物流、品牌建设和农业文旅，抓住了农业产业链延伸、农业功能拓展、农村产业融合发展的要点。农村一二三产业融合发展的主流，应是以第一产业为基础，通过加工和物流服务，延伸和完善产业链；通过品牌建设，提升价值链；通过乡村文旅休闲服务，拓展农民增收渠道。

再次，在现代农业产业园、农业科技园区、田园综合体、农业特色小镇、农业复垦区等方面，既客观地对有关政策背景进行了介绍，又结合项目要求在规划设计要点方面提出了团队的见解，还有案例佐证。尤其是梳理了从国家现代农业示范区到国家现代农业产业园的政策演化脉络，有利于深刻理解新时代农业农村发展的目标与路径，把握规划设计的要点。

又次，在农业规划的人工智能系统开发和智慧农业发展路径方面进行了有益的探索。提出“点—块—链—群”智慧农业发展的路径，具有一定的前瞻性。

最后，该书作为南京农业大学农业园区研究中心团队成员长期以来的学习心得和规划实践经验的积累，对广大农业农村工作者尤其是农业规划设计人员来说不无裨益。我作为中国农学会农业科技园区分会秘书长，对“大家庭”主要成员献给新时代的这份厚礼，感到由衷的高兴。相信这本书对我国现代农业产业园、农业科技园区、农村产业融合发展示范园等各类农业园区的建设和发展将起到指导作用。也衷心祝愿本书的作者团队继往开来，再接再厉，取得新的佳绩，为乡村振兴做出更大贡献！

中国农学会农业科技园区分会　秘书长

冀献民

2020 年 3 月 31 日于北京

目录

绪论：乡村振兴战略下的农业规划需求

实施乡村振兴战略，现实意义关乎全面小康的建成，长远影响关乎现代化强国和民族复兴。对新时代如此重要的战略特征必须有足够的认知。只有充分认识乡村振兴的战略特征，透彻理解乡村振兴战略下农业农村发展的新特点，敏锐感知新时代农业农村相关规划的需求和规则，才能增强实施乡村振兴战略的自觉性和坚定性，才能在推进农业农村现代化、夺取新时代中国特色社会主义伟大胜利的征程中，更好地贡献个人的一份微薄之力。

一、新时期农业农村的发展特点

要透彻理解乡村振兴战略下农业农村的发展特点，需要讨论乡村振兴战略五个方面的内涵。

（一）产业兴旺

（1）以农业的高质量发展为基础。

乡村振兴战略下的产业兴旺，必须以农业高质量发展为基础。农业如何高质量发展，主要看四个方面：一是要提升标准化生产水平。要推进农产品标准化生产，构建规范的农产品生产、加工、销售体系，提高农产品质量和食品安全。二是要促进品牌化发展。要实施农产品品牌战略，支持开展绿色农产品、有机农产品和地理标志农产品的认证与管理，鼓励具有地域特色和文化传统的产品申报注册商标、名牌产品和地理标志产品，创建一批市场知名度高的农产品品牌，把具有乡土特色的地域资源优势转化为市场竞争优势。三是要提高绿色化水平。现代农业要走出收益满意、产品安全、资源节约、环境友好的发展道路，着力把新型生态循环农业、绿色农业生产体系建起来，构建绿色发展产业链、价值链，增加更多的绿色优质农产品供给。四是要依靠科技化装备。要依托互联网、云计算、大数据、物联网、区块链等现代信息技术和智能化机械装备与设施，为农业生产和经营活动提供优质服务。运用智能技术发展精准生产管理，依托互联网平台创新市场营销模式，多策并举通过推动农业科技创新，不断加快农业整体转型升级，提升农业发展的质量、效益和竞争力。

（2）以融合发展为动力。

乡村振兴战略下的农村产业，应具备农业与第二产业和第三产业高度融合发展的特征。一是城乡的融合发展。通过深化改革，进一步破除城乡二元结构，不断建立健全城乡融合发展体制机制和政策体系，清除阻碍要素下乡的各种障碍，实现城乡要素自由流动、平等交换，激发农业农村发展活力。二是产业的融合发展。以农业为基础，延长产业链、提升价值链、完善利益链。延长产业链，就是以农产品生产为主线，向上游延伸至品种研发和技术创新、向下游延伸至产品加工、物流服务和消费者科学膳食管理服务，在生产过程中要延伸农事服务和各种产中技术服务。提升价值链有两条路径：一是不断挖掘农业多种功能，推进城区企业发展链条向农村延伸，大力发展乡村旅游、农耕体验、健康养老等延伸产业实现乡村经济多元化。二是在农业高质量发展的基础上，利用新技术新机制，消除信息的不对称性，降低农产品生产和经营成本，实现农产品优质优价。完善利益链，就是要强化制度创新，优化分配环节的利益共享机制。通过保底分红、股份合作、利润返还等多种形式，让农民合理分享全产业链的增值收益。

（二）生态宜居

（1）以“绿水青山就是金山银山”为思想引领。

乡村振兴战略将过去“村容整洁”的提法调整为“生态宜居”，这体现了对人与自然和谐共处的目标追求。现实中农业农村的生态环境确实存在不少问题：在农业生产方面，农民过度使用化肥农药带来面源污染；在林牧地区开垦土地种植作物造成土壤沙化严重；过度开采地下水灌溉农田导致水资源紧张。在生活方面，农村垃圾处理不当，污染土壤与河流水质。解决问题主要有两条途径：一是解决突出环境问题，包括持续监测和防治大气污染，加快农村水污染防治，对农村土壤污染进行管控，对已污染的土壤将进行修复等。通过多方并举，扩大农村环境容量，优化农民的生态生存空间。二是加大生态系统保护力度，首先要强化政策与财政支持，同时要有组织地开展环保宣传和监督，要培养全员环保意识，把农村经营主体培育成农村生态保护的有生力量，人人承担起乡村生态保护的社会责任，还要充分利用科技手段为绿色发展之路提供必要条件。

（2）以绿色生态为发展方式。

一是不断健全粮食主产区利益补偿、耕地保护补偿、生态补偿制度，建立促进农业绿色发展的补贴政策体系。二是完善农业保险政策，健全农业信贷担保体系，加快构建多层次、广覆盖、可持续的农业绿色发展金融服务体系，突出绿色金融在推动绿色发展中的“血液”作用，以资本为纽带、以资产化为方法、以资本化为杠杆，推进绿色低碳循环发展的经济体系建设，实现绿色发展。三是强化农业绿色发展的科技支撑。包括：优化农业科技资源布局，推动科技创新、成果、人才等要素向绿色生态发展领域倾斜，研究提出适应不同区域、不同产业的绿色发展技术集成创新方案。四是壮大有利于农业绿色发展的经营主体。包括：大力发展统测统配、统供统施、统防统治等专业化服务的企事业机构；支持规模化种养企业、专业化公司、农民专业合作社等建设运营农业废弃物处理和资源化设施。可采取政府统一购买服务、企业委托承包等形式，推动农业废弃物第三方治理。

（三）乡风文明

乡风文明主要指乡村的社会风气和乡村社会文明程度。乡村文明的建设内容包括：加强农村思想道德建设；传承发展提升农村优秀传统文化；加强农村公共文化建设和开展移风易俗行动。按照中共十九大报告的要求，在农村乡风文明建设中，要以五千年的中华文明作为基础，融入现代文化，构建一个集自制、法治和德治于一体的治理结构。因此，在乡村振兴的建设过程中，要把家风和村风联系在一起，也把传统文化和现代文明联系在一起。要通过加强乡村社会文化基础设施建设，将乡风文明建设与群众文化活动紧密结合起来，促进乡村文化复兴。这将为农业功能拓展，实现农业与乡村文旅的产业融合，提供强有力的支撑。

（四）治理有效

治理有效，是指通过加强和创新农村社会治理结构，加强基层民主和法治建设，让社会正气得到弘扬、违法行为得到惩治，实现自治、法治和德治有机结合。这种“三治结合”是我国新时代对乡村治理模式的创新，是实现从民主管理乡村到有效治理乡村的新举措。这启示农业规划要关注农村组织管理体系，要设计与乡村有效治理相适应的农业运作机制。

（五）生活富裕

生活富裕是乡村振兴的根本①，是推动农民全面发展、乡村社会全面进步的重要体现。有三层含义：第一，它是实现中国全体人民共同富裕的必然要求；第二，它是推动农民全面发展的重要基础；第三，更加注重农民生活水平与质量的同步提升，使农民的获得感、幸福感和安全感更加充实。这反映在农业规划上：一是要注重经济效益，农业要创造更高的价值。二是要优化分配机制，保障农民能分享发展的成果。三是随着农民生活富裕，农村用工成本会刚性增加，要求采用现代技术和先进装备来降低劳动强度、提高劳动生产率。

综上所述，实施乡村振兴战略，要求产业兴旺、生态宜居、乡风文明、治理有效、生活富裕。这里产业兴旺是因，生活富裕是果。只有产业兴旺了，生活富裕才能实现。而产业兴旺的目标与实现路径，需要以农业规划来描绘与探索。

二、新时代农业的规划需求

在实施乡村振兴战略背景下，各地的农业发展需要“谋事在先”。未来的农业一定是

① 党敏恺．新时代乡村生活富裕的意义及实现路径［N］．中国民族报，2018－08－10（006）．

"设计的农业"。因此，积极开展未来农业规划研究，系统地梳理农业规划和农村发展其他相关规划的最新实践，研判农业规划的新趋势、新特点，创新农业规划设计的理论与方法体系，扎实做好农业发展规划编制工作，明确未来农业发展的方向与重点，优化农业资源利用，合理配置农业生产力，保护生态环境，对推进现代农业建设、实施乡村振兴战略，具有重要的实践意义。

根据以上对乡村振兴背景下农业农村发展特点的讨论，结合近些年来在农业规划设计行业中实践的经验体会，我们认为：未来农业规划的需求特征，主要体现在以下五个方面：

（1）由生产功能单一型规划转向经济、生态和社会多功能型规划。

随着乡村振兴战略的实施和城镇化进程的双向推进，农业发展不断受资源和环境的约束，此时农业的农产品供给、生态调节、文化传承、观光休闲等多功能特性逐渐被人们所重视和开发利用。在农业供给侧结构性改革及乡村振兴的背景下，人们越来越注重拓展农业功能、延伸农业产业链、发展与资源环境相协调的现代农业。在新的形势下，通过规划统筹配置生产、生活和生态的资源需求，推动农业的经济、生态和社会功能协调发展，已成为区域现代农业发展的基本手段和目标取向，各地的农业规划已不再是简单的生产功能导向的规划，而是经济、生态和社会多功能复合型统筹规划。

（2）由产品数量型规划转向产品质量型规划。

随着经济社会发展和人民收入水平提高，社会对农产品的需求已从着重追求数量增长发展到追求产品质量。在人民对美好生活的追求和向往、对优质农产品需求日益增长与目前农业农村发展的不平衡不充分的矛盾下，国家将大力促进高质量农业发展。因此，新时期农业规划应当更加注重体现农产品质量目标要求，更加突出绿色食品、有机农产品和地理标志农产品等农产品的生产、加工、流通与交换，不仅要注重质量保证，还要考虑如何实现优质优价。就规划性质而言，要实现由产品数量型向产品质量型的转化。

（3）由单一产业规划转向全产业链规划。

自进入新时代以来，国家多个部门先后多次发文强调：要大力实施农产品加工业和相关服务业、促进乡村就业创业、推动休闲农业和乡村旅游、实现农村一二三产业融合发展。推进农村产业振兴，必须把促进一二三产业融合发展作为根本途径，通过农业产业链延伸和农业功能拓展，丰富和提升价值链。要把创新、创业融合发展，释放强大动能。因此，未来农业规划内容需要从单一的农业生产规划拓展到涵盖"生产、加工、物流、服务"等诸多环节的全产业链规划。

（4）由远期愿景式静态规划转向远近结合的动态规划。

长期以来很多人对规划的理解就是远景蓝图。随着技术进步和社会变革节奏的加快，农业的相关运营主体和主管部门越来越需要远近结合的规划设计。尤其是很多有财政支持的农业项目，不仅要求有提供总体规划，还要求有详细的项目实施方案。农业经营主体更是要求规划能够"落地"（即具有可操作性）。这就要求农业规划的任务和形式要与时俱进。不仅要有远期蓝图，还要有近期实施方案和中期项目指南。既要志存高远，又要脚踏实地。农业规划中具体项目设计的成分越来越多，规划成果正在由过去的愿景式远期静态规划向宏伟蓝图与操作方案相融合的、长远设想与近期项目相互支撑的敏捷型动态规划转变。

（5）由人工规划转向智能型规划。

从作业方式来看，农业规划一直是人工作业。尽管现在收集资料、可行性分析、绘图等一些工序可以借助计算机来帮忙，但规划过程的人工作业性质没有从根本上改变。未来随着智能化规划系统的开发和完善，随着大数据、互联网、物联网技术的广泛运用，利用人工智能软件和大数据服务平台来进行农业智能化规划，已经为期不远。规划工作从依赖专家经验（人工规划）向依赖科学平台的智能化作业的方式转变是一个大趋势。鉴于此，本书特将作者团队近年来研发的农业 4.0 规划系统（详见第 14 章）以及对智慧农业规划的一些理解（详见第 15 章）奉献给大家。虽然不尽完善，但意在抛砖引玉。

农业规划由人工作业转向智能化平台作业，可以大大降低规划成本，提高工作效率，增加规划的科学性，弥补规划队伍的技术水平参差不齐的缺陷，是解决农业规划行业有效供给不足与潜在需求旺盛之间矛盾的必由之路。

第1章　规划理念与逻辑框架

1.1　宏观背景分析

1.1.1　新时代的概念与主要特征

本书所指的新时代的概念，源自2017年10月召开的中国共产党第十九次全国代表大会（简称“党的十九大”）。党的十九大报告明确提出了一个重大论断：“经过长期努力，中国特色社会主义进入了新时代，这是我国发展新的历史方位。”

根据中央纪委监察部网站发布的党的十九大精神解说，新时代是从党的十八大开启的。自党的十八大以来，以习近平同志为核心的党中央勇于进行具有许多新的历史特点的伟大斗争，统筹推进“五位一体”总体布局（指经济建设、政治建设、文化建设、社会建设、生态文明建设五位一体总体布局）、协调推进“四个全面”（指全面建成小康社会、全面深化改革、全面依法治国、全面从严治党）战略布局，提出了一系列新理念新思想新战略，出台了一系列重大方针政策，推出了一系列重大举措，推进了一系列重要工作，解决了许多长期想解决而没有解决的难题，办成了许多过去想办而没有办成的大事，推动我国改革开放和社会主义现代化建设取得了历史性成就，推动党和国家事业发生了历史性变革，推动中国特色社会主义进入新阶段。

中国社会科学院副院长李培林①撰文分析了新时代具有的六大特征：一是中国开辟了全面走向社会主义强国的新征程，将实现从富起来到强起来的跨越；二是中国特色社会主义发展道路产生世界性影响，中国改革开放以来40多年的发展，为解决人类发展问题开辟了一条新的道路，贡献了中国智慧和中国方案，为发展中国家走向现代化提供了全新选择；三是开辟走向社会主义现代化新征程；四是走向现代化的征程步入工业化、城镇化中后期，我国发展的基础、动力、条件和战略选择，都与过去大不一样；五是人民的生活需求发生深刻变化，当前和今后一个相当长的时期，人民美好生活需要将日益广泛，不仅对物质文化生活提出了更高要求，而且在民主、法治、公平、正义、安全、环境等方面的要求日益增长；六是以人民为中心的新发展理念统领发展全局。

---

① 李培林．我国新时代发展的特征、挑战和趋势［N］．社会学视野网，2017－12－29.

从农业规划设计者的立场来看，上述新时代的概念与特征对农业规划设计的启示在于：

第一，新时代农业规划必须充分体现时代特色与需求，必须考虑到农业发展的新时代背景。规划设计的依据，应以2012年以来有关政策文件、法律法规为主。

第二，农业是国民经济的一个重要部门，又与乡村治理、文化传承、社会稳定、生态环境关系密切。因此农业规划必须“跳出农业看农业”，要融合当地的乡村振兴战略，与当地的经济建设、政治建设、文化建设、社会建设、生态文明建设“五位一体”战略布局相融合。

第三，在规划中，农产品生产目标定位和相关的延伸服务，必须面向市场，充分考虑如何满足日益增长的人民美好生活需求，以及需求的变化。

第四，农业规划要有国际视野和大局观，一方面要积极吸纳世界各国先进技术和经验，另一方面也要为世界农业的发展，为解决未来人类可能面临的食品问题和环境问题贡献智慧和解决方案。

第五，规划设计人员要有历史使命感，规划设计方案要造福百姓。近期有利于脱贫攻坚，建设小康社会，远期要能够建立战略优势，有利于产业强盛，为全面走向社会主义强国的新征程贡献力量。

1.1.2　新时代农业发展的基础和条件

进入新时代以来，我们会发现农业发展的基础和环境条件与过去相比有很大的差异。中国农业大学柯炳生教授分析了近十年来农业农村的巨大变化，认为新时代的到来，是个由量变到质变的过程。具体表现在九个方面：

（1）农业补贴已经成为常态。

国家的支农惠农政策前所未有。过去农民缴税是天经地义的事，而现在，农民不但不交税，而且还享受很多补贴，农业补贴已经成为常态。放眼世界，没有哪个发展中国家，有我国这样的农业补贴种类和补贴水平。在某些补贴方面，我们已超过了欧美发达国家。

（2）科技成为农业发展的主要驱动力。

根据柯教授的测算，在最近十年间，农业科技进步贡献率从47%增长到57%。主要作物单产增长幅度是：小麦增长26%，玉米增长11%，稻谷增长10%，棉花增长31%。水果、蔬菜和畜禽产品生产效率的提高幅度更高。

（3）农业装备日益现代化。

主要是农业机械化程度的显著提高。全国耕种收综合机械化水平从十年前的36%增长到现在的66%。无人机、物联网等引领性的先进技术也在农业上日益得到应用。这些新装备的使用，大大提高了农业劳动效率，降低了劳动强度，并且更好地满足了农时需求。

（4）生产集约化程度显著提升。

近十年来，农业生产的集约化程度提升得非常明显。全国各地通过土地流转集中以及各种组织化方式，着力培育农业新型经营主体，使得农地经营规模不断扩大，在畜牧生产方面，集约化进程更快。

（5）农业生产能力显著提高。

以上这些因素共同作用，使得我国农业生产能力显著提高，粮食安全在更高水平上获得保障。近十年来，我国人口数量的增长5%，粮食增长28%，油料增长15%，糖料增长32%，肉类增长24%，蛋类增长23%，奶类增长36%，水产增长52%，水果增长70%。显然，主要农产品生产的增幅，均远远超过人口的增幅，是人口增幅的3～14倍。所有主要农产品的人均占有数量均明显提高。中国人的饭碗问题比以往任何一个时候都获得了更可靠保障。

（6）农民生活水平走向富裕。

农民人均收入从十年前的3587元提高到现在的12363元。农民家庭生活消费水平提高得更为显著。农村居民家庭消费的恩格尔系数，已经从十年前的43%下降到2016年的32%。根据联合国的划分标准，恩格尔系数40%～50%为小康，30%～40%属于相对富裕，低于30%属于富裕，是一般发达国家的水平。从实际消费水平看，2016年，农村居民平均每百户拥有汽车17辆、计算机28台、电冰箱90台、移动电话241部。

（7）外出务工成为农民增收的最主要因素。

城市化发展和就业机会的增加，离开土地务工的农民人数增多，再加上工资水平提高，农民工资性收入超过农业经营收入，务工已经成为农民收入的第一大来源，比重为41%。再加上农村非农产业的其他收入，农民非农收入贡献率已经达到了53%。

（8）农业劳动生产率的增长速度超过GDP增速。

近十年中，全国人均GDP增长了2.2倍，而农业劳动生产率增加了3.0倍。农业劳动力更少了，从过去的3.2亿人减少到现在的2.2亿人，而所创造的农业增加值总量却更多了，是原来的2.7倍。

（9）农村设施和环境大为改善。

农村的基础设施、公共服务设施和宜居环境与过去相比大为改善，尤其是在道路交通、供电、供水等方面有了根本性的变化。农村生态环境治理和美丽乡村建设的科学理念日益普及，深入人心，在政府的引导和扶持下，一些村庄已经变成了城市居民休闲度假的生态旅游景点。农村义务教育、医疗设施、社会保障制度等也进入了不断提升质量和水平的阶段。

1.1.3 新时代农业面临的挑战

与上述有利的重大变化相伴而生，农业农村发展也出现了一些新的重大挑战。挑战体现在下述四个方面：

（1）农业资源日益紧缺。

工业化、城市化发展对农业的压力日益凸显。工业化、城市化快速发展，从两个方面给农业带来了压力：一方面，工业和城市发展占用了更多的农业资源；另一方面，对农业生产提出更高要求。两个方面压力加合起来，构成了未来我国农业发展的最大挑战，即：如何用越来越少的农业土地、越来越少的水资源、越来越少并且越来越昂贵的农业劳动力，生产出更多、更好、更安全的农产品。

（2）农业劳动力成本不断提升。

劳动力价格昂贵是发达国家的共同特征。劳动力价格的不断提升符合劳动价值论的观点；现代化的过程必然是劳动者收入不断提高的过程。一些学者研究表明：随着我国农民外出务工的机会增多，农业劳动力价格的定价权已经掌握在非农部门，这会加速农业劳动

力成本的抬升。但我国的农产品进口保护程度普遍较低，进口产品的低价格，将构成我国农业劳动成本上升的天花板。低价进口的压力来源既有劳动生产率很高的发达国家，也有劳动力成本很低的发展中国家。我国的出路只能是不断提高劳动生产率，而不可能再回到低劳动成本的历史状态。

（3）国际市场对国内的制约。

进入新时代以来，国际市场对我国国内市场平衡的影响更加密切。在全球一体化的大背景下，我国的农产品国内市场与国际市场的关联性日益密切。我国农产品贸易额已达1850亿美元，农业外贸依存度为20%。政府在考虑国内市场和补贴政策时，必须高度重视国际市场因素，否则就会出严重问题。近年来的粮棉市场的被动局面，已经给出了足够的警示。

（4）宏观经济对农业的制约。

我国农业增加值在全国GDP中的比例已经降低到8.6%。而农业劳动力占全国劳动力的比例，却仍然高达28%。这两个比例数字的偏差，是农村居民收入低于城镇居民收入的基础性原因。理论分析和经验都表明：未来农业在GDP中的比重将继续下降。实际上，沿海一些发达地区，如上海和北京已经低于1%；天津、浙江、广东等已经低于5%。宏观经济的发展态势，决定了城市吸纳农民工的能力还会不断增加，而加快农业劳动力向非农产业转移，既是提高农业劳动生产率的必由之路，也是提高农民收入的必由之路。

综上所述，在进入新时代之初，农业仍是国民经济的基础，农村发展依然短板甚多。因此，需要落实乡村振兴战略，需要坚持农业农村优先发展；需要深化供给侧结构性改革，强化农业农村的创新发展动力。

1.2　农业规划设计的核心理念

农业是利用动植物的生长发育规律，通过利用、改造自然条件或人工创造条件使之有利于动植物生长，从而培育出人类所需要的产品的产业。农业属于第一产业，是提供支撑国民经济建设与发展的基础性产业。农业规划设计是指对一个给定区域（如一个农场、一个村、一个乡镇、一个县、一个流域、一个地区等）的农业进行筹划、安排，以取得满意的经济效益、社会效益和生态效益。农业规划设计是一项综合性的系统工程，在规划设计过程中至少要从立地条件、技术现状、功能需要、经济效益、社情民意、环境保护、政策支持、人力资源等多个方面统筹考虑问题。为了便于记忆和传播，我们用四句“因”字开头的成语来表达农业规划设计的核心理念，即“因地制宜、因势利导、因人成事、因难见巧”，简称“四因”理念。

1.2.1　因地制宜

“因地制宜”的本意是“根据当地的具体情况，采取相适宜的措施”。这里的具体情况是指农业规划区域（或地块）本身以及周边的地形地貌、土壤性状、气候条件、水源条件、现有排灌条件、农业耕作制度、植被情况、交通条件、能源供给条件等。这些条件，有些是容易改变的，有些是难以改变甚至不可改变的。改变条件（无论难易）都要花费建设成本，都要增加投资。因此，因地制宜进行规划设计，其方案一定具有建设成本低、经济可行性强、技术可行性强的特点。

例如，在平原地区规划发展机械化农业，在江河湖海水资源充裕的地区规划发展水产养殖业，在丘陵地区和山区规划发展林果种植业，在远离人口密集的居住区规划发展规模化畜禽养殖业，都是因地制宜基本原理的具体体现。

1.2.2 因势利导

“因势利导”的本意是“顺着事物本身的发展趋势，使之导向正确的轨道”。

农业规划设计讲究的“势”，既有农业系统内在的动能积蓄，也有农业系统外部条件的变化趋势。因势利导，首先要洞悉内因和外因的变化趋势，然后顺势而为。无数事实证明，因势利导、顺势而为的农业规划，实施起来事半功倍。

应用因势利导的规划原理，要求我们在进行农业规划的过程中，要上循国情，下通民意，研究社会进步、经济发展、科技创新、市场变化的大趋势，研究国内外相关行业发展的总趋势，研究政府的意志和百姓的意愿，对农业进行战略规划和目标设计。在此前提下，再进行功能定位、分区和项目安排。如此，可保证规划区域的农业发展在一定时期的先进性和前瞻性，保证规划发展符合国家和地方政府的方针政策及鼓励发展方向。

例如，随着人们收入水平提高，消费理念和生活习惯也随之改变，市场对高品质农产品的需求日渐兴旺，消费者对食品安全更加关注。在这种背景下，某地区规划对农业结构进行调整，生产多样化的、优质的、可溯源的高端农产品，使之适应市场需求，这就是因势利导原理的体现。

1.2.3 因人成事

“因人成事”的本意是“依靠别人把事情办好”。

一般来说，农业的规划设计者并非农业项目的执行者，规划目标和设计意图的实现，完全依赖于项目的执行主体。提出因人成事作为农业规划设计的基本原理，是要强调重视农业项目的运营主体，针对主体的具体条件选择合适的技术方案，并明确其组织管理体系和运营机制。通过机制设计，调动农业经营主体的积极性和创新精神。

要明确规划范围内的农业各相关项目的关系人，明确哪些人应承担怎样的职责，项目运营主体之间的权利与义务关系应该如何处理。应用因人成事的规划设计原理，要求在农业规划设计过程中，研究实施主体及其内外关系、相互关系。通过调查研究、比较分析，通过反复征求项目运营主体对规划设计方案的意见，甚至把规划项目运营的主要关系人纳入规划团队之中，使规划设计方案变成他们自己的决策选择。

例如，在本书后面将要介绍的《菏泽市采煤塌陷地现代农业发展总体规划》中，对8个分置于不同县镇的采煤塌陷地，采用现代农企集团化组织管理模式，每个地块（由一个企业负责）侧重于一个主导产品的技术创新和农事服务，8个地块合理分工，相互服务，组成的企业集团就是一个产业结构清晰、具有综合生产能力、系统组成部分相互支撑、具有较强抗风险能力的有机整体。这种安排在一般农村地区往往难以实施，塌陷土地已经流转给矿企，而矿企对于已经具有集团化基础的菏泽市采煤系统来说，确实是最好的选择。这就体现了因人成事的规划原理。

1.2.4 因难见巧

“因难见巧”作为成语，其本意是“正因为事情难，才能更显出高超的技巧”。引用此成语作为新时代农业规划设计的原则，是要求规划工作者不要回避困难，而要迎难而上。在规划中要直面农业农村发展中的“老大难”问题。农业规划工作要坚持问题导向，通过分析影响农业农村发展的“老大难”问题的关键因素，寻求解决问题的办法。

例如，南京新区作为一个国家级新区，与全国其他城市新区一样，面临着农业被边缘化的倾向。郊区农民无心种田，等待拆迁，甚至一些新型农业经营主体，流转了土地栽种绿化苗木，但不想靠苗木经营来赚钱，而是等待拆迁补偿。南京新区经济发展局决定编制《南京新区十四五及中长期农业发展规划》来解决这一问题。南京农业大学规划团队则专门设置攻关专题来进行研究，设计解决该难题的关键方案。

1.3 农业规划设计的流程与分析方法

1.3.1 规划流程

农业规划设计是一项系统工程，可以应用系统工程的逻辑，将规划设计过程分为以下六个阶段：

（1）明确问题。

这是农业园区规划设计的第一步。如何才能明确问题？第一要全面收集和了解拟规划的园区历史和现状信息，明确问题的特征。为此必须进行调查研究工作。第二要分析未来发展趋势，把握问题的实质和关键。要求调查研究工作不仅要考虑到园区本身的结构和功能，也要考虑到周围社会、经济、自然等环境，因为各种环境决定了在园区发展过程中的约束条件。第三要考虑到在实施规划之后园区对于环境的反作用。在明确问题阶段，规划者要注重与决策者及时进行意见交换，取得共识。

（2）确定目标。

在明确问题并分析其原因之后，园区建设的目标就自然清晰起来。在制定园区的目标时应尽量符合实际，避免过高或者过低。目标必须有数量和质量要求作为衡量标准。目标的确定之前还要分析达到目标所需的功能和技术条件以及园区所处环境和制约条件。

（3）方案收集。

方案即达到规划目标的途径，在园区规划中主要表现为项目的设置和构思。为了达到预期的目标，最好收集一切可能的方案，至少准备若干备选方案。通过对备选方案的分析和比较，从中选择出最优的方案。方案设计可以采用经验比较法、观摩学习法、技术演绎法、头脑风暴法等。

（4）方案分析与优化。

在通过分析、优选、确定方案之后，要在评价目标体系的基础上生成关于整个园区规划的整体方案，尽可能达到最优或次优，至少能令人满意、科学合理。最优化追求的基本目标是：以最少的消耗实现园区的功能，产生最大的效益。

（5）整体方案评价。

整体方案的评价主要是指从技术、经济效益、生态效益、社会效益等多个方面对园区规划的方案进行评价，在这个过程中尽可能从中选择在技术上是先进的，在经济效益上是合理的、生态效益和社会效益俱佳的方案。方案评价是最终决策的准备工作，是相关部门和决策者进行决策的依据。没有正确的评价就没有正确的决策。如果评价不满意，就要返回第 3 阶段或第 4 阶段，重新设计方案。

（6）修正提高。

以上五个阶段结束，可以形成规划设计的初稿。在规划设计的初稿结束之后，需要在指定的范围内征求意见，然后再回到第 1 阶段或第 2 阶段，进行新一轮修改，形成第二稿、第三稿，直至终稿。

上述初稿的形成过程如图 1－1 所示。

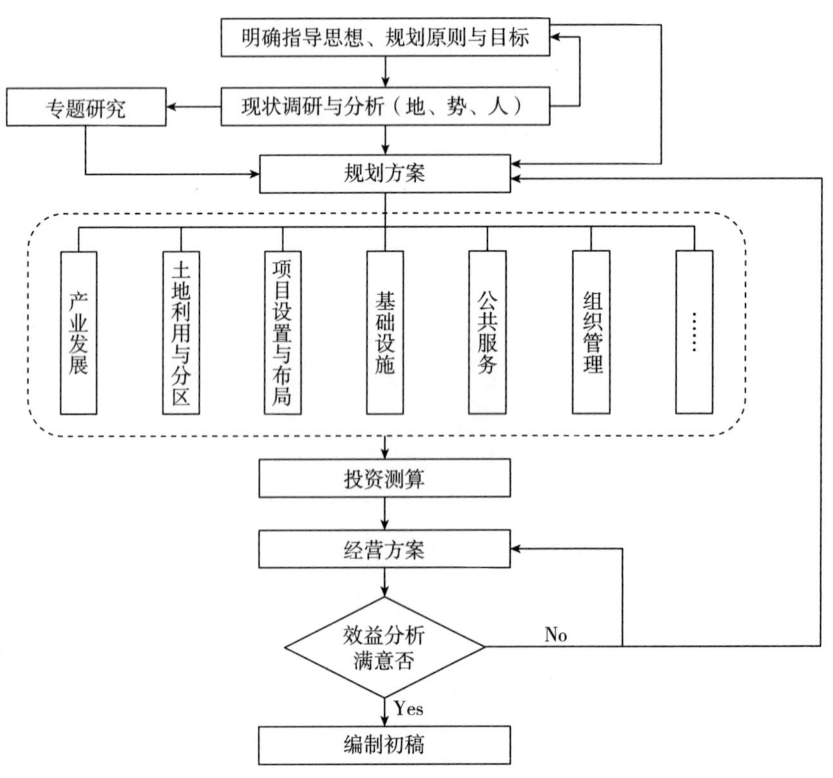

图 1－1　农业规划设计流程

1.3.2 农业规划的系统分析方法

农业园区规划设计可以采用经验法、比较法、目标规划法、系统工程法等多种方法，但最能为大家所认同的是系统工程法。

系统工程法既具有广泛而厚实的理论和方法论基础，又具有明显的实用性特征，科学性与艺术性兼容。这与系统工程主要作为组织管理的方法论和基本方法，在逻辑上是一致的。其特点是多领域、多学科的理论、方法与技术的集成；定性分析和定量分析有机结合；需要各有关方面的协作。

系统工程是一门组织管理技术。它根据系统总体目标的需要，综合应用自然科学和社会科学中有关系统思想、理论和方法，利用电子计算机作为工具，对系统的结构、要素、信息和反馈等进行分析和设计，努力实现最优规划、最优设计、最优管理和最优控制，以便最充分地发掘人力、物力、财力的潜力，使系统局部和整体之间的关系协调配合，实现系统综合效益极大化。

系统工程用于园区规划设计，主要遵循四个原理：

（1）整体性。

系统工程要求把所规划设计的园区看成由不同部分所构成的有机整体，把全局观点、整体观点贯彻于整个园区建设和运营的各个方面、各个部分、各个阶段；由整体的功能、目标决定各个局部的功能和目标设计，按整体优化的指标规定各部分的性能指标；从整体出发去组织局部的活动、使用局部的力量、协调局部的关系；把园区作为一个整体去研究，明确并协调它与系统环境之间的关系。

（2）有序相关性。

有序相关性原理要考虑系统的内部关联结构。园区在系统层次上表现出来的整体特征，是由其结构要素或子系统层次上的相互关联、相互支持或制约所造成的。如从空间上把园区用地划分为若干功能区，则功能区之间不仅有地理位置上的关联性，而且在功能上也相互支持或制约，功能区之间的关系必须是有序的、清晰的，而非杂乱无章的。只有有序的关联结构才能使系统发挥最佳的功能。

（3）动态性。

农业园区是一个动态系统，具有动态系统的一切特性。园区规划设计的动态原理，一是要考虑农业产出相对于某些要素的投入，具有滞后性；二是要考虑多种技术和经济措施的效果具有叠加性；三是要考虑各子系统之间往往会互相影响，有的影响表现为此消彼长，有的表现为相得益彰。动态设计法则，要求找到影响系统功能发挥的本源因素（Root Causes），然后对症下药，利用系统的动态性质，设计出“四两拨千斤”的解决方案。

（4）最优化。

最优化原理，要求在规划设计过程中，自觉追求系统的最优性能，以获得最大收益和付出最小代价为出发点去制订规划方案。为了获得最优规划方案，一般先是系统综合，即收集一切可能的方案；然后进行系统分析，就每个方案广泛征求意见，从不同角度进行论证；接下来在方案之间进行比较，选择相对优秀的方案，再去征求意见。如此反复，直至方案满意为止。

1.4 规划前期的调查研究

1.4.1 前期调查研究的意义与要求

调查研究是农业规划设计的第一步工作。一个地区农业的指导思想、目标定位和项目设置，必须建立在调查研究的基础之上。规划设计前期调查研究的内容可以分市场研究、技术研究和园区立地条件研究三个方面来说明。

（1）市场研究。

主要分析相关主导产品（或服务）的市场需求及其发展趋势，通过市场研究，为规划产品或服务的目标定位提供设计依据。

从农业产业角度来看，要研究主导产品的需求总量、需求结构、需求变化趋势，进而说明项目为何要提供所规划的产品。随着社会经济的发展，人们生活水平的提高，人们对各种农产品的质量要求会越来越高，对产品的个性化需求也越来越明显，因此，市场研究可以通过市场需求变化趋势预测和市场细分来明确规划区农业的目标定位。

从科技支撑的角度来看，要研究规划的农业技术项目的应用前景，目的是要说明规划区为何要示范所规划的科技产品。随着社会经济的发展、生产水平的提高和生产方式的改变，不同地区的农民和农业企业，对农业技术产品的个性化需求会有所差异，有的可能需要高科技，有的可能需要最先进的技术，有的可能需要实用性强的技术，有的仅需要成熟的技术，有的可能需要创新性强的技术。要通过对规划区拟辐射范围的社会经济发展对农业技术的需求来研究技术选项。

从农业功能拓展、开展休闲观光服务的角度来看，要研究目标城市的消费需求发展趋势，包括对观光型、休闲型、度假型服务的需求量、需求结构、质量要求、支付能力、市场需求的时间分布和季节特征等。研究目的是要说明本规划区为何要设置所规划的休闲服务项目。随着社会经济的发展和市民生活水平的提高，不同年龄、不同阶层的市民对农业休闲服务的个性化需求差异很大，休闲农业的市场研究，应该要根据主要目标城市的具体条件和市民出游习惯，对规划区项目设置提出有针对性的建议。除此之外，还应该研究竞争对手（已有的观光项目和旅游景点）的性质和分布，便于在后续的目标定位和项目设置方面，做到错位经营，互补互利。

（2）技术研究。

技术研究将决定在规划区建设和运营中拟采用的技术种类和水平。无论哪种农业项目，在建设、生产和经营过程中，都必须依靠先进的技术作为支撑，只有以相适应的先进的技术来武装，农业项目才能不断保持自身的竞争力，在同行中保持竞争优势。此外，农业项目要实现其经济效益、社会效益、生态效益等可持续发展的目标时，需要采用一定的技术来保护环境。所以，在规划前必须研究农业项目现有的技术条件，研究规划区所应该采取的主要技术措施。

研究农业的技术选择和技术条件，一是要分析和评价国内外最先进的相关科技成果及其应用趋势；二是要对规划区实施主体的技术队伍现状进行评价；三是如果需要引进人才，要进一步研究技术人员的招聘和培养的途径及可能性。

（3）立地条件研究。

包括土地资源、光热雨水等自然地理条件、农业项目生产经营的基础条件、农业项目所在地的社会资源和历史文化背景。研究这些条件，是贯彻执行“因地制宜”规划原则的第一步。科学的高水平的规划设计，必须建立在对可利用资源的准确把握、详尽分析、合理利用的基础之上。

应在客观分析和评价规划区的自然条件、社会经济条件、历史文化背景的基础上，明确规划区发展的竞争优势和劣势，为规划区农业的目标定位、项目设置以及组织管理模式的选择奠定基础。农业规划设计应通过园区项目设置和运行机制设计等手段，实现对当地各种农业和涉农资源的优化配置，从而提高各种资源利用率，发挥各种资源的最大效益。

1.4.2　规划前的市场研究

1.4.2.1　市场研究的内容

市场研究的内容包括：宏观经济社会发展情况研究，规划区产品或服务的需求研究，规划区竞争对手的发展研究以及同类产品或服务的替代品发展研究等。

（1）宏观经济社会发展情况研究。

第一，要关注国家和地区经济发展及产业结构调整的规划和预测。国家和地区经济发展规划及产业结构调整计划，将直接影响到规划区农业发展方向和目标定位。县级以下的农业规划必须考虑国家和本地区的优势农产品布局规划。规划区的发展方向要与国家鼓励的方向一致。这样才能做到因势利导。

第二，要对本地区的社会经济发展状况进行评价和预测。农业规划设计必须使农产品和服务与本地区的社会经济发展需求相适应，从技术层面来看，必须面向本地区农业生产和农业经济发展对农业科技的需求。

第三，要研究国家和地方的有关法律、法规和社会习俗。每个省份或城市对不同农业规划区所采取的政策可能有所不同，这些政策将直接影响到农业规划区的生存和发展。不同地区和民族的社会风俗也同样会影响到农业规划区的需求特点和范围。

（2）产品需求研究。

第一，国家和地区层面对规划区产品（或服务）的需求分析。如粮食生产往往牵涉到国家安全和地区内老百姓的生活安定问题，因此从宏观层面来看，其消费需求将随着人口的增长和生活水平的提高而缓慢刚性增长，但粮食的价格不会有太快的增加。而蔬菜花卉等园艺产品的需求，可能在数量上和价格上都会与居民收入水平的提高速度关联性更大。因此，无论选择蔬菜花卉还是粮食，都要从宏观需求的层面综合分析。这种宏观层次上的需求分析，是农业规划需求分析中最重要的一项，它从战略和长远的角度决定了各地农业的前途和命运。

第二，消费群体需求分析。农业规划项目的目标消费群体一般是由规划项目的各种形式产品（或服务）的特点决定的，这种消费群体定位的范围决定了需求的广度。农业项规划目的消费群体需求分析一般包括：消费者基本情况分析、需求量分析、消费水平分析、生活结构分析及消费偏好分析等。这一层次上的市场需求分析，将决定项目产品（或服务）的细分市场定位，直接关系到规划项目的经营收入和运行费用。

（3）供给情况研究。

在研究供给方面时，我们不得不研究竞争者。竞争者是我们制定各种营销和经营管理策略的重要影响因素，也是在园区规划设计中必须面对的问题。在对竞争者研究中，我们需要明确五个问题：谁是我们的竞争者；他们的战略是什么；他们的目标是什么；他们的优势和劣势是什么；他们的反应模式是什么。只有充分了解了竞争者，我们才能在竞争中知己知彼，百战不殆。

农业项目的竞争对手，可以为同一地区或周边的其他同类型的农业项目或有替代作用的相关项目。这些项目的目标定位、项目设置、发展战略和经营状况，将直接影响到规划中农业项目的建设与经营，因此，有必要先对其进行研究。

在搞清楚谁是竞争对手后，还需要进一步了解他们的经营特色、经营规模及目标市场是什么，他们的投资者是谁，目前的经营状况如何等。只有在充分了解竞争对手的基础上，才能规划出别具特色的农业项目，才能使规划的项目在以后的竞争中取得较好的业绩。

竞争者的存在对新的农业项目来讲，可能也是一种机遇。如果竞争者和我们所规划的项目相似度比较高，或者在地理位置上比较接近等，我们可以采用兼并或者联营的方式，使之成为合作者，这样新的农业项目的竞争力将大大增强。

1.4.2.2 市场研究方法

在农业规划设计之前对市场的研究，一般采用文献研究、模型测算、专家访谈、问卷调查等方法。

（1）文献研究。

文献研究法主要指通过书籍、期刊、网络等一切记录知识的载体检索、搜集、鉴别、整理、综述现有的文献资料，并通过对文献的深入分析，借助前人的成果，形成对项目产品或服务的市场供求情况及发展趋势的基本判断。

适用范围：文献研究法一般在规划初期使用，目的在于全面掌握现有市场动态、行情进展及趋势，减少盲目性。此方法特别适合比较研究和趋势研究。

注意要点：①文献研究的前提条件是要对所搜集资料的内容、对象、范围等有清楚的认识，搜集的文献要客观、全面，确保文献资料的准确性和适应性。②提纲挈领，突出客观事实，避免盲目堆砌前人观点。③信息来源（包括观点出处）必须明确标注，避免将分析者个人思想与文献观点混淆。

（2）模型测算。

模型测算法是一种定量研究方法，主要是指依据现有的事实统计数据或其他变量信息，在一定的经济理论指导下，利用数学模型来描述市场行情的发展规律，分析影响市场行情的各种因素及其相互关系，进而对市场的发展趋势进行预测。

适用范围：模型测算法必须建立在定性分析的基础之上，一般用于分析理论上可以解释的市场现象，但又不能十分肯定各种关系情况下。应用模型测算法，要求有充分的数据支持。通常用于对市场发展趋势进行预测，探究市场现象的因果关系，从而制订不同的发展方案，确定适合的发展方向。

注意要点：①在使用模型测算法时首先要确保所依据的统计数据及其他变量信息的真实可靠。②确保所选用的经济模型或计量模型的适应性、合理性。③对模型测算结果进行检验，确保测算结果的可靠性。

（3）专家访谈。

专家访谈法指在农业项目规划设计之前，为了探究某一市场问题而采用函询、电话或面访的方式，征求有经验的专业人士的意见，经过客观分析和多次询问，逐步获得专家的深层次见解的研究方法。这种方法，可以真实地反映专家们的意见，并能给决策者提供很多事先没有考虑到的丰富的信息。

适用范围：专家访谈法是一种常用的定性研究方法，适用范围非常广泛。在农业规划设计前的市场研究中，处处可以使用。但最好圈定在对研究对象已经有初步了解的范围之内，针对疑难问题进行访谈，以免浪费和滥用专家资源。

注意要点：①在专家访谈之前要首先确定候选人名单，并对被访问者名单进行筛选，选择真正的业内人士进行访谈。②在访谈过程中要尊重专家的意见，灵活做好书面记录或者录音，以免遗漏关键信息，事后要认真整理。③在访问之前做好功课，如先做好文献研究和访谈提纲，避免在访谈时提问过于肤浅、外行，影响专家的情绪和兴趣。

（4）问卷调查。

问卷调查法是研究者用统一、严格设计的问卷，以书面的形式间接地向被调查者了解情况或征询意见，通过对问题答案的回收、整理、分析，获取有关信息的一种研究方法。

适用范围：从被调查的内容看，问卷调查法适用于对当前普遍关心的问题调查；从被调查的样本看，适用于较大样本的调查；从调查的过程看，适用于较短时期的调查。

注意要点：①问卷调查法的类型是多种多样的，在进行问卷调查之前要根据所调查的内容以及调查对象的不同来选择适当的问卷调查类型。②在进行问卷设计时要做到形式规范、结构清晰、语言简洁通俗、问题表达巧妙，易于回答而又有信息含量。③调查对象的选择要得当，在调查过程中选择的不同特征的被调查者的比例结构要合理，避免调查的盲目性，造成调查结果说服力不强。④在问卷调查结束后，要对收回的问卷进行整理、筛选，排除无效问卷。

1.4.3 规划前的技术选择研究

1.4.3.1 技术选择的范围

农业规划牵涉的技术选择范围很广，大体可以分为以下几种大类：

（1）现代生物技术。

现代生物技术是以生命科学为基础，利用生物（或生物组织、细胞及其他组成部分）的特性和功能，设计、构建具有预期性能的新物质或新品系以及与工程原理相结合，生产和加工某种产品或提供某种服务的综合性技术。现代生物技术的内涵十分丰富，涉及：基因技术——对生物的遗传基因进行改造或重组，产生人类需要的新物质的基因（如“克隆技术”）；生物分子工程技术——从简单普通的原料出发，设计最佳路线，选择适当的酶，合成某种所需功能产品；生物生产技术——利用生物细胞大量加工、制造产品（如发酵酿造技术）；生物耦合技术——将生物分子与电子、光学或机械系统连接起来，并把生物分子捕获的信息放大、传递、转换成为光、电或机械信息；纳米生物技术——在纳米（即百万分之一毫米）尺度上研究生物大分子精细结构及其与功能的关系，并对其结构进行改造，利用它们组装分子设备。

可以创建现代农业科技园区作为现代生物技术推广应用的重要平台，这种园区同时也需要现代生物技术的支撑。例如，采用组织培养技术进行优良植物种苗的快速繁殖，一些高档花卉苗木基地已经非常普遍。利用发酵技术对农产品进行酿造加工、对农业废弃物进行循环利用等，也可成为一些农业项目的特色。

（2）现代农业信息技术。

农业信息技术是指信息技术在农业领域的应用。进入21世纪以来，农业信息化的进程加快，以精确农业、农业物联网、大数据、智能化决策系统等为特征的信息技术，已经进入实用阶段，并成为一些面向高端市场的农业项目不可缺少的组成部分。主要包括：构建资源可持续利用决策咨询信息系统；产地安全检测和调优管理信息系统；农地测土配肥和农作物测叶配肥系统；新农村信息资源服务支撑系统；农作物光谱识别与产量预报系统；畜禽饲养环境自动化调控系统；生物芯片应用技术；农业标准化与物联网管理系统；智慧农业平台等。

可以创建生产型农业园区、科技示范型农业园区，观光休闲型农业园区等，让园区在农业信息化方面先行一步，从而带动所规划的全域农业发展，达到预期的目标。

（3）农业生产常规技术改进与农业设施应用技术。

这类技术包括种业生产管理技术，如优良品种选育与制种、病虫害防治技术、新农艺路线、耕作制度选择、新的农事操作方法；养殖业生产管理技术，如品种改良与繁育、饲料配方、疫病防治、粪污处理、健康养殖技术；各类农业设施应用技术等。

越来越多的农业园区把温室作为现代农业的一个亮点来打造。温室栽培是园艺生产中技术含量最高、管理最复杂的一种形式，也是人类充分利用工业化的技术成果改造传统农业、充分利用自然、超越自然的现代化农业生产方式。温室也可以用来进行高效养殖，还可以作为观光休闲场所和园艺产品的交易场所。长期以来，一些农业园区只将目光停留在温室的豪华外观和新奇装备上，而将忽视了其内部各种配套技术的应用。

温室技术和设备的选择，是设施农业规划设计中重要内容，先进的温室生产技术选择应包括以下内容①：

---

① ［美］Chris Beytes. 温室及设备管理［M］. 齐飞等译. 北京：化学工业出版社，2008. 10.

温室主体结构：类型、跨度、高度等符合生产要求；

辅助用房：不仅仅是堆放材料和工具的仓库；

覆盖材料：薄膜、玻璃、硬质塑料；

幕布系统：保温、遮阳、光周期控制；

栽培床、地面与花篮等：槽式、潮汐式、地面栽培、吊挂栽培等；

灌溉技术与系统选择：人工灌溉、喷灌、滴灌、潮汐灌、弥雾系统、水培、灌溉施肥等；

温室环境控制：通风、降温、加热、补光、二氧化碳控制等；

机械化生产：基质混合、填土、播种、自动移栽、视觉分级技术等；

室内运输与物流：推车、传送带、铲车、吊车、机器人、条码跟踪等；

病虫害防治：防虫网、药品存放与施用设备、劳动安全保护标准；

其他专用设施：种子库、锅炉房等；

业务管理与营销：办公室、业务处理系统、客户管理系统等。

采用不同的技术，不仅在投资建设成本方面有差异，其生产成本、产品质量和供应周期、管理流程等也往往大不相同。农业规划区的技术选择，要领先于周边农村，保持一定的先进性，但又不能超越所在地区的社会经济环境的支持能力和需求限度。要进行具体的技术经济分析。

1.4.3.2　农业技术选择的原则

在农业的规划设计中选择农业技术，一般遵循以下原则：

（1）以产品品质保障为前提。

产品（包括服务）品质是其内在素质和外在形态的综合，一种产品（或服务）的品质优劣将直接影响到其价值和市场竞争力，任何一种产品（或服务）要想在激烈的市场竞争中获得较强的品牌知名度，无一不是以质量为根基的。随着科学技术的广泛普及和信息的高速传播，各地农业同类或近似产品的风格和种类已经不相上下。在这种情况下，加强品质建设成为维持品牌的重要举措。所以在进行农业规划技术选择时，首先要考虑该项技术是否能够保障并有效提高园区产品（或服务）的品质。

（2）以生态环境保护为条件。

生态优先是农业规划设计中的一项基本原则，现代农业发展必须做到生态效益、经济效益、社会效益的统一。在具体的农业规划开发过程中务必采取必要的措施和技术，尽量避免在农业规划区建设和运营期间可能给环境带来的不利影响，要按建设资源节约型、环境友好型社会的要求，把保护和优化生态环境放在首位。

（3）先进性与适用性相结合。

在当今时代，技术更新换代可谓日新月异。任何技术都具有一定的应用条件，最先进的技术不一定最适用。脱离自身实际，盲目引进前沿技术，可能会导致技术应用的失败。所以，技术的选择在考虑技术本身的先进性之外，要结合当地的地理、气候、经济、人文等因素的实际情况来确保技术的适用性。园农业规划区技术的适用性要做到两点：一是该技术在规划区是可应用的，并且能够带来较好的效益；二是该技术在当地是能够推广的。

（4）经济效益与社会效益相结合。

农业规划者的社会责任除了提高农业经营者经济效益、带动地方经济发展之外，更为重要的是示范带动当地农业的发展，改善民生，优化环境，实现经济效益和社会效益的统一。所以，农业规划设计在进行技术选择时要综合考虑经济效益、社会效益、生态效益，以实现综合效益最大化为目标。

（5）近期需求与长远需求相结合。

农业规划是一种比较全面的、长远的发展计划，是对未来整体性、长期性、基本性问题的思考而设计出来的整套行动方案。而任何技术都是有寿命的，农业规划区的技术选择应立足长远、高瞻远瞩，不仅要考虑当前的技术需求，更要根据农业未来的发展方向，选择生命力强，能够随着园区发展与时俱进的技术。

1.4.3.3　农业技术选择的方法

根据上述原则，在农业技术选择时，可以采用如下方法：

（1）信息检索与案例学习法。

信息检索是指根据自身需要，采用一定的检索工具搜集、整理相关信息、资料。信息检索是一种获得知识的捷径，可节省时间，减少盲目性。常用的信息检索方法主要有普通法、追溯法和分段法。普通法是利用书目、文摘、索引等检索工具进行文献资料查找的方法；追溯法是利用已有文献所附的参考文献不断追踪查找的方法；而分段法是追溯法和普通法的综合。

案例学习是指通过信息检索或专家介绍等其他有效方式了解、学习其他地方、其他领域真实技术选择方面的相关案例，通过对这些案例的分析总结，并且与本地相比较，借鉴别人的经验教训，从而更好地促进自身发展。案例学习可以在短时间内扩大决策者的视野，提高分析能力和决策能力，增强规划区农业技术选择的科学性、合理性。

信息检索和案例学习是农业技术选择初期必经的研究过程，也是进行后续研究和最终决策的前提条件，只有通过信息检索和案例学习获得充分的信息和知识，在农业技术选择时考虑才能更周全，决策才能更科学。

（2）价值工程法。

价值工程法又称为价值分析、价值管理法，是一种降低成本，提高经济效益的有效方法。它系统地运用公认的技术，通过对功能进行鉴别和评价来提高一种产品或服务的价值，并且以最低的总费用来提供必要的功能，以达到必备的性能①。它是一门技术与经济相结合的成熟且有效的技术经济分析方法。既要研究技术，又要研究经济，以产品或作业的功能分析为核心，以提高产品或作业的价值为目的，力求以最低寿命周期成本实现产品或作业所要求的必要功能。

价值工程法的主要思想是通过对选定研究对象的功能及费用分析，提高对象的价值。应用价值工程，是把提高功能和降低成本体现在最佳方案中的有效方法。这里的价值，指

① ［美］罗伯特·斯图尔特．价值工程方法基础（第一版）［M］．北京：机械工业出版社，2007.

的是反映费用支出与获得之间的比例，用数学比例式表达为：价值 = 功能/成本。

根据上述表达式，提高价值的基本途径有五种：一是提高功能，降低成本，大幅度提高价值；二是功能不变，降低成本，提高价值；三是功能有所提高，成本不变，提高价值；四是功能略有下降，成本大幅度降低，提高价值；五是适当提高成本，大幅度提高功能，从而提高价值。

在农业技术选择中，价值工程法的运用主要体现在两个方面：一方面，运用价值工程法防止功能短缺和过剩，在进行农业技术选择时要充分考虑到农业经营主体自身的客观条件和真实需求，合理运用价值工程法根据具体的情况达到满足必要的功能要求，而不是功能越多越好，否则将会导致功能过剩的后果。同时，在选择技术时也要避免由于忽视实现功能的前置条件而导致功能短缺的问题。另一方面，在成本核算上，价值工程法也起着重要作用。根据该方法的基本原理，在必要的功能不变的情况下，降低引进和运行的成本能够提高技术价值，是解决技术短缺的有效途径。

（3）投入产出比较法。

投入产出比较法是一种在投资规划、方案设计、项目选择以及经济决策中都比较常用的方法，在经济工作中的主要应用是为项目规划、选择服务的，它是加强综合平衡、改进计划管理的重要工具。这里的“投入”广义地讲包括经济活动过程中对固定资产、流动资产、自然资源和劳动力等的占用。投入产出比较法中的“产出”主要是指经济活动所取得的成果，包括实物形式与价值形式的综合（如销售收入、利润和税金、提供就业等），在实际计算当中通常只是从实物角度进行计算。

投入产出比较法在具体使用中，首先要对不同方案的可能的投入、产出情况进行测算，然后对这一直观的测算结果进行比较分析，以单位投入的产出量为主要衡量指标，将不同方案进行比较，从而选择最优方案。

1.4.4　农业项目立地条件研究

1.4.4.1　立地条件研究的内容

（1）土地资源。

土地资源是农业项目发展的基础。在农业规划设计之前，必须对规划区域内的土地利用现状进行详细的调查研究。土地利用现状可分为农用地（包括耕地、园地、林地、牧草地、水面等）、建设用地（包括居民及工矿用地、交通用地、水利用地等）、未利用土地（如荒草地、滩涂、盐碱地、沼泽地、沙地、石砾地等）。要通过调研，明确园区土地现状的类型、面积、农业和非农业用地结构、农业用地的理化性质和肥力状况。

通过对土地利用现状的研究，评价现状的合理性与存在问题，从而为规划方案的设计和评价奠定基础。

（2）地理条件。

主要包括区位交通、地形地貌和水文因素。区位交通条件对土地利用价值的评估影响很大，在很大程度上决定了规划区的目标定位和项目设置。因此，区位交通条件往往也纳入土地利用评价的调研范围。地形地貌因素决定了农业规划区的地表形态，从而影响到农业项目的可进入性、项目的立地条件和景观的丰富程度，在土地资源的调查和评价中，也不可遗漏。水文及地表水系（如地下水位和水质、湖泊池塘及河流走向等）对农业生产的影响很大，主要表现在两个方面：一方面，影响农业规划区内生物的生长和分布；另一方面，关系到规划区生活和生产用水的质量和可利用数量，关系到水利工程项目设置和景观水体的安排。

（3）气候条件。

气候因素包括降水、日照、气温、地温、风力风向等条件，它直接影响农业规划区的适宜生物类型和分布，从而在一定程度上决定了农业规划区的项目设置和布局。需要调查研究的具体内容包括：

降水与蒸发情况：年平均降水量（mm）及其年际变化幅度；年最大降水量及发生年份；年最小降水量及发生年份；降水集中的月份；年平均蒸发量（mm）；蒸发高峰出现的月份。

日照情况：全年日照时数（小时）。

气温：年均气温（℃）；气温年际变化幅度；年平均气温差；各月之间气温悬殊情况。

地温：地表20厘米处的地温平均值（℃），全年积温情况。

霜期：全年无霜期天数；一般年份的初霜时间，终霜时间（精确到月份及上中下旬）。

主导风力和风向：四季主导风向和风力大小，可以用风玫瑰图表达。

气候条件对种植业和养殖业项目设置及技术选择关系很大，气候条件的调研成果，是农业规划设计的重要依据之一。

（4）生物资源和农产品资源。

生物资源主要指规划区及周边地区的动植物种类，它们的多寡反映了农业规划区种植业和养殖业可能发展的广度。有利于采用类比的办法设置种植和养殖项目。

在调查生物资源的同时，特别要了解规划区内及周边现有的农业种植活动和养殖活动的种类及优势农产品资源，如哪些农作物在本地生长较好，农民习惯生产哪些产品，主要农产品的种类和数量，竞争优势等。这有助于对农业规划区生产和加工项目进行规划定位。

（5）社会经济条件。

社会经济条件主要指农业规划区所在地区的农村社会和经济发展情况。包括人口数量和流动趋势、人力资源、生产发展及农业机械化水平、村庄布点及居住条件、人均收入及收入来源、农村交通、通信、电力、给排水等基础设施建设情况等。

通过对社会经济条件的研究，为在规划方案中贯彻落实因地制宜、因势利导、因人成事的规划原理，提供必要的资讯。

（6）历史文化资源。

历史文化资源主要包括农业规划区内部及周边地区的历史典故、历史著名人物和事件、人文环境和风俗习惯等，这是开发观光休闲功能需要考虑的重要因素。一般农产品的品牌开发与当地的历史文化背景也有一定关系。

1.4.4.2 立地条件研究方法

（1）网络资源利用。

利用网络资源研究立地条件是最便利的途径。网络上不仅有各种知识和文字信息，也有照片和地图可供参考。利用网络研究立地条件，首先应登录地方政府网站，有些自然条件、区位交通、社会经济等基本状况，在网上都有简单介绍。其次要访问和利用一些专业网站。如登录百度地图，不仅可以看到规划地块与周边城市、道路、水系之间的关系，甚至还可以看清规划地块内部的地形地貌、植被和建筑物，对于理解项目交通区位和地理条件很有帮助。但网络资源（特别是免费的网络资源）往往不够精细、可靠性也难以保证，只能作为辅助手段，帮助粗略把握和总体上的理解，不能作为规划设计的依据。

（2）图纸研究。

图纸是规划设计前必须收集的重要资料。结合现场勘查研究图纸，是规划设计前研究工作的最普遍的做法。一般需要规划委托单位提供规划地块的现状勘测图，或土地利用总体规划图。一般万亩园区总体规划，比例尺为1∶6000左右的图纸基本够用，如果要求详细设计，图纸的比例尺应在1∶1000左右。

研究图纸，必须先读图例，对照图例，应能看出所规划地块的高程变化、水系、道路、地表植被和构筑物、建筑物等。土地利用现状图或规划图中，还会对各种图例利用性质予以明确标注。

（3）现场查勘。

现场查勘是为了进一步明确拟规划园区的地形、地貌、水系、道路、地表植被、土壤性状、农田水利设施及其他构筑物等。现场查勘时应带上相机和图纸，明确地点方位后拍下照片，以便回来后仔细查看、研究。现场查勘后要及时结合地图，对现场照片进行标注和整理，便于发现问题，设计有关方案。

现场查勘工作最好结合对当地农民和干部访谈进行，以加深对图纸和现场照片的理解，并感受当地干部群众对现状的态度和对规划方案的期望。

（4）访谈。

在农村现场访谈不同于到专家办公室预约访谈。在查勘现场可能会遇见哪些人，事先难以预知，准备访谈提纲可能不现实。在与农民交谈的现场，手拿纸笔还可能会引起一些人紧张，从而产生戒备的情绪而不愿意深谈。因此，结合现场查勘的访谈，最好结合查勘的对象，对需要了解的问题铭记在心而在现场自然发问，与农民自由讨论，如需要增强记忆，应在讨论时予以总结或强调，在访谈结束后及时补记。现场访谈的内容一般是对民意的了解、对现状问题的确认和问题原因的讨论，平时多加思考，现场即兴发挥，往往事半功倍。

（5）收集权威资料。

权威资料主要指官方统计资料、公报资料等。一般包括本市统计年鉴、本镇年鉴、地方志、政府发布的国民经济发展年度报告、有关政策文件、社会经济发展规划、相关的法律法规、行业标准等。这些资料是规划设计的重要依据和数据来源。如农村劳动力成本的估计和规划区经营目标的设计，就应以当地年鉴中农民收入情况为重要依据。

（6）解读上位规划和其他相关计划。

上位规划是指农业规划设计必须遵守的上一个层次的总体规划或专项规划，如城市发展总体规划、土地利用总体规划、道路交通专项规划、国家优势农产品布局规划、特色农产品布局规划、本省优势农产品布局规划等。这些规划关系到农业规划的目标定位和空间布局。

（7）综合评价。

综合评价通常采用在企业战略研究中常用的SWOT分析方法，即分析规划对象的发展优势、劣势、机会与挑战。通过综合分析评价，为其发展的目标定位和项目设置奠定基础。对规划对象的综合评价，应是规划成果的一个重要组成部分。

1.5 现场调查与需求评估报告框架

作为规划前期调研的一个案例，本节提供南京农业大学规划设计研究院的园区规划团队第一次访问（或接洽）甲方时需要填报的需求评估报告框架。规划设计研究院将根据本报告组织合适的专家团队对规划进行深度研究。

南京农业大学规划设计研究院

现场调查与需求评估报告

甲方单位：__________________

乙方团队：×××教授规划工作室

一、交通区位

（1）所在地：

（2）位置：项目区 东经______，北纬______

（3）交通：距离区域交通路网的最近距离：至乡道______公里，至县道______公里，至省道______公里，至国道______公里，距离机场______公里，距离码头______公里，距离火车站______公里

（4）规划区距离县城的距离：______公里

二、地理条件

（5）规划区主导风向：春季______，夏季______，秋季______，冬季______

（6）规划区降雨：常年______ mm，20年来最少______ mm，20年来最多______ mm

（7）规划区地貌：□平原 □圩区 □山区 □丘陵

（8）规划区海拔：最高______米，最低______米

三、农业生产要素

（9）规划区土地面积：基本农田______亩，一般农用地______亩（其中可养殖水面______亩），建设用地______亩，村庄占地______亩

（10）规划区农地的土壤等级：□肥沃　□中等　□瘠薄?

（11）土壤酸碱度：pH 值______

（12）灌溉条件：□优?　□良?　□中等?　□较差?

（13）规划区内村庄（社区）的居民数：______户

（14）愿意搬出村庄（社区）的比例：______%

（15）农业劳动力：规划区可以常年提供的农业劳动力______人

（16）农业劳动力占农村劳动力的比重：______%

（17）当地中青年的文化程度：大学以上______%，高中______%，初中______%，小学及以下______%

（18）与哪些科技单位已经建立了长期合作关系？______

（19）当地农村发展资金的主要来源：______

（20）规划区农村金融发育状况：□优　□良　□一般　□较差

四、基础设施与社会经济

（21）规划区内道路状况：□优　□良　□一般　□较差

（22）规划区村庄景观条件：□优　□良　□一般　□较差

（23）当前村庄典型建筑风格：□明清　□现代　□整齐　□杂乱

（24）规划区的森林覆盖率：______%

（25）当地历史文化条件：□优　□良　□一般　□较差

（26）当地农业主导产业：______，______，______

（27）当地传统优势特色产业：______，______，______

（28）当地农村居民上年人均可支配收入：______万元，年增长率大约是：______%

（29）规划区一小时商圈内的城市人口数：______

（30）本地区城镇居民的人均可支配收入：______万元/年

五、社会习俗与民意

（31）农闲时，多数农民在干什么：□在家休息　□串门娱乐　□品尝美食　□外出找事做

（32）农民对生活的态度：□为挣钱，愿意吃苦　□宁愿少挣钱也不愿吃苦

（33）当地居民传统文化或技艺：______，______，______

（34）村民愿意拿房屋参与田园综合体建设，并折价入股的比例：______%

（35）村民愿意拿房屋参与田园综合体建设、不入股而收取租金的比例：______%

（36）村民愿意将承包地参与田园综合体建设，并折价入股的比例：______%

（37）村民愿意将承包地参与田园综合体建设、不入股而收取租金的比例：______%

六、当地干部的观点

（38）认为当地经济发展的制约因素是：

□资源　□资金　□人才　□技术　□地理区位　□观念落后　□其他

(39) 认为当地经济发展的相对优势是:

□资源　□资金　□人才　□技术　□地理区位　□观念　□民风　□其他

七、规划设计需求

(40) □家庭农场设计

(41) □公司农场规划设计

(42) □农业产业园规划设计

(43) □观光农业园规划设计

(44) □农业科技园规划设计

(45) □农业综合开发项目规划设计

(46) □特色小镇规划设计

(47) □田园综合体规划设计

(48) □村域农业规划设计

(49) □镇域农业总体规划

(50) □县域农业总体规划

(51) □乡村振兴方案设计

八、其他事项说明

调查日期:

调查人员:

甲方接待人员:

报告人:

报告日期:

第 2 章　农业基础设施建设

2.1　土地平整

土地平整是提高农业生产能力的重要保障措施。土地平整在满足农业生产的标准化种植、机械化作业、规模化经营、土壤改良、节水节肥等方面有着重要的作用。

2.1.1　土地平整规划原则

（1）整体原则。

土地平整要与土地开发整理项目统一考虑，应符合土地开发整理项目的整体要求，并作为其中一个组成部分。

（2）远近结合原则。

土地平整既要有长远目标，又要立足当前。既要有长远的计划与安排，同时也要实现当年受益。

（3）满足水利原则。

平整后的地面坡度应满足农田水利的要求。不同的灌排水技术，要求的地面坡度不同，平整土地应以此为标准，绝不能有倒坡的情况发生。

（4）成本节约原则。

平整土地规划要遵循成本节约原则。成本的高低与工程量呈正相关。在平整田块内应力求移高填低，使填挖土方量基本平衡，同时实现同一平整田块内平均土方量运距最短，总的平整土方量达到最小。

2.1.2　土地平整设计要求

（1）平整田块大小适宜。

平整田块的大小要根据地形地貌、渠系布设、农机作业要求、平整工作量、生产农作物品种等方面综合设定。一般平整地块长度为 160 ~ 360 米、宽度为 40 ~ 100 米为宜，根据条件的不同，田块形状选择依次为长方形、正方形、梯形或其他形状，长宽比一般控制在 4 : 1 ~ 20 : 1。

（2）地面平整度。

在沟、畦灌溉的旱作区，一个临时毛渠控制的田间地段，纵横方向没有反坡，田面纵坡方向一般设计成与自然坡降一致，田面横向一般不涉及坡度。

（3）平整高程的设计。

在不同地区，土地平整高程设计的标准不同，总体上要实现因地制宜。地形起伏小、土层厚的旱涝保收农田高程设计根据土方挖填量确定；以防涝为主的农田，田面设计高程应高于常年涝水位 0.2 米；地下水位较高的农田，田面设计高程应高于常年地下水位 0.8 米。

2.1.3 土地平整范围与方法

（1）平整范围。

根据整理区的范围，土地平整可分为局部平整和全面平整两种，其中局部平整在农业规划中得到较多的应用。

局部平整是结合农业规划区的地形地势，划片区或分格田进行平整。这种土地平整方式使每个平整田块内挖填土方量达到基本平衡，不需要从区外进行土方量的运输。其优点是：挖填土方工程量和工程投资大大降低，并且有利于保护表土层；缺点是：耕地新增量较少，渠沟布置有一定的难度，总体工程土方量计算的难度较大。

全面平整是将整个项目区作为一个整理区，设计一个平整高程，以此为基准进行全面的土地平整。其优点是：最大限度地挖掘土地利用潜力，增加耕地面积，便于布置道路、农田水利等各项工程，便于现代农业生产；缺点是：挖填土方量大，工程投资量大，也容易对表土造成破坏。

（2）土地平整方法。

根据平整地形纵向的变化情况，土地平整方案可分为平面法、斜面法和修改局部地形面法三种，如图 2－1 所示。

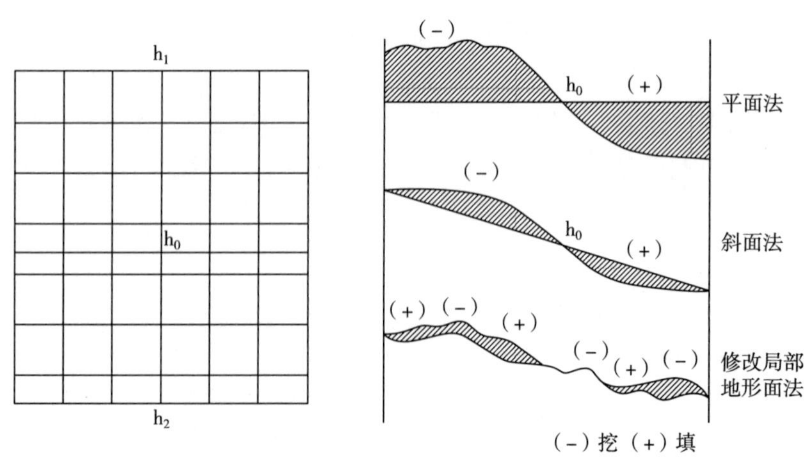

图 2－1 以地形纵向变化为标准的田块平整方案

平面法：将土地整理区平整成一近似水平面。这种方式土方量大，一般用于水稻田的平整。

斜面法：将整理区平整成具有一定纵坡的斜面。要求坡度方向与灌水方向一致，这样对沟、畦灌有利，但土方量也较大。

修改局部地形面法：对整理区进行局部适当的修整，只将凹凸不平、过于弯曲的区域进行顺平修直。这种方法有利于总体的农田水利工程建设，但不强调纵坡度完全一致。修改局部地形面法可大大减少土方量，尤其适用面积较大、地形变化较多，若大平大填则工作量过大的情况。

2.1.4　土地平整方案设计依据

土地平整方案的设计，要以平整后的规划用途为依据。规划用途要因地制宜，不同的土壤质地与规划用途之间存在一定的相关性。

一般来说，土壤质地分为砂土、黏土和壤土三大组。

砂土：含水少、养分少，热容量比黏质土小，适宜种植生长期短、耐瘠薄，要求土质疏松、排水良好的作物，如花生、薯类、豆类、芝麻、果树等。

黏土：常呈紧实黏结状态，渗透性差、保肥能力强，耕作时要增施有机肥、注意排水，适宜种植稻、麦、玉米、高粱等生长期长、需肥量大的作物。

壤土：兼顾砂质土和黏质土的优点，既通气透水，又保水保肥，耕作性好，是农业上比较理想的土壤。

此外，实际中还有一些土壤质地介于上述三组之间，或为其派生类型，如砂壤土、黏壤土、砾质砂壤土、砾质黏壤土等。不同质地类型的土壤与农作物之间的适宜关系如表 2－1 所示。

表 2－1　土壤质地与适宜作物之间的关系

作物名称	土壤质地						
	壤土	砂土	砂壤土	黏土	黏壤土	砾质砂壤土	砾质黏壤土
水稻				√	√		
小麦	√				√		
大麦	√				√		
粟			√				
玉米					√		
黄麻			√		√		
棉花	√		√				
烟草						√	
甘薯、茄子	√		√				
马铃薯	√		√				
萝卜			√				

续表

作物名称	土壤质地						
	壤土	砂土	砂壤土	黏土	黏壤土	砾质砂壤土	砾质黏壤土
莴苣			√		√		
甘蓝			√		√		
白菜	√		√				
大豆					√		
豌豆、蚕豆				√	√		
油菜					√		
花生			√				
甘蔗	√				√		
西瓜		√	√				
柑橘			√		√		
梨树	√				√		
枇杷				√	√		
葡萄			√				
苹果	√				√		
桃树			√		√		
茶树	√						√
桑树	√				√		

2.1.5 土壤培肥与有机质提升

确保当年有收益并增产的关键是保留表土。一般在施工过程中先将表土集中起来，待底层平整后再将表土铺上。

尽可能避免打乱表土层与底土层。田块经土地平整后，一般形成耕地的土体厚度应在100厘米以上，山丘区及滩地的土体厚度应大于50厘米，其中旱田耕作层深度达到35厘米以上，水田耕作层应保持在15～20厘米。

对于整理出来的贫瘠土层，可以采用秸秆还田、绿肥翻压还田和增施有机肥等形式进行土壤培肥，提升土壤有机质含量。实施土壤有机质提升措施，应至少连续实施三年以上，才可达到土壤培肥的效果。

2.2 道路

民谣“要想富、先修路”，说明了道路建设在农业农村发展中的重要地位。道路建设

历来是农业规划中的基础项目之一，它不仅是田间农事作业的基本保障，也是拓展农业休闲旅游功能的必要工程。

2.2.1　规划原则

农业规划区的道路建设应遵循以下四项原则：

（1）与区域交通规划衔接。

农业规划中的道路建设必须与当地交通部门的发展规划相衔接，与当地县域或镇域总体发展规划相一致。尤其是农业规划区的对外交通联系，必须考虑农业规划区主入口对接的外部道路的规划布局、规划用途和等级。如果农业规划区有过境道路，应充分考虑过境道路对农业规划区交通的有利和不利影响，尽量使过境道路与农业规划区内部的主干道自然衔接。

（2）满足现代农业的功能要求。

农业规划区的道路建设，必须满足现代农业的功能定位要求。一般既要考虑机械化生产作业的要求，也要考虑拓展农业观光功能的要求。对以现代农业生产经营为主要功能的现代农业产业园，要考虑产业类别和作业机械的选择，也要考虑当地地形地貌的特点。不同产业的农业园，其生产性道路的密度与宽度一般会有差别；同样类型的产业园，如地形地貌不同，其道路密度和宽度也应有所不同。对以休闲观光服务为主要功能的生态休闲农业园，其可参考执行园林类道路规划设计准则。一些设计标准往往给出道路宽度的上下限度，在生态休闲农业园中，道路宽度应尽量取下限。如下限宽度不能满足旅游车辆交汇通行的要求，可以采用设置会车平台的办法来减小路面宽度，以节约土地和建设成本。

（3）因地制宜与因势利导。

在道路规划中如何体现因地制宜和因势利导的原则？一般做法是：尊重农业规划区内部的现有道路和当地干部群众的愿望。为了节约投资和保护熟地，在不影响通行功能的情况下，要尽量利用农业规划区现有的道路，或在现有路网的基础上进行改造。对于一些弯曲道路，可因地制宜地进行取直、拓宽，增加道路的通达性。规划区的干部群众，对道路如何安排会使生产和生活更为便捷，会有切身体验和要求，在规划中应充分考虑他们的建议。

（4）安全第一。

道路规划要充分考虑有利于生产和交通的安全。具体体现在游览步道和车行路线避免十字交叉。对有休闲观光功能的农业农村规划区来说，车行道路、人车混合道路、人行步道难免有交叉。在这种情况下，应尽量避免人车混合道路的十字交叉、人车混合型道路与车行道路的十字交叉、人行道路与车行道路的十字交叉、人行道路与人车混合型道路的十字交叉，以减少发生交通事故的可能性。

2.2.2　分类与分级

农业规划区的道路按其功能可分为交通性道路、生产性道路和休闲道路这三类。三类道路既相互独立又有关联，也可能存在部分重合的情况。

（1）交通性道路。

要求车行快速畅通，避免非机动车及行人频繁穿越造成的干扰。交通性道路还必须与外部公路及工业、仓库、交通运输等用地有方便的联系，同时与居住区和公共建筑等用地有较好的隔离，道路线形应顺直，并形成网络。一般规划路面宽度为5~8米，转弯半径不小于6米，道路两侧各配置宽1~2米的绿化带。

（2）生产性道路。

包括机耕道与生产辅助路，生产辅助路一般配合机耕道。生产性道路根据生产要求设置，一般要求平直成网，便于农业机械作业和农用车辆通行。生产性道路要与交通性道路衔接，但要避免交通车辆借道通行。

生产性道路的间隔可根据地块连片单元的大小和走向等确定：一般在种植大田区域，道路间隔为150~300米；在园艺类基地区域，道路间隔为60~150米。主干道一般规划路面宽度为4~7米，满足农业机械双向通行要求，其他生产性道路一般规划路面宽度为2.5~4米，道路两侧各配置宽0.5~1.5米的绿化带，并设置必要的会车点和末端掉头点。

（3）休闲道路。

要求不受交通性、生产性车辆的干扰，有一定的景观效果。休闲道路一般由两部分组成，一部分为联系农业园各功能区的生活性干道，另一部分为观光景点内部的道路。休闲道路要避免与交通干道十字相交，在规划时要因地制宜，结合地形地貌特点，灵活发挥。一般休闲道路规划路面宽度为1.2~2.5米。

（4）农业规划区内部的道路分级。

农业规划区内部道路一般可分为3~4级。一级道路是农业规划区的主干道，它连接外部干道，沟通农业园内各功能区之间的联系，以通行迅速和美观为主要设计目标；二级道路是农业规划区的次干道，是农业规划区内部生产运输和观光车辆的主要通道，以通行便利为主要目标；三级道路是农业规划区内部的农事作业道路，以便于农事作业为设计目标；四级道路是参观步道，以便于游览和保护人身安全为设计目标。

（5）畜禽养殖场的内部道路。

对于畜禽养殖场内部的道路，一般要求是：场区要有便捷的对外交通，方便与场外的交通连接，对外交通道路宽一般为5~8米；场内分净道与污道，净道是饲养员行走、场内运送饲料等出入的专用通道，污道是粪污等废弃物运送的道路，净道与污道要严格分开，不得交叉混用，净道和污道一般规划宽为3~6米。

2.2.3 路网布局形式

农业规划区各级道路布局所形成的网络称为“路网”。路网设计可以分为四种形式：棋盘式、环形放射式、自由式和混合式。

（1）棋盘式路网。

主要特征：道路以直线为主，呈方格网状。

棋盘式路网优点：排列整齐、美观，有利于生产安排和车辆通行，有利于方向识别。

棋盘式路网缺点：交通分散，不能明显地划分主干道，限制了主、次干道的明确分工，对角方向的交通联系不便，行驶距离较长。曲线系数较大，达1.2~1.4。

棋盘式路网适用场合：棋盘式道路布局适合农资和农产品运输量大的农业园区，如设施蔬菜园区；也适合机械化作业的大田作物生产区，如平原地区的稻麦生产基地。

（2）环形放射式路网。

主要特征：由放射干道和环形干道组合形成，放射干道负责对外交通联系，环形干道负责各区间的交通联系。

环形放射式路网优点：对外对内交通联系便捷，线形易于结合自然地形与现状，曲线系数不大，一般在1.1左右，利于形成强烈的视觉冲击。

环形放射式路网缺点：环形放射式道路格局，从交通的角度来看，容易造成中心区域的交通拥堵，交通机动性差；从农业生产的角度来看，这种道路格局必然在农园中心区造成不规则的小区，从而使农业生产的土地利用率受到不利影响。

环形放射式路网适用场合：平原地区。

（3）自由式路网。

主要特征：道路依地形布置，路线自然弯曲，称自然式可能更为贴切。

自由式路网优点：因地制宜，可以节约建设投资；道路两侧景观丰富多变，如树木设计安排得当，使人有曲径通幽、回归自然的感觉；大多数道路可以沿等高线布局，在丘陵地区能够有效减少水土流失。

自由式路网缺点：路线弯曲，方向多变，曲线系数较大；易形成许多不规则的地块，对农业设施的安排产生不利影响，工程管线不能沿路布置。

自由式路网适用场合：丘陵山区的小规模生产性农业园，也适合各种地形地貌下的休闲农业园。

（4）混合式路网。

混合式，即前三种路网形式在一个农业规划区内的组合。根据农业规划区内地块的具体地形地貌和用途分工灵活组织、合理搭配，从而发挥以上三种形式的优点，弥补其不足。一般生产区以棋盘式为主，休闲区以自由式为主。

2.2.4 三网合一的先进理念

所谓三网，是指农业规划区内的路网、农业规划区内的灌排渠系形成的水网、农业规划区的防护林和景观绿化带所形成的林网。

三网合一，即路网、水网、林网相伴而行。这是近20年来逐步被主流规划师所认同的先进规划理念，也是系统思想在农业规划中的生动体现。

众所周知，防护林能改善田间小气候，有利于农作物生长。但防护林的树根伸进田间，会与农作物争肥争水，防护林的遮阴又会影响农作物生长。也就是说防护林也有不利于农作物生长的一面。如果以道路或水渠将防护林与农作物种植区隔开，便可以减少防护林对农作物生长的不利影响。此外，水渠开挖取出的土，可以就近垫高路基，这样便减少了道路施工的成本；树苗伴着水渠栽植，有利于成活和生长；防护林既可以给道路和水面遮阴，又可以形成绿化景观和休闲观光的环境，可谓一举多得。

2.2.5 案例点评——南京浩天农业生态园的道路规划

南京浩天农业生态园坐落在南京市六合区竹镇街道竹金路北侧，占地 1080 亩，是一个以油菜种植、加工为主，生态休闲和小规模蛋鸡养殖为辅的综合性农业园。其地形地貌具有明显的丘陵特色。该园的道路规划为 4 级：主干道、次干道、机耕道、游步道。如图 2-2 所示。

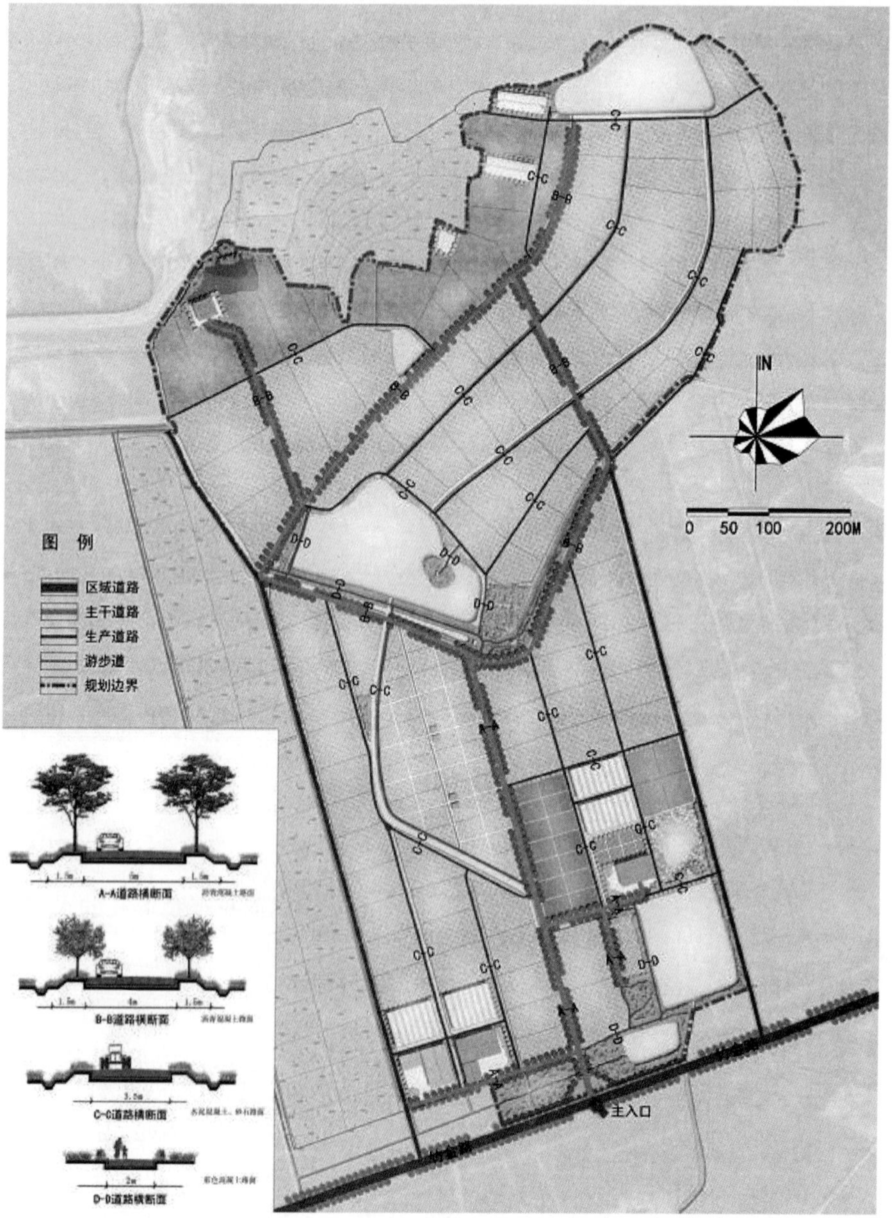

图 2-2 浩天农业生态园道路规划

在图 2－2 中，主干道和次干道剖面情况分别标注为 A－A、B－B。其中主干道一端连接区域道路（竹金路）。

机耕道即生产道路，其剖面情况标注为 C－C。可明显看出生产道路两侧没有景观树，只有护坡草本植物。

游步道为休闲观光专用道路，其剖面情况标注为 D－D。

主干道、次干道和机耕路尽量做到三网合一。主干道、次干道、机耕道两侧一般安排了灌排水渠。承载交通功能的主干道，从入口处衔接区域公路，并且连通种植区、加工区、养殖服务区、休闲服务中心、管理中心。

该园的道路设计，符合因地制宜、因势利导的原则。该农业园所在的地块，前期经过政府土地整理项目的实施，种植区基本平整，机耕道和水利系统基本建成。所以，该园的道路规划采取顺势而为、因势利导的策略，局部种植区的道路基本呈现棋盘式格局，总体路网布局具有混合式特点。

2.3　农田水利

水利是农业的命脉。农田水利建设是农业基础设施建设的重中之重。因此，农田水利项目的规划设置与设计非常重要。农田水利规划设计重点要考虑灌溉标准、灌溉水源、灌溉渠系、灌溉方式、排水标准、排水方式等。

2.3.1　灌溉标准

影响作物需水量的因素有气象、土壤、作物品种、农业技术、灌溉排水措施等。这些因素对需水量的影响是相互联系的，也是错综复杂的。在生产实践中，一方面是通过田间试验的方法直接测定作物需水量，另一方面是在试验的基础上分析出影响作物需水量各因素之间的相互关系，用经验或半经验的相关公式进行估算。

设计农业园灌溉系统，应首先确定灌溉设计保证率。南方小型水稻灌区的灌溉工程可按抗旱天数进行设计。灌溉设计保证率可根据水文气象、水土资源、作物组成、灌区规模、灌水方式及经济效益等因素，根据表 2－2 确定。

抗旱天数是指在作物生长期间遇到连续干旱时，灌溉设施能够满足灌区作物用水要求的天数。例如，某灌溉设施能够满足灌区连续 50 天干旱的灌溉用水要求，则该灌溉设施的抗旱天数为 50 天。用抗旱天数作为灌溉设计标准，概念具体，易于理解，适用于以当地水源为主的小型灌区，在我国南方丘陵地区使用较多。

选择抗旱天数时应进行技术经济分析。抗旱天数定得高，作物缺水受旱的可能性小，但工程规模大，投资多，水资源利用不充分，不一定经济；反之，定得低，工程规模小，投资少，水资源利用较充分，但作物遭受旱灾的可能性也大，也不一定经济。应根据当地水资源条件、作物种类及经济状况等，全面分析论证，以期选取切合实际的抗旱天数。根据《灌溉与排水工程设计规范》（GB50288—99）规定：以抗旱天数为标准设计灌溉工程时，单季稻灌区可用 30 ~ 50 天，双季稻灌区可用 50 ~ 70 天。经济发达地区可按上述标准提高 10 ~ 20 天。

表 2 - 2　灌溉设计保证率

灌水方式	地区	作物种类	灌溉设计保证率（%）
地面灌溉	干旱地区或水资源紧缺地区	以旱作为生	50 ~ 70
		以水稻为生	70 ~ 80
	半干旱、半湿润地区或水资源紧缺地区	以旱作为生	70 ~ 80
		以水稻为生	75 ~ 85
	湿润地区或水资源丰富地区	以旱作为生	75 ~ 85
		以水稻为生	80 ~ 95
喷灌、微灌	各类地区	各类作物	85 ~ 95

注：作物经济价值较高的地区，宜选用表中较大值；作物经济价值不高的地区，可选用表中较小值。

2.3.2　灌溉水源

灌溉水源是指天然水源中可以用于灌溉的水体，有地表水和地下水两种形式，地表水包括河川径流、湖泊以及在汇流过程中由水库、塘坝、洼淀等拦蓄起来的地面径流。目前大量利用的是河川径流及当地地面径流，地下径流正在被广泛地开发利用。随着现代工业的发展与城市建设的加快，经处理后符合农田灌溉水质标准的城市污水也是被广泛应用的灌溉水源。灌溉水源水质应符合《农田灌溉水质标准》（GB 5084—92）的要求。

不同的灌溉水源，对应的灌溉取水方式也不同。地下水源丰富的地区，可以打机井灌溉。以地表水为灌溉水源时，可以建设蓄水塘、引水渠等设施，实现蓄水灌溉、引水灌溉、提水灌溉。以河流为灌溉水源时，可以在河道的适当地点，修建取水建筑物，通过引水、提水的方式获得灌溉用水。

对于灌溉水源，《高标准农田建设标准》（NY/T 2148—2012）规定：应按不同作物及灌溉需求实现相应的水源保障，水源工程质量保证年限不少于 20 年；井灌工程的井、泵、动力、输变电设备和井房等配套率应达到 100%；塘堰建设容量应小于 10 万立方米，坝高不超过 10 米，挡水、泄水和放水建筑物等应配套齐全；建设蓄水池，在南方和北方地区亩均耕地配置蓄水池的容积应分别不小于 8 立方米和 30 立方米；对于建设的小型蓄水窖（池），容量不小于 30 立方米，集雨场、引水沟、沉沙池、防护围栏、泵管等附属设施应配套完备。

2.3.3　灌溉渠系

灌溉渠系规划布置原则为：

（1）沿高地布置，争取控制最大的灌溉面积。

但对局部难以实现自流灌溉的高地，可通过节水灌溉、提水灌溉或种植耐旱作物等方式解决，以减少渠系建设工程量。

（2）力求经济合理。

上下级渠道尽可能垂直布置，渠线宜短直，尽量少占耕地，避免穿越村庄，避免与河流、道路相交，要充分利用原有水利工程设施。

（3）保证工程安全。

渠线应尽量避开险工、险段，并避免深挖、高填，以求渠床稳定、施工方便、输水安全。

（4）灌溉统一规划。

一般应做到灌有渠、排有沟，灌排分开，自成体系，尽量保持原有的排水系统，不打乱自然排水流向。

（5）积极开源节流，充分利用当地水土资源。

有条件的区域建立“长藤结瓜”式灌溉系统，以发挥当地塘坝的调蓄作用，同时也可有效地扩大灌溉水源，增加灌溉面积。

灌溉渠系一般由取水枢纽（或称渠首工程）、灌溉渠道、渠系建筑物和田间工程四部分组成，建设工程质量保证年限不少于 15 年，防洪最低设计标准在重现期 10 年以上。

（1）取水枢纽（渠首工程）。

指从河流、湖泊等地表水源引水而修建在取水地段的水工建筑物综合体。当引水期间取水枢纽处的河水位高于引水要求的水位时，可在天然条件下自流引水。否则，需拦河筑坝或修建水闸，提高水位，形成自流引水的条件；或在天然水位情况下用水泵抽水。

（2）灌溉渠道。

灌溉渠道一般分为干渠、支渠、斗渠、农渠四级，干渠、支渠主要起输水作用，为输水渠道；斗渠、农渠主要起配水作用，称为配水渠道。渠道级数的多少主要依灌区面积大小和地形条件而定。灌区面积大，地形复杂时可增设总干渠、分干渠等；灌区面积小，地形平坦或呈狭长形时，可采用干渠、斗渠、农渠三级渠道，甚至干渠、农渠两级。在布置上，干渠、支渠道在山丘型灌区主要沿等高线或垂直等高线布置，在平原型灌区主要因地制宜地沿道路、河流、山麓等布置。斗渠、农渠在平原地区，斗渠长度宜为 1000 ~ 3000 米，间距宜为 400 ~ 800 米，农渠长度宜为 400 ~ 800 米，间距宜为 100 ~ 200 米，河谷冲积平原区、低山丘陵区的斗渠、农渠长度可适当缩短。

（3）渠系建筑物。

常用的渠系建筑物主要包括进水闸、分水闸、节制闸、渡槽、倒吸虹、农桥、涵洞、跌水与陡坡、量水设施等，这些设施应满足渠道输水、配水、量水、泄水和防洪等要求，保证渠道正常运行，最大限度地满足作物需水要求。渠系建筑物一般规模不大，但数量多、分布广，在建设中尽可能集中布置，联合修建，形成枢纽，降低造价，便于管理。

（4）田间工程。

指农田灌排系统中最末一级固定渠沟（一般指农渠、农沟）控制范围内的工程设施。田间工程包括：农渠和农沟及以下各级田间灌排渠沟，灌水沟、畦和格田，井、塘、蓄水池，喷滴灌设施，田间工程配套建筑物等。田间工程规划应从灌区实际出发，提高灌溉效率，推广先进的灌水技术，实行节约用水，合理利用灌区水土资源和充分发挥灌溉工程的效益。

2.3.4 排水标准

排涝标准的设计要明确暴雨重现期，应根据排水区的自然条件、涝灾的严重程度及影响大小等因素，经分析而定，一般可采用5~10年。在经济条件较好或有特殊要求的地区，可适当提高标准，经济条件目前尚差的地区可分期达到标准。

设计暴雨历时和排除时间应根据排涝面积、地面坡度、植被条件、暴雨特征和湖泊的调蓄情况，以及农作物耐淹水深和耐淹历时等条件，经论证确定。旱作区一般可采用1~3天、暴雨从作物受淹起1~3天排至田间无积水，水稻区一般可采用1~3天、暴雨3~5天排至耐淹水深。

农作物的耐淹水深和耐淹历时，应根据当地或邻近地区的有关试验或调查资料分析确定。无试验或调查资料时，可根据表2-3选取。

排涝模数是农业排水系统设计的一个重要参数。排涝模数指涝区每平方公里排水面积的排涝流量。单位一般是立方米/秒/平方公里。而排涝流量是农田排水沟道断面尺寸及配套建筑物规模设计的重要依据。根据当地或邻近地区的实测资料分析确定。

表2-3 几种主要作物的耐淹水深和耐淹历时

农作物	生育阶段	耐淹水深（厘米）	耐淹历时（天）
小麦	拔节~成熟	5~10	1~2
棉花	开花、结铃	5~10	1~2
玉米	抽穗	8~12	1~1.5
	灌浆	8~12	1.5~2
	成熟	10~15	2~3
甘薯	—	7~10	2~3
春谷	孕穗	5~10	1~2
	成熟	10~15	2~3
大豆	开花	7~10	2~3
高粱	孕穗	10~15	5~7
	灌浆	15~20	6~10
	成熟	15~20	10~20
水稻	返青	3~5	1~2
	分蘖	6~10	2~3
	拔节	15~25	4~6
	孕穗	20~25	4~6
	成熟	30~35	4~6

设计排渍深度、耐渍深度、耐渍时间和水稻田适宜日渗漏量，应根据当地邻近地区农作物试验或种植经验调查资料分析确定。无试验资料或调查资料时，旱田设计排渍深度可取0.8～1.3米，水稻田设计排渍深度可取0.4～0.6米，旱作物耐渍深度可取0.3～0.6米，耐渍时间3～4天，水稻田适宜日渗漏量可取2～8毫米/天（黏性土取较小值，砂性土取较大值）。

2.3.5　田间排水网

田间排水网可分为明沟排水网和暗管排水网，前者使用较为广泛。田间排水网建设工程质量保证年限应不少于10年。

田间排水网要满足农田防洪、排涝、防渍和防治土壤盐渍化的要求，不同地区与不同的自然条件，农田排水网的组成和布置不同。排水网布置应与田间其他工程（灌渠、道路、林网）相协调。在平原、平坝地区一般与灌溉渠分离，在丘陵山区，排水沟可选用灌排兼用或灌排分离的形式。

排涝农沟采用排灌结合的末级固定排灌沟、截流沟和防洪沟，应采用砖、石、混凝土衬砌，长度宜在200～1000米之间；斗沟长度宜为800～2000米，间距宜为200～1000米；山地丘陵区防洪斗沟、农沟的长度可适当缩短；斗沟的间距应与农沟的长度相适应，宜为200～1000米；排水沟深度与间距因土壤类型不同而不等，深度一般为1.3～1.8米，间距为50～100米。

2.4　给排水

2.4.1　给水规划

（1）目的与任务。

确定供水标准，预测用水需求量，合理选择水源；科学布置给水设施和给水管网系统，满足不同功能区和服务项目对水质、水量、水压等的要求，最大限度地保护和合理利用水资源。

（2）用水量预测。

场区需水量主要包括生活用水、生产用水、消防用水、浇洒道路和绿化用水、管网遗漏量和未预见水量等。其中消防用水、浇洒道路和绿化用水可利用附近自然水体或人工蓄水池水，可不计入用水总量。

生活用水量可参考《城市给水工程规划规范》（GB 50282—2016）和镇（乡）村给水工程规划规范（CJJ/T 246—2016），根据当地用水定额及场区产业结构合理调整。一般地，综合用水指标近期可选取100升/人·天，远期可选取150～200升/人·天。

生产用水量可根据行业类别参考各地行业用水定额相关标准。

畜禽饲养项目用水需求量可根据表2－4计算。

表2－4　主要畜禽饲养用水量

畜禽类别	单位	用水量（升）
马	升/匹·天	40～60
成牛或肥牛	升/头·天	30～60
牛	升/头·天	60～90
猪	升/头·天	20～80
羊	升/头·天	5～10
鸡	升/只·天	0.5～10
鸭	升/只·天	1～2

场区内的农业机械及相关的农事作业，其用水需求量可根据表2－5计算。

表2－5　主要农业机械用水量

机械类别	单位	用水量（升）
柴油机	升/马力·天	30～50
汽车	升/辆·天	100～120
拖拉机或联合收割机	升/台·天	100～150
农机小修厂机床	升/台·天	35
汽车、拖拉机修理	升/台·天	1500

（3）水源选择。

有条件区域可直接纳入区域供水管网系统，无条件或者接入区域供水系统困难的场区，必须考虑自建水厂。自建水厂的水源分为地下水和地表水两大类。水源选择应符合以下原则：

一是水量充足可靠，满足场区近远期发展需求。取水量应不超过自然环境的承载量，同时应保证枯水期保证率不得低于90%。

二是水源水质良好，符合用水等级要求。当存在多种天然水源时，应考虑多水源分质供水，将水质较好的水源作生活供水水源。

三是对接所在地区近远期规划和发展布局，综合考虑取水、净水、输配水系统的安全和经济性。应进行区域或流域范围内的水资源供需平衡分析，要考虑取水工程本身与当地的水文、水文地质、工程地质、地形、卫生、施工等方面条件。

四是水源地应有良好的卫生防护。水源的卫生防护按照现行的《生活饮用水卫生标准》（GB 5749—2016）的规定执行。水源地一级保护区应符合现行的《地面水环境质量标准》中规定的B类标准。

五是充分利用再生水，实现水生态的良性循环。将处理后符合相应标准的雨水、污水用作工业用水、生活杂水、农业灌溉用水及河湖环境用水。

六是应选藻类含量低、水较深和水域较开阔的湖泊或水库作为水源，并符合现行的《含藻水给水处理设计规范》（CJJ 32—2011）的规定。

（4）水源保护。

水源保护参考《活饮用水集中式供水单位卫生规范》相关规定：

一是地面取水点周围半径 100 米的水域内，严禁捕捞、网箱养殖、停靠船只、游泳和从事其他可能污染水源的任何活动。

二是取水点上游 1000 米、下游 100 米的水域不得排入工业废水和生活污水；其沿岸防护范围内不得设立有毒、有害化学物品仓库、堆站，不得设立装卸垃圾、粪便和有毒有害化学物品的码头；不得使用工业废水或生活污水灌溉及施用难降解或剧毒的农药。

三是作为生活饮用水水源的水库和湖泊，应根据不同情况，将取水点周围部分水域或整个水域及其沿岸划为水源保护区，并按第一项、第二项的规定执行。

四是以河流为给水水源的集中式供水，把取水点上游 1000 米以外的一定范围河段划为水源保护区，严格控制上游污染物排放量。

五是以地下水作为水源采取分散式取水时，水井周围 30 米范围内不得修建渗水厕所、渗水坑、废渣堆场，不得铺设污水渠道；在单井或井群的影响半径范围内，不得使用工业废水或生活污水灌溉和施用难降解或剧毒的农药，并不得从事破坏深层土层的活动。

（5）给水设施规划。

给水设施规划主要包括取水设施规划、水厂规划、给水管网布置、给水管径选择、给水工程安全性几个方面：

1）取水设施规划。地表水取水设施应设在水量充沛、水质较好的地点；具有良好的地质地形条件、稳定的河床；靠近主流，尽可能免受泥沙、漂浮物、水草等的影响。地下水取水设施应选在地质良好、水量充沛的地下丰水区。

2）水厂规划。水厂规划要注意以下几个方面：

一是园区内部的水厂设置应以园区总体规划和上位城镇总体规划为依据。园区分布较集中的区域应统筹规划区域水厂，不单独设水厂的园区可设配水厂。应不占或尽量少占良田好地。

二是地表水水厂的位置应选择在工程地质条件较好、不受洪水威胁、环境卫生条件和安全防护条件、交通便利、靠近电源的地方；同时要考虑取水点与用水区的距离，若两者距离较近，水厂通常与取水设施结合设置，若距离较远，水厂可选在取水设施近旁或离用水设施较近的地方。

三是取用地下水的水厂应尽量靠近最大用水区，可设在井群附近或分散布置。

四是园区内部水厂及加压泵站的用地规模应按给水规模确定，用地指标按照《城市给水工程规划规范》（GB 50282—2016）和《镇（乡）村给水工程规划规范》（CJJ/T 246—2016）中的相关指标确定。水厂厂区及加压泵站周围应设置宽度不小于 10 米的绿化带。

3）给水管网布置。给水管网布置形式可根据场区实际情况，相应选择枝状、环状及混合式布置形式。管网应合理分布于整个用水区，场区中心区的配水管网宜呈环状布置，周边区域可布置成枝状管网，但应考虑远期连城环状管网的可能，同时应保证给水的安全性。管线走向应与给水的主要流向一致，以较短距离引向用水大户，宜沿现有道路或规划道路布置，尽量少穿越铁路、高速公路、河流与山体。

4）给水管径选择。给水管径一般由设计供水量及流速确定。以管网造价与经营费用之和最小为出发点，确定经济流速，从而确定经济管径。设计时常以平均经济流速来确定管径，当管径为100～400毫米时，平均经济流速取0.6～0.9米/秒；当管径不小于400毫米时，平均经济流速取0.9m/s～1.4m/s，大管取大值，小管取小值。

5）给水工程安全性。场区给水工程设施的防洪及排涝等级应不低于场区防洪排涝所采用的标准，其抗震要求应按照《室外给水排水和燃气热力动力工程抗震设计规范》（GB 50032）的相关标准要求。

2.4.2 污水处理

（1）污水处理的目的与任务。

农业生产过程中污水主要包括生活污水和生产污水。为了保护环境、减少污染，保护区域内的水环境质量，必须将居民点的生活污水、农业生产废水进行统一收集、综合利用、妥善排放。一般地，城郊型农业园的污水可纳入城市污水管网进行统一处理，距离城市较远的农业园，污水无法直接排入城市污水管道，因此常采用小型分散式污水处理系统。

（2）排水体制选择。

排水体制分为合流制和分流制，一般应选择雨污分流制。条件不具备的地区可选择合流制，但在污水排入排水系统之前应采用化粪池、生活污水净化沼气池等方法进行预处理。经济发展一般或欠发达地区，近期可采用不完全分流制，将生活污水与生产污水经污水管道系统收集汇入分散式污水处理设施，经处理后排入附近水体或进行农业灌溉，雨水则通过地面漫流排入附近水体，远期应逐步过渡到完全分流制。

（3）污水量计算。

污水量主要包括综合生活污水量和生产污水量。

综合生活污水量可按照生活用水量的75%～90%进行估算，农村居民点的生活污水量按照当地用水定额的60%～80%计算。

生产污水量及其时变化系数应根据用水量、产品种类、生产工艺特点等确定，也可按照生产用水量的70%～90%计算。

（4）污水处理技术选择。

农业园区污水排放具有明显季节性或时段性，且污水量相对较少，污水处理构筑物难以连续运转，因此在进行污水处理时，必须灵活多变，根据不同的时间段，以及不同的季节进行有针对性的设置，避免出现资源的损耗和浪费。

污水处理技术可分为单一工艺和组合工艺。每一种污水处理技术在处理效果、建设费用、运行费用、占地面积方面都有其优点与缺点，也与区域的经济发展水平、人口密度、污水量、地形地貌等因素密切相关。按其原理可分为自然处理系统和人工处理系统，目前常用的分散式污水处理技术的优缺点与适用范围见表2－6。

表 2－6　单一分散式污水处理技术分类与比较

	技术方法	处理效果	建设费用/［元/（米·天）］	运行费用/（元/立方米）	占地	适用范围	其他限制因素
自然处理系统	人工湿地	整体处理效果较好，脱 N 效果稍差	600～800	0.05～0.1	较大	地势平坦、坡地、居住相对集中的中、小村庄	土地面积
	稳定塘	COD＞70%，BOD5、TSS、病原体、NH_4^+－N 去除效果较好，脱 N 除 P 差	500	0.05	较大	经济欠发达、水资源短缺、规模较小且拥有自然池塘或闲置沟渠地形的村庄	温度
	沼气净化池	COD、BOD 达标，脱 N 除 P 效果差	200	—	很小	分散式生活污水处理设施	温度
	地埋式污水装置	COD、BOD 50%～70%，SS 60%～70%，脱 N 除 P 效果差，出水只能达到二级排放标准	350～400	0.1	很小	适合经济基础较好、人口相对集中的中、小农村和分散饭馆、酒店等	技术要求高
	接触氧化池	BOD5、TSS、病原体去除效果好，可除 NH_4^+－N	500	0.05	一般	—	稳定
	曝气生物滤池	BOD5、TSS、病原体、脱 N 除 P 效果好	1000	—	一般	—	曝气量
	氧化沟	COD、NH_4^+－N、TP 达标排放	—	—	一般	有水塘可利用的地方	—
人工处理系统	膜反应器	出水达国家一级排放标准，BOD＞90%，污泥产量低	—	—	很小	分散式生活污水处理设施	—
	净化槽	COD、BOD 达标，NH_4^+－N、TP 去除效果好	—	—	很小	排放量较小的污染源	—

注：BOD：生化需氧量，表示用好氧微生物氧化污水中的还原性物质所消耗的氧气量，用以间接衡量水中有机污染物的含量；

BOD5：5 天生化需氧量，因微生物氧化过程极其缓慢，在实验室中，测定生化需氧量规定 5 天消耗的氧气量作为衡量标准；

COD：化学需氧量，表示用化学氧化剂氧化污水中的还原性物质所消耗氧气的量，在实验中，这个值是唯一变量，用以间接衡量水中还原性污染物（包括有机和无机）的含量；

TSS：总悬浮物含量；

SS：悬浮物含量；

NH_4^+－N：水中无机氨含量。

目前污水处理工艺从处理效果、处理深度、占地及运行稳定性等因素综合分析筛选，其中较适宜作为小型污水处理设施的处理方法为接触氧化法，可以最大限度地减少处理难度，产泥量低、出水水质稳定，体积负荷量大、处理效率高，且不受场地影响，能够最大限度地进行方案实施。目前国内小型生活污水处理装置绝大多数采用此工艺，如表 2－7 所示。

表 2－7　分散式生活污水处理推荐技术方案

序号	推荐技术	处理水量（吨/天）	排放标准	适用条件	主体工程造价（万元/吨）	运行费用（元/吨）
1	SBR—人工湿地组合工艺	1～200	一级 B 标准	用地紧张，排放要求高	0.5～1	0.4～0.6
2	脉冲多层复合滤池—人工湿地组合工艺	1～200	一级 B 标准	有可利用的空闲地	0.5 左右	0.2～0.5
3	微动力 A/O 池—人工湿地组合工艺	1～200	一级 B 标准	有可利用的空闲地	0.45～0.6	0.25～0.4
4	接触氧化—人工湿地组合工艺	50～200	一级 B 标准	有可利用的空闲地	0.5 左右	0.25～0.35

若有条件或受纳水体要求严格时，可在后续作深度处理，进一步降低出水中污染物浓度，使出水达到回用程度，实现污水资源化。为了以较少的投入达到较好的污水处理效果，一般选择组合工艺类型。根据苏南各地在已有工作中取得的经验，以及各生活污水分散处理技术的比较分析，优先推荐有接触氧化—人工湿地组合工艺技术，如图 2－3 所示。

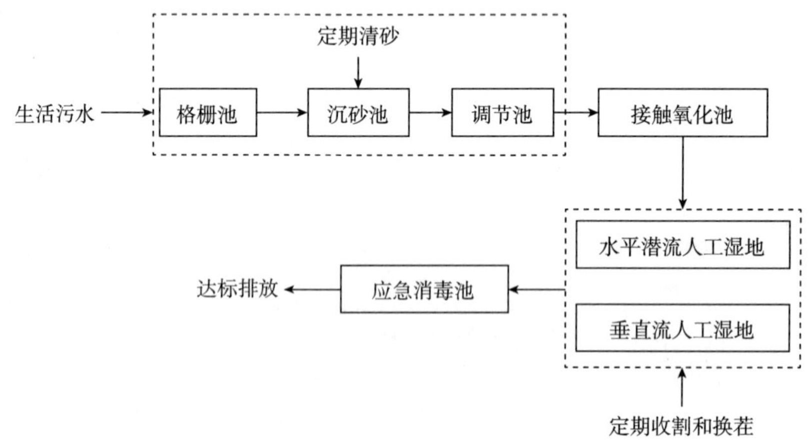

图 2－3　接触氧化—人工湿地组合工艺污水处理流程

如上所述，选用接触氧化—人工湿地组合工艺，在处理效果、处理深度、占地、运行稳定性、主体工程造价、运行维护费用等方面具有比较优势。采用这种工艺流程后，每户（单元）所产生的生活污水通过入户管网收集后，统一纳入村庄的污水干管，最后输送至指定的污水处理设施。

2.4.3　污水处理设施选址

（1）选址原则。

分散式污水处理设施宜设置在园区的下游和主导风向的下风向；宜接近自然接纳水体或农田灌溉区；但与居住小区或公建建筑间应有一定的卫生防护带，卫生防护带宽度一般为 300 米，处理污水用于农田灌溉时宜采用 500～1000 米的标准；宜设置在地势相对较低的荒地处，且地块无塌方、无滑坡，地下水位低、土壤承载力好；不宜设置在不良地质地段和洪水淹没、内涝低洼地区，否则应采取相关工程措施加以防护，其设防标准不应低于所在园区的设防等级。

（2）设施规模。

采取接触氧化—人工湿地组合工艺，以每一个污水处理系统设计污水流量为 200 吨/天为例，其具体的设计规格如表 2－8 所示。

表 2－8　污水处理系统主要构筑物规格一览

污水处理系统的构筑物	格栅池（B×L×H）	沉砂池（B×L×H）	调节池（B×L×H）	生物接触氧化池（B×L×H）	人工湿地（B×L×H）	应急消毒池
规格（米）	1.0×0.6×2.7	4.5×2.0×2.7	9.5×3.5×2.0	10×8×5.5	28×25×1.2	4.0×2.0×1.2
占地（平方米）	0.6	9	33.3	80	700	8

注：本表原始数据参考《广州市茅岗村人工湿地处理农村污水的工程实践》。

由表 2－8 可知，该系统的主要构筑物占地面积合计为 830.9 平方米。除了构筑物，还有道路及周边绿化等也需要预留设施用地，实际规模应根据实际情况具体确定。生产污水的处理设施应与生产设施建设同步进行。

（3）污水管径。

生活污水管网的设计，在理论上可参考《室外排水设计规范》和《镇（乡）村排水工程技术规程》。污水管最小管径是 200 毫米，最小设计坡度为 3%。

2.4.4　污水排放及污泥处理

（1）污水排放。

污水排放应符合现行国家标准《污水综合排放标准》的有关规定。污水用于农田灌溉应符合现行国家标准《农田灌溉用水水质标准》的有关规定。

（2）污泥处理。

农村分散式污水处理设施产生的污泥量相对较小，采用专门的装置进行污泥处置是不经济、不现实的，因此结合农村当地环境、自然条件和农业生产需要，建议对污泥进行堆肥处理。

首先进行污泥干化（前处理），可采用自然晾干或者阳光大棚的方式减少水分；然后加入干料（如木糠、谷糠、秸秆粉等）进行堆置，使堆体水分含量控制在40%～60%的范围；再经过二次发酵至腐熟。堆制产物可直接是使用，也可经过调制作为追肥使用。污泥或以污泥为原料制作的肥料不宜在大田作物上使用，可在花卉、速生林、草坪等非食用植物上使用。

2.5　强弱电

2.5.1　强电需求预测

即电力负荷需求预测。可以采用以下任意一种方法对规划区用电负荷进行预测，或用数据方法分别测算，再综合分析予以取舍或修正。

（1）分项预测法。

即按用地项目进行单项预测，然后相加得出总体用电需求。规划区用电负荷的计算，应包括生活用电、加工企业用电和农业用电的负荷，可按以下标准（或经验数据）计算。

1）一般住户生活用电负荷为：1～5千瓦/户。

2）加工企业用电量为：一般重工业每万元产值用电量为3000～4000千瓦时；轻工业每万元产值用电量为1200～1600千瓦时；农产品加工项目可按每万元产值用电量1200千瓦时计算。

3）农业大田生产用电负荷主要是灌溉用电：可以取15瓦/亩。

4）物流配送中心的冷库的用电负荷：500瓦/平方米。

5）以接待住宿为主的休闲接待中心可按客房数计算，平均每客房的用电负荷为1050瓦。

6）农家乐餐饮服务的用电负荷：42k瓦/户。

（2）人均指标预测法。

即以规划区人数为依据测算用电需求。通常采用人均市政、生活用电指标来预测用电量，结合规划区的地理位置、社会经济发展与城镇建设水平、人口规模、居民经济收入、生活水平、能源消费构成，气候条件、生活习惯、节能措施等因素，对照表2－9的指标幅值确定。

表2－9　规划区人均市政、生活用电指标　　单位：千瓦时/人·年

规模分级	经济发达地区			经济欠发达地区		
	一	二	三	一	二	三
近期	560～630	510～580	430～510	360～440	310～360	230～310
远期	1960～2200	1790～2060	1510～1790	1400～1720	1230～1400	910～1230

（3）单位面积用电负荷指标法。

即根据规划区的建筑面积来预测用电需求。当采用单位建筑面积用电负荷指标法对规划区用电负荷进行测算时，其居住建筑、公共建筑、工业建筑的规划单位建筑面积负荷指标的选取，应根据三大类建筑的具体构成分类及其用电设备配置，结合当地各类建筑单位建筑面积负荷的现状水平，参考表 2－10 的指标，经分析比较后确定。

表 2－10　规划区单位建筑面积用电负荷指标取值范围　　单位：瓦/平方米

建设用地分类	居住用地	公共建筑	工业建筑
单位建筑面积负荷指标	15～40	30～80	20～80

（4）需用系数法。

这种方法考虑到不同用电项目的最大负荷的用电时间间歇这一特点，用需用系数进行了修正。计算公式为：

$$P_{max} = K_x \sum P_n \tag{2-1}$$

$$A = P_{max} \times T_{max} \tag{2-2}$$

式中，P_{max}为最大用电负荷（千瓦），K_x 为需用系数，$\sum P_n$ 为各类设备额定容量总和（千瓦），A 为年用电量（千瓦时），T_{max}为最大负荷利用小时。

有关需用系数和最大负荷利用小时数如表 2－11 所示。

表 2－11　需用系数 Kx 与最大负荷利用小时数 Tmax 参考取值范围

项目类别	最大负荷利用小时数（小时）	需用系数	
		一个变电站的规模	一个镇区的范围
灌溉用电	750～1000	0.5～0.75	0.5～0.6
水田	1000～1500	0.7～0.8	0.6～0.7
旱田及园艺作物	500～1000	0.5～0.7	0.4～0.5
排涝用电	300～500	0.8～0.9	0.7～0.8
农副产品加工用电	1000～1500	0.65～0.7	0.6～0.65
谷物脱粒用电	300～500	0.65～0.7	0.6～0.7
乡镇企业用电	1000～5000	0.6～0.8	0.5～0.7
农机修配用电	1500～3500	0.6～0.8	0.4～0.5
农村生活用电	1800～2000	0.8～0.9	0.75～0.85
其他用电	1500～3500	0.7～0.8	0.6～0.7
农村综合用电	2000～3500	—	0.2～0.45

2.5.2　电源规划

电源规划应注意以下几个方面：

（1）供电电源。

在条件许可时应优先选择区域电力系统供电；对规划期内区域电力系统不能经济、合理供到的农业园，应因地制宜地建设适宜规模的沼气发电站、太阳能电站、风能小电站、小水电站、燃油发电站等。

（2）选址。

供电电源和变电站站址的选择应以县（市）域供电规划为依据，并符合建站的建设条件，且线路进出方便和接近负荷中心，不占或少占农田。变压器的位置应设在负荷中心，尽量靠近负荷量大的地方；配电变压器的供电半径以控制在500米内为宜。

变电站选址应交通方便，但与道路应有一定的间隔，且不受积水浸淹，避免干扰通信设施，其占地面积应考虑最终规模需求。

（3）装机容量。

应根据用电负荷预测（适当考虑备用容量）和现状电源变电所、发电厂的供电能力及供电方案，进行电力、电量平衡，测算规划期内电力、电量的余缺，提出规划期内需增加的电源变电所和变电站的装机总容量。

（4）微电网。

对于运输线较长的农业规划区，可使用开关站解决输电线走廊空间限制的问题，起到电源支撑的作用。一些较大规模的设施农业种植区或大型养殖区，需配备自备电源，以保证生产安全。一些示范性的农业园区，为体现节能环保的理念，可以考虑分布式电源、储能装置等新型负荷的接入需求，结合农业物联网、节能服务与配套设施，因地制宜开展微电网建设，形成能源互联、能源综合利用的体系。

（5）供电电压等级。

供电电压等级应根据当地电网条件、用电负荷、用户报装容量，经过技术经济比较后确定，如表2-12所示。供电半径较长、负荷较大的用户，当电压不满足要求时，应采用上一等级的电压供电。对于一般农业园区，可申请从供电公司接入10千伏中压主干线，以满足正常生产经营的电力需求。

表2-12　用户接入容量和供电电压等级参考

供电电压等级	用电设备容量	受电变压器总容量
220伏	10千瓦及以下单相设备	—
380伏	100千瓦及以下	50千伏安及以下
10千伏	—	50千伏安~10兆伏安
20千伏	—	50千伏安~20兆伏安
35千伏	—	5兆伏安~40兆伏安
66千伏	—	15兆伏安~40兆伏安
110千伏	—	20兆伏安~100兆伏安

注：无20千伏、35千伏、66千伏电压等级的电网，10千伏电压等级受电变压器总容量为50千伏安至20兆伏安。

2. 5. 3　供电线路的敷设

供电线路可采用架空线或穿管地埋电缆，布置应符合以下要求：

第一，便于检修，尽量沿道路布置。

第二，为减少占地和投资，架空敷设时，尽量采用同杆并架的架设方式。

第三，线路走廊不应穿越村镇中心住宅、森林、危险品仓库等地块，要避开不良地形、不良地质和洪水淹没地段。

第四，配电线路一般布置在道路的同一侧，既较少交叉、跨越，又避免对弱电的干扰。

第五，变电站出线宜将工业线路和农业线路分开设置。

第六，线路走向尽可能短捷、顺直，减少电压损失（要求自变电站始端到用户末端的电压损失不超过 10%）。

2. 5. 4　弱电工程

农业弱电工程是指要运用计算机技术、现代通信技术、网络技术、自动控制技术等实现农业生产管理与经营的现代化与智能化。农业规划区的弱电工程可能涉及计算机网络系统、电视电话系统、视频监控系统、广播系统、公告显示系统、农业物联网系统等，一般要根据自身条件与发展需求，进行弱电工程的规划。弱电工程的规划设计应符合下列要求：

第一，信号传输必须迅速，准确，可靠，维修方便。

第二，应保证农业规划区运行调度指挥中心与各项目控制点之间数据传输畅通，保证规划区与上级主管部门和客户之间的通信畅通。

第三，对乡村旅游与休闲农业项目，应参考旅游管理部门对旅游景点的要求配置相应的弱电工程。

第四，中央控制室或总机交换台的位置宜接近负荷中心，其建筑面积和设备容量可按需要确定。

第五，有线通信线路应尽量避免与铁路、公路、河流电力线交叉。

在现代农业中要综合运用互联网、物联网、移动互联网、现代通信、云计算、大数据、人工智能等先进信息技术，实现农业产前预测指导、产中过程管理、产后电商营销以及政策辅助决策的作用。

2. 6　防护林

随着生态环境的恶化和自然灾害的频发，农业生产受到了巨大的威胁。诸多实践和实验表明，农田防护林对台风、旱涝、霜冻等自然灾害具有预防及保护作用。科学规划防护林，可以在一定程度上保护农田，降低风速，改善农田小气候，降低自然灾害，稳定农业生产，提高作物产量和品质，保护农区生物多样性。此外，还能改善乡村景观。

2.6.1 防护林的结构

防护林主要分为紧密型防护林、透风型防护林、疏透型防护林三种类型。

（1）紧密型防护林。

由大乔木、亚乔木和灌木组合，几乎不透风，透光面积小于5%，中等风力基本上通不过，在背风林缘区形成静风区或者弱风区，但是风改变方向后在林带的一侧猛地下降，反而危害作物生长。所以这种结构不宜多用。

（2）透风型防护林。

由大乔木组成，不配或少配中下层植物，透风透光，透风系数为0.5～0.7，风一部分从林带下层穿过，一部分从上层绕行，在很远的地方才会形成弱风区，林带内和林带边缘风速大，容易造成风蚀和乔木的折断。

（3）疏透型防护林。

几行乔木搭配1～2行的灌木，透光均匀，透风系数为0.3～0.5，平均可减少28%风速，是比较推崇的林带结构。

2.6.2 防护林的设计

（1）林带走向。

防护林主林带的方向应该垂直于主害风风向，副林带方向和主林带方向垂直，同时也要结合农田沟渠配置。根据风速和树种成年高度来确定林带的间距，同时还需考虑防护林的疏透度和透风系数。我国常见的防护林行数为4～12米，宽度为6～18米，最适宜的疏透度为0.25～0.30，透风系数为0.50～0.60。做具体设计的时候应该结合当地的气候、土壤、农作物品种、防护林树种等因地制宜，重点考虑林带防护作用的同时也要结合生态效益和经济效益。

（2）防护林树种。

不同地区的防护林选择的树种特性与作用不一，以乡土树种为主，适当引进一些外地的优良树种。如表2－13所示。

表2－13 不同地区防护林种树的选择参考

所属区域	树种的特性与作用	选择的树种
华东地区	主要是抗风、抗寒，沿海地区主要是防风和改良土壤盐渍化	枫杨、水杉、落羽杉、池杉、雪松、侧柏、银杏、垂柳、悬铃木、楠木、乌柏、合欢、黄连木、栾树、毛竹、慈竹、棕榈、茶树等
华南地区	要求抵挡台风和沿海地区的风沙、盐碱	水杉、落羽杉、马尾松、湿地松、樟木、大叶桉、小叶桉、石榴、槟榔、肉桂、八角、紫穗槐、麻竹、青皮竹等
华中地区	主要是防止风害和干旱	白毛杨、加拿大杨、油松、侧柏、黄连木、合欢、香椿、臭椿、旱柳、垂柳、白榆、白皮松、银杏、核桃、白蜡、花椒、山楂、丁香、池杉、水杉等

续表

所属区域	树种的特性与作用	选择的树种
华北地区	要求耐干旱、耐风沙和盐碱	胡杨、青杨、旱柳、白榆、沙枣、白蜡、柽柳、刺槐、山杏、樟子松、油松、落叶松、云杉、侧柏、紫穗槐、枸杞等
西北地区	要求耐干旱、高温、风沙和盐碱等	胡杨、新疆杨、简朴杨、二白杨、小叶杨、大叶榆、柽柳、旱柳、白柳、梭梭、柠条、白榆、小叶白蜡、沙枣、枸杞、枣、山杏、文冠果、山楂等
西南地区	主要灾害是干旱和大风	垂柳、沙棘、小叶杨、云杉、红杉、核桃、马尾松、思茅松、云南松、巴山松、高山松、柏木、车桑子、余甘子、乌桕、杜仲、黄檗、八角、茶树、棕榈及竹类等
东北地区	要求耐旱、耐寒、抗风沙和耐盐碱	旱柳、白榆、小叶杨、小青杨、中东杨、樟子松、落叶松、红皮云杉、沙枣、榛子、山楂等

2.6.3 防护林的功能评价

可以从生态效益、经济效益和社会效益三个方面对防护林的具体功能进行评价。

（1）生态效益。

①防风，主要是改变林带附近的风速和气流的方向。②调温，防护林能遮挡和反射一部分太阳光，结合风速的变化，在不同季节和不同时间里能起到调温作用。③改善农田水分，可减少作物的水分蒸腾和土壤的水分蒸发。④改良土壤，可以防止土壤风蚀，提高土壤肥力和微生物含量，改良土壤盐渍化。

（2）经济效益。

①能提高农作物产量。②可制成木材、饲料、肥料等林副产品，提高农民收入。

（3）社会效益。

随着防护林的建设，生态环境得到改善，相关产业也得到迅速发展，增加了就业机会和农民收入，有利于社会稳定发展。

2.6.4 林带更新

即保证防护林功能的可持续性。在一般情况下，随着树木的成长至衰老，林带是在不断变化的，为保证林带可持续的防护效果，必须有计划地进行林带的更新。在进行更新的时候，不要盲目砍伐，而要按照一定的顺序进行，要合理安排时间和空间，做到更新和防护两不误。

【例2－1】农业园内部的道路规划

道路规划是农业园重要的基础设施规划，它体现了农业园总体的空间布局、生产与参观路线以及其他基础设施的布置。下面结合三个农业园案例（见图2－4），简述农业园的道路规划思路与设置。

图A：淮南煤矿生态农业园道路规划图。

在该园的道路体系里，中间一条县道横穿项目，也是项目区对外交通连接道路。结合总体布局及重要项目设置，自北向南规划一条“Z”字形主干道，连接各个功能区，是农业园内部对外交通联系的主要道路。主干道与次干道、生产路把项目区分成数十个上百亩的生产田块，满足农业园的生产需求。其中给排水、强弱电围绕主干道铺设，农田水利主要沿着次干道、生产道路布置。

图 B：马鞍山市银塘田园综合体道路规划图。

紫色虚线是上位规划的道路，也是项目区未来对外联系的重要道路。根据项目区的已有道路、地形地貌条以及农业生产与休闲观光的需求，在农业园布置了一条环形的主干道，连接各个功能区。从环形主干道内的核心区引出三条主干道通达到项目区外，使园外的客人能快速到达田园综合体的核心区。项目区的农田水利、给排水、强弱电主要沿项目区主干道铺设。

图 C：福建漳州田园综合体道路规划图。

该项目区三面环山，周边地势高；中间包含两个村庄，地形高低起伏，呈丘陵地形地貌。项目区有倒“T”字形的县道穿过项目区，是项目区对外联系的主要道路。根据项目区的功能定位、项目设置和道路基础，规划了一个不规则环形的主干道，兼具生产与休闲观光的功能；结合山麓、河沟规划了一条曲径通幽的骑行路线，串联了各个体验点，满足休闲观光的需求。其他道路主要结合现有道路，进行完善与提升，满足农业生产的需求。

这三个案例中，A 规划道路以直线为主，呈方格网状，是典型的网格式道路；B 规划道路为放射干道和环形干道组合的形式，是具有代表性的环形放射式道路；C 规划道路依地形布置，路线自然弯曲，是自由式道路。

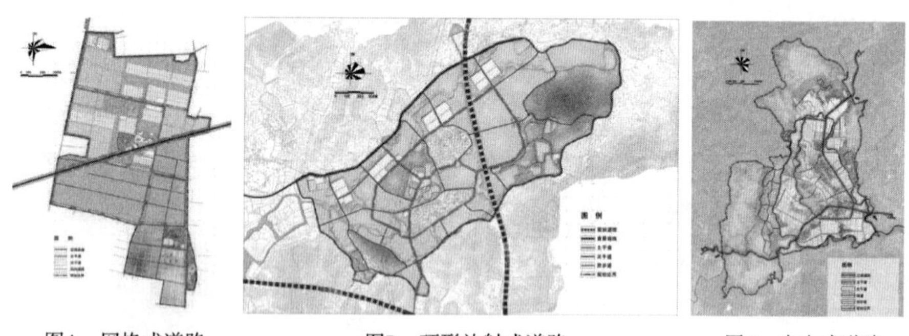

图A：网格式道路　　图B：环形放射式道路　　图C：自由式道路

图 2－4　三个典型园区内的道路规划示例

第3章　农产品加工

农产品加工业是指对粮棉油薯、肉禽蛋奶、果蔬茶菌、水产品、林产品和特色农产品等进行产后加工活动的总和。农产品加工业一头连着农业和农民，另一头连着工业和市民，亦工亦农，既与农业密不可分，又与工商业紧密相关，是农业现代化的支撑力量和国民经济的重要产业。

3.1　农产品加工业的现状分析

3.1.1　政策环境

农产品加工水平是衡量一个国家农业现代化程度的重要标志，是提升农业整体素质和效益的关键环节。党中央、国务院非常重视农产品加工业的发展。早在2002年，国家农业部就制定了《全国主要农产品加工业发展规划》。农业部在2004年开始实施的农产品加工推进行动方案明确提出，引导农产品加工企业向优势农产品产业带、农产品加工园区集中。2006年的中央一号文件又进一步强调：要积极发展品质优良、特色明显、附加值高的优势农产品，推进着力培育一批竞争力、带动力强的龙头企业和企业集群示范基地。2016年12月，国务院办公厅印发了《关于进一步促进农产品加工业发展的意见》（国办发〔2016〕93号）（以下简称《意见》），对此后一个时期我国农产品加工业发展作了全面部署。《意见》要求各省市、各部委和有关机构“牢固树立创新、协调、绿色、开放、共享的发展理念，认真落实党中央、国务院决策部署，在确保国家粮食安全和农产品质量安全的基础上，以转变发展方式、调整优化结构为主线，以市场需求为导向，以增加农民收入、提高农业综合效益和竞争力为核心，因地制宜、科学规划，发挥优势、突出特色，推动农产品加工业从数量增长向质量提升、要素驱动向创新驱动、分散布局向集群发展转变，完善农产品加工产业和政策扶持体系，促进农产品加工业持续稳定健康发展”。

自从国务院办公厅的《意见》出台以来，全国各地纷纷响应。如辽宁省于2017年制定了《辽宁省农产品加工集聚区发展规划（2017—2020年）》，明确提出做大做强一批省级农产品加工示范集聚区，计划到2020年全省集聚区主营业务收入实现1185亿元，年均增长8.8%。该规划还明确列出了23个开发园区的发展重点和方向；江苏省于2017年刷新了《江苏省省级农产品加工集中区认定与管理办法》，明确要求省级农产品加工集中区应成立管委会，要有健全的组织机构、科学的发展规划、完善的配套设施、灵活的运行机制、较强的产品竞争力、良好的发展基础（如建成规模不低于规划面积的40%，入驻企业不少于10家，年销售总收入超过20亿元，带动省内农产品生产基地建设万亩以上）。四川省人民政府于2018年发布了《促进农产品加工园区发展意见》，提出的目标是：到2020年，力争全省建成200个左右农产品加工园区，规模以上农产品加工业总产值达到1.5万亿元，初步形成技术先进、质量安全、绿色环保、带动力强的现代农产品加工产业体系，建成全国重要的优质农产品加工基地。

3.1.2 发展水平与作用评价

近年来，我国农产品加工业有了长足发展。统计资料显示：截止到2016年底，规模以上农产品加工企业主营业务收入达20万亿元，占制造业比例为19.6%。农产品加工业与农业的产值比达到2.2∶1，农产品加工转化率为65%。① 农产品加工已经成为行业覆盖面宽、产业关联度高、中小微企业多、带动农民就业增收作用强的基础性产业。这种带动作用主要体现在如下四个方面：

（1）提高了农业综合效益。

农民直接把自产的农产品提篮小卖，送到市场上，附加价值一般很低。而通过加工，就会增值增效，弥补农业受自然、资源和市场三重影响的弱质性。这样，在农业供给侧结构性改革中，通过融合加工环节，农业就不单为消费者提供农产品，更能提供安全优质、绿色生态的各类食品和加工品，就会提高农业综合效益和竞争力。

（2）增加了农民的综合收入。

农民如果单纯种地，收益往往不高，而参与到加工中不但农产品有出路，而且可以获得工资性收入。据统计，农产品加工业每亿元加工营业收入约吸纳78人就业；在农民的人均收入中，有9%以上来自农产品加工业工资性收入，同时农民还可以获得出售农产品的收入。因此，农产品加工业可以有效带动原料种养殖户增收致富。

（3）促进农村产业融合。

农民通过组建合作社发展加工和流通服务，农产品加工企业通过延长农业产业链、提升价值链、重组供应链，就会推进农村产业与产业边界处交叉融合出更多的产业来。比如农业与旅游融合催生休闲农业，与加工融合催生消费体验，与商业融合催生中央厨房、直供直销，与信息产业融合催生电子商务，这些都可以让农民分享增值收益。

（4）使工农关系城乡关系更融洽。

通过发展农产品加工业，打造一批知名品牌和产业集群，把资源要素、就业岗位和附加价值留在农村、留给农民，有利于农村公共设施建设，促进新农村建设和新型城镇化。这对于提高人民生活质量和健康水平、推进供给侧结构性改革、保持经济平稳较快增长，都能产生积极作用。

---

① 规划到2020年，全国农产品加工业与农业总产值比要达到2.4∶1，主要农产品加工转化率达68%左右，其中粮食、水果、蔬菜、肉类、水产品分别达88%、23%、13%、17%、38%。

3.1.3　发展中的问题

在宏观层面，随着经济进入新常态和城乡居民消费不断升级，农产品加工业的产业布局不尽合理、生产方式粗放、企业成本不断上升等问题日益突出。很多地方（指县以下）农产品产地加工能力严重不足。估计全国每年种植业的产后损失相当于1.5亿亩耕地的投入和产出被浪费掉。精深加工及综合利用更是不足，高技术、高附加值的产品少；主食社会化供应不足。

在微观层面，农产品加工业存在的主要问题有：

（1）企业分散零乱。

很多县（区、市）的农产品加工企业零乱分布，路边、村庄、乡镇随处可见，加工产生的噪声、粉尘、污水等得不到有效处理，污染了环境，影响了附近居民的生产和生活。

（2）产业链不够完整，缺乏大型带动力强的龙头企业。

农产品加工企业普遍存在“小龙”多、“大龙”少的现象。企业生产经营方式落后，管理水平较低，技术创新能力、市场开拓能力差。多数企业产品只是面粉、大米、果蔬冷冻等初加工，未形成完整的产业链，缺少在全国、全省有影响力的大型企业，特别是农产品深加工、精加工企业。

（3）企业质量控制能力不够。

大多数农产品加工企业都是民营企业，主要以农产品初加工为主，并且规模不大，管理不优。不少企业采用家族式管理，安于现状，缺乏着眼长远做大做强的发展意识。大多数企业都没有自己的研发、检测机构，也没有足够的资金建立自己的研发、检测中心，生产的产品不能及时有效地检验检测，产品质量不稳定。

（4）企业产品市场竞争力不强。

以农产品的初级加工为主，就导致产品科技含量和附加值不高，农产品精深加工和品牌培育滞后，初级产品多，终端产品少，未形成左右市场的驰名品牌，市场占有率偏低。一些地方的农产品虽然通过国家地理标志保护产品认定，但未能形成集团优势，在全省及全国的影响力不大，冲击力不强，市场占有率不高。

3.2　农产品加工业的发展趋势

3.2.1　产能向原料优势产区和特色产区集聚

农产品加工产业的产能向原料优势产区和特色产区集聚的主要原因，是高品质原料的可获得性。只有高品质原料保障供应，企业才能稳定生产，保障产品质量。进一步研究这种集聚的内在机理，有三种情况：

（1）龙头企业引领。

产业链上的龙头企业通过多样化的利益联结机制，带动上下游配套发展，放大产业集聚效应。如山东省荣成市一批龙头企业围绕海带这一特色产品开发了100多个海带专利产品，有18个科技项目列入国家“863”计划，全国50%以上的海带产于此，荣成市形成了海带深加工产业集聚区。

（2）特色资源带动。

依托区域性的特色优势农产品资源，延伸产业链价值链，在产业分工的基础上，衍生出各自的加工产业，形成小商品大市场、小地方大名声、小企业大集群的区域品牌格局。如湖北省罗田县是板栗的原生地之一。其复杂多变的地理环境，为板栗品种多样化提供了环境条件。根据20世纪80年代完成的罗田板栗种质资源调查，罗田县大量栽培的原生板栗品种有17个。到2013年，罗田板栗种植面积超过100万亩，年产量6万吨，系列产值10.5亿元。罗田县正是依托本地丰富的板栗资源打造板栗加工园区，形成板栗加工企业集群。

（3）专业市场拉动。

企业围绕专业化市场展开生产销售，企业为获取集聚效益自发集中，通过专业化市场与企业的联动而形成产业集聚。如黑龙江省东宁县建成全国最大黑木耳批发市场，聚集了全国50多个黑木耳基地资源，交易量占全国黑木耳市场交易量的2/3，辐射周边50个县（市）形成产业区域联盟。地方政府不失时机地规划发展黑木耳加工产业，已有30多个黑木耳加工企业落户该县，最大的年销售额超过10亿元。

3.2.2 加工企业向园区集中

如果说农产品加工业的产能向原料优势产区和特色产区集聚的主要动因是企业自发地为了以较低成本获得高品质原料，那么加工企业向园区集中的趋势，其主要原因是地方政府的科学引导。农产品加工企业（尤其是深加工企业）向园区集中的好处有下述七条。

（1）有利于环境保护。

发展农产品加工，难免会有废弃物排放。建立加工园区，必然会配套建设污水处理厂和固体垃圾转运设施，对污水和固体废弃物进行集中处理。这将有利于管理废弃物排放，有效保护企业生产环境、人员生活环境和城乡生态环境。

（2）有利于节约土地。

企业集中到加工园区，可以共享农产品加工与物流所必需的基础设施和公共服务设施，提高这些设施的利用效率，从而可大大节约建设用地，提高土地的集约化利用水平。

（3）有利于企业降低成本。

企业集中到加工园区，由于共享园区基础设施和公共服务设施，提高这些设施的利用效率，同时也就减少了企业在这方面的必要开支，降低了企业生产经营活动的总成本，有利于打造企业的竞争优势。

（4）有利于企业获取科技资源和人力资源。

由于同类企业或上下游企业集聚在同一个空间，有利于大学和科研院所向企业提供有针对性的技术服务，也有利于企业获取相关技术人员、管理人员和熟练劳动力。

(5) 有利于企业融资发展。

由于同类企业或上下游企业集聚在同一个空间，企业的资金需求、偿债能力和融资风险会表现得更为清晰，有利于金融机构提供针对性服务。一些加工园区甚至还设立创业基金，专门为小型科创企业提供融资服务。所以，企业向园区集中，有利于企业融资发展。

(6) 有利于品牌创建。

企业向加工园区集中，拉近与上下游企业、与科技服务机构的距离，又能享受园区的公共服务。这有利于企业生产流程的规范化和产品标准化，有利于消费者对企业优质产品的辨识，有利于企业品牌的创建。

(7) 有利于加速城镇化进程，促进农村劳动力转移。

企业向园区集中，也就形成了劳动就业的集中区。农产品加工园区实际上也就是新城的一部分。农村居民在加工区有稳定的工作岗位，会进而促进其离开村庄到城镇居住。因此，企业向园区集中，在促进农村劳动力转移的同时，也在加速城镇化进程，为农业的规模化、产业化经营拓宽了道路。

3.2.3 产加销一体化融合趋势

农产品生产、加工、销售一体化的实践由来已久。20 世纪 90 年代，中国台湾地区农业营销专家就提出要发展国际农企，实现农产品生产、加工、销售一体化经营的理念。随着互联网、物联网技术的发展，这种一二三产业融合的手段越来越多，越来越便捷；随着人们生活水平的提高，市场需求的变化越来越快，产加销一体化融合的优势也越来越明显。

(1) 产加销一体化有利于供给侧结构性改革。

实现农产品生产、加工、销售一体化，整个农产品供给系统应对市场变化的灵活性将大大增强。消费端需求的变化，可以在一体化组织内部及时传递到农产品生产的前端，使农业种植和养殖计划为满足市场需求而制定，从而大大消除农业生产的盲目性，使农产品供给侧的结构自发地朝向与市场需求相适应的方向演化、优化。

(2) 产加销一体化有利于农民分享二三产业的利润。

实现产加销一体化，部分农民将直接从事加工、销售及相关服务业，或通过提供相关原料和其他资源，分享农产品加工、销售环节的利润。

(3) 产加销一体化有利于保证产品质量、降低成本。

通过产加销一体化，农民可将部分劳动、原料或其他资源，转变成加工、销售、农业拓展服务等二三产业项目的股份，使原来的外部交易内部化，减少原来二三产业项目的风险和中间交易费用，同时也增加了农民在种植、养殖环节的责任心，他们会更加自觉地遵守良好农业生产规范。如此可以有效地降低成本、保障产品质量，提高农产品生产、加工、销售等全产业链的利润空间。

(4) 现代信息技术促进了产加销一体化业态的形成和发展。

互联网、物联网、大数据、区块链等新技术的出现和应用，使农产品生产、加工、销售环节的信息更加透明，信息处理更加迅捷，信息交流更加通畅。这使得农产品生产、加工、销售环节的经营主体跨界融合更加容易，各地涌现出农民专业合作社从第一产业向第二产业、第三产业延伸，农产品加工企业前延后伸左右拓展带一促三，商贸企业通过订单控制加工环节和农产品种植养殖基地等产加销一体化业态的多种发展模式。现代信息技术促进了产加销一体化迅猛发展。

需要说明的是：国务院办公厅于2016年印发的《关于进一步促进农产品加工业发展的意见》中，明确支持一二三产融合的理念。一是支持农业新型经营主体"接二连三"发展加工流通业；二是重点支持农产品加工企业前延后伸"接一连三"促融合，鼓励企业打造全产业链，构建利益联结机制；三是支持新一代信息技术向农产品加工业渗透融合，创新现代农产品加工模式；四是支持以园区企业群体为依托，创建集标准化原料基地、集约化加工、便利化服务网络于一体的产业集群和融合发展先导区。

3.3 农产品加工园区规划设计要点

3.3.1 主导产业定位

农产品加工园区（或称农产品加工基地、农产品加工聚集区、集中区等）应以县为建设单位，以村（乡）为单元建设原料基地。各县农产品加工园区主导产业的定位，应以全国农业现代化规划和优势特色农产品产业带、粮食生产功能区、重要农产品生产保护区规划为依据。

大宗农产品主产区：主导产业定位以发展粮、棉、油、糖加工（特别是玉米加工）为重点，着力建设优质专用原料基地和便捷智能的仓储物流体系。

特色农产品优势区：主导产业定位以发展"菜篮子"产品等加工为重点，着力推动销售物流平台、产业集聚带和综合利用园区建设。

大中城市郊区：主导产业定位以发展主食、方便食品、休闲食品和净菜加工为重点，形成都市型农业产业园区和集聚带。

贫困地区：主导产业定位要与精准扶贫、精准脱贫相结合，重点发展绿色农产品加工。大力开展产业扶贫，引进有品牌、有实力、有市场的农业产业化龙头企业，引导企业带动农户脱贫致富。

【例3－1】江苏涟水县农产品加工集中区的规划指导思想与产业定位①

江苏淮安市涟水县农业资源丰富，小麦、水稻、浅水藕、朝天椒、生猪、家禽、林果等具有比较优势和规模优势，并且相应的农产品生产基地有10多个，其中万亩以上的有5个，为农产品加工提供了充足的材料。

规划指导思想：围绕提高特色农产品附加值和增加农民收入的总目标，以市场需求为导向，以涟水农业主导产业为出发点，以做大做强特色农产品深加工企业为根本，按照产

① 资料来源：刘爱军等《涟水县农产品加工集中区总体规划》。

业链实现集聚、集群，推进涟水县优势农产品的精深加工发展，增加区域优势农产品附加值，同时实现农产品加工业节能减排，延伸农产品价值链，带动农民、农村、农业发展，使涟水农产品加工业成为苏北的“领头羊”，成为涟水城乡统筹和农业现代化建设的助推器。

根据以上资源优势与指导思想，涟水农产品加工集中区的主导产业的规划定位是粮食与果蔬（含食用菌）加工。其土地资源的配置约占生产区的 60% 以上，主导产业的规划产值约占总产值的 75% 以上。

3.3.2　功能区与项目设置

功能区与服务项目的科学设置是农产品加工园区规划的重点任务之一。一般可将园区分为服务区和生产区两大类别。其中服务区又可以细分为管理服务区、生产服务区、生活服务区等。

生产区一般指加工企业的住所，包括企业的研发与办公用房、加工车间以及必要的附属设施。必要时可以根据其功能特征进一步细分。如江苏涟水农产品加工集中区的总体规划，将该集中区的生产功能区细分为粮食精深加工区、果蔬加工区、畜禽水产品深加工区、食用菌加工区、木制品加工区 5 个。如图 3 – 1 所示。

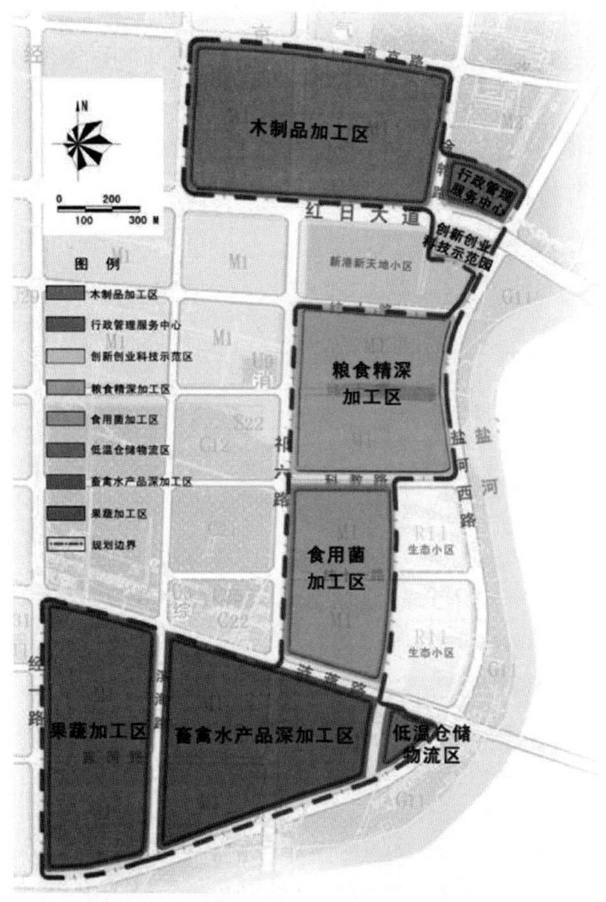

图 3 – 1　涟水农产品加工集中区规划分区

生产服务区一般提供公共物流服务和双创孵化等服务。如公用仓库（可以出租给生产区的企业使用）、创新创业孵化单元（包括但不限于可出租的标准化厂房、仪器设备、办公设施）等。对于以物流加工为主要特色的园区而言，也可以将生产服务区归并到生产区内。

管理服务区提供行政服务、公共服务。包括但不限于政策咨询、招商引资、土地与设施租赁、工商登记与管理、税务登记与管理、海关服务、人事代理、财务与金融服务、技术交流与知识产权管理、市场信息咨询、产品质量检测与溯源服务、纠纷调解与仲裁等。

生活服务区提供住房及配套生活服务设施。包括但不限于原住居民拆迁安置房、企业员工宿舍、专家公寓、便利店、餐饮店、理发店、幼儿园、菜场、健身场所等。

3.3.3 建设面积与服务区面积

如何科学配置有限的建设用地资源，使之发挥最大的效益，这是农产品加工园区规划应该重点研究的内容。

建设面积指规划的农产品加工园区（或农产品加工集中区、集聚区）所占用的建设用地总面积。服务区面积指园区中的管理服务区、生产服务区和生活服务区所占用的建设用地面积。通常服务区面积占园区建设用地总面积的30%以下，如果园区企业的职工生活区和园区征地拆迁户另有地方安置，园区内服务区与总面积之间的比例还会大幅度减少。

以江苏涟水县农产品加工集中区为例，该农产品加工集中区选址于工业园区（县城规划区之内），其生活服务的功能已由县城承担，规划中的服务区（包括行政管理服务中心、创新创业科技示范园、低温仓储物流区三项）不再考虑员工住宅和拆迁户安置，所以其占地面积三项合计仅为125亩，占总面积（2511亩）的5%。如表3－1所示。

表3－1　涟水县农产品加工集中区规划用地分配方案分析

分区编号	功能区名称	规划面积（亩）	占比（%）
1	行政管理服务中心	50	2
2	创新创业科技示范园	30	1.2
3	粮食精深加工区	483	19.2
4	果蔬加工区	545	21.7
5	畜禽水产品加工区	480	19.1
6	食用菌加工区	358	14.3
7	木制品加工区	520	20.7
8	低温仓储物流区	45	1.8
合计		2511	100

如果规划的农产品集中区包含村庄或农民集体建设用地，应尽量利用村庄和集体建设用地发展初加工项目，安排农户和农民合作社改善其农产品储藏、保鲜、烘干、清选分级、包装等设施装备条件，就地进行商品化处理，减少产后损失。以此可以推动农产品初加工水平整体提升，并提高建设用地的集约化水平。

3.3.4　基础设施与公共服务

农产品加工园区的基础设施，主要指“三通一平”（即通路、通电、通水和土地平整），有的要求“五通一平”，即在上述“三通”基础上，增加排水管道、弱电网络（如电信）通达。一些加工园区还有“七通一平”的要求，即在上述“五通”基础上，再增加蒸汽和燃气通达。

3.3.4.1　道路交通系统

农产品加工园区的内部道路，可以划分为主干道、次干道、支路等三级道路体系，形成主次分明、等级有序的道路系统。综合考虑道路的平面线形、纵断面组合、道路交叉口，使之有机结合，布置协调，满足行人通行及各种车辆行驶的要求。

园区主要出入口应与外部交通很好衔接，使访问人员能够便利地到达园区，减少在路程上所花的时间。园区的主入口应自然衔接内部主干道，内部主干道应通达各个功能区，次干道应通达园区内部各个主要经营主体。

3.3.4.2　强弱电系统

包括电力的总负荷和接入方式，光缆走向和监控系统安排。以江苏涟水县农产品加工集中区为例，其规划方案描述如下：

【例3－2】涟水县农产品加工集中区总体规划中的强弱电规划表述①

（1）电力工程

从工业园区接入，电力线路采用架空敷设，沿城区的主、干道绿化带架设。农产品加工集中区定位为一类工业用地，负荷密度取200千瓦/公顷，预测集中区用电负荷为24兆伏安。充分利用工业园原有35千伏变电站，将其容量扩容至25兆伏安，从而保证集中区用电负荷需求。道路照明灯具布局分为两种形式，主路为道路两侧对称布局、次路为道路两侧“之”形布局。灯距均不大于35米，距路牙石1.0米。

（2）电信工程

建成以光缆为主，数字微波和卫星通信为辅的快速便捷通信网。涟水县农产品加工集中区的通信线路全部采用管道埋地敷设，区内通信管道的建设与道路建设同步进行，管道根据终期规模一次埋设下地。通信管道主要布置在道路两侧人行道或绿化带下。

（3）监控系统工程

安装定点监控系统，通过同轴电缆将视频信号传输到监控室内的监视器和录像设备，一则供农产品加工集中区的管理人员查看，加强集中区的安全管理；二则监控集中区各企业运作情况，便于随时发现问题和解决问题。监控画面的记录可供日后检索查证。

3.3.4.3　给排水系统

包括自来水和废水排放。自来水要明确水源、负荷和管线；排水包括排水体制、雨水排放和污水排放。给水水源应尽可能利用城市区域供水网络，如果城市区域供水不足，应采取自建专用水源的方案。排水体制尽可能采取雨污分流，以减轻污水处理厂的压力。继

---

① 资料来源：刘爱军等《涟水县农产品加工集中区总体规划》。

续以江苏涟水县农产品加工集中区为例，其给排水系统的规划方案描述如下：

【例3－3】涟水县农产品加工集中区总体规划中的给排水规划表述①

（1）给水工程

为满足集中区加工生产等用水需要，需要自建水厂，从河道中取水，并将其净化到所要求的水质标准后，经输配水系统送往用户。集中区用水指标取一类工业用地规划标准下限，为120立方米/公顷·天。农产品加工集中区先利用已有的给水管，以后根据入驻企业的需要再逐步改造成管径较大的管网。

（2）排水工程

排水工程包括排放、接纳、输送、处理、利用污水和雨水的工程。集中区的排水系统采用“雨污分流”体制，雨水排放主管沿主干道布置，雨水排放干管布置沿次级路铺设。所有雨水通过排水工程系统直接排放到盐河。

（3）污水处理工程

集中区内部污水采用集中处理方式，将生活污水及工业废水在污水处理站集中统一处理。污水主管沿中心路布置，污水干管沿次级路铺设。通过污水处理工程设计，将加工集中区污水作为第二水源再利用，防止水污染和解决水资源严重不足问题。

3.3.4.4　消防与环卫系统

消防与环境卫生保障系统，也是农产品加工园区的基础设施建设内容之一。

（1）消防系统。

农产品加工园区的消防供水管网，一般与自来水供水管网合二为一。消防供水管网须满足消防供水需要。要保证在发生火灾的情况下，能迅速启动供水加压设备，保证灭火用水。在厂区要安装火灾自动报警系统和自动喷水灭火系统。消防车道下的管道和暗沟应能够承受大型消防车的重量。园区内尽头式消防车道应设半径不少于6米的回车道，或边长不小于12米的矩形回车场；供大型消防车使用的回车场边长应不小于15米。

（2）垃圾处理设施。

加工园区的工业垃圾处理应由环保、环卫部门统一收集处理。含重金属污染、有毒、含放射性的工业垃圾不得进入垃圾填埋场，应由工厂本身进行特殊处理。垃圾转运站每0.6平方千米设置1座，用地面积不小于100平方米。

（3）公共厕所。

加工园区内的公共厕所，一般以500米为服务半径。严禁将公厕内的粪便直接排入雨水管、河道和水沟内。公厕粪便全部采用无害化处理后排入下水道，送污水处理厂统一处理后排放。

3.3.4.5　绿化工程

农产品加工园区的绿化工程意义重大，不仅可以防风和调节小气候，有利于保护生态环境，而且可形成赏心悦目的景观，营造良好的生产和人居环境，对吸引厂商入驻，也能起到积极的作用。一般绿化工程由环绕园区的外围生态片林环及道路两侧的道路绿化带构

① 资料来源：刘爱军等《涟水县农产品加工集中区总体规划》。

成。外围生态片林环（其中含排水沟）形成农产品加工园区与其他建设项目的空间隔离。

绿化工程要尽量坚持路渠林网三网合一的原则，沿排水沟和园区道路两侧布局绿化带，兼顾防风、景观与小气候调节等综合用途。绿化树种选择要坚持突出乡土优势树种。

由于绿化工程的种植受季节性及气候的制约和影响比较大，因此，应尽量避免大量植物的“反季节”栽植。此外，还应考虑后期的养护管理。

【例 3-4】徐州贾汪区农产品加工集中区的绿化工程规划①

如图 3-2 所示，徐州贾汪农产品加工集中区的绿化设计，就是通过在周环绕生态片林的手法，形成农产品加工集中区的空间隔离。这种生态环的设计，不仅能达到生态净化涵养林的作用，还能营造跑步、锻炼、自行车等运动场地与廊道，具有休闲、健身、娱乐等功能。

生态环树种规划采用常绿、阔叶、枝叶繁茂、枝展不宽、适应当地条件的树种。包括常绿苗木、彩叶苗木、花灌木、藤本植物、园林珍稀植物，具体如日本红叶乔木紫薇、银杏、松柏、白蜡条、紫穗槐、杞柳、麻栎、皂角等多样的园林景观树木材料。规划要求每 50 米夹带播撒美人蕉、兰花、串串红、蔷薇、马蹄莲等花卉植被，保证绿化带的美观。

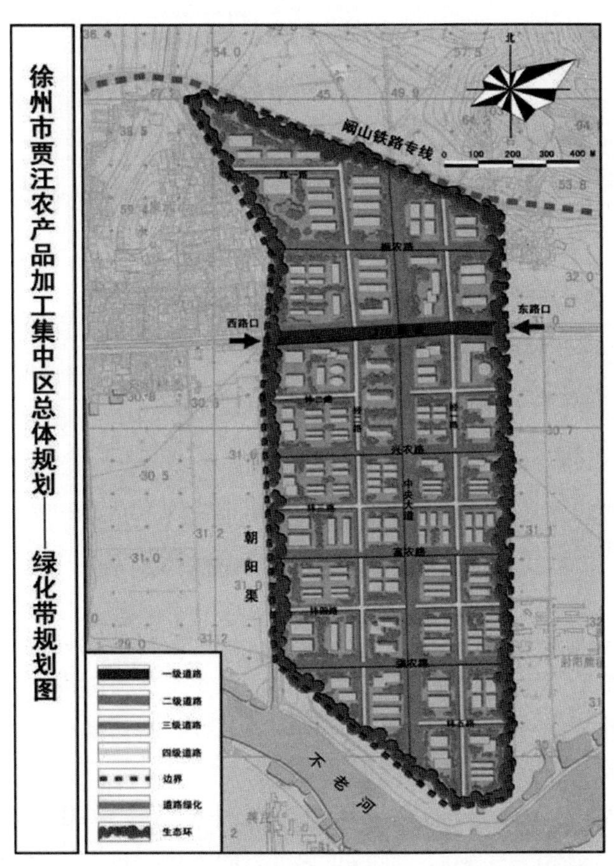

图 3-2　徐州贾汪农产品加工集中区的生态环及道路绿化

① 资料来源：许朗《徐州贾汪农产品加工集中区总体规划》。

3.3.4.6　公共服务平台建设

公共服务平台建设的目的是完善园区功能、突出产业特色、优化相关主体的分工，吸引农产品加工企业向园区集聚。同时，以园区为主要依托，创建集标准化原料基地、集约化加工、便利化服务网络于一体的产业集群和融合发展先导区，加快建设农产品加工特色小镇，实现产城融合发展。

一般农产品加工园区的公共服务平台有九大类如下：

（1）农产品加工投资贸易平台。

此平台最好由园区管委会招商部门搭建，主要用来招商引资，并为园区企业介绍合作伙伴。应有专门人员和办公地点，可以采取短期投资贸易洽谈会与长期招商服务相结合的工作机制。

（2）产品展示展销平台。

可采取线上线下相结合的方式建设。线上部分是一个动态网站，及时介绍园区企业的先进技术、质量保障措施和优质产品；线下部分包括但不限于产品展示馆。一个好的展示展销平台，线上与线下应能互通，并可以及时提供销售订单生成服务。本平台还应组织企业参加地方性的、全国性的、国际性的有关节庆和会展活动，帮助企业创建品牌、拓展市场。

（3）政策咨询平台。

是园区重要的服务窗口，应有专人接待咨询。咨询内容包括（但不限于）国家产业政策和本园区的行政管理即其他各项政策规定。尤其是与入驻企业密切相关的补贴政策、工商管理与税收政策。

（4）融资信息平台。

主要为园区企业全产业链提供融资服务。包括但不限于企业直接融资信息、原料生产基地的融资担保和互助金融服务信息。园区管委会应组织金融机构和龙头企业参与合作建设此平台。

（5）人才对接平台。

帮助入园企业引进领军人才，对接科技服务机构，招聘技术与管理人员，并办理有关人事手续。此平台由管委会牵头搭建，可以引进人力资源开发管理的专业化机构参与。

（6）标准修订服务平台。

提供有关农产品加工的标准化服务，包括产品标准、作业流程规范、原料基地建设标准和作业规范等。帮助园区企业制定标准，引导企业参与地方标准、行业标准乃至国际标准的制定和修订。此平台可由园区管委会与国内外高校、科研院所联手打造。

（7）质量追溯服务平台。

帮助园区内的农产品加工企业建立产品质量追溯体系。产品质量追溯，无论从食品安全管理还是从企业创建品牌的角度，都是非常重要的事情。可以请第三方专业服务机构进驻农产品加工园区提供此类服务，参与平台建设与运营。

（8）行业信息服务平台。

园区管委会要高度重视如何完善农产品加工业统计制度和调查方法，开展行业运行监测分析。管委会应与高校、科研院所、行业研究机构合作，打造行业信息服务平台，定期发布行业监测信息，向园区企业提供市场预警服务，同时也向政府有关部门提供对策建议。

（9）创业创新孵化平台。

主要是培育农产品加工创业创新人才队伍。包括经营管理队伍、科技领军人才、创新团队、生产能手和技能人才。孵化平台（或称孵化园）与开设农产品加工、食品科学相关专业的大中专院校合作，开展职业技能和创业培训，支持返乡下乡人员创办领办加工企业。

综上所述，以上九类服务平台建设，一般由园区管委会在政府有关部门的指导下进行，鼓励服务性企事业单位和社会组织参与平台建设和运营。可采取政府购买服务的方式，尝试机制创新。与农产品加工园区公共服务平台建设有关的政府部门包括：农业农村部系统、国家发展改革委系统、商务部系统、科技部系统、教育部系统、人力资源和社会保障部系统、质检总局系统、国家统计局系统、国家林业和草原局系统等。

3.3.5 科技支撑与产业升级

农产品加工园区（集中区、集聚区）的活力体现在入园经营主体的科技创新能力上。而要提高经营主体创新能力，需要从基础研究做起。在农产品加工园区的规划中，可以考虑引进一批高等院校和专业化科学研究院所作为加工园区的科技支撑单位，鼓励这些高校和科研院所与园区企业合作，依托企业建设研发基地和平台。

（1）创建农产品加工技术集成基地。

园区的校企（院企）合作平台，应创建成为农产品加工技术集成基地，努力成为国家农产品加工技术研发体系的一部分。平台应围绕农产品加工重点领域开展基础研究、前沿研究和共性关键技术研发，积极申报实施有关的科技项目。国家将重点支持果品、蔬菜、茶叶、菌类和中药材等营养功能成分提取技术研究，开发营养均衡、养生保健、食药同源的加工食品。技术集成基地应随时关注农业农村部、科技部、工业和信息化部、食品药品监管总局、国家林业和草原局等部门的信息，并结合生产需求，积极准备参与竞争。

（2）创建科技成果转化交易中心。

农产品加工园区应成为科技成果转化推广基地。具体可以与高校和研究院所合作，创建科技成果转化交易中心。交易中心应主动争取农业农村部、科技部、国家知识产权局等系统的支持，着力于筛选成熟适用加工技术、工艺和关键装备，促进企业转化应用。

（3）设立初加工产业升级服务中心。

可作为园区孵化平台的构成部分之一，服务对象以农民合作社、种养大户、家庭农场为主。支持他们改善粮食、油料、薯类、果品、蔬菜、茶叶、菌类和中药材等农产品的储藏、保鲜、烘干、清选分级、包装等设施装备条件，促进商品化处理，减少产后损失。指导他们通过参与相关项目和采用适用技术，推动农产品初加工水平整体提升。

（4）设立深加工产业升级服务中心。

可作为园区孵化平台的构成部分之一，服务对象以入驻园区的农产品加工企业为主。

产业升级的基本思路是通过生物、工程、环保、信息等技术的集成应用，从新型非热加工、新型杀菌、高效分离、节能干燥、清洁生产等环节入手，帮助企业开展精深加工技术和信息化、智能化、工程化装备研发，提高关键装备的技术水平。同时，适应市场和消费升级需求，帮助企业研发营养健康的功能性食品。

3.3.6 组织管理与运营机制

在农产品加工园区（集中区、集聚区）的总体规划文本中，应专门安排一章的篇幅来说明园区组织管理与运营机制。

3.3.6.1 组织管理架构

园区组织管理架构涉及以下一些管理机构和经营主体组织。

（1）管委会。

农产品加工园区的管理模式可实行“双轨制”：一是代表政府的管委会，二是进行市场运作的园区开发公司。其中，管委会代表政府参与园区建设，为投资者提供一站式、全天候的服务。

园区管委会内设办公室和若干职能部门，负责园区的规划、建设、运营和招商引资、公共服务项目的管理等各项工作。

（2）园区开发公司。

园区开发公司负责基础设施建设，并对入驻企业进行整合开发、专业化开发、市场化开发，加快园区整体发展，提高园区的整体运营效益，在园区建设的中后期发挥主导作用。

（3）入驻企业与产业联盟。

入驻企业是农产品加工园区（集中区、集聚区）内的主要经营主体，一般是招商的对象，或已经在园区内发展的加工或服务企业。这些企业应是农业产业化龙头企业，或有可能培养成为农业产业化龙头企业。他们是农产品加工园区的生力军和创新主体，也是园区管委会的主要服务对象。管委会应鼓励和引导入驻企业发展农产品精深加工产业。

产业联盟（Industry Alliance）是指企业间结成的互相协作和资源整合的一种合作模式。联盟成员可以限于某一行业内的企业或是同一产业链各个组成部分的跨行业企业。联盟成员间一般没有资本关联，各企业地位平等，独立运作。应鼓励农产品园区的入驻企业牵头组织或加入产业联盟，以形成更强的竞争优势。

（4）农民合作社。

主要指园区的生产基地农户组成的专业合作组织，也可以是农民合作社在加工园区内投资兴建的粗加工企业或物流服务与销售企业。

3.3.6.2 运营机制

（1）管委会及园区开发公司的运营机制。

管委会及园区开发公司，必须配备专门工作人员。工作人员实行选派和聘用相结合的方式配备。

【例3-5】涟水县农产品加工集中区管委会的机制设计①

涟水县选派去农产品加工集中区管委会的工作人员一般具有双重身份：既是政府派出部门的业务承办人员，又是管委会工作人员。负责管委会与本部门有关的业务工作。原则上3年内不得调出农产品加工集中区管委会，成绩优异者予以提拔使用，对不能胜任工作的人员退回原单位。有关领导是双向兼职领导，全权代表县级职能部门行使立项、环评、用地等审批权，并承担相应责任。所有选配的领导干部和选派的工作人员，工作关系保留在原单位，考核奖惩由农产品加工集中区管委会负责。

管委会激励各属员工，在物质、精神、创建和谐工作环境与重视职业发展等方面入手，切实考虑员工不同的需求层次，调动员工工作的积极性、主动性与创造性。具体的操作方法：政策激励、目标激励、主管领导激励、榜样激励、情感和关怀激励、信任激励、支持激励、评判激励和荣誉激励等。管委会在控制工作中，重点以确立控制目标、衡量实际业绩、进行差异分析、采取纠偏措施四大工程为抓手。

（2）入驻企业的运营机制。

入驻企业一般采用总经理负责的民主集中制经营管理模式，由总经理负责企业的生产管理和运营，并通过建立和健全企业的各项管理制度，形成科学化、制度化、规范化管理机制。在企业内部，建立完善的劳动管理体系，制定《劳动管理制度》《生产岗位责任制》等一系列规章制度，按制度实行严格管理。制定《生产管理规范》《全面质量管理操作方案》，严格按现代农业的生产要求实行标准化生产。对一线工作人员，完善劳动保障制度和按劳分配制度，定期开展全员的互动活动，物质激励和精神激励并举。对管理人员和技术骨干，建立薪酬弹性激励制度和股权激励制度。

【例3-6】涟水县农产品加工集中区对入驻企业的条件要求②

根据《涟水县农产品加工集中区总体规划》，该园区对入驻企业提出了八项要求如下：

①注册资金一般不少于1亿元人民币；

②入驻企业必须是省级以上农业龙头企业；

③入驻企业应自主知识产权的技术或产品，知识产权界定清晰，无纠纷；

④入驻企业要有完整的商业计划、企业形象识别系；

⑤符合国家产业、环保政策，废水、废气及其他废弃物须达标排；

⑥在省内有稳定的原料生产基地，与农民专业合作社、基地农户有紧密的契约关系，通过可靠、稳定的利益联结机制直接带动农民增收；

⑦产权关系明晰，财务管理制度完善、健全的财务管理机制和合格的财务人员；

⑧重点加工企业应有专门的研发机构或以科研教学推广单位作为技术依托，对农产品精深加工和提高产品附加值具有促进作用。

---

①② 资料来源：刘爱军等《涟水县农产品加工集中区总体规划》。

（3）不同经营主体之间的合作机制。

就农产品加工集中区总体而言，运营机制设计的重点是：强化不同经营主体之间的合作共赢。鼓励农产品加工企业打造全产业链，引导企业向前端延伸带动农户建设原料基地，向后端延伸建设物流营销和服务网络。鼓励农产品加工企业与上下游各类市场主体组建产业联盟，与农民建立稳定的订单和契约关系，以“保底收益、按股分红”为主要形式，构建让农民分享加工流通增值收益的利益联结机制。

3.3.7 园区投资与产能设计

（1）投资配置计划。

园区投资可以分为基础设施建设投资、公共服务项目投资、产业项目投资三大类。其中基础设施建设投资和公共服务项目投资一般由政府承担，产业项目投资来源于入驻企业。农产品加工园区的产业项目投资额（即来源于企业或社会投资）占总投资的比例，应在80%以上。

（2）产能设计与效益分析。

分析表明：一般基础设施与公共服务项目的投资总额与园区产能设计（即期望总产值）之间在一定范围之内存在相关性。即基础设施与公共服务越好，园区的产能越高。而园区的产能高低直接取决于入驻企业的素质与投入。如果企业的投资回报率达20%，即意味着产业投资回收期平均在5年左右，那么企业的投资强度与其产出能力应大体相等。

农产品园区产能的设计，其实也是效益设计。效益不仅仅是经济效益，也包括社会效益。以江苏省农产品加工集中区为例，其申报条件要求是：区内农产品加工企业年销售总收入超过20亿元（带动当地优势特色产业发展作用明显的专业集中区可适当放宽）。这里带动作用明显的具体指标是：“带动省内农产品生产基地建设不少于1万亩或带动省内农户数不少于1万户。”

3.3.8 多规融合与进度安排

（1）如何实现多规融合。

农产品加工园区的发展一般要受到多方面的已有规制约束和有关的政策约束，这在规划环节必须予以协调一致，实现多规融合。具体方法是：由政府的农业农村部门牵头组织规划工作，在规划方案性形成阶段，要以当地的《土地利用规划》《城市发展总体规划》、县域以上《农业发展总体规划》《国民经济发展规划》《道路交通发展规划》《全国主体功能区规划》等为依据；在规划征求意见和论证阶段，要吸收国土资源部、发改委、交通部、水利部、资源环境部、住房城乡建设部、商务部、工信部、人力资源与社会保障部等多部门的专家意见。

（2）进度安排与滚动发展。

农产品加工园区的规划与建设，要牵涉到多规融合、土地审批、基础设施建设、招商、运营等较多环节，所以周期一般较长。而且，牵涉的总体投资规模一般较大，对社会

经济发展的影响也很深远。因此规划期限不宜太短，一般在5~10年为好。一般采用一次性规划、分步实施、滚动发展的策略。

分步实施可以分为近期、远期两个阶段，分别对应基础设施建设的一期工程、二期工程，也可以按年度给出实施方案。公共服务项目应尽量安排在一期工程，这样对园区的招商运作更为有利。

【例3-7】徐州贾汪农产品加工集中区规划建设的进度安排①

徐州贾汪农产品加工集中区规划中的建设项目分两个阶段实施。第一阶段（一期工程）沿G310与中央大道，具体分布在经一路与经二路间区块，以及振农路与纬二路之间区块，占地面积1020亩（图3-3边界线中深色区域）；第二阶段完成其余建设任务，占地面积780亩（图3-3边界线中浅色区域）。

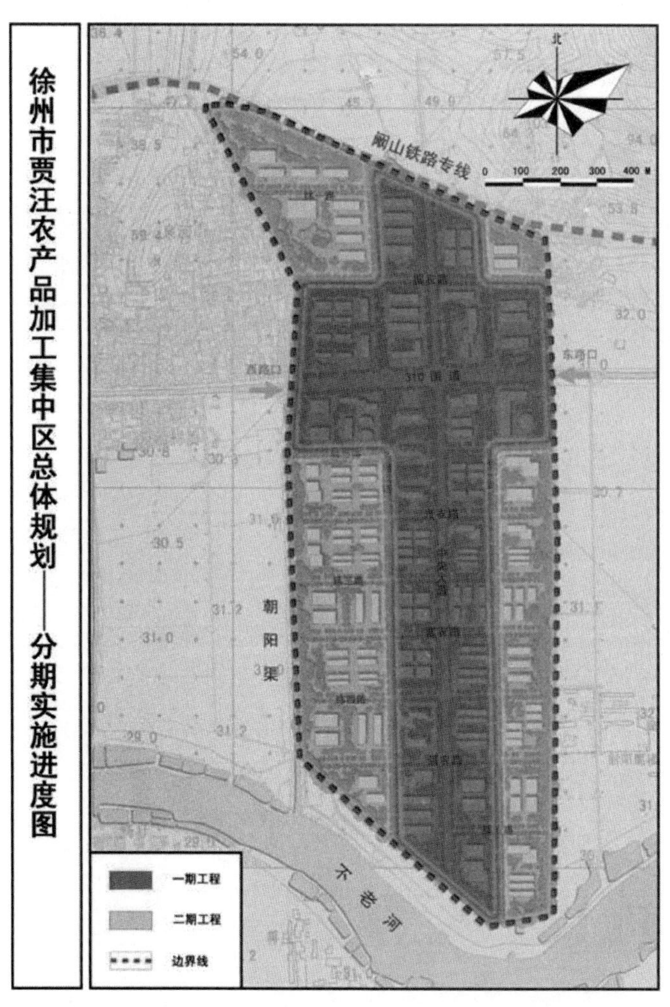

图3-3 徐州贾汪农产品加工集中区规划建设的分期计划

① 资料来源：许朗等《徐州贾汪农产品加工集中区总体规划》。

在图 3－3 中，一期工程建设主要内容有：制定发展战略和发展目标，确立主导产业；启动园区的基础设施和套配市场等产业要素设施建设；核心区建设；优化投资环境，为投资者提供完善的服务，重点为已入驻企业项目建设，并加强反馈机制建设；加大招商力度，加快园区优势产业的集中；尤其是二期工程项目的招商引资。一期工程完工后，集中区的年生产总值达到 37.81 亿元。

二期工程的建设主要内容包括：进一步完善园区基础设施建设和产业套配与服务设施建设；关注新入驻企业建设项目，形成产业集中的综合要素洼地；加快优势主导产业的集中，形成果蔬、粮油主导产业集群，以及其他六大产业相互促进、相互关联的产业集中区；进一步提升产业结构与自主研发能力，完善各产业的产业链；完善农产品质量安全体系；在加快园区工业化的同时，全面推进园区及周边地域城市化建设步伐，促使园区能够持续稳定健康地发展。二期工程完成后，集中区的生产总值达到 49 亿元。

第 4 章　产地物流

4.1　农产品物流概述

4.1.1　相关概念

农产品物流（Farm Produce Logistics）是物流业的一个重要分支。物流业指的是为了满足消费者需求而进行的有关产品物质实体及相关信息从生产领域到消费领域转移的一种经济活动。农产品物流是以农业产出物为对象，通过农产品生产、收购、加工、包装、储存、运输、配送等一系列物流环节，做到农产品保值增值，实现由农产品到商品的转变，最终送到消费者手中的活动。

农产品物流具有以下五大特点：①农产品物流总量大、流通品种多。②农产品物流要求高。“绿色物流”“低成本流通”“流通增值”。③农产品物流难度大。一是包装难，二是运输难，三是仓储难。④农产品物流不确定性较大。主要指交易主体对交易信息的把控。⑤农产品流通主体参与程度。如比较分散的农户市场力量非常薄弱。

农产品物流的发展目标是提升附加价值，实现降本增效，降低流通损耗，保障食品安全，规避市场风险。农产品物流的主要方向是从农村到城市，原因是商品化农产品的主要消费群体是在城市，而农产品的主要产地则集中在农村。与上一章讨论的农产品加工业发展趋势（产能向原料产地集聚）相类似，农产品物流业的重心也有向产地倾斜的趋势。这也是我们将本章题目定为“产地物流”的主要原因。

4.1.2　国外农产品物流模式

因为历史背景和国情不同，不同地区、不同国家的农产品物流模式会有不同的选择，但模式的选择有一定的共性。目前国外农产品物流模式可以归纳为如下三种：

（1）北美模式。

北美模式的特点是以直销为主。以美国为例，美国粮食类期货市场发达，果蔬类产地与大型超市、连锁经销网络间的直销比例约占 80%，经由批发市场流通销售的约占 20%。美国已经形成以跨国公司为主体的全球化物流和配送体系。美国零售连锁经营网络和超级市场发展已经很成熟，其零售商的规模和势力不断壮大，要求货源稳定、供货及时，产地直销的流通形式也应运而生。在美国中大型超市、连锁经销的零售商左右着农产品的交易。美国纽约农产品的供应就没有集中于城郊附近，而是来自遥远的专业化生产区域，农产品流通交易大部分是由产地直接出售给零售商。发达的高速公路网络和现代化的运输保鲜设施，也为纽约实现产地直销提供了重要的技术保障。

一般来说，北美农产品物流的直销模式具有以下五个的特点：①农产品物流的基础设施和设备发达。②产地市场集中，流通渠道短、环节少、效率高。③销地市场分布在大城市。④政府发挥积极的调控作用，服务机构齐全，农产品物流服务的社会化程度高。⑤拥有发达的农业信息流基础，现货市场与期货市场并举。

（2）西欧模式。

以德国、法国为代表。在西欧，大多数大型批发市场仍然坚持公益性原则，如法国就指定了二十多所批发市场为国家公益性批发市场。与此同时，这些国家的农产品批发市场形式也有所不同，农产品直销比例呈现出不断上升趋势。如法国巴黎郊外设立的一个批发市场（汉吉斯国际批发市场），由于鼓励发展产、加、销一体化，并将产前、产后相关企业建立在农村，巴黎的农产品直销比例呈现出不断上升的趋势。

此外，由于西欧国家市场信息网络发达，地域内、国家间的农产品贸易十分活跃，进出口产品在批发市场中也占据一定比率。

西欧农产品物流发展模式主要呈现纵向一体化和批发市场的公益性。具体有三个特点：①鼓励发展产、加、销一体化，并将产前、产后相关企业建在农村。②建有完善的现代化大型公益性农产品批发市场，建立农产品物流中心，积极发展冷冻行业。③农产品实行标准化生产，建立电子虚拟的农产品物流供应链。法国、德国、荷兰等国家是这种模式的主要代表。

（3）东亚模式。

以日本、韩国为主要代表。这种模式是以批发市场为主渠道，以拍卖为手段。在日本，由中央财政和地方财政投资的中央批发市场共有 88 个，年成交金额达 6 兆 2000 万日元，占年成交金额总量的 60% 左右，经批发市场流通的蔬菜占 81%。交易方法以拍卖为主，在大阪中央批发市场通过拍卖成交的果蔬比率高达 90% 以上。

在韩国，农产品的流通渠道主要还是以农贸市场为主。大多数农民将自己生产的农产品拿到农贸市场自己销售或通过拍卖销售给零售商和消费者，主要的销售渠道有两种：一种是农民自己在农贸市场销售，另一种是收购商到产地收购，再到农贸市场批发或零售。在农产品流通的中间环节，大型批发商占据主导地位。批发商的销售渠道主要是零售商、中间小批发商、大型流通企业和大量需求业者。近年来，由于韩国大型流通企业的兴起，特别是以新鲜时令蔬菜招揽顾客的各种超市、折扣店的增多，使农产品的流通形式和渠道发生了较大的变化。

一般而言，东亚农产品物流发展模式具有四个特点：①农产品流通主要以批发市场为基础，批发市场具有集散、物流、仓储、咨询、定价以及调控等多种功能。②流通渠道环节多，流通成本较高，利润分配也不均衡。③流通规范化、法制化、效率高。④农业合作组织发挥着积极作用。

4.1.3 我国农产品物流模式

自改革开放以来，我国农产品（特别是鲜活农产品）物流体系已经形成了农户、合作社、经纪人、运销商贩、各类流通企业等多元化主体参与，以批发市场、集贸市场为主导，以农超对接等新型产销模式为补充的多位一体的农产品市场流通体系，呈现出城乡互通、国内外互联的新格局。具体可以表述为五种模式：

（1）依托批发市场模式。

依托批发市场是我国最为常见的农产品物流模式。它是依托于一定规模的批发市场，由生产者或中间收购商将分散的产品集中到批发市场被批发商收购，然后再通过零售商销售，最终到达消费者手中。以批发市场为中心的农产品物流模式，可以规避产品分散经营，实现规模化，降低物流成本，如图4-1所示。

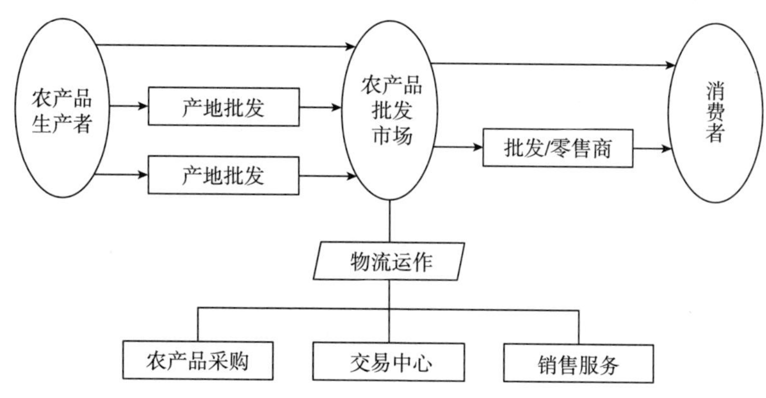

图4-1 以批发市场为中心的物流模式

（2）流通企业物流模式。

即以流通企业为中心的物流模式。一般是连锁超市与物流企业结盟运转的农产品物流体系：通过大型卖场、连锁超市、物流企业等来组织物流的运作，从而把农产品通过配送中心送到消费者手中。配送中心有两种配送途径：一种途径是配送中心—批发商—零售商—消费者，另一种途径是通过它们自己体系的连锁店或者直接送达消费者，如图4-2所示。

随着农产品电商的快速发展，流通企业物流模式演化出垂直类B2C模式如天天果园；“门店辐射+线上服务”如盒马生鲜；O2O社区服务平台如叮咚到家；社交属性的团购模式如拼多多等多种新业态。这些新业态正逐渐成为农产品物流的主流模式。

（3）加工企业为核心模式。

以农产品加工企业为核心，它直接与农户或者通过合作社或生产基地和农户签订合作协议，自己来组织物流的运作，从而把农产品通过批发商、零售商或者一些直销网点送到消费者手上，如图4-3所示。

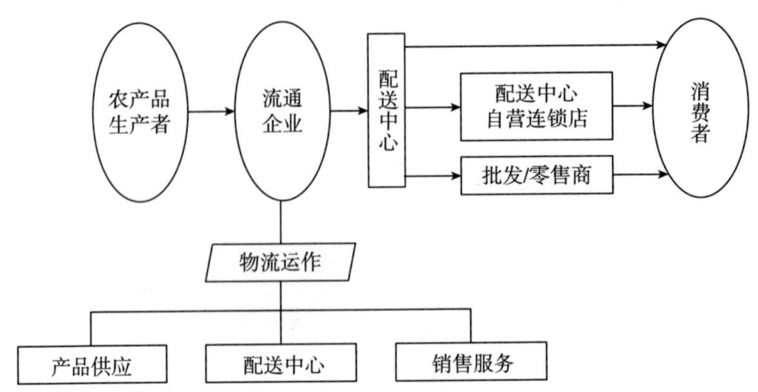

图 4－2　以流通企业为中心的物流模式

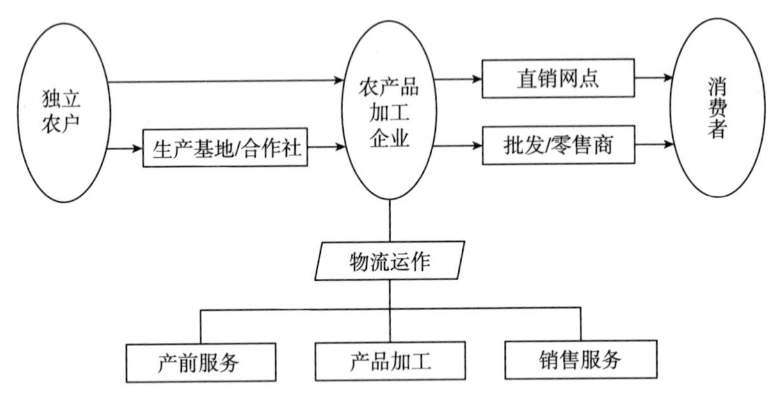

图 4－3　以农产品加工企业为核心的物流模式

图 4－3 中的农产品加工企业，可以属于工商资本主办，也可以由合作社投资主办。以加工企业为核心的物流模式，有利于新产品研发、农产品质量溯源和品牌创建，提升农产品的附加值。

（4）农产品物流园区模式。

目前我国有很多综合性农产品物流园区。农产品物流园区具有运输集散、仓储配送、流通加工、检验检疫、信息发布、交易展示等多种功能。通过依托物流园区的物流基础设施，把农产品从供方送达到需方。通过发布、查询农产品物流运输信息，可以提升农产品物流的效率，如图 4－4 所示。

农产品物流园区模式可以为入驻园区的企业提供农产品展示和展销服务，通过收集、处理、分析、公布与农产品交易及其产品相关信息，以及洽谈、拍卖等方式实现现场交易、现场结算。

（5）农业流通枢纽港模式。

农业流通枢纽港模式是升级版的农产品物流园区，是“实体上连锁＋线上服务”的线上线下结合模式，是农业流通产业链的整合升级。农业流通枢纽港打造冷链物流中心，构建实体连锁网络，各个参与方均可以通过枢纽港电商平台完成交易，也可通过实体店面完成销售，提高农产品流通效率，如图4－5所示。

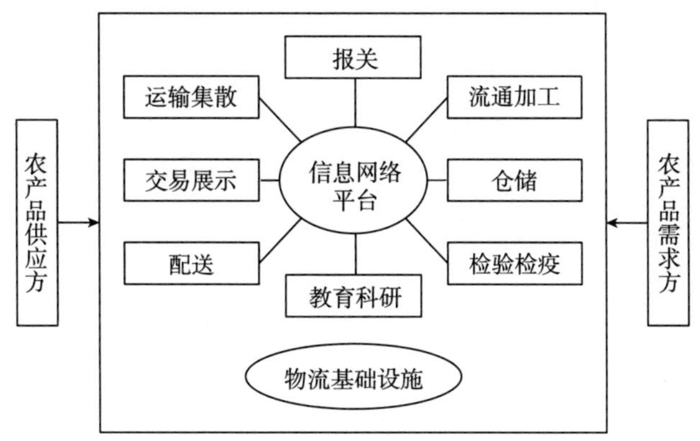

图4－4　农产品物流园区功能解读

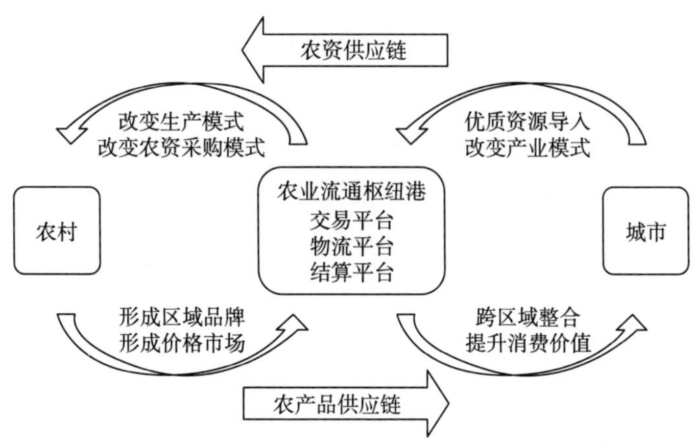

图4－5　农业流通枢纽港功能解读

枢纽港模式不仅减少了农产品交易环节，还可为农产品来源、运输和配送提供可查验的溯源体系，农产品质量和食品安全可以得到保证。还可以叠加农业品牌营销、专业人才培训、农资融资租赁、供应链金融等服务，为产业链上的中小企业提供全方位支持，促进区域农业供应链的健康发展。

4.1.4　我国农产品物流总体水平的研判

（1）与世界先进水平的差距。

衡量农产品物流业发展水平，主要农产品在物流环节的损耗率，以及与此关系甚大的物流成本。就当前的主要指标来看，我国农产品物流业的总体水平与世界先进水平相比，还存在较大差距，如表4－1所示。

表 4－1　中外农产品物流主要指标的比较（2018 年）

项目	中国	美国	日本与韩国
流通主渠道	批发市场	配送中心	批发市场
终端销售渠道	农贸市场	超市、食品商店	超市、食品商店
主要流通形式	常温、自然	冷链全程配套	低温保鲜
保鲜量占总量比例	10%～20%	50%以上	50%以上
损耗率	25%～30%	1%～2%	5%以下
物流成本占总成本比例	20%～30%	10%左右	10%左右

资料来源：由前瞻产业研究院提供数据整理所得。

从表 4－1 可以看出，我国农产品物流成本占总成本的比例高达 30%，而先进国家只有 10%左右。我国农产品在物流环节的损耗率高达 30%，而美国最高只有 2%，日本和韩国不到 5%。有关我国农产品的物流成本数据可能还偏于乐观。因为另有资料显示：我国农产品流通成本一般占总成本的 40%，其中鲜活产品及果蔬产品要占 60%以上。

（2）差距的原因剖析。

进一步分析表 4－1，不难发现我国农产品物流业发展水平与世界先进水平的差距，主要反映在冷链方面。具体有以下四个原因：

一是农产品冷链物流体系不完善。农产品冷链物流（Agricultural Products Cold－chain Logistics）是指使肉、禽、水产、蔬菜、水果、蛋等生鲜农产品从产地采收（或屠宰、捕捞）后，在产品加工、贮藏、运输、分销、零售等环节始终处于适宜的低温控制环境下，最大限度地保证产品品质和质量安全、减少损耗、防止污染的特殊供应链系统。其包括的冷冻加工、冷冻贮藏、冷藏运输及配送、冷冻销售四个环节都要求按照农产品物流的特性需要，保证农产品的原料品质和耐藏性，保证新鲜贮运工具设备的数量与质量，保证处理工艺水平高，包装环境、卫生清洁好，保证现代化管理和快速作业，最终保证农产品冷链物流协调、有序、高效地运行。

在美国、日本等发达国家，农产品冷链流通率达 95%以上，冷链利润率达 20%～30%；中国冷链物流还是以常温运输销售为主体，综合冷链流通率仅 20%左右，冷链利润率仅 8%，低于常温利润率两个百分点，呈现冷链流通比重低、损耗大、成本高的局面。

据调查，我国每年约有 1200 万吨水果和 1.3 亿吨蔬菜因低温保鲜不善而损失，总价值至少为 100 亿美元；冷链应用率不到 20%，人均冷库容量仅 0.05 立方米，占比 7%，冷藏保温车占货运汽车的比例仅 0.3%，与发达国家差距较大；在我国农产品物流系统中，现有冷冻冷藏设施普遍陈旧老化，国有冷库中近一半已使用 30 年以上；区域分布不平衡，中部农牧业主产区和西部特色农业地区冷库严重短缺，承担全国 70%以上生鲜农产品批发交易功能的大型农产品批发市场、区域性农产品配送中心等关键物流节点缺少冷冻冷藏设施。

二是农产品综合物流成本居高不下。我国农产品流通过程包括运输、包装、装卸、搬运、储存和加工配送等环节，并且要经过多个节点企业，运输规模小，致使农产品运输成本、储存加工保鲜成本、流通中介费用等偏高。

三是农产品物流信息化建设落后。我国农村物流企业普遍缺乏现代物流意识和先进物流管理理念、作业方式落后，如 RFID、GPS、GPRS、GIS 等一些先进的物流信息技术在农产品领域没有得到充分应用。尤其是农产品产地，冷链物流技术设备普遍简陋，缺少必要的产后预冷处理，损耗率较高；大多数冷链物流运输尚未配备定位、温度监控等信息化设备；仓储管理、运输管理、订单管理等信息化系统尚未大范围普及；冷链物流企业缺乏覆盖冷链物流全过程的信息化监控手段，缺少“断链”监管。

四是农产品物流标准化程度较低。我国农产品生产的集约化程度偏低，仍然以家庭经营方式为主流，这种方式制约了我国农产品标准化生产的进程。与上下游产业对冷链物流的实际需求以及产业自身发展的客观需求相比，冷链物流各环节和市场主体的标准规范体系还不完善，冷链物流设施设备、温度控制和操作规范等标准存在执行不到位等现象，部分领域的标准规范仍然空缺。由于农产品标准化程度低，难以形成在经济意义上的流通规模，从而抑制了因运销模式创新带来的冷链物流需求。

4.1.5 发展态势

（1）农产品批发市场布局走向完善。

农产品批发市场是我国农产品流通的主要渠道，农产品批发市场的布局是否合理，是降低农产品物流成本的关键。

截至 2017 年底，全国有 4469 个功能比较完备的大型农产品批发市场（70%分布在东部地区），其中，13 个国家级产地批发市场，年交易额亿元以上的市场 1790 个。全国农产品批发市场交易额突破 5 万亿元，同比增长 8%，在专业性市场中蔬菜、干鲜果品、畜禽、水产品和特色农产品市场数量占 89.9%。同时，商务部办公厅确定了第一批、第二批全国公益性农产品示范市场 49 家，其中全国公益性农产品示范市场（批发）名单 28 家，全国公益性农产品示范市场（零售）名单 21 家。

（2）农产品冷链物流发展速度较快。

随着电子商务快速发展，农产品线上销售异军突起，推动着农产品冷链物流需求不断增长。据国家统计局数据资料，2017 年，我国生鲜农产品（肉类、水产品、禽蛋、牛奶、蔬菜、水果）产量达到 13.28 亿吨，亿元以上生鲜农产品交易市场成交额达到 9634.2 亿元。

2017 年，我国农产品冷链物流总额达到了 4 万亿元，同比增长 14.29%，冷链物流总收入达到 2400 亿元，同比增长 10%。全国投入使用的有冷藏库近 2 万座，冷链物流仓储面积达到 1.1937 亿立方米，同比增长 13.7%，冷库总容量 4775 万吨，冷藏车大约达到 13.4 万辆，全年增加 1.9 万辆，同比增长 16.5%。

表 4-2 反映了 2013～2017 年全国农产品冷库总容量增长趋势。

表 4-2　全国农产品冷库总容量变动分析

年份	总库容（万吨）	增量（万吨）	年增长率（%）
2013	2411	—	—
2014	3320	909	37
2015	3740	420	12
2016	4200	460	12
2017	4775	575	13

从表 4-2 可以看出，2013~2017 年，全国农产品冷库总容量从 2411 万吨增加到 4775 万吨，增长了 98%。平均每年递增 18.5%。

另据不完全统计，2017 年全国农批市场冷库总量为 4750 万立方米，全国农批冷库总量占全国冷库的 40%，第三方冷库的市场占比为 38%，生产企业冷库占比为 16%。

4.2　县域农业产地物流体系规划要点

4.2.1　县域农产品物流的特点

县域农产品物流的主要特征是产地物流。尽管一县之内的城镇和农村居民对农产品的需求需要满足，农产品存在双向物流的事实，但总体而言，流出的数量远远超过流入的数量。尤其是商品化的主导特色农产品，其销售市场主要面向城市和外地。

从规划层面来看，为提高一县农业主导特色产业的竞争力，县域农产品物流应成体系。这个体系的基本结构是一个公共服务平台、一个或若干集配中心和多个乡村节点。此外包括财政投入、金融支持、用地保障、市场监督、运输“绿色通道”、标准化、队伍培育与组织管理等配套保障措施等。

4.2.2　最新政策解读

自从 2011 年 12 月《国务院办公厅关于加强鲜活农产品流通体系建设的意见》发布以来，对农产品物流业发展影响最大的最新具体政策应是 2014 年发布的《商务部等 13 部门关于进一步加强农产品市场体系建设的指导意见》（商建发〔2014〕60 号）和 2017 年发布的《商务部中国农业发展银行关于共同推进农产品和农村市场体系建设的通知》（商建函〔2017〕153 号）。这 13 部门具体是：商务部、发改委、财政部、国土资源部、住房城乡建设部、交通运输部、农业部、人民银行、国资委、税务总局、银监会、保监会、国家标准委。

（1）宏观指导意见。

商务部等 13 部门的意见一共有 22 条，涉及指导思想、基本原则和发展目标、加强农产品市场规制、优化农产品市场体系架构、培育农产品现代流通主体、推动农产品流通创新、加强农产品市场监督管理、完善政策支持体系等方面。其中第5条要求加强规划指导。这一条的具体内容有五句话：

一是“加快制订全国农产品市场发展规划，建立商务、发改、农业、国土、住建等多部门联动的规划协调落实机制”。这意味着当时还没有全国农产品市场发展规划，也强调这方面的规划协调落实机制需要多部门联动。

二是“地方要加快制订与国家规划相衔接的本地区农产品市场规划”。这要求地方政府部门要制定本地区农产品市场规划，并与国家规划相衔接。

三是“坚持优化整合存量、适度控制增量的原则，结合本地区人口规模和布局、既有农产品市场基础、服务半径、资源禀赋、产业结构、产销区分布和交通条件等因素，合理布局流通设施”。这对各地区农产品市场规划的要点提出了具体的建议。

四是“在我国优势农产品产业带和集中生产基地，规划建设一批全国性、区域性和农村田头等产地市场”。这里提出了三个层面的市场结构体系，位于全国优势农产品产业带上的县域农业规划，应该考虑如何创建这一产地市场体系。

五是“鼓励按照特大城市双核或一主一副，大中型城市确保一个的标准，培育一批全国性批发市场，根据市场规模和发展需求辅以适量区域性批发市场”。这句话表达了全国性批发市场的布局（特大城市2个，大中型城市确保1个），同时考虑配套适当数量的区域性批发市场。

根据上述规划指导意见，在一个县的农业规划中，根据农业主导特色产业发展需求，至少可以建设一个农产品批发市场和多个农村田头产地市场。

（2）主要支持方向。

在2017年《商务部　中国农业发展银行关于共同推进农产品和农村市场体系建设的通知》中，商务部和农发行具体明确了五个主要支持方向：

一是支持农产品市场及仓储物流设施建设。包括新建、改造各类农产品批发市场、综合加工配送中心、产地集配中心，完善预选分级、包装、仓储、物流等设施，加快打造一批具有国内外影响力的农产品集散中心、价格信息形成中心、物流加工配送中心和农产品进出口展销中心。支持农贸市场、社区菜店、生鲜超市等零售市场网络建设。

二是支持公益性农产品市场体系建设。包括公益性农产品批发市场建设公共加工配送中心、公共信息服务平台、检验检测中心、消防安全监控中心、废弃物处理设施等公益性流通基础设施。支持建设公益性菜市场、平价菜店等公益性农产品零售网点。在生产集中、商品化处理需求较强的产地，支持建设一批公益性田头市场。推动公益性农产品市场建立完善公益功能投资、运营和监管机制，加快形成覆盖面广、功能完善的公益性农产品市场体系。

三是支持农产品冷链物流体系建设。包括建设、改造标准化冷库和冷链物流集散中心，提高农产品产地预冷、低温加工、冷链仓储配送能力。推动封闭式交接货通道、月台、货架等设施标准化改造，加快绿色环保冷藏冷冻设施设备与技术应用。支持冷链流通监控平台和冷链物流信息服务平台建设，强化冷链物流全程监控管理，推动整合农产品生产、加工、流通企业冷链物流资源，提升冷链物流信息化水平，提高冷链物流效率和监管水平。

四是支持农产品追溯体系建设。包括肉菜、中药材流通追溯体系优化升级，采用先进适用的设备和技术，扩展追溯品种和追溯环节。建设互联共享的国家农产品质量安全监管追溯信息平台以及省级监管指挥调度中心、省级重要产品追溯管理平台和县级追溯点，与肉菜、中药材等重要产品追溯体系无缝对接。支持重要农产品集散地、农产品批发市场、农产品在线交易商城等建设流通追溯体系，采用电子结算、在线交易等模式智能化采集追溯信息。支持追溯数据的合法、安全、有效利用，将追溯数据作为抵押、贷款、担保、贴息、资金扶持等的评估依据和加分项。

五是支持农产品和农村流通新业态发展。包括企业开展农商互联、农超对接、农批对接，发展鲜活农产品直供直销体系。大力推广“生产基地 + 中央厨房 + 餐饮门店”“生产基地 + 加工企业 + 商超销售”等产销模式。支持农产品电商平台和乡村电商服务站点建设，深入实施电子商务进农村综合示范工程。推动农村市场体系转型升级，支持涉农电子商务创业孵化园、公共服务中心、快递仓储物流配送设施建设。引导电商企业开辟特色农产品网上销售平台，建立健全农村电子商务运营服务体系。以国家级贫困县为重点，支持信息基础设施和物流配送体系建设，为发展农村电商提供支撑。

4.2.3 县域农业产地物流体系结构方案

根据上述分析，构建县级农业产地物流体系，可重点考虑在以下四种方案中选择。

（1）以县级电商平台为中心的三级服务网络。

全县建立一个展示、介绍本地名优产品的电商交易平台及物流服务中心，在乡镇建立服务站、在村建立服务点的三级服务体系。如此在组织上充分发挥现有党群组织的骨干作用，在交通设施方面充分利用国道、省道、县道、乡道四级现有的道路体系，也便于与交通部门的发展规划相衔接。

【例 4 - 1】无为县农产品电商与物流体系规划方案①

无为县隶属于安徽省芜湖市，地处安徽省中南部，长江北岸。是安徽省农业大县。该县距省会合肥市 100 公里、距南京市 120 公里、距杭州市 300 余公里、距上海市 400 余公里。在《无为县农业发展规划（2016—2025）》中，对全县农产品电商与物流体系的安排如图 4 - 6 所示。

无为县的农产品电商务与物流服务体系规划有三大特点：一是建设电子商务县乡村三级服务网络，每个村发展一个网上销售与购物终端，同时也是物流集散点；每个镇（乡）建立一个服务站，负责本镇（乡）各村级服务点人员培训与技术支持；县城有电商平台及检测服务中心，负责全县优势农产品品牌创建。二是将刘渡镇水产批发市场发展成为全县农产品综合市场和物流中心。三是积极扶持三级经营主体，发展农批对接、农超对接、社企对接，在城市社区发展直供直销点。

---

① 资料来源：王树进《无为县农业发展规划（2016—2025）》。

规划安排：到2020年，农产品电商销售收入达到80亿元，农产品现代流通业态销售率达到90%以上。电子商务服务网络覆盖全县所有村庄。到2025年，农产品现代流通业态销售率达到95%以上。

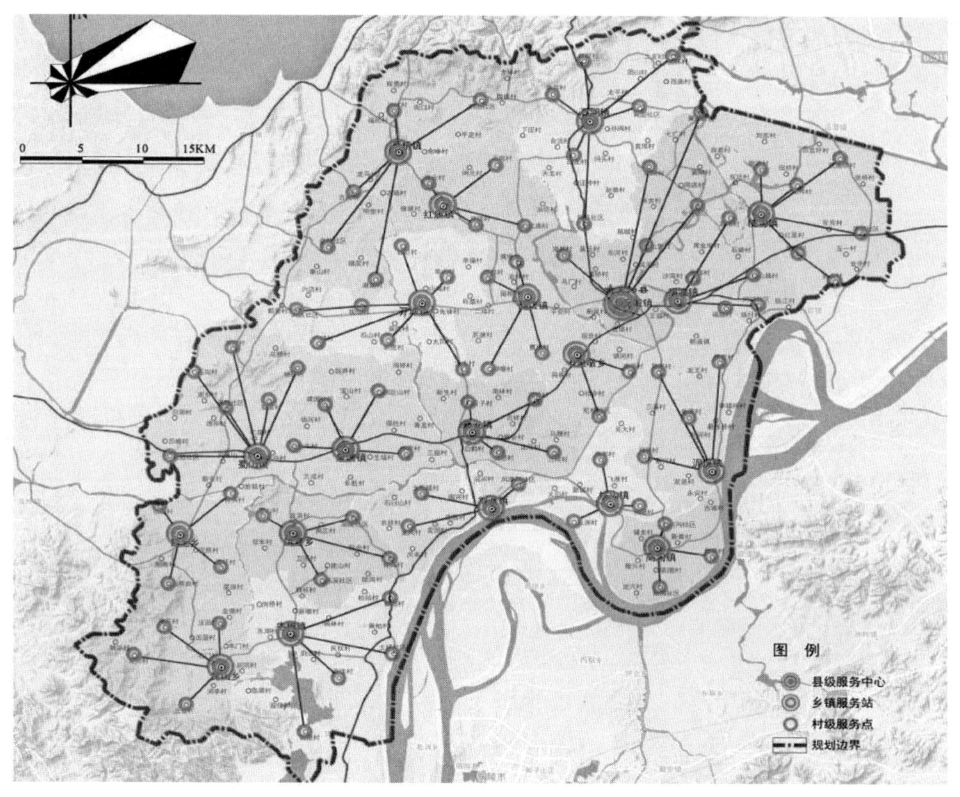

图4-6 无为县农产品电商务与物流服务体系布局

（2）为优势特色产业的发展服务。

县域农业产地物流体系要为县域优势特色产业发展服务，产地物流系统的规划要为优势特色产业发展规划的实施提供支撑。南京江宁区花卉产业的物流体系规划即是如此。

【例4-2】江宁区花卉产业的物流体系规划方案①

根据《南京市江宁区花卉产业发展规划（2012—2020）》，江宁全区花卉产业分成三大集群十个产区，总体形成“一体两翼”空间布局：“一体”指江宁区中部花卉科技研发、物流贸易产业集群，“两翼”分别为西部花卉特色品种展示、休闲观光产业集群和东部花卉新品种、规模化繁育产业集群，十个产区分别为十个街道生产辖区。三个产业集群各有侧重点，同时相互联动；十个产区生产各有特色项目，通过各自项目的发展，形成花卉产业的集聚效应。

如东山街道产区以茶叶、雪松、女贞、广玉兰、意杨、垂柳、石兰球、香樟等为特

① 资料来源：伽红凯《南京市江宁区花卉产业发展规划（2012—2020）》。

色，已有花卉苗木基地0.5万亩；秣陵街道产区的白茶、榉树、海棠、桂花、樱花、香樟等花卉苗木基地已有0.8万亩；禄口街道产区的绿茶、桂花、樱花、香樟等花卉苗木基地规划面积有2万亩；横溪街道产区的茶叶、桂花、香樟、女贞、中国兰花、梅花、葡萄、桃、梨、西甜瓜等花果茶作物种植基地达到12.5万亩；谷里街道产区的榉树、桂花、香樟、竹花卉苗木基地有2.3万亩；江宁街道产区的石榴、紫薇、香樟、桂花、广玉兰、竹等花卉苗木基地2.9万亩；湖熟街道产区的菊花、荷花、水仙、茶、女贞、桂花、香樟、桃、梨、葡萄、草莓等花卉苗木基地1.8万亩；淳化街道产区的花卉苗木基地2.8万亩；汤山街道产区的蝴蝶兰、凤梨、红掌、金线莲、铁皮石斛、蝴蝶兰、菊花、毛竹、香樟、桂花、红枫、广玉兰、海棠、鸡爪槭、樱花、槐树、榉树、合欢、黄山石栾等花卉苗木基地2万亩；麒麟街道产区的红枫、桂花、紫薇花、香樟、毛竹等已建成的花卉苗木基地0.3万亩。合计花卉苗木基地的规划面积达到28万亩。

政府部门通过规划设置交易市场和物流服务设施，引导鼓励有关资源向优势产区、优势产业、优势企业集聚，进一步做大做强江宁花卉产业。

如图4－7所示，在南京禄口国际机场的空港物流园建立花卉物流贸易中心，依托空港交通枢纽建立与外部的联系，为便于区内的花卉生产基地的经营主体就近交易，分别在汤山、湖熟、横溪、谷里等街道设立5个花卉交易市场，形成“1＋5”花卉展示交易与物流服务网点布局体系。其中位于横溪街道的台创园花卉交易市场（江宁台创花博园）已经成为南京市最大的花卉集散中心。

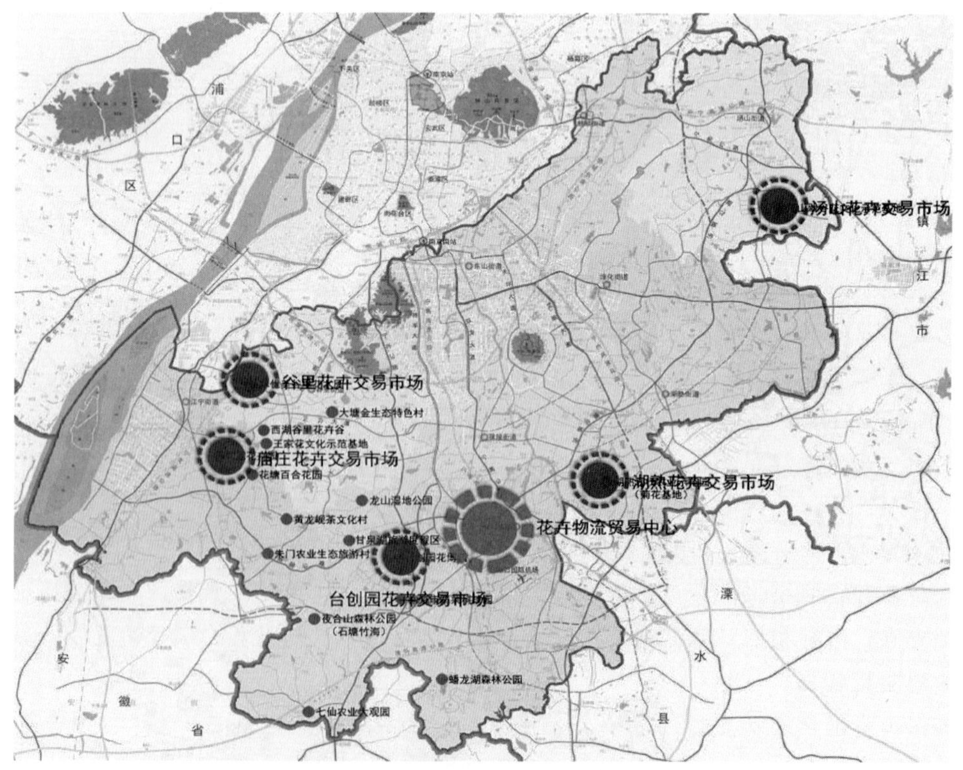

图4－7　南京江宁区花卉物流体系规划

（3）充分利用已有的市场条件与电商企业资源。

对于城市郊区、农业产业化特色并不明显的县域农业来说，农产品物流体系的规划要充分利用现有的农贸市场分布和电商企业的发展情况，因势利导、因人成事，利用市场以商带农。此举可以有效回避建设用地不足的矛盾。

【例4-3】博望现代农业产业规划中的物流体系①

博望区是安徽省马鞍山市的一个以刃具小镇为特色的工业新区，位于江苏省南京市一小时都市圈之内。该区具有农用地41.8万亩，其中耕地约24.3万亩。主要农产品是粮食、水产品、蔬菜、牛奶、畜禽肉类等。产业规划将引导蔬菜瓜果以20%以上的增长率、花木林果以15%以上的增长率、粮食、水产、肉类以10%的增长率发展。产品以供应本地和周边城市为主。其农产品物流体系规划如图4-8所示。

博望区农产品物流体系主要由已有的7个农贸市场和6个农产品电商企业构成。其中博望、润和、新市、丹阳、薛津、新博、桥头7个农贸市场主要面向本地居民，而福中宝农副食品、农腾生态农业、新市有年渔业、太子天地生态农业、新临农贸实业、智峰生态园6个电商企业，则以周边市场为主。

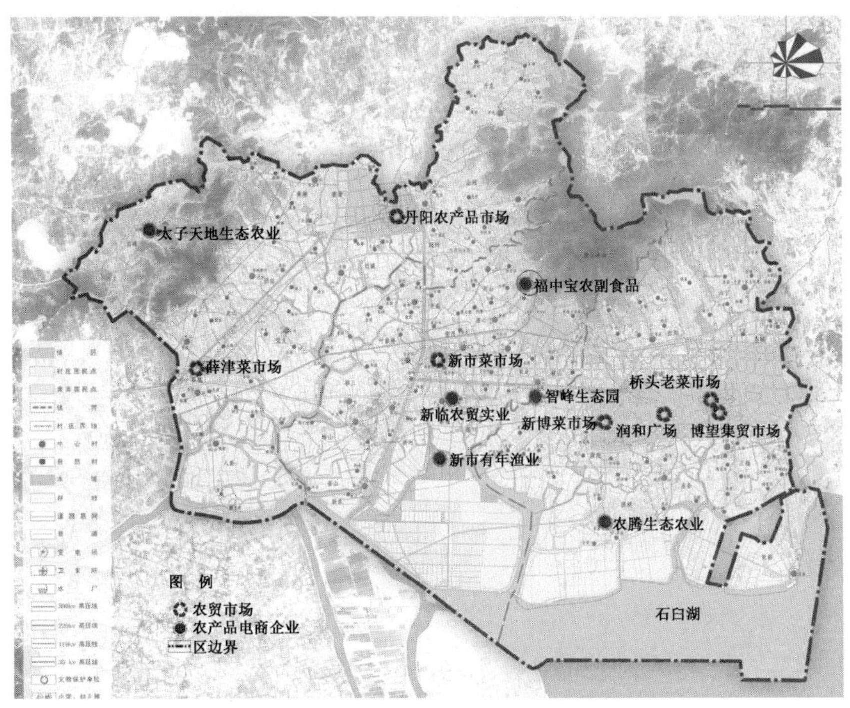

图4-8 博望区农产品物流体系的结构布局

（4）多中心与村社节点叠加体系。

对于特色产业较多、生产基地布局分散的国家级贫困县的县域农业来说，采用多中心与村社节点叠加服务体系比较合适。这种体系的特点是：在村（或社区）建立综合性的

① 资料来源：伽红凯《马鞍山市博望区现代农业产业发展规划（2018—2022）》。

物流服务节点，利用村集体建设用地（或村头广场、村民公用场地等）作为物流服务终端节点，配备移动冷库接电设施，为农户提供农产品分级、包装、预冷处理和田头交易服务；在土地条件许可、对外交通便利、某种特色产业明显、周边生产规模较大的节点处，规划专业化物流服务中心，提供集中仓储、加工、电子商务与对外配送服务。村社节点由村集体负责运营，专业化物流服务中心由农业产业化龙头企业负责运营。于是，在一县农业特色产品比较多的情况下，便可形成多中心与社区节点相叠加的物流服务体系。

【例4－4】麻江县十村产业扶贫与振兴规划①

麻江县是国务院确定的592个新阶段国家扶贫开发工作重点县，是滇桂黔石漠化集中连片特困地区片区县之一。该县地处贵州中部，辖4镇1乡2街道，17.66万人。县城西距贵阳108公里，北距瓮福磷矿基地65公里，东距凯里市41公里，南距都匀市27公里，交通便利。全县国土面积960平方公里，以山地为主，属于我国西部地区典型的喀斯特地貌发育地和少数民族聚集地。

麻江县农业特色优势产品较多。被称为“中国红蒜之乡”“中国锌硒米之乡”。规划时已有红蒜种植面积约1万亩，锌硒米种植面积1.6万亩；蓝莓种植面积6.68万亩；全县蔬菜、茶叶、食用菌、中药材、精品水果等主导产业及其他经济作物种植面积约22万亩；该县菊花产业已初步实现一二三产业融合，成为贵州省乃至我国西南地区一张亮丽的旅游休闲观光名片。全县建成温氏模式生猪养殖场（小区）116个，肉牛规模养殖场11个，蛋鸡规模养殖场（小区）5个，全县有机认证获批企业30家，证书32张、认证面积903公顷，获批国家有机认证示范区。

南京农业大学是麻江县扶贫攻坚的对口合作单位，选择了有代表性的10个村作为产业扶贫试点示范项目，并编制十村总体发展规划，其中农产品物流体系便采用多中心与村（社）节点叠加方案，如图4－9所示。

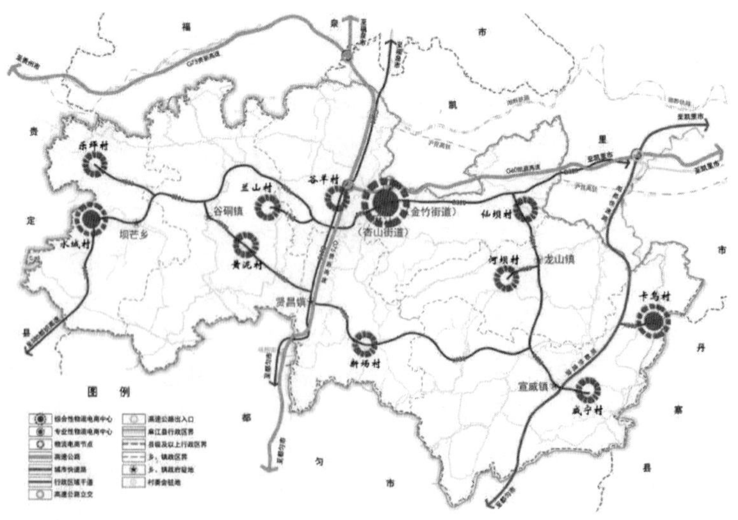

图4－9　麻江县农产品物流的多中心与村社节点叠加体系

① 资料来源：李保凯《麻江县十村产业扶贫与振兴规划（2018—2025）》。

规划中的麻江县 10 个村，每个村都有一个综合性的物流节点。其中东部的卡乌村叠加一个以菊花为专业特色的物流服务中心，西部的水城村叠加一个以高山蔬菜为专业特色的物流服务中心，中部的黄泥村叠加一个以功能性稻米为专业特色的物流服务中心。县城坐落一个综合性的农产品物流服务中心和全县电商服务平台。将来示范项目取得成功之后，物流节点和专业特色物流服务中心还可以继续增加。

4.3　产地物流中心规划设计要点

4.3.1　规划流程及任务

农产品产地物流中心的规划设计工作流程可以按五个步骤来叙述：功能定位与设计目标的确定，资料收集与分析，系统化设计，设计方案评估，细部设计与项目执行前段准备。

（1）功能定位与设计目标的确定。

1）确认未来生鲜农产品加工中心的功能，明确加工中心的功能属性，以便在后期细部设计时能围绕其功能目标进行设计。

2）确定未来生鲜农产品加工中心的营运方式。

3）确认未来生鲜农产品加工中心的营运目标需求，具体包括：①预估总投资预算。②生鲜农产品加工中心目标使用年限。③生鲜农产品加工中心最大产量及目标销售量。④生鲜农产品加工中心人力资源安排。⑤目标投资回收期。⑥其他需求。

（2）资料收集与分析。

主要是收集经营主体的基本资料和物流中心的需求信息。目的是充分了解经营主体现有的物流加工能力，同时结合预期经营目标，分析物流中心投资和运营过程中的各种不确定性以及所可能产生的投资风险。具体内容包括但不限于以下 10 项：

1）产品类别。指物流中心需要处理的产品的类别、目标产品方向等，例如，分割品、蔬果类、肉制品、水产品、豆制品、速冻食品等。明确产品类别，就可以在细部设计时，针对不同类别产品的加工工艺需求，进行不同的细部设计。在产品类别的定位时，一般不宜设置类别过多，也不宜类别差异性较大。因为差异性较大时，设施资源就很难达到统筹使用的状态，容易造成资源浪费。

2）具体产品。在已确认产品类别的基础上，进一步明确具体的目标产品。例如，生鲜肉制品——肉类分割，原料为已屠宰好的白条肉（净肉）加工成最小至肉糜的一系列产品。只有产品明确化，才能更加准确地把握产品的加工工艺过程，在进行工艺设计时，更能接近产品生产过程中的细部环节，使设计的结果更加符合实际需要。

3）目标客户群及配送半径。根据经营主体的内部销售渠道，明确下游客户群体，以便了解采购、加工、物流等环节的订单情况、产品批次、客户规模、配送范围。

4）最大产能及均衡产能目标。产能目标应基于真实的数据分析，要制定得切合实际，不宜过大。产能目标过大的规划设计会使资源闲置，是一种浪费；过小的规划设计有可能会使产品供不应求，造成未来的重复建设。

5）人力资源与组织架构配置。明确人员结构在各作业环节中的配置，以及物流中心的总体人力需求与就业岗位。

6）营运成本。包括：土地取得成本、土建安装成本、设备购置成本、人员成本、其他成本等。

7）固定资产投资使用效率。明确土地、建筑物、设备的利用率。

8）各作业环节及作业前置时间。包括采购、验收、入库上架、领料、加工前置作业、加工、加工入库、拣货、分拨、装车、配送等作业环节，以及各环节的作业前置时间。

9）各作业环节的物流量情况。上述各作业环节的物流量，这些数据决定了相应的作业区域的布局与面积配置。

10）投资估算。在规划设计前应明确企业对生鲜农产品加工中心的总投资估算情况，在设计及确立各项目标时，应综合考虑投入产出比，权衡投资回报率及投资回收期。

（3）系统化设计。

1）物流中心的产地服务网点。即原料收集网点。对于集中连片的大规模生产基地（或园区），应将原料收集网点布局到田头。对于分散的生产基地（或片区），可在村（社区）中设置网点。

2）物流中心的选址。物流中心的选址应充分考虑其加工与物流的双重属性。在选址时，一般要考虑以下各项条件：①土地所在地交通运输条件。②地基基础条件。③土地面积及容积率要求。④自然环境。⑤经济环境。⑥相关政策法规条件。⑦其他。

3）建筑物及加工、物流设备规划。包括：①生鲜农产品加工物流中心朝向选择。②物流中心建筑结构选择。③物流中心地面处理方式选择。④物流中心屋顶、侧壁设计。⑤物流中心各区面积、高度以及保温库板。⑥物流中心对外交通。⑦物流中心环场及内部道路。⑧物流中心主设备、设施。⑨制冷系统规划与选择。⑩物流中心其他辅助区域及房屋的规划（如电脑室、卫生间、更衣室、消毒室、工具室、制冷机、废弃物处理区、停车场等）。

4）物流中心内部作业区的布局。作业区可能包括：进货暂存区、原料冷藏及冷冻库、急冻库、解冻库、材料冷藏及冷冻库、一次加工作业区、二次加工作业区、缓冲区、内包装作业区、外包装作业区、成品冷藏及冷冻库、分拣区、出货暂存区以及装载容器清洗区及暂存区等。在作业区的布局时，要注意统筹规划，遵循区域共用原则、多温层区分及控制原则、可扩展性原则。要明确各区域的面积需求、温层需求、加工设备需求。

（4）设计方案评估。

评估工作主要包括以下四个内容。如果评估不满意，就要返回上一步，甚至返回第一步。

1）方案投资预估与目标投资预算的比较。两者的差异不宜过大。

2）方案产量及物流量与目标产销量与物流服务水平的比较。评价方案对需求的满足程度。

3）方案投资回报率与投资回收期是否在经营主体可接受的范围。

4）多方案进行比较与选择。

（5）细部设计与项目执行前段准备。

细部设计主要包括：物流中心内作业区的布局规划，各作业区的设备规划与作业规范、作业流程及表单设计、作业信息系统需求分析，各作业区域人力资源配置及岗位划分，成本分析与效益评估等。

项目执行前段是指从细部规划结束至工程项目开工前的一段时间，为保证项目依照既定目标及方案进入工程建造阶段，需完成一定的工作。

4.3.2 资源需求分析要点

资源需求分析是农产品产地物流中心规划设计的重要依据。农产品产地物流中心为满足业务经营需要而进行的作业资源分析，主要是对若干关键参数进行确定，如常温仓储面积、冷藏仓储面积、货位数量、周转容器数量和出入库作业量等。基本分析依据主要有三点：一是库存的增长：主要考虑在库的净菜商品总数，在库存周期一致的情况下，一般与配送量成正比。二是品项的增长：品项增加与配送量不成比例，但一般可以假设分布状态基本一致，储存形态基本一致。根据目前情况来看，农业园区内蔬菜种植品种短期内不会发生较大变化。三是出入库量的增长：在出入库业务形态一致的情况下，一般与配送量成正比，并与产品特征、周转率、配送作业效率等有关。

资源需求分析包括仓储、加工、运输、人力四个方面。本节以安徽省怀远县某万亩蔬菜产业园区的物流中心为例予以具体说明。

【例4-5】河溜农场蔬菜物流中心规划的资源需求分析①

河溜农场隶属于淮南矿业集团，自有耕地7000亩，规划以蔬菜为主导产业。为了带动周边农户，规划的蔬菜物流中心服务面积为10000亩左右，要求物流中心年加工配送蔬菜36000吨，平均日配送100吨左右。

（一）仓储资源需求

（1）常温库需求

1）业务年增长系数按10%估算。

2）鲜销净菜基本是加工完成后短时间内就安排配送，故平均库存时间一般不长，同时考虑前期运作水平不高、配送能力有限的现状，入库率初期按照70%，后期按50%计算，库存周转期为7天。

3）加工后的净菜主要采用两种方式存放：一是用周转箱盛装，然后堆码于托盘再搬运至托盘货架上集中存放；二是用周转箱盛装或者直接存放在搁板货架（或地托）上，两种方式按1∶1配置。周转箱年损耗率按5%估算，考虑到周转箱配送完成后可回收，故

① 资料来源：朱长宁《河溜农场蔬菜物流中心规划方案》。

以日作业量峰值估算出库需求箱量。

4）周转箱以25千克长方形箱型为主，辅以50千克、80千克箱型，业务量估算统一按25千克箱型进行，单箱装载率按80%估算。

5）常温库面积的估算，需知道日平均最大中转货物量、货物平均储存时间、单位货物的占地面积、面积利用系数和入库系数等。

$$A_2 = \frac{Q_1 \times T_1 \times K_1 \times \alpha_1}{f_1} \tag{4-1}$$

式中：A_2（平方米）为常温库面积；Q_1（吨/天）为日平均最大中转货物量，可按日均预测吞吐量的1.25倍进行估算；T_1 为货物平均储存期，这里取7天；入库系数 K_1 取0.7；单位货物的占地面积 α_1 根据仓储货物种类、堆码高度确定，取2.5平方米/吨；f_1 为面积利用系数，一般取0.6。

综上所述，考虑到园区规划用地较充裕和物流作业便利性需要，常温仓储面积按1600平方米规划，按1层建设仓库。除可满足目前存储需要，还可以为未来3年预留发展空间。

（2）冷藏库需求

1）业务年增长系数按10%估算。

2）冷藏净菜基本是加工完成后存放进冷库储存一段时间再安排配送，故平均库存时间相对长，入库率按90%估算，托盘按300千克限重堆码，按20千克装箱。

3）加工后的净菜主要采用两种方式存放：一是用周转箱盛装，然后堆码于托盘再搬运至托盘货架上集中存放；二是用周转箱盛装或者直接存放在搁板货架（或地托）上，两种方式按1∶1配置。周转箱的年损耗率按5%估算，考虑到周转箱配送完成可回收，故以日作业量峰值估算出库需求箱量。

4）周转箱以25千克长方形箱型为主，辅以50千克、80千克箱型，业务量估算统一按25千克箱型进行，单箱装载率按80%估算。

5）根据货物特征和冷库建设经验，蔬菜冷藏存储密度容重按280千克/立方米，冷库利用系数为0.5，蔬菜冷藏（0～10℃）可按2000吨/11000立方米比例估算，高度按照4.5米设计，确定冷库规划面积。

综上所述，考虑到冷库造价、使用和维护成本都较高，故按2500平方米规划，规划建设1层高温冷藏库，库温为0℃，进货温度25℃，经24小时降至0℃，可存放蔬菜约2045吨。按年周转次数为9次估算，年均储藏总量约为18400吨。

冷库采用气调库技术，主要设备为：①联式半封闭型压缩机组；②风冷冷凝器；③吊顶冷风机；④中空纤维膜制氮机；⑤二氧化碳脱出机；⑥无油螺杆空压机；⑦中央控制系统等。

（二）加工资源需求

（1）场地设施需求

本物流中心设有流通加工区，其主要功能为完成蔬菜的清洗、分级、包装和装箱。

主要设施有：

1）蔬菜流通加工生产线。包括净菜加工挑拣、清洗、杀菌、沥水、包装等全套工序，其中包装和装箱部分采取人工作业。

2）相应的设备存放区。主要存放叉车、周转箱、纸箱、手推车等工具。

净菜加工的一般工艺流程是：分级挑选—清洗—去杂—整理—切割—沥水—风干—灭菌—包装—储藏。

可加工主要蔬菜品种有黄瓜、西红柿、豆角、荷兰豆、苦瓜、丝瓜、洋葱、菜花、青椒、辣椒、茄子、胡萝卜、蒜苔、莲藕、香菇、佛手瓜等。

中心日处理净菜 100 吨，加工损耗按 20% 计算，则每天蔬菜流通加工的处理量约为 125 吨，而一般 1 条流通加工线每天能加工蔬菜 50 吨左右，因此需要 3 条流通加工线。

（2）设备需求

1）毛刷清洗机。主要是将蔬菜在水中充分散开，在前行过程中与旋转的大毛刷辊充分接触，清洗蔬菜中混入的毛发、纱线、编织丝等杂物缠绕在毛刷上，而水槽中的特有防护设备可将沙、石、泥沉积于底部排出，上部有净水喷淋，把残留在产品中的毛发类杂质粘住，并将产品送入下一工序。

2）气泡清洗机（蔬菜清洗杀菌机）。用于蔬菜、水果、水产品等颗粒状、叶状、根茎类产品的清洗，特别适用于生长在泥土中的蔬菜清洗。气泡清洗机带有循环水泵和过滤水箱，实现清洗用水循环使用，节约用水。蔬菜在进入清洗机后，在气泡的作用下做翻滚状态，从而达到清洗的目的，而在出料口中有高压水喷淋头，可对蔬菜再次进行清洗。

3）蔬菜风干机。用于蔬菜清洗后的沥水风干，主要是利用旋涡气泵产生的热风将清洗后的蔬菜风干。

4）多功能切菜机。用于净菜加工中的切片、切丝、切块，可用于萝卜、土豆、山药、黄瓜、元葱、菠萝等茎杆状物料的分切。自动定向，片形整齐，厚薄均匀。

（三）运输资源需求

本项目年运输量为 3.6 万吨，如果运输业务以干线运输为主，则配置冷藏运输车 1 辆，大型卡车 3 辆，轻型卡车 1 辆，应能满足日常运输与配送需要。如果遇到特殊情况，可以在本地寻找有相应资质和运输条件的第三方物流企业帮助本中心完成运输与配送任务。

（四）人力资源需求

（1）组织与岗位设计

该项目是大型农产品加工配送和仓储中心，根据物流中心管理的特点，组织结构及各岗位劳动定员的设计如表 4－3 所示。

在表 4－3 中，考虑了以下四个方面情况：

1）尽量少设管理岗位，只在核心部门设中层经理，非核心部门采取兼管方式。

2）针对仓储管理部、加工中心管理部和配送管理部的实际作业情况，其所辖基层员工要求有较大的复用性，即每位员工最好应能胜任本部门的所有工作，则可有效提高人员劳效和控制用工人数。因此建议加强人员培训和强调入职时的专业操作证书要求（如货车驾驶证、叉车证等）。

3）人员编制按近3年业务发展状况总体匡算，实际可逐步配置到位。

4）在人员设置方面已经考虑了病假、休假、休息日轮班和人员流动等因素。

表4-3　河溜农场物流中心劳动定员及岗位职责一览

序号	部　门	管理人员	一般员工	人数	岗位职责
1	总经办	总经理		1	全面负责物流中心工作，编制业务计划和进行人员绩效考评，对内协调沟通，对外开展市场开发和业务合作
2	计财部		会计	2	编制财务预算，管理账目和收支结算
3	客户服务部	客服主管		1	分析客户需求，协调回款
			客服职员	1	收集客户反馈，处理客户投诉
4	质检部		质检职员	2	蔬菜出入库品质、加工和包装等检测
5	信息/结算中心		信息员	1	管理业务数据，维护信息系统
			结算员	1	进行业务收支结算，管理业务单据
6	工程动力中心		维修工	1	维护关键设备，排除技术故障
			水电工	1	保证水电气等辅助系统的正常运行
7	交易管理部		交易员	1	商务洽谈和招商工作，接待来访客户
8	仓储管理部	仓储主管		1	总体负责蔬菜的出入库和储存业务，并对相关人员进行培训
			仓储员	6	出入库、复核、养护、装卸
9	加工中心管部	加工主管		1	总体负责蔬菜的加工业务，并对相关人员进行培训
			作业员	8	蔬菜分类、挑拣、清洗、杀菌等操作
10	配送管理部	配送主管		1	总体负责蔬菜的配送业务，并对相关人员进行培训
			配送员	6	车辆驾驶、客户交接和退货处理等
11	装卸搬运部		装卸工	3	负责蔬菜、设备和其他用品的装卸操作，可采取临时用工形式
12	后勤部	后勤主管		1	总体负责安全和行政事务
			后勤人员	4	重点区域的保安、公共区域和办公室的保洁等工作
合计		6	37	43	

（2）人员培训

1）一般性的职前培训：主要目的是让新员工了解公司的概况，如组织架构、运作系统、经营理念、发展规划和员工的权利义务等。

2）专业技术培训：主要是对新员工上岗前的岗位操作技术的培训，目的是让新员工能够尽快适应新的业务工作。

3）在职培训：主要是针对员工在岗位工作中所需学识技能的欠缺部分予以补充。

4）非在职培训：指员工暂时离开现职，脱产到有关学术机构、学校或组织参加为期较长的培训。配送中心的采购、检验、加工、仓储、配送等除了采用先进的装备、合理的布局之外，还要做到人流、物流、车流的畅顺，必须提高管理人员的综合素质，加强指

挥、协调。因此，各职能部门的有关人员必须经培训、实习，做到持证上岗。

4.3.3　产地物流中心功能分区与布局

（1）功能区划分。

产地物流中心内部的功能分区根据所处理产品的性质不同而定。例如，对以蔬菜主导产品的物流中心为例，根据其内部作业性质，可划分为 8 个功能区，每个功能区主要任务如下：

1）收货作业区：接收蔬菜进入物流中心及其相关准备工作，主要包括卸货、验收、质量检测、客户退货处理和业务交接等。

2）加工作业区：对收到的蔬菜进行流通加工、整理和包装，主要包括挑选、清洗、去杂、切割、风干、灭菌和包装等。

3）仓储作业区：按照管理标准和要求进行蔬菜的存储、保管、出入库等工作。

4）配送作业区：按客户订单进行拣货、理货、配载、车辆调度和送货等工作。

5）废料处理区：处理不符合质量标准且无法再利用的蔬菜。

6）综合管理区：行政管理人员办公区域，主要工作包括收集和汇总各种信息，根据这些信息做出相应的决策；对内协调、组织各种活动，指挥调度各部门的人员；业务洽谈和客户服务等。

7）辅助作业区：辅助设备和备品备件的摆放或暂存，员工生活区域等。

8）停车场：为送货车辆、配送车辆和办公车辆提供作业或停放场所。

（2）布局设计。

在功能分区的基础上，一般采用系统布置设计法（简称 SLP 法）来设计平面布局。SLP 法是基于作业单元相互关系紧密程度的图表分析手段，其以场内物流作业费用最小为目标，将物流关系分析与非物流关系分析相结合，求得合理的设施布置方案。

首先，分析物流中心功能区相互之间的业务关系，如图 4－10 所示。在图 4－10 中，各功能区之间的关系密切程度的描述符号，A 表示绝对必要，E 表示特别重要，I 表示重要，O 表示一般，U 表示不重要。

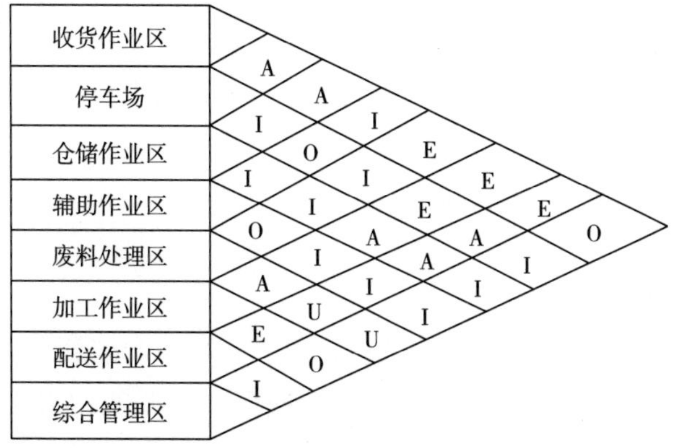

图 4－10　物流中心功能区的业务关系

其次，计算各功能区的优先权并排序，按照优先权排序靠前优先考虑的原则，不断优化调整以确定物流中心各功能区相互之间的位置关系，如图4－11所示。

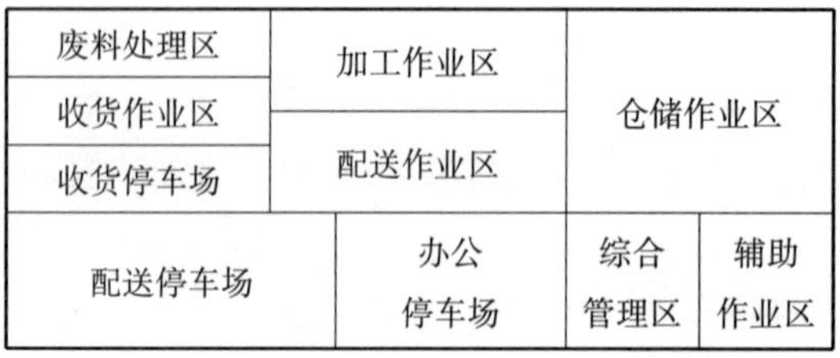

<table>
<tr><td>废料处理区</td><td colspan="2" rowspan="2">加工作业区</td><td colspan="2" rowspan="3">仓储作业区</td></tr>
<tr><td>收货作业区</td></tr>
<tr><td>收货停车场</td><td colspan="2">配送作业区</td></tr>
<tr><td colspan="2">配送停车场</td><td>办公
停车场</td><td>综合
管理区</td><td>辅助
作业区</td></tr>
</table>

图4－11　物流中心功能区的位置关系

图4－11主要是定性说明各功能区的位置关系，为各功能区的具体布局提供参考，图中各功能区的图形大小并不一定代表实际面积大小。

最后，根据业务关系图和位置关系图，并结合物流中心所处的地理位置及有关状况、设施建设条件和周边环境等因素合理进行进一步的平面布局设计。

4.3.4　主导产品的质量追溯

产地物流中心是农产品质量安全控制的重要载体。产品的质量标识工作将在物流中心最终完成。为了控制主导产品的质量，一般在物流中心服务范围内的生产基地中，严格执行有关生产标准或规范，建立行之有效的质量安全追溯系统。该系统跟踪生产和加工物流过程，将各个环节产生的信息统一上传至数据中心，消费者能够通过计算机网络、手机等手段查询到所购买产品的详细信息。本节以一个蔬菜产业园的物流中心为例来说明这一过程。

（1）系统基本结构。

质量安全追溯系统主要包括三个子系统，分别为蔬菜信息管理系统、信息数据库和信息查询系统。蔬菜信息管理系统主要是对蔬菜从生产、运输、仓储和加工以及检测结果等信息进行处理，并实行统一编码。信息数据库主要用于储存所有的蔬菜信息。信息查询系统则是主要面向消费者和批发商等，为其提供蔬菜信息的查询平台。

蔬菜信息管理系统依附于蔬菜的物流系统（园区可安排一定数量的收菜点，收购方式为流动集装箱货车），在收购时，每辆车上配备一个食品安全检测箱和一名质量安全管理员，用于检查蔬菜是否符合相应质量安全标准。在物流中心建立蔬菜的信息中心，作为整个系统的控制中枢。

（2）信息获取方式。

由信息中心统一设计和制定各环节的信息表，包括生产信息表、收购检测信息表和加工处理信息表。分别分发给生产、收购检测和配送中心的相关人员，供其填写。在实行该系统的初期，派专业人员对各相关工作人员进行指导和培训，保证所填信息的有效性。

（3）生产者信息。

包括农药喷洒记录、施肥记录、灌溉记录以及收割记录。对相应的农事作业，由企业的技术人员指导农户执行相关的规范，并负责随时记录上传。

农药喷洒记录：每一批次的农药喷洒记录，包括种植批次号，使用农药名称、剂量、使用时间、使用人以及功能作用等。

施肥记录：每一批次的施肥记录，包括种植批次号，使用肥料名称、剂量、单位使用量、使用时间、使用人以及肥料功效作用等。

灌溉记录：管理该批次的农作物使用灌溉的水源、水量、使用时间等信息。

收割记录：包括收割日期、收割人、收割批次、种植地点、种植地、收割数量等。

（4）收购车信息。

包括收购记录和检测记录。由公司收购人员采集并提供。

收购记录：每车每批次的收购记录，包括每批次的批次号、收购数量、收购品种、收购日期、收购人等。

检测记录：每车每批次的检测记录，包括每批次的批次号、检测数量、检测日期、检测结果等。

（5）物流加工与处理信息。

主要包括蔬菜的入库时间、种类、数量，分拣、加工、包装等过程以及相应操作人员、操作时间、仓储、运输、出库时间、蔬菜去向和厂家等。

（6）系统工作流程。

本系统工作流程如图4－12所示：

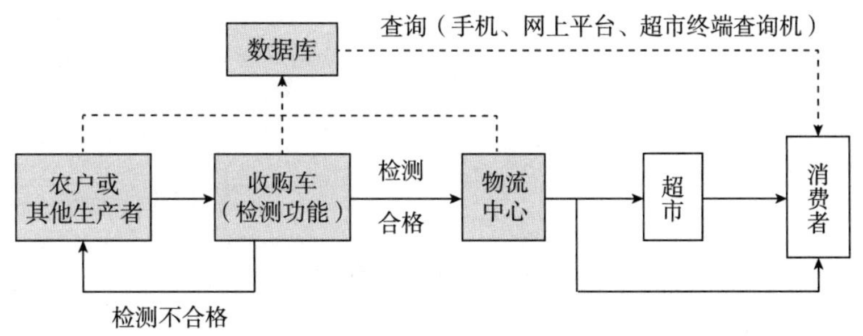

图4－12 质量安全追溯系统工作流程

注：实线箭头代表物流，虚线箭头代表信息流。

消费者购买蔬菜之后，在查询蔬菜信息时，本系统将提供三种方式：第一，消费者可以直接在超市的终端查询设备上输入追溯码；第二，利用支持条形码扫描的手机查询蔬菜信息；第三，利用网上查询平台，在对话框中输入追溯码编号查询蔬菜信息。一旦发现问题，消费者便可直接联系超市或相关企业，依据追溯信息，获得应有的权益。

【例4-6】八桥蔬菜产业园的质量追溯系统设计①

八桥蔬菜产业园是江苏省级现代农业产业园之一，其物流配送中心的主导产品规划为绿色蔬菜瓜果。物流配送中心主要提供蔬菜瓜果的收购、分拣、冷藏、销售和配送服务。该中心规划采纳上述的蔬菜质量安全追溯系统，从而将产品质量安全与保障措施落到实处。

物流中心与收购点的规划布局如图4-13所示。

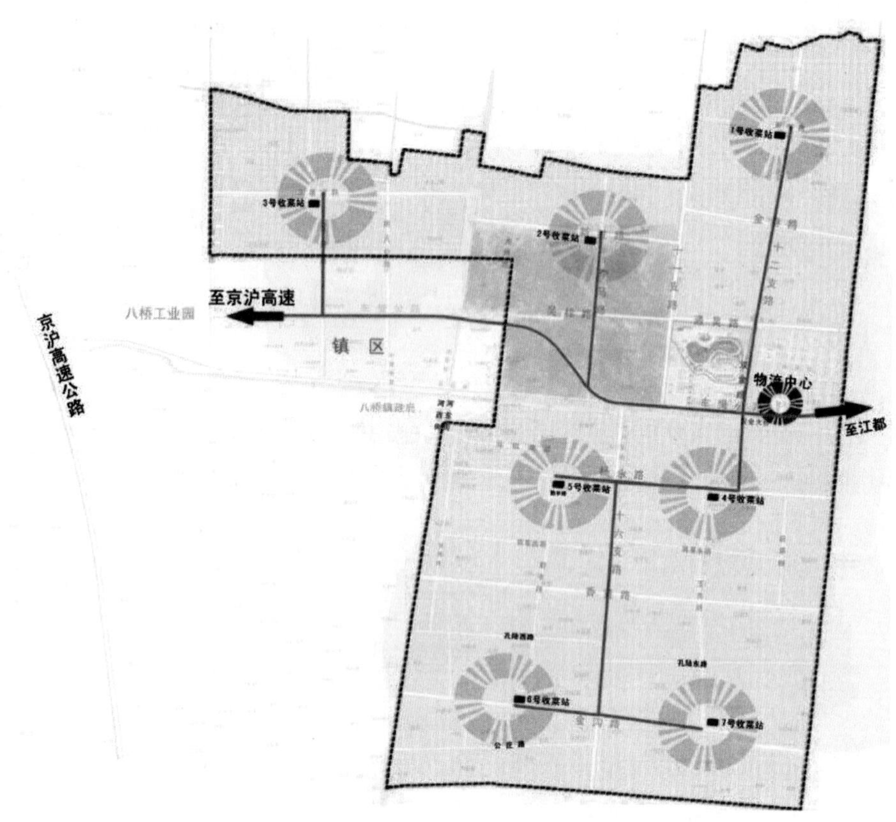

图4-13 八桥蔬菜产业园的物流规划

在园区布局了7个蔬菜收购点（收菜点），以方便农户采收交售。收购点对农户交售的质量合格的蔬菜瓜果以及食用菌菇，按合同规定予以验收、付款。

根据产业园规划：园区生产的蔬菜瓜果类产品总量为5484万公斤，总收入为14068万元。其中，由于物流配送中心的设置与运营，园区每公斤蔬菜瓜果的销售收入与以前直接送入批发市场相比增加1元。即在园区的总收入中，有5484万元来自物流配送中心的贡献，物流配送中心及相关服务对总收入的贡献度约为39%。

① 资料来源：田素妍《高邮八桥现代农业产业园总体规划》。

第 5 章　农业品牌建设

5.1　农业品牌建设背景与相关理论

5.1.1　品牌建设的政策背景

当前全球农产品市场格局正在发生根本性变化。市场竞争的制胜法宝已不再取决于规模，而是取决于是否拥有高品质和差异化的品牌优势。放眼世界，农业强国无一例外都是品牌强国。为了适应世界农业产业发展潮流，我国必须加快农业品牌建设。

5.1.1.1　品牌建设已经上升为国家战略

2016 年 6 月 10 日，国务院办公厅发布了《关于发挥品牌引领作用推动供需结构升级的意见》（国办发〔2016〕44 号）（以下简称《意见》），指出品牌是企业乃至国家竞争力的综合体现，代表着供给结构和需求结构的升级方向。提出了积极探索有效路径和方法，更好发挥品牌引领作用，加快推动供给结构优化升级，适应引领需求结构优化升级，为经济发展提供持续动力的经济社会发展战略。《意见》要求各级政府围绕优化政策法规环境、提高企业综合竞争力、营造良好社会氛围，大力实施品牌基础建设工程、供给结构升级工程、需求结构升级工程。

2017 年 1 月 22 日，农业部正式下发《关于 2017 农业品牌推进年工作的通知》（以下简称《通知》），提出全面贯彻党中央、国务院决策部署，积极践行创新、协调、绿色、开放、共享的发展理念，紧紧围绕推进农业供给侧结构性改革这个主线，以创新为动力，以市场需求为导向，以提高农业质量效益和竞争力为中心，着力强化农业品牌顶层设计和制度创设，加快培育一批具有较高知名度、美誉度和较强市场竞争力的农业品牌的工作思路。《通知》提出政府推动市场运作、部省协同合力推进、创新思路突出重点三项原则，安排了完善顶层设计、召开中国农业品牌发展大会、开展特色农产品优势区建设工作、办好农业展会、做好品牌营销推介、加强农业品牌培训和宣传这六项具体工作。

2018 年，中央一号文件进一步提出了质量兴农战略，要求突出农业绿色化、优质化、特色化、品牌化，全面推进农业高质量发展。同年 2 月，农业农村部决定在 2017 “农业品牌推进年” 的基础上，实施农业品牌提升行动，印发了《农业农村部关于加快推进品牌强农的意见》。

5.1.1.2　近期建设目标和任务

2018 年《农业农村部关于加快推进品牌强农的意见》提出的目标是：用 3～5 年时间，显著提高我国农业品牌化水平，包括：品牌产品市场占有率、消费者信任度、溢价能力；中高端产品供给能力。全面建立国家级、省级、地市级、县市级多层级协同发展、相互促进的农业品牌梯队，初步形成规模化生产、集约化经营、多元化营销的现代农业品牌发展格局。并重点培育一批全国影响力大、辐射带动范围广、国际竞争力强、文化底蕴深厚的国家级农业品牌，包括 300 个国家级农产品区域公用品牌，500 个国家级农业企业品牌，1000 个农产品品牌。

该文件还明确了五项重点建设任务：一是筑牢品牌发展基础；二是构建农业品牌体系；三是完善品牌发展机制；四是挖掘品牌文化内涵；五是提升品牌营销能力。并从加强组织领导、加大政策支持、加强示范引领、挖掘品牌文化内涵等方面提出保障措施。

5.1.2　农业品牌建设的相关理论

5.1.2.1　农业品牌的概念与类型

（1）品牌的基本概念。

品牌是消费者或客户对一个企业、一种产品所有期望的总结。它包含质量、价值、文化、社会、地位和服务水平等有关产品和企业的信息，是长期文化、技术和品质的沉淀与积累。

品牌首先是一个企业用来区别其产品的名称、标志、符号或设计等。通过品牌，可以将产品的属性、价值、文化、个性和使用者形象等信号传递给相关的消费群体。品牌的本质是企业向消费者传递所售产品、服务或形象的一种信号，而且它本身体现了企业以往和现阶段对该品牌产品所进行的一系列营销活动和发展业绩。英语中品牌（Brand）一词的原意是打上烙印之意。古代的牧民们在其牲口身上打上标记，来表明主人的身份；陶工在制造陶器的时候，趁陶土未干时，在器皿不显眼的部分按上指印或以其他形式的标识来表明陶工和产地，以便购买者识别其产品来源。时至今日，品牌的概念早已超越识别的范畴。随着经济的发展，品牌价值的多少成为衡量一个企业综合实力的重要标准。实施品牌策略，已经成为企业经营战略的重要内容。

农业品牌是以农业生产、经营过程及其成果为基础的品牌类型，与农业的产业特征、产品特征、生产过程及其成果特征、农业产业链要素构成、与其他产业的相关关系特征等均具有密切的关系。

（2）农业品牌的分类。

农业品牌的分类依角度不同而异。从产品（服务）经营内容的角度，农业品牌可以分为农业生产资料品牌、农业产品品牌、农业生产服务品牌、农业综合品牌四个类型。农业生产资料品牌是指机械、化肥、种子等属于生产资料的产品品牌，如金正大、史丹利等化肥品牌；农业产品品牌指的是五常大米、烟台苹果等农产品品牌；农业生产服务品牌指的是包括第三产业的技术服务、信息服务、农家乐休闲服务等品牌；农业综合品牌指的是综合农业生产资料、农业生产产品、农业服务、农业旅游休闲、农业文化创意等内容的涉农品牌。

从品牌权属主体的角度，可以分为区域公共品牌、企业品牌、个人品牌。区域品牌是对以地理区域命名的公共品牌的统称，它涵盖了国家品牌、城市品牌、地区品牌、目的地品牌、地理品牌、集群品牌等多种类型。区域品牌一般是指某个行政（或地理）区域范围内形成的具有相当规模和较强生产能力、较高市场占有率和影响力的产业产品，它有赖于产业基础雄厚程度，有赖于行业核心竞争优势，更有赖于名优产品的多寡，它通过类似于“产地名 + 产品”的格式，为某个地域的特定产品给予定位，使这一定位受到广泛认可，成为一个区域声誉、质量和历史文化的综合体现，成为有价值的地区资源。

企业品牌是由企业创建的品牌，通常有其产品或服务的商业标志（商标）。它在企业传递形象的过程中广泛应用。企业将自身文化内容包括农产品与服务、整体的实力等都融合在标志里面，通过后期的不断努力与反复策划，使之在大众的心里留下深刻的印象。企业品牌可以进一步细分为产品品牌、服务品牌、渠道品牌等。

个人品牌是生产者（或经营者）个体创建的品牌。无论是品牌名称还是品牌文化，均与创建者个人息息相关。消费者之所以选择某一个人品牌，最初一定是源于对于创建者的信任和敬仰。因此，个人品牌在宣传方面，必定与创建者密切联系，且主要依赖于创建者个人的影响力。在现代社会经济发展的管理框架下，任何产品或服务发展到一定规模，必然会采取企业化运作方式，个人品牌最终还是演变成企业品牌。如隆平高科，尽管与农业科学家袁隆平先生密切相关，但作为上市公司，这个品牌已经权属于企业。

5.1.2.2　农业品牌建设的重大意义

（1）农业品牌建设是为耕者谋利为食者造福的重要举措。

我国是农业大国，但农业品牌建设起步较晚。长期以来，农产品生产只看重产品的数量，而不看重质量。导致优质农产品和服务供给不足；一些优质农产品没有形成品牌效应，优质不能优价，加剧了优质农产品和服务供给不足；最终使消费者的中高端农产品的需求不能满足。而农业品牌建设，将会助推农业转型升级，从根本上改变这种状况，不仅为耕者谋利，也为食者造福。国家推进品牌强农的政策，预示着我国农业将由数量增长导向转变为质量提升导向，这将有利于培育农业发展的新动能。

（2）有利于促进城乡经济高质量发展。

我国经济发展正处于增长速度换挡期、结构调整阵痛期和前期刺激政策消化期“三期叠加”阶段。面临经济结构调整节点，低端产能过剩集中消化，中高端产业加快发展，过去生产什么都赚钱、生产多少都能卖出去的情况不存在了，低成本的资源和要素投入形成的驱动力明显减弱。品牌是市场经济的产物，是农业市场化、现代化的重要标志。农业品牌建设，是适应我国经济发展阶段性特征的必然要求，是推动我国经济发展迈上新台阶的战略选择，有利于提振消费信心，促进生产要素合理配置，催生新业态、发展新模式、拓展新领域、创造新需求，促进农业发展向中高端迈进。

（3）有利于推进农业供给侧结构性改革。

我国城乡居民的生活方式和消费结构正在发生新的重大变化。消费多元化、个性化的需求显著增多，对农业发展提出了更高期待和更多要求。农业品牌建设，有利于充分发挥品牌创新引领作用，优化农业资源配置，调优产品结构、品质结构、产业结构，增强农业供给的适应性、灵活性和有效性；有利于引领消费新理念，满足社会新需求；有利于开拓广阔新市场，促进农业转型升级和农业现代化。

（4）有利于提升农业的国际影响力和竞争力。

我国是农业大国，但长期以来大而不强、多而不优，缺少具有国际影响力、竞争力的农产品品牌。农业品牌建设有利于促进农业发展由外延拓展型向内涵集约型转变，由规模速度型向质量效率型转变；有利于弘扬中华农耕文化，树立我国农产品良好国际形象；有利于提升我国农业对外合作层次与开放水平，增强我国农业在全球竞争中的市场号召力和影响力。

（5）有利于促进农民增收和乡村振兴。

农业品牌建设有利于重塑农产品价值链利益分享机制，激发农村创业创新活力，促进小农户有效对接大市场，让农民分享农业生产、加工、销售、服务全产业链和全价值链提升带来的更多收益。由于品牌是质量、信誉、信用、信任的集中体现，它能够发出强有力的市场号召，增强消费者的信赖感和认知度，建立稳定的消费群体，形成稳定的市场份额，赢得稳定的市场空间。因此，农业品牌建设有利于农村一二三产业的融合与兴旺，进而带动乡村振兴。

5.1.2.3　*农业品牌建设对市场主体的作用机理*

为什么农业品牌建设有上述重大意义？原因在于通过农业品牌建设，可实现中高端农产品（服务）的品牌化。而农产品（服务）的品牌化对市场主体会有如下作用。

（1）帮助消费者记忆，降低其发现成本。

通过农业品牌建设，中高端农特产品都将会有自己的品牌。农产品品牌以其简洁明快、易读易记的特征而使其成为消费者记忆。也正因如此，农产品品牌将成为营销者促销的重要基础。借助农产品品牌，消费者了解品牌标定下的农产品；借助农产品品牌，消费者可以降低对所需要的优质产品的发现成本。

（2）保护品牌持有者的合法权益。

品牌农产品（服务）经注册后获得商标专用权，其他任何未经许可的企业和个人都不得仿冒侵权，从而为保护农产品（服务）品牌持有者的合法权益奠定了客观基础。

（3）约束持有者的不良行为。

品牌是一把“双刃剑”，一方面，因其容易为消费者所认知、记忆而有利于促进农产品销售，注册后的农产品品牌有利于保护自己的利益；另一方面，农产品（服务）品牌也对品牌持有者的市场行为起到约束作用，督促持有者着眼于其长远利益、消费者利益、社会利益，规范自己的营销行为。

（4）通过品牌下的产品组合可实现市场渗透。

为适应市场竞争的需要，营销者常常需要同时生产多种农产品或提供多种服务。因此对营销者而言，农产品（服务）组合是一个动态的概念，农产品（服务）品牌则是可支持营销者推出新的农产品组合的无形力量。如若农产品（服务）没有品牌，更好的农产品和服务也会因消费者经常无从记起原有农产品或服务的好印象而无助于农产品（服务）

的改良或扩张。而农产品（服务）有了品牌，消费者对某一品牌产生了偏爱，则该品牌标定下的农产品（服务）组合的改变或扩大就更容易为消费者所接受。

此外，农产品品牌还有利于营销者实施市场细分战略，不同的农产品品牌对应不同的目标市场，针对性强，利于占领、拓展各细分市场。

5.2　农业区域品牌建设规划要点

5.2.1　农业区域品牌的特点

农业区域品牌一般是某个行政或地理区域内某一特色农产品品牌，与其他地方相比具有某些方面的竞争优势。它是经过努力而形成的该区域内涉农企业和农户所共同拥有，在产业市场具有较高市场份额和影响力的品牌、形象或商誉，是区域内产业、企业、产品或服务及其品牌集体行为的综合表现。区域品牌的主要效应在于它能够诱发人们的联想，刺激人们的定向购买欲望，对品牌所在地区的经济发展起着正向促进作用，较之单一企业品牌更利于培养市场偏好，更易于增强区域的竞争力，获得更广泛、更持久的品牌效应。农业区域品牌的产业特色非常明显，它往往代表着一个特定地区农产品（或其加工产品、相关服务）的主体和形象，体现了品牌地区的农业特色，这种特色往往不容易被其他地方模仿与复制而成为本区域的代表。如东北大米、高邮鸭蛋、盱眙龙虾、阳澄湖大闸蟹、烟台苹果、新疆葡萄等。与企业品牌相比，区域品牌存在以下三个显著特性：

（1）区域独特性。

区域品牌最大的特点就是区域性。享有区域品牌的农产品都集中于某一地域范围之内，依托区域独特的资源，带有很强的区域特色，是区域资源禀赋、区域历史文化的积淀，能够为区域经济发展带来集聚效应和规模效应，体现了历史渊源的沉积，是各个生产经营者品牌积聚后的产物。正是这种区域独特性的特点使得区域品牌很难被模仿与复制，往往能够成为区域农业的核心竞争力。农业区域的这种性质是该品牌建设的主要内在动力。

（2）公共物品特性。

在微观经济学理论中，物品可分为两种类型，即公共物品和私人物品。农产品区域品牌具有公共物品两个方面的特征：一是农产品区域品牌的非排他性，即农产品区域品牌可以被众多的经济主体同时使用，任何使用者都不能阻止他人使用该品牌；二是非竞争性，即该区域范围内的经济主体，使用农产品区域品牌并不影响他人的使用，新增使用者并不会增加社会成本。该特征导致农产品区域品牌在发展过程中缺乏建设的动力，容易出现“搭便车”行为，甚至会损害到农产品区域品牌的形象。区域品牌的公共物品特性，要求地方政府必须在区域品牌建设中有所作为，行使相应的权利与义务。

（3）外部性。

外部性是指一个经济主体的行为对另一经济主体的福利所产生的效果，这种影响可以是正面的，也可以是负面的。农产品区域品牌的外部性表现为：当某些经济主体通过大量的经济行为，如向市场提供优质产品，对农产品区域品牌进行大量的宣传，使区域品牌形象得以提升，该区域内所有经营同一产品的经济主体都可受益。即一个知名度高和美誉度高的农产品区域品牌能够给区域带来巨大利益，区域内所有企业的产品可以在区域品牌的光环下，给企业带来巨大利润，这是农产品区域品牌的正外部性；相反，如果使用该农产品区域品牌的经济主体出现了某些不良的经济行为，将损害区域品牌形象，这时就会产生负外部性，会使该区域内所有共享该农产品区域品牌的经济主体无辜地或多或少地受到牵连。农业区域品牌的这一特性，要求区域品牌的共享者必须达成自律协议，也意味着行业协会应在农业区域品牌建设过程中发挥应有的作用。

5.2.2 农业区域品牌建设面临的问题

（1）偶见“柠檬市场”。

“柠檬市场”效应是指一种“劣品驱逐良品”的恶性循环。一般是在信息不对称的情况下，在价格水平一定的条件下，信誉差、质量低的经销商大量涌入市场，导致真正的优质产品没有生存的空间，于是市场上低劣产品越来越多。如此恶性循环，在极端状况下会导致市场关闭。

在所有共享农产品区域品牌的生产经营者中，在缺乏强有力的管制措施的情况下，往往会有一些经营者向市场提供劣质产品，由于消费者难以在高质量产品与低质量产品之间做出判别，于是消费者就倾向以较低价格去购买低质量产品，而使用同一区域品牌的高质量产品就难以出售，从而产生“劣品驱逐良品”的现象。这种现象的存在将使优质农产品的市场难以扩大，农产品质量难以提高，严重阻碍农业区域品牌的建设。

（2）品牌多而不强。

我国农产品品牌众多。以大米为例，在买购网（www.maigoo.com）网站中，仅2018~2019年收集的大米品牌就有263个，其中安徽50个，黑龙江39个，吉林27个。然而，我们在北京朝阳区大洋路综合市场批发报价表前10页（共100页）中发现，国产大米的12个品牌，平均价格只有4.84元，最高价也只有5.56元，远低于泰国大米平均价13元。如表5－1所示。

表5－1 北京朝阳区大洋路综合市场大米报价比较

品牌名称	最高价	最低价	平均价
泰国香米	14	12	13
黑龙江虎林大米	5	4.2	4.3
东北虎牌长粒香米	5.5	5.11	5.11
东北参娃长粒香米	5.8	5.33	5.33
东北吉锦人参长粒香米	6	5.56	5.56
东北清水大米	5	4.4	4.45

续表

品牌名称	最高价	最低价	平均价
东北富士光大米	5	4.2	4.3
东北珍珠香米	5.5	5.11	5.11
东北松花江大米	5	4.4	4.5
东北黑土地长粒香米	5.6	5.3	5.31
东北大米	4	3.8	3.9
东北富士光长粒香米	5.6	5.56	5.56
东北富士王大米	5.2	4.72	4.75

注：本表数据采集日期为2019年7月28日。

不少分析文章都指出：我国农产品区域品牌虽然众多，但还是缺乏有竞争力的农产品区域品牌；现有的农产品区域品牌的价值链比较短，经济效益比较低，作用发挥不明显。表5－1的数据可以验证这一点。泰国国土面积51.312万平方公里，远远小于我国东北三省面积，但泰国的稻米能够占领中国市场的高端市场，而东北稻米在高端市场似乎不占上风。

（3）管理力度不足，保护意识淡薄。

我国农产品区域品牌建设中的一个重要问题是行业管理力度不足，不少领域或产品甚至管理缺失。农产品区域品牌所有者品牌保护意识不强烈，存在“搭便车”行为，缺乏对农产品区域品牌的有效保护。

以国产大米中最强品牌五常大米为例。五常市气候属于中温带大陆性季风气候。年日照2629小时，日照充足，年平均气温3.5℃，平均无霜期115～139天，昼夜温差为13°C，最高温差为20°C，对水稻生长有利。域内水系纵横，水量充足；土壤类型主要为砂壤土和草甸土，土壤酸度和碱度有机质平均含量和微量元素含量适中。五常市优质自然资源赋予五常水稻独特的品质。这种气候条件使当地收获的米粒饱满、质地坚硬、米粒油亮、味道浓郁，米饭干物质丰富，支链淀粉含量高，可溶性双链糖含量高，味道甜美。优越的自然条件奠定了优质稻米的基础。

五常全市耕地总面积大约488万亩，其中稻田面积209.8万亩（2014年统计数据）。大米产量约为71.4万吨。全市有293家大米生产加工企业。平均每家大米加工企业服务7160亩稻田。很显然，根据当时优质稻米加工线的产能设计，肯定有一些企业加工的稻谷不是来自五常本地。2015年，有人惊奇地发现，五常大米在市场上销售量接近1000万吨，是本地产能的10倍以上！

5.2.3 规划要点之一：如何筑牢农业区域品牌发展基础？

5.2.3.1 强化农产品质量管理

农产品区域品牌建设，首先要规划所指农产品的质量保障体系。强调品质是品牌建设的朴素真理。离开了品质品牌便无从谈起。要把与品牌相关的农产品的安全、优质、绿色作为不断提升商品和服务质量的基本要求。为了保障产品质量，必须建立健全科学的标准体系，包括农产品生产标准、加工标准、流通标准和质量安全标准。推进不同标准间衔接配套，形成完整体系。有关部门要协同一致，合力确保标准的权威性，用标准的“卡尺”确保品牌的“含金量”。

5.2.3.2 重视绿色、有机和地理标志认证

要把绿色食品认证、有机农产品认证、地理标志认证与管理作为品牌强农基础的有力抓手。

（1）绿色认证与管理。

即绿色食品认证与管理。绿色食品并非指颜色是绿色的食品，而是我国对无污染的、安全的、优质的、营养类食品的总称。类似的食品在其他国家被称为有机食品、生态食品、自然食品。但具体认证标准稍有不同。1990 年 5 月，我国农业部正式规定了绿色食品的名称、标准及标志，同时规定了认证标准：①产品或产品原料的产地必须符合绿色食品的生态环境标准。②农作物种植、畜禽饲养、水产养殖及食品加工必须符合绿色食品的生产操作规程。③产品必须符合绿色食品的质量和卫生标准。④产品的标签必须符合中国农业部制定的《绿色食品标志设计标准手册》中的有关规定。绿色食品的标志为绿色正圆形图案，上方为太阳，下方为叶片与蓓蕾，标志的寓意为保护。

（2）有机认证与管理。

有机认证是有机农产品认证的简称。有机认证是一些国家和有关国际组织认可并大力推广的一种农产品认证形式，也是我国国家认证认可监督管理委员会统一管理的认证形式之一。

有机农产品生产的标准和作业规范要求，要比绿色食品更加严格。根据《中国有机产品认证：有机种植认证指南》主要内容：有机农业是一种在生产中不使用化学合成的肥料、农药、生长调节剂、饲料添加剂等物质，也不采用基因工程生物及其产物，而是遵循自然规律和生态学原理，采取农作、物理和生物的方法来培肥土壤、防治病虫害，以获得安全的生物及其产物的农业生产体系。其核心是建立和恢复农业生态系统的生物多样性和良性循环，以维持农业的可持续发展。

给经过认证的有机产品贴上有机标志，是许多国家对有机产品进行管理的一种方式。在中国，想从生产其他产品到有机产品需要有 3 年的转换期。美国也规定，土地上的有机农作物在有机认证前，必须停止使用禁用物质 3 年。如果在德国，由常规农业转为有机农业生产，必须经历 2 ~ 3 年的过渡期。而在日本，即使是新开垦地、撂荒地，也需至少经 12 个月的转换期才有可能获得有机农业认证书。

（3）地理标志认证与管理。

世界范围内的地理标志保护源起于 1883 年《保护工业产权巴黎公约》，我国于 1985 年 3 月 19 日正式加入这一公约。所谓地理标志产品，是指产自特定地域、产品品质和相关特征本质上取决于该产地的自然因素和人文因素，并经审核批准以地理名称命名的产品。我国国家质量监督检验检疫总局 2000 年 1 月 31 日发布公告：绍兴酒是中国第一个受保护的地理标志产品。此后，国家质量监督检验检疫总局、国家工商行政管理总局、农业

部形成了三套认证体系。截止到 2017 年底，三部委共审核批准了 8500 多个地理标志产品，其中农业部注册登记的有 2300 多个。此外，农业部 2014 年开始对全国地理标志农产品资源进行了普查，编制的《全国地域特色农产品普查备案名录》收录了 6839 个地域特色农产品①。

农产品地理标志，是指标示农产品来源于特定地域，产品品质和相关特征主要取决于自然生态环境和历史人文因素，并以地域名称冠名的特有农产品标志。根据 2008 年 2 月 1 日起执行的《农产品地理标志管理办法》规定，农业部负责全国农产品地理标志的登记工作，农业部农产品质量安全中心负责农产品地理标志登记的审查和专家评审工作。省级人民政府农业行政主管部门负责本行政区域内农产品地理标志登记申请的受理和初审工作。农业部设立的农产品地理标志登记专家评审委员会，负责专家评审。此处的农产品，是指来源于农业的初级产品，即在农业活动中获得的植物、动物、微生物及其产品。

需要指出的是：地理标志农产品不一定能成为地理标志品牌，而“品牌强农”中所指的品牌，不一定就是地理标志农产品（初级产品），如农产品加工转化后的商品（如酒、醋、食品类），也是农业区域品牌的重要组成部分。

因此，地理标志认证与管理，不仅要重视认证，更要重视如何在认证的基础上创建品牌，做强品牌。

5.2.3.3 加强设施项目建设与人才培养

要保障农产品的品质，除了有质量标准和作业规范还不够，还必须在计划与销售、生产、加工、冷链流通等环节有先进的设施和技术予以保障，要通过相关的项目建设，从技术上和设施上给予保障。要构建现代农业绿色生产体系和农产品质量安全追溯体系。

此外，还要加强专业人才培养和使用。包括技术与设备管理人才、品牌营销策划与管理人才。没有具有执行力人员，再好的量标准和作业规范、再好的技术设备，也无法发挥其作用。

5.2.3.4 农业环境保护与改良

环境是农产品区域品牌建设的天然基础。农作物的生长受环境因素影响较大，只有在符合其生长的地理环境下才能有优质的口感和丰富的营养价值。农产品自身的本质差异主要取决于地理环境因素，特有的地理环境使得地域内农产品具有某一方面独特品质，不同的气候，土壤和水质等自然条件是地域农产品不同于其他农产品的重要因素。

因此，要筑牢农业区域品牌发展基础，就必须保护和改良农业环境；并保持品牌所在地农业环境与其他地区的差异性。环境的改良，必须朝向有利于强化区域品牌方向的发展。

5.2.4 规划要点之二：如何构建一个区域内的农业品牌体系？

一个区域内的农业品牌体系，应是区域母品牌、区域子品牌、企业品牌、大宗农产品品牌和特色农产品品牌相辅相成的品牌集群。区域母品牌是指凌驾于所有产品之上的、为

① 李涛，王思明，高芳．中国地理标志品牌发展报告［M］．北京：社会科学文献出版社，2018.

所有产品共用的品牌。例如东北大米就是来自东北地区所有的品牌大米总称，它下面可以包括五常大米、盘锦大米、庆安大米等区域子品牌。子品牌的概念也是相对的，如在五常地区，五常大米也可以是母品牌，不同的乡镇，也可以创建更具特色的区域子品牌（如五常龙凤山大米）。

农产品区域品牌建设的重点，应以单一农产品区域母品牌为建设最高追求，集中资源，全力推动母品牌竞争力、影响力建设，实现“母品牌”经济效益最大化；吸纳众多区域子品牌，在母品牌经济效应作用下带动各细分区域特色农产品品牌发展；吸纳区域内产品品牌，丰富品牌体系，如图 5－1 所示。

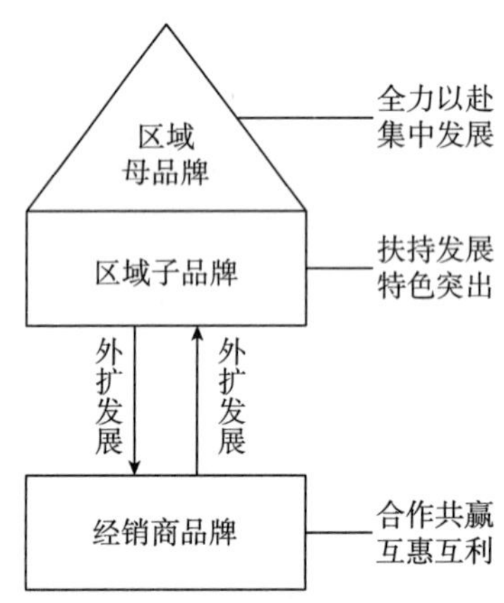

图 5－1　区域品牌体系的内容

在图 5－1 中，经销商品牌即企业品牌。农产品区域母品牌一般由行业协会所有，代表区域主流价值观，农产品区域子品牌、产品品牌由龙头企业、合作社申请、注册，是农产品区域母品牌的一部分。农业产业化龙头企业由于可以跨越行政区划来运作，因此，在打造大宗农产品品牌方面占有优势，农民合作社与当地乡土文化关系更为紧密，在建设特色农产品品牌方面更为便利。

区域公用品牌（母品牌）建设，要立足资源优势，突出产业特点，可与特色农产品优势区建设紧密结合起来，充分体现不同区域农产品的差异性。

企业品牌建设，要唤醒企业的品牌意识，积极培育品牌文化。引导企业在技术创新、质量管理、市场营销等方面狠下功夫，充分发挥组织化、产业化优势，积极主动地创建自主品牌。

大宗农产品（如粮棉油、肉蛋奶等）品牌建设，要充分发挥农业产业化龙头企业的作用。龙头企业要在粮食生产功能区、重要农产品生产保护区建立生产基地，抓住国家、省、市各级现代农业产业园建设的机遇，积极培育相关的产品品牌，并做强做大。

特色农产品品牌建设，要以新型经营主体（尤其是各类农民合作社和家庭农场）为主要载体，凸显品牌的乡土文化底蕴和地域特色。龙头企业也可以积极发挥其技术优势和渠道优势，强化特色农产品品牌的影响力。

地方政府要提升市场化品牌意识，避免行政化品牌建设思维，要结合区域实际，制定完善具有差异性、前瞻性的品牌发展战略，处理好农产品区域品牌和各区域子品牌之间的关系，使农产品区域品牌和各区域子品牌之间的关系达到最佳的协同效应，避免发生“搭便车”行为和监管不力的现象，从而实现农产品区域品牌效益的最大化。

【例 5－1】多彩竹镇农业区域品牌体系的构思①

竹镇是南京市六合区的一个著名乡镇，坐落在南京市西北角。该镇有畜禽养殖、经济林果、粮油蔬菜等诸多特色产业，又是全省唯一的多民族集聚特色乡镇，也是红色老区之一。镇域地形多样，生态环境优越，休闲农业资源丰厚。该镇农业区域品牌体系规划为以“多彩竹镇”为农产品区域公用品牌，以区域农业产业品牌、企业品牌和产品品牌等为下层具体品牌的金字塔架构，如图 5－2 所示。

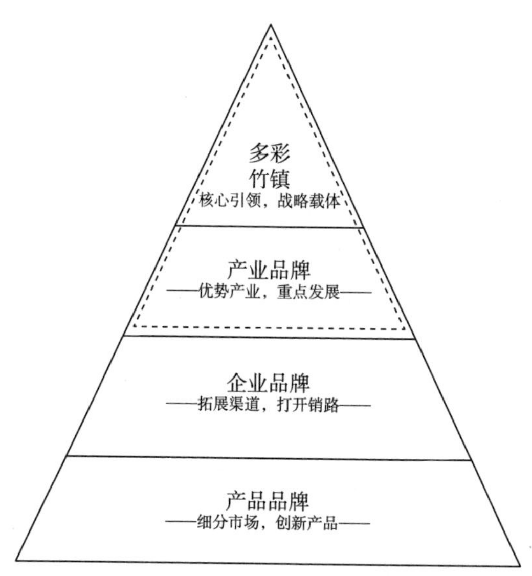

图 5－2 南京竹镇农业区域品牌体系构思

规划以区域母品牌“多彩竹镇”作为背书品牌，帮助下层的各品牌快速切入各目标市场，更加完整地体现品牌个性。

竹镇农产品区域公用品牌“多彩竹镇”，传达的是竹镇农产品经营理念、品牌文化、品牌价值观念及对消费者的态度，以此整合区域内各品牌资源，覆盖竹镇全区域、全产业，将竹镇农产品资源的优势凝聚为品牌的力量，承载全区域农业的发展战略。该品牌由当竹镇镇政府实施和管理的主体，通过政策引导镇域内农业经营主体遵守相应的规范，制定品牌战略，积极支持整体品牌建设工作，并分享品牌建设的成果。

产业品牌既是区域公用品牌的延伸，也是区域公用品牌的另一表现形式。两者目标统一，但又相互独立。产业品牌由一个或几个强势的龙头企业带动。

① 资料来源：许朗《南京市六合区竹镇农业区域品牌规划（2018）》。

农业企业品牌是支撑农产品区域公用品牌的基础力量和带动产业发展的强劲动力。企业品牌的经营管理主体在企业本身，政府和行业主管部门以及协会负责开展引导与服务工作，支持龙头企业做强做大，紧紧依托有实力、有潜力、有能力的龙头企业带动合作社和农户，开展产品的开发与市场的开拓。

本例介绍的竹镇农业区域品牌体系的设计，已经在南京市六合区付诸实施。该体系的含义是：一个重点发展优势产业区域品牌，可以由一个或一群企业品牌提供支撑；而一个企业品牌，又可以由一个或若干产品品牌提供支撑。在这里，企业的产品品牌才是品牌体系金字塔的最底层的基础部分。

5.2.5　规划要点之三：如何完善农业区域品牌发展机制？

机制是指系统内各要素之间的结构关系和运行方式。在农产品区域品牌建设过程中，政府、企业、行业协会三方需要相互协调、分工合作。品牌系统的运行机制如图 5－3 所示。

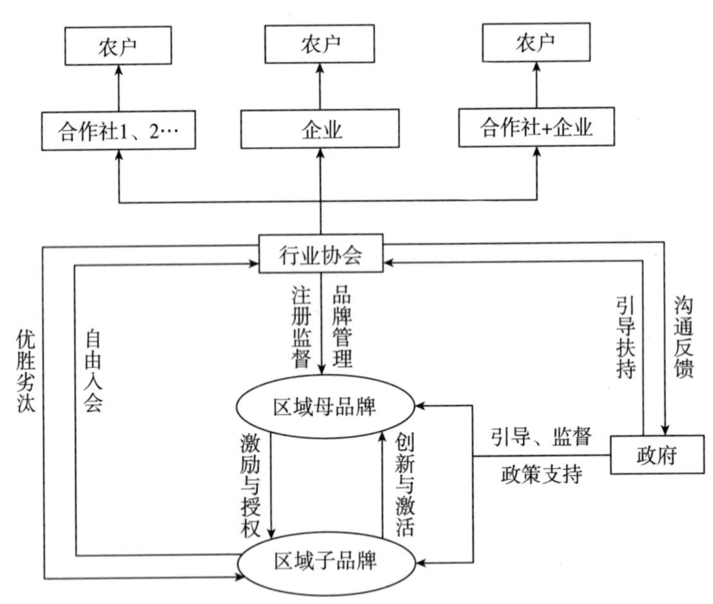

图 5－3　农业区域品牌建设主体之间的关系

（1）政府职能。

政府在农产品区域品牌建设的过程中起着主导、引导、监管的作用。主导建设区域品牌重点在于对产业集群的形成进行规划、指导与管理，通过认真谋划和科学规划区域内的优势资源和区域特色，对产业结构进行调整与优化，积极培育主导产业，并提供相应的发展政策和资金，引导企业和行业协会加快产业集群的形成和升级。具体着力四个方面：一是要探索品牌投入方式，制定切实有效的政策对品牌创建、质量提升、技术创新、品牌推广等进行激励。二是要发挥财政资金引导作用，撬动社会资本参与品牌建设。除了为农业品牌建设安排专项财政资金以外，还要引导银行、证券等金融机构支持市场主体融资建设区域品牌。三是要规范品牌建设活动，建立农业品牌进退机制。四是完善品牌诚信体系，构建社会监督体系，杜绝套牌和滥用品牌行为，严格规范品牌评估、评定、评价、发布等活动，使品牌货真价实。

（2）行业协会职能。

区域行业协会是由企业、合作社自愿组成的民间组织，它在区域经济建设中连接企业与市场、企业与政府之间的关系。行业协会常常通过在区域产业集群内成立相关组织，并充分发挥其在区域品牌建设中的实践作用。通过“行业协会＋合作社＋农户”“行业协会＋企业＋农户”“行业协会＋企业＋合作社＋农户”等模式，进行市场化运作。协会组织深入分析区域品牌发展情况，与相关部门协商，帮助企业解决品牌发展过程中的困难和问题，通过制订区域品牌培育计划、统一区域品牌适用政策以及品牌质量监管政策制定，交流区域品牌建设经验，在行业中力争创造出更高价值的区域品牌。同时行业协会通过在区域内单个品牌的发展过程中起到稳定和保护的作用，扮演“守卫”的角色。

（3）企业职能。

企业是区域母品牌的使用者和子品牌的持有者。企业要积极申请能反映企业产品特点、满足消费者心理、符合法律规定的产品品牌证明商标，使用统一的识别体系，代表企业特色农产品的统一形象，体现自身独特性；负责制定企业特色农产品的种植、收购、加工、包装、检验、销售等各个环节质量标准，严把质量关。不断优化和配置自身的资源要素，通过“企业＋合作社＋农户”“企业＋经纪人＋农户”“企业＋农户”等模式，进行市场化运作，提升农产品附加价值。保持与行业协会的密切合作，共建区域母品牌。

5.2.6 规划要点之四：如何挖掘农业区域品牌的文化内涵？

独特的区域文化资源是农业区域品牌建设必不可少的条件。在农业区域品牌建设中，要将文化资源的挖掘利用与农产品区域品牌打造结合起来，使品牌农产品具有历史文化气息，满足消费者的精神需求。农产品区域品牌，只有根植于特定区域文化之中，具有差异性，才便于保护而不易被模仿。

（1）突出文化资源特征。

农产品的文化资源特征，主要是指农产品品质特色形成的加工工艺、特定生产方式以及农产品形成的历史，独特的文化底蕴等。农产品区域品牌是当地地理环境资源和历史文化资源的积淀，正是因为这种地域独特性使得农产品区域品牌很难被复制和模仿，它决定了农产品区域品牌建设的具体方向。

（2）文化资源整合。

农业区域品牌所依托的区域文化资源应具有强大包容性，有深刻而丰富的内涵，也是一种有效的整合力量。可以通过对区域文化资源的挖掘和整理，将各个小而分散的品牌主体整合起来，形成集聚效应。要把农业产业发展与农业非物质文化遗产传承、民间技艺、乡风民俗、美丽乡村建设等融合起来，实现区域文化资源的整合。

（3）讲好品牌故事。

一个好的品牌故事能够让人喜欢上这个品牌。虽然品牌故事不会直接去叫卖，但却有强大的感染力和提升销售能力的作用。因此，在农业区域品牌建设过程中，要讲好品牌故事，以故事沉淀品牌精神，树立品牌形象。讲故事也就是传播故事。要善于运用各种传播媒介，通过对各类群体消费习惯的研究，开展丰富多彩的宣传宣传和推介活动。

【例5－2】地理标志品牌竞争力排名的启示

根据南京农业大学中国地标文化研究中心的独立研究，在中国地理标志品牌中，竞争力排名靠前的绝大多数是区域农产品品牌，如表5－2所示。

表5－2 中国地理标志品牌竞争力排名①

排名	品牌名称	所在地区	排名	品牌名称	所在地区
1	贵州茅台	贵州	26	泸州酒	四川
2	安溪铁观音	福建	27	剑南春	四川
3	景德镇瓷器	江西	28	洞庭（山）碧螺春茶	江苏
4	五粮液	湖北	29	霍山石斛	安徽
5	洋河大曲	江苏	30	吐鲁番葡萄	新疆
6	五常大米	黑龙江	31	镇江香醋	江苏
7	烟台苹果	山东	32	通化山葡萄酒	吉林
8	西湖龙井	浙江	33	大连海参	辽宁
9	赣南脐橙	江西	34	杭州丝绸	浙江
10	武夷山岩茶	福建	35	庐山云雾	江西
11	云南白药	云南	36	西凤酒	陕西
12	陕西苹果	山西	37	龙泉青瓷	浙江
13	普洱茶	云南	38	东坡泡菜	四川
14	绍兴黄酒	浙江	39	桂林辣椒酱	云南
15	郫县豆瓣	四川	40	库尔勒香梨	新疆
16	阳澄湖大闸蟹	江苏	41	科尔沁牛肉	内蒙古
17	庆安大米	黑龙江	42	平谷大桃	北京
18	岫岩玉	辽宁	43	百色芒果	广西
19	宣纸	安徽	44	青海冬虫夏草	青海
20	盱眙龙虾	江苏	45	南阳玉器	河南
21	金华火腿	浙江	46	长白山人参	吉林
22	宜兴紫砂	江苏	47	哈密瓜	新疆
23	响水大米	黑龙江	48	蒙阴蜜桃	山东
24	宁夏枸杞	宁夏	49	涪陵榨菜	重庆
25	黄山毛峰	安徽	50	乐业猕猴桃	四川

① 李涛，王思明，高芳．中国地理标志品牌发展报告［M］．北京：社会科学文献出版社，2018.

从表5－2可以看出，在中国地理标志品牌竞争力排名的前50强中，区域农产品（含农产品加工品）品牌占43个。其中五常大米的竞争力排在第6位，位列贵州茅台、安溪铁观音、景德镇瓷器、五粮液、洋河大曲之后。而庆安大米排在第17位，黑龙江省还有一个响水大米，排在第23位。

另据新浪财经2019年3月29日报道，我国出产大米的乡镇共计3000余个，且其中有98个地方的大米被评定为"中国地理标志保护产品"。国家商标总局和国家质量监督检验检疫总局在98个"中国地理标志保护产品"（大米）中，评选出了22个最具价值量的大米产品，并根据其价值量分别授予一星至五星等级。其中，五常大米、方正大米、延寿大米、建三江大米、珍宝岛大米等均是星级品质大米，五常大米更是这22个中唯一的五星级大米。这一资讯可以从另一个角度验证了五常大米在现阶段中国大米品牌中的领先地位，也在一定程度上说明了表5－2排名的可信度。

5.2.7 规划要点之五：如何提升农业区域品牌营销能力？

农业品牌建设离不开品牌营销能力的提升。提升农业区域品牌营销能力，要以消费需求为导向，以价值创造为目标，推动传统营销方式和现代营销方式融合。具体有以下三个着力点：

（1）政府支持。

农业品牌相对其他品牌具有公益性、弱质性的特点。农业品牌主体相对较弱，对品牌的营销推广能力有限。因此，政府应加强农业品牌营销的统筹协调，支持和引导品牌主体积极提升营销能力。

近年来，农业农村部支持有关组织，连续举办了多场大型公益活动，借助重大展会推选农业区域公用品牌，取得了可喜的成果。如组织举办了省部长推介农产品专场、"我为品牌农产品代言"等活动，推选了2017中国百强农产品区域公用品牌（见表5－3）、中国十大茶叶区域公用品牌等，宣传和推介了一批有影响力的特色农产品品牌。

（2）利用农展会。

政府或权威中介机构组织的各种农业展会（如农业博览会、产销对接会、农产品推介会等），是品牌亮相和传播的重要渠道，是品牌农产品贸易的重要平台。发起或参加这样的会议，对提高品牌营销能力会有很大的帮助。

【例5－3】中国国际农产品交易会

中国国际农产品交易会是农业部唯一主办、商务部重点引导支持的大型综合性农业盛会。近年来几乎每年举办一次。在宣传农业政策、展示农业成就和品牌、推广农业技术、活跃农产品流通、促进贸易合作等方面发挥了重要作用。

在2017年举办的第15届中国国际农产品交易会上，主办单位组织了"2017百强农产品区域公用品牌"推选工作。组委会专门成立了推选办公室和专家委员会，制定了推选方案、评分办法和标准，并在中国农村网上进行网络公开投票，最后在综合农业部相关行业司局和协会推荐的基础上，推选出"2017中国百强农产品区域公用品牌"100个，如表5－3所示。

表 5-3　2017 中国百强农产品区域公用品牌

省份	个数	品牌名称
北京市	3	大兴西瓜、平谷大桃、北京鸭
天津市	1	沙窝萝卜
河北省	3	临城薄皮核桃、巨鹿金银花、围场马铃薯
山西省	3	沁州黄小米、岚县马铃薯、大同黄花
内蒙古自治区	4	乌兰察布马铃薯、锡林郭勒羊肉、五原向日葵、科尔沁牛
辽宁省	4	盘锦大米、辽参、北镇葡萄、鞍山南国梨
吉林省	4	梅河大米、榆树大米、双阳梅花鹿、长白山人参
黑龙江省	4	五常大米、庆安大米、九三大豆、东宁黑木耳
上海市	1	南汇水蜜桃
江苏省	5	射阳大米、高邮鸭蛋、阳澄湖大闸蟹、盱眙龙虾、南京盐水鸭
浙江省	4	金华两头乌猪、奉化水蜜桃、舟山带鱼、三门青蟹
安徽省	3	砀山酥梨、霍山石斛、滁菊
福建省	4	平和琯溪蜜柚、永春芦柑、连城红心地瓜干、宁德大黄鱼
江西省	3	赣南脐橙、宁都黄鸡、泰和乌鸡
山东省	4	烟台苹果、滕州马铃薯、郑州黄河鲤鱼、南阳黄牛
河南省	4	正阳花生、新乡小麦、郑州黄河鲤鱼、南阳黄牛
湖北省	4	潜江龙虾、宜昌蜜桔、监利黄鳝、秭归脐橙
湖南省	3	华容芥菜、宁乡花猪、黔阳冰糖橙
广东省	4	德庆贡桔、斗门白蕉海鲈、清远鸡、罗定稻米
广西壮族自治区	4	百色芒果、钦州大蚝、荔浦芋、南宁香蕉
海南省	2	文昌鸡、三亚芒果
重庆市	3	奉节脐橙、涪陵榨菜、荣昌猪
四川省	3	四川泡菜、攀枝花芒果、新津黄辣丁
贵州省	3	虾子辣椒、兴仁薏仁米、威宁海芋
云南省	3	昭通苹果、文山三七、宣威火腿
西藏自治区	2	帕里牦牛、亚东黑木耳
陕西省	3	洛川苹果、眉县猕猴桃、大荔冬枣
甘肃省	2	庆阳苹果、定西马铃薯
青海省	2	互助八眉猪、大通耗牛肉
宁夏回族自治区	3	盐池滩羊肉、中宁枸杞、沙湖大头鱼
新疆维吾尔自治区	3	库尔勒香梨、阿克苏苹果、和田御枣
新疆生产建设兵团	1	石河子鲜食葡萄
合计	100	

从表 5-3 中可以看出，进入百强农产品区域公用品牌的 100 个区域品牌中，稻米占 7 个，分别是辽宁省的盘锦大米，吉林省的梅河大米、榆树大米，黑龙江省的五常大米、

庆安大米，江苏省的射阳大米，广东省的罗定稻米。不难发现，五常大米、庆安大米在例2中也名列榜单。这种重复，无疑会给消费者深刻的品牌印象。

（3）借助互联网和大数据。

自从互联网普及以来，品牌营销管理的方式和技术也有了革命性的飞跃。世界营销管理学顶级大师菲利普·科特勒在他著名的《营销管理》著作中，早就将基于互联网的数据挖掘和网络营销纳入营销管理技术及知识体系。

在农业区域品牌建设过程中，借助物联网、大数据、区块链等先进技术，加强产品溯源、质量安全管理和诚信体系建设；还可以通过电子商务、移动互联等现代传播途径，拓宽企业营销渠道。要大力发展农村电子商务，加快品牌农产品出村上行。还可在互联网上创建农产品生产计划与贸易合作平台，发展订单农业，为保障区域品牌农产品的优质优价创新交易与服务机制。

5.3　农业企业品牌设计

5.3.1　农业企业品牌的概念

农业企业品牌是指以涉农企业（包括农民合作社）为权属主体登记注册或直接以企业名称为品牌名称的品牌。农业企业品牌传达的是涉农企业的经营理念、企业文化、企业价值观念及对消费者的态度等，企业品牌能有效突破地域之间的壁垒，进行跨地区的经营活动。

企业品牌是企业重要的无形资产。其内涵至少应包含商品与服务两方面内容。一个企业，只有建立有别于竞争对手的富有企业文化内涵独特的服务品牌，才能不断提升其商品品牌的价值含量和企业的美誉度。有形的商品品牌和无形的服务品牌相互结合，才能通过品牌建设提升企业核心竞争优势。企业品牌应当确定与其专属领域的位置，便于客户形成清晰的认知。

一般来说，丰富、凸显农业企业品牌的内涵，需要一个长期过程，还需要其他的品牌予以相应的支撑。在一个区域内，随着同类企业品牌的发育和集聚，便可形成区域子品牌。

农产品品牌营销，主要是指企业为了满足农产品市场的需要，通过市场营销使消费者形成对农产品企业品牌和产品的认知过程，适应市场的外部环境的变化，使农产品企业的品牌长期稳定发展下去，从而实现农产品企业经营战略目标。同时，还要战略谋划品牌，对品牌进行有效管理。农产品品牌营销的目的：就是通过塑造企业和产品的品牌形象，达到扩大农产品销售和提高农产品在市场上的占有率，提高顾客的忠诚度，进而达到满足消费者需求和实现农产品企业发展的目的。

图5－4中的产品，包括有形的商品和无形的服务。农业产业化龙头企业和农民合作

社，都可以是某种产品的提供者和独特产品品牌（如五常××稻花香大米）的拥有者，而这些同类的独特产品，便构成了区域子品牌（如五常稻花香大米）。

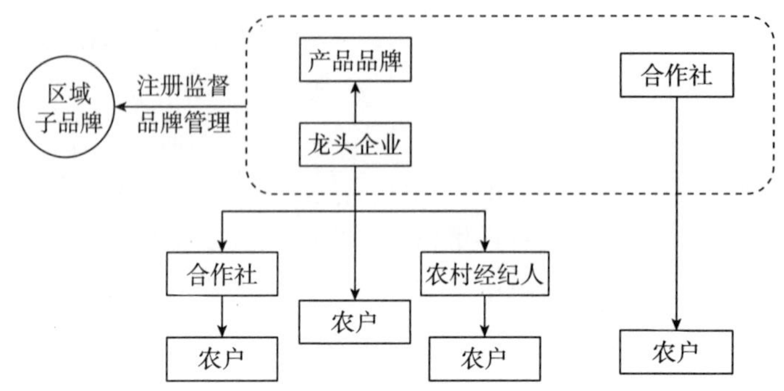

图5－4 农业企业品牌与区域子品牌的关系

如此可以理解，如果说一个地区的品牌体系由“区域母品牌＋区域子品牌＋企业品牌”所构成，那么企业品牌就是这个品牌体系中最基本的单元。

5.3.2 农产品品牌形象定位设计

农业企业品牌具体体现在企业所提供的产品（含服务）上。农业企业品牌规划设计首先要做的是农产品品牌形象定位。规划设计人员要分别站在消费者和经营者的立场来思考品牌形象定位问题。对于消费者而言，农产品品牌要代表对质量的信赖、代表放心、代表了解、代表个性和自我价值的实现；对于经营者而言，农产品品牌意味着可以获得更高的附加值、更高的忠诚度、更大的边际收益、更多的合作与支持，良好的品牌形象定位，可以增加营销沟通的有效性，增加农产品品牌延伸的可能性。以下从农产品品牌的命名、标志、产品、包装四个方面来讨论如何定位与设计农业企业的品牌形象。

5.3.2.1 *产品命名*

产品品牌通常由文字、标记、符号、图案和颜色等要素或这些要素的组合构成，其目的是借以辨认特定的农产品或服务，并使之同竞争对手的农产品和服务区别开来。农产品品牌命名，需遵循如下五点：

（1）表述合法。

合法也就是指能够在法律上获得保护，农产品品牌的命名不得与国家的法令法规规定相抵触。国家禁止使用的图案、标记不得使用，例如国徽、国旗、军旗、勋章。否则不能进行注册，也就得不到法律保护。

（2）新颖准确。

农产品品牌命名要新颖、准确，构思精巧，准确传递经营者的理念，并能刺激消费者的购买欲望。现如今，新型媒体不断涌现，传统媒体不断进步，消费者每天都接受大量信息，但对于一些频繁出现的雷同信息消费者会选择性忽视。企业产品品牌名称要容易引起消费者的注意，留下一定的印象，就必须与众不同，既标新立异，又准确表达。

（3）简明通俗。

农产品品牌命名要简单明快、朗朗上口，易于消费者辨认与传播，易于记忆，能在较短的时间范围内给消费者较深的印象。切忌复杂冗长，繁琐，图案模糊不清。农产品品牌应具有可识别性，消费者可轻易通过字面意思理解品牌名称要体现出来的各类信息，尤其是品牌核心价值。例如“江南一绝”，简洁明了地表明由此命名的豆腐乳是最好的南派腐乳。

（4）适应环境。

农产品品牌命名应注意目标市场上的消费者所处的社会文化环境如何。世界上每个国家的历史、风俗、宗教信仰存在一定差异和不同，不同的人的喜好和禁忌也不同，使得他们对同一品牌的看法也会有所不同。就同一字词或图案在这一个国家是非常美丽的意思，可是到了另一个国家其含义可能会完全相反。我们国家绝大多数农产品品牌都是由汉字命名，在和国际接轨时，会让外国消费者摸不着头脑。因此，在设计品牌时一定注意这些方面的差异，尽量避免造成误解，产生误会。

（5）寓意深刻。

农产品品牌的命名要寓意深刻，能引起人们联想，能反映企业的特色和风格，使消费者很容易将产品品牌与企业特色联系在一起记忆。

5.3.2.2　标志设计

农产品品牌的标志要简洁明了，能让消费者最快时间在内识别出来。品牌标志所运用的字体、色彩、图案要符合视觉审美规律。

（1）字体。

字体的刚柔、曲直、繁简、粗线、疏密、大小等感觉上的差异均会影响到大众对农产品品牌身份的认定。名称内容相同的产品，用不同的字形表达，可以通过想象语义给人完全不同的印象，引发不同的联想。字体造型首先要切合农产品品牌的设计理念，服从企业整体形象的要求。

（2）色彩。

色彩光波的物理特性、人的生理机制、生活经验、文化传统等因素相互作用，使色彩能够引发种种感觉与联想，这就是色彩传播特性。农产品品牌标志设计可以充分运用这一特性。要具体分析人们对色彩基本的生理、心理反应；运用对自然物的色彩联想；运用地域色彩及有关色彩的传统、习俗与信仰。

（3）图案。

图案的内容、形态、色彩往往与农产品品牌的标志等其他核心形象要素存在联系，它们共同服务于企业与品牌整体形象的塑造。在农产品品牌的标志设计过程中，可以用图案来刻画企业精神、企业经营理念及农产品品牌形象。例如，设计图案化的动物、植物、几何形态，赋予其人格精神，以强化企业性格，突出品牌效应，塑造企业形象。

5.3.2.3　产品设计

农产品品牌与其产品比较，最根本的区别在于：产品是生产者创造的，而品牌是由消费者带来的。一个农产品品牌必定包含一种产品，给产品一个区别性的标志，但一种产品未必能具有知名品牌。如何才能设计出一个好的品牌农产品，前人总结出四条经验如下：

（1）从研究消费者需求入手。

好的品牌产品一定是消费者欢迎的产品。因此产品设计需要先做市场调查，通过调查明确消费者需要什么类型、什么等级的农产品，然后针对消费者需求设计、生产、提供。如产品不是消费者所需要的，那么无论其价值多高也无人问津，也就不可能形成品牌。

（2）注重产品的质量安全。

农产品最终为消费者所食用（或作为工业原料使用），产品质量是否安全直接关系到消费者的身体健康（或加工产品是否合格）。在企业品牌农产品设计时必须把质量安全放在第一位。要采用标准化的作业流程、先进实用的技术手段、可靠的设施与装备、严格的质量管理来保证产品质量安全。

（3）颜值要高。

消费者在选购农产品时，最初注意到的就是农产品的外观。一般情况下，消费者倾向于购买外形美观的产品，换句话说，“歪瓜裂枣”更容易被消费者舍弃。

（4）新产品开发。

创新是企业生命之源。企业要想成长与发展，开发新产品是必经之路。不仅消费者需要新产品，为了保持或提高竞争力，企业也需要积极寻找、开发新产品。农业企业品牌下的新产品研发非常重要，其成败决定着品牌产品的生命力能否持续，也决定了企业的兴衰存亡。

【例 5-4】海升集团的串番茄[①]

例如，2017 年 11 月 9 日海升集团枝纯品牌推出新品串番茄（Candy Tomato）。串番茄又名穗番茄，是近年来流行于国内外市场的一类成串收获上市的新型番茄品种。这款串番茄是在海升集团引入的全荷兰进口、亚洲最大的单体连栋全环境系统智能控制玻璃温室中种植的。它之所以受欢迎，主要是因其整串收获的优美果穗。它的果穗呈鱼骨状，果实形状和颜色整齐一致，如葡萄一样，不仅颜值高，皮薄肉多；而且果肉硬、货架寿命长。海升集团枝纯品牌的串番茄植株承果能力强，能同时承 10 束果，比普通番茄多 2 束。2018 年 2 月 8 日，中国海升集团在德国柏林获得了“Tomato Inspiration”奖项，是“世界番茄最具创新奖”的第五届获得者。枝纯 Candy Tomato“火”了，海升集团也“火”了。

5.3.2.4　包装设计

农产品品牌的包装直接影响到其整体品牌形象，决定其市场竞争力。科学合理的包装设计，一方面有利于物流运输和质量安全，另一方面还能够实现农产品整体形象的统一化，起到冲击消费者视觉的作用。一般来说，农产品品牌包装设计应关注以下六点：

（1）安全。

安全是农产品品牌包装最核心的要求之一。在农产品品牌包装过程中，包装材料的选择及包装物的制作必须适合农产品的特性。优势是食品类农产品，最终将被消费者食用，

---

① 张雅淇，周明．海升番茄在德国柏林获“Tomato Inspiration”世界番茄最具创新奖［EB/OL］．中国平凉官网，http：//www. pingliang. gov. cn，2018－02－14.

包装材料必须是安全可靠的，以保证产品不变质、不损坏、不受外来污染。

（2）便于储存、运输、陈列与携带。

在保证农产品外观、质量等安全的前提下，尽可能地缩小包装体积，以利于节省包装材料和运输、储存费用。农产品品牌包装一方面要与运输的要求相吻合，以适应运输和储存的要求；另一方面要满足货架陈列的要求。此外，为方便消费者挑选与携带，满足消费者的不同需要，包装的样式应多种多样，包装的大小、轻重适度。

（3）美观大方，特色鲜明。

农产品品牌包装设计精美得当，可以刺激消费者的购买欲望。美观大方的包装给消费者以美的感受，吸引消费者眼球。同类农产品不同包装，消费者倾向于购买包装美的农产品。农产品品牌包装应突出企业品牌特色，特色鲜明的包装可以降低消费者的发现成本，强化消费者记忆，更受消费者欢迎。

（4）包装与身价相符。

包装虽有促销作用，但不能成为农产品价值的主要部分。包装成本应有一个定位，在商品总价中所占比重过高或过低都不适宜，比重过高容易产生名不副实之感而使消费者难以接受，比重过低会拉低农产品自身价值和质量档次。因此包装成本应与品牌农产品自身价值相符。

（5）适应消费环境的变化。

由于社会文化环境、历史习俗、宗教信仰不同，消费者对农产品品牌包装的认可程度也不同。因此，在农产品品牌包装设计中，必须尊重不同国家和地区的消费者在不同宗教信仰、风俗习惯、社会环境下对农产品品牌包装的不同要求。例如，要避免出现容易引起消费者忌讳的文字、图案、颜色等。

（6）合法性。

农产品品牌包装设计必须严格遵守法律法规。例如，按法律规定，在农产品品牌包装上，必须标明企业名称及地址等重要信息。

5.3.3 企业品牌价值构建

5.3.3.1 确定品牌核心价值建构方向

企业品牌是农业企业重要的无形资产，因此企业在品牌建设中必须明确本企业品牌的核心价值构建方向。一般来说，品牌核心价值是指品牌向消费者承诺的终极意义和独特价值，是一个品牌最独一无二且最具有价值的精髓所在。品牌核心价值让消费者清楚地了解并记住品牌的个性，得到消费者的认同，成为消费者忠实一个品牌的主要力量。农产品区域品牌，虽然地域特征明显，有自然条件和历史人文为支撑，但其子品牌（或子品牌下的企业品牌）之间的同质化现象难免存在。因此企业需要通过深入挖掘和策略性表达才能构筑独一无二的企业品牌核心价值。农产品品牌的核心价值主要通过功能性价值、情感性价值两方面体现。

（1）功能性价值。

农产品区域品牌功能性价值是指向消费者传递包含农产品的种植方式、生产加工制造工艺及营养价值等农产品属性的功能，是任何农产品品牌所具备的最基本的品牌价值之一。具有竞争力的农产品品牌能够给消费者留下深刻印象，使得消费者在见到相应品牌时就能联想到产品的一系列特性。企业构建农产品品牌首先要在功能价值方面与同类产品形成差异化，只有这样才能在品牌竞争中脱颖而出。

（2）情感性价值。

农产品品牌在进行营销时，需要营造一种具有感染力和吸引力的氛围，目的就是引起人们情感上的共鸣，让消费者在消费时产生愉悦和美好的情感。品牌情感价值有些是与生俱来，有些是刻意追求。有些农产品品牌是通过优秀的自然资源、悠久的种植历史、蕴含在农产品中的地域文化、丰富多彩的农耕文明和企业对原料的精心挑选、对传统加工工艺的正宗传承等来宣扬品牌情感价值，使得在外的游子消费时产生一种思乡情节，非本地消费者对农产品产区文化、生活状态产生一种向往，各类消费者产生对企业信赖和依恋的情愫。也有些企业品牌是通过编写故事来传达品牌情感价值，来触动消费者心中最柔软的角落，由此营造品牌情感价值。如浙江省的仙居初品品牌核心价值就是强调“生态农物，原味生活”，能满足身居繁华都市的消费者追求本源、期望返璞归真的一种精神寄托。

5.3.3.2　挖掘原料产地的环境优势

生态环境与农产品的生长息息相关，是农产品生长的基础，独特的生态环境是其他地域所不能复制的，这使得农产品具有区别于其他产品的特有品质。农业企业（特别是加工销售企业）在进行品牌建设时，应深度挖掘原料产地的生态环境，凸显其原料所具有的独特品质，将其与市场上其他同类的产品进行区分。这就是本书为什么要强调农业企业在进行大宗农产品品牌建设时，必须把企业生产基地（园区）建在该农产品的优势产区的原因。

5.3.3.3　挖掘产地和企业文化价值内涵

随着人们消费观念的改变，消费者对农产品的购买欲望不单单局限于农产品本身，品牌农产品所包含的文化魅力，将越来越对消费者购买意愿产生重要影响，文化将成为农产品品牌竞争的有效手段。一个没有文化内涵的品牌，就好像没有灵魂的生命，仅凭一身形骸，不会支持长久。因此，企业品牌建设要利用区域公共品牌建设的成果，与区域公共品牌相得益彰。要挖掘农产品区域公用品牌的历史文化底蕴，并利用文化营销的方式，深化农产品的卖点，将地域的人文历史，工艺传承，农事节庆等文化资源优势传达给消费者。企业在传播农产品区域品牌的知名度、美誉度，赢得消费者的认同感和忠诚度的过程中，嵌入企业独特的文化和追求品质、贴心服务的立场，树立企业品牌形象。

5.3.4　品牌传播与推广

5.3.4.1　品牌传播策略

品牌传播是指整合品牌所有资源，站在消费者的角度，充分调动所有积极因素进行一致化、全面化推广，提升品牌形象和价值的活动，包含广告、公关外联等一系列工作。广告是一种传统但又随时代不断创新的营销手段，是提升品牌知名度相对快捷有效的渠道，通过广告可以使消费者明确品牌的定位，扩大品牌知名度，同时还可以提高品牌的情感价值。但广告载体的选择至关重要，好的载体能让广告效果事半功倍，在选择广告投放的过程中要对媒体资源进行优化。一般来说，品牌传播可以采用新闻、影视、微媒体和专业化活动等传播策略来实现，企业应该根据自身条件和需要进行选择或对四种策略进行组合。

（1）新闻。

品牌在进行新闻宣传时，应该慎重选择需要合作的新闻媒体，力争和权威新闻媒体合作，注重新闻媒体质量而不是数量，以新闻媒体的权威性，结合农产品的特性，以品牌和农产品主要特征为核心，围绕农产品种植、加工工艺、生态环境、历史文化、农耕文明、品牌故事等开展系列深度报道。

（2）影视。

影视广告是较为传统的信息传播媒体，制作上具有即时传达远距离信息的媒体特性。影视广告能使观众自由发挥对某种商品形象的想象，也能具体而准确地传达吸引顾客的意图。传播的信息容易成为人的共识并得到强化、造成环境暗示、接受频率高。并且，影视广告的传播形式，各个年龄段的人都容易接受，是覆盖面最大的大众传播媒体。将品牌的相关信息进行影视化拍摄和广告投放，能够形象生动、快速地在我国消费者中引起巨大反响。

（3）微媒体。

随着科技的不断进步和消费者行为的不断变化，传统媒体为顺应市场发展的潮流开始步入转型阶段，催生了更为贴近消费者生活的微媒体平台。微媒体的出现，受众接收信息的渠道也在悄然发生变化，改变了企业与广大消费者沟通方式，这种沟通方式摒弃了传统媒体单向传播的劣势，而注重与消费者进行有效的双向沟通。企业应顺应时代潮流，通过微信、微博等微媒体实现与消费者双向互动、沟通，达到传播品牌的目的。同时微媒体满足了人们在快节奏的生活中以最短时间获取最多信息的需要，使人们在有意无意间将"碎片化"的时间充分利用，能使品牌在不经意间深入消费者心中。

（4）专业化活动。

农产品品牌在创建宣传时，可以邀请全国著名高校专家学者一同参与，开展有关农业、经济、品牌、传播等方面的专项研究，深入挖掘农产品品牌故事、文化、农品特征等，并形成相应的专著和学术研究报告，在专业市场上进行品牌推广活动。如举办报告会或在电台、电视台做节目等。

5.3.4.2 品牌推广渠道

品牌推广（Brand Promotion）是指企业塑造自身、产品及服务的形象，使广大消费者广泛认同的系列活动过程。主要目的是提升品牌知名度。品牌农产品的推广，最好要以产品为主角，让"产品自己说话"，以产品销售渠道为主推战场，建立产品在市场中的自我推介功能。农业企业品牌在市场上自我推介的渠道常见有四种。

（1）专卖店或超市专柜。

结合农产品区域品牌和企业产品的特性，在目标市场城市中建立品牌农产品专卖店，或在超市、菜场设立企业专柜（如雨润、苏食集团的冷鲜猪肉专柜），直接向消费者展示企业农产品品牌形象和产品品质。在专卖店中，还可以将农产品生产、加工制造过程，农产品生长生态环境以及相关的文化等予以介绍，以提升消费者的消费体验满意度和消费信心。同时，品牌专卖店在品牌产品流通过程中也会承担重要的销售作用，是农产品流通的重要场所，可丰富农产品配送渠道体系，扩大农产品市场销售份额。

（2）电子商务。

企业利用互联网电商平台（如京东、天猫、苏宁等）或开微店销售品牌产品，同时利用网络技术，宣传和传递产品信息，这是实现品牌农产品交易的新型营销业态。通过网络能够突破空间的局限，把企业供给与分散的农产品需求精准对接起来，是减少农产品销售过程中信息不对称的重要销售模式，是顺应时代潮流的农产品新销售模式。互联网电商模式还能够节约品牌宣传成本，消费者能够通过网络快速了解产品品牌、农产品特征及背后的故事。所以，建立电子商务渠道，能营造品牌所有者和消费者“双赢”局面。

（3）自建生鲜配送网络。

目前我国农产品主流交易方式是通过“产地经纪人 + 批发市场 + 农贸市场摊贩”进行销售，中间流通环节太多，且冷链物流设施建设也难以满足要求。这不仅增加了农产品成本，对品牌农产品的质量保障也增添了难度。因此很多品牌农企开始自建生鲜配送网络。自建生鲜配送网络与电商、专卖店配合起来，形成企业化封闭管理系统，对农业企业品牌建设来说，是一种较好的选择，也是实现 CSA（即社区支持农业）会员模式的一种趋势。当然需要较高的运作和管理技巧，还需要较多铺底资金，只有实力较强的企业才可运作。

企业自建生鲜配送网络直接为消费者服务，可以首先着眼高品质团体性客户，如与高端餐饮点、旅游饭店、企事业单位等建立长期合作机制，定期进行农产品配送，以增强配送网络的稳定性，并扩大市场份额。

（4）游客体验。

随着城市化进程的深化，居民生活节奏越来越快，工作压力越来越大。为了缓解快速的生活节奏和工作生活压力，越来越多的人开始选择农业观光旅游。企业组织城市居民到品牌产品的生产基地（园区）去休闲体验，通过“观光 + 采摘”的实地体验，让消费者在亲近自然、享受田园生活乐趣的同时，深刻体会企业品牌农产品所要传递的品牌故事和品质保证等信息，是一种很好的品牌推广模式。这种渠道建设周期短，建设费用小，可以减少农产品的流通环节，能够迅速产生经济效益。如同时结合媒体方式宣传推介，品牌影响力会更容易提升。

5.4 品牌治理机制设计

对任何一级地方政府来说，农业品牌建设过程其实是农产品品牌的治理过程，是一项对已有系统进行提升改造的系统工程。地方政府在区域品牌、企业品牌、产品品牌的前期申请、中间管理和后期维权中应发挥重要作用。

5.4.1 如何发挥政府职能

以农产品区域公共品牌为抓手，同时兼顾企业品牌的引导和保护，从质量监管、政策支持、品牌保护三个层面着力。

（1）质量监管。

第一，针对农产品区域品牌建立统一的质量标准以及生产规程、质量追踪体系、投入品和产品检测体系、生态评估管理体系、市场准入体系和农产品召回体系等。政府在这一过程中，设立有效的监管主体，为打造优质农产品，扩大农产品区域品牌影响力做好制度保障。政府设立监管主体可以从两方面着手：一方面，成立专门的农产品质量监管小组，对农产品质量进行严格把控；另一方面，积极培育第三方监测机构，从大众可以参与的角度对农产品质量进行严格把控。政府要通过完善相关的规章制度，引导行业协会和农业龙头企业、家庭农场等经营主体，参与到区域品牌建设与保护中来。第二，引导农业经营主体在区域品牌下进一步发展自己的企业品牌，并形成差异化系列产品，满足不同层次或不同特色的多样化市场需求。如此完善对农业区域品牌体系的质量监管。

（2）政策支持。

农产品区域牌品建设涉及的地域范围一般比较广阔，持续时间较长，涉及农产品项目多，需要资金量大，相关行业协会、企业、家庭农场等往往需要资金支持。由于农产品区域品牌效益的外部性，政府应安排相应的专项建设资金用于区域公共品牌；由于农业企业品牌是区域品牌体系中不可或缺的组成部分，政府对企业品牌建设也应给予一定的财政补贴政策。除此之外，应积极引导和支持品牌企业直接利用到金融市场上去融资。

农业区域品牌体系建设是一个持久性、全局性的复杂系统工程，在建设过程需转变传统单一农业发展的思维模式，要树立系统观念，整合城乡各种资源，以农业为基础，将一二三产业进行融合。在此过程中，要大胆创新，以人为本，积极引进和培育品牌管理与建设人才，组建高素质、专业化的品牌建设人才队伍。政府应积极为相关农产品协会、合作社等提供与国内有关高校和研究机构交流、合作的机会，通过合作培养、短期培训、持续培训的方式培养具有开阔视野和实践经验的专业化品牌建设人才，保证专业化品牌建设人才的持续可获性。

（3）品牌保护。

工商局、农业局应鼓励农产品企业品牌创新成果，及时申请、注册，加强区域农产品可追溯性和防伪性，同时加强区域品牌保护工作的分工协调。可建立品牌保护举报投诉服务中心，打击假冒伪劣，建立跨部门跨地区联合应对机制，扩大区域品牌保护范围，严厉打击各种假冒品牌、侵犯品牌权益的行为，保障农业区域品牌的真实性和企业品牌的独占性，不断提升品牌的竞争力，为农业品牌建设发展营造良好的环境。

5.4.2 如何动员社会参与

农业品牌治理仅仅依靠政府努力是不够的，必须全社会动员起来，经营主体和消费者都应参与进来。

（1）行政推动机制。

对于众多经营者的使用区域公共品牌，政府的介入与保护非常必要。行政推动是提升区域品牌竞争力的客观要求。政府要通过政策措施和行政手段，推动经营主体参与品牌建设和维护。需要把握好调控的方向、范围和力度。政府工作重点应从品牌认定开始，逐步转向对品牌的培育、提升和品牌延伸上来。

（2）社区自治机制。

国际经验表明，准公共用品的社区自治模式能够实现资源的有效管理和使用，发挥行业协会和合作社等合作经济组织的作用，是实现社区自治的主要路径。在农业品牌治理方面，合作经济组织应根据集体的长远利益要求选择相互信任与合作行为，制定共同遵守的契约性规则来克服对公共品牌的“搭便车”行为，防止农业区域品牌的滥用。这种介于政府和企业之间的第三方介入机制，是区域品牌体系治理中不可忽视的力量。

（3）质量标准保障机制。

农业品牌的建立源于标准化的管理和产品的不断创新。要打造农业品牌，提供质量标准是现实的途径之一。农业品牌质量标准，应是一个完整的体系，涵盖从田头生产到消费服务的全过程，涉及生产和加工基地、销售场所及其周边环境、设施建设标准等环境质量标准；产品生产、加工、销售的每道工序操作技术规程标准；生产投入品和产品的安全品质、检测及其技术操作规程等标准，以及生产者、经营者等操作人员的健康状况要求标准。通过一系列标准的建立和实施，夯实农业品牌建设的基石。

（4）法律保障机制。

通过法律来规范品牌建设行为，健全知识产权保护制度，特别是以惩罚性的制度安排来防范区域公共品牌使用中的机会主义行为，是农业品牌建设的重要保障。实行原产地名称和商标等综合的产权法律保护，为区域品牌申请集体商标和原产地注册商标、地理标志，可从法律的角度防止外来企业侵占或共享区域品牌。这也是国际上的一种通行做法。作为企业私权性质的企业品牌，用法律手段予以保护更是行之有效。

（5）文化融合机制。

文化元素是沟通产品和消费者之间情感关系的特殊支点。没有文化色彩的产品仅仅具有使用价值，所形成的产品与消费关系是不牢固的，文化底蕴厚重的区域品牌和企业品牌，是赢得忠诚消费者不可缺少的条件。因此，有效地挖掘品牌的文化内涵，从农产品自身的特点、农产品生长的地理和历史环境以及农产品生长区域内的人文气息等方面，充分展现区域公共品牌应有的历史、地理、传统、风俗等文化元素，同时融入企业经营理念、文化传承等因素，是打造持久、深远、稳定的农业品牌体系的关键。

（6）舆论导向机制。

品牌体系的塑造离不开正确的舆论导向。新闻媒体对农业品牌的正向宣传有助于驱动品牌联想的形成，诱导消费动机的产生，强化消费者对品牌质量的感知。因此，要重视报纸、杂志、广播、电视、网络等媒体的宣传舆论作用，将媒体舆论引导与商品展销会、推介会等形式相结合，形成农业品牌的宣传合力，在国内外市场上塑造区域品牌和企业品牌的良好形象。这也是国际上的一种通行做法。

（7）教育保障机制。

农业品牌体系的治理，需要以科学的理论为指导，需要专业人士来掌控。通过普通高等院校和职业技术院校，培养品牌研究、策划、设计、营销等方面的专门人才；通过有关机构开展品牌知识、品牌经营和相关法律法规等方面的培训，构筑品牌建设的人才梯队，是农业品牌治理中不可或缺的人才保障。

农业品牌建设的主导机制，在不同的发展阶段上不尽相同。在品牌创建的初期，主要由政府出面，创建和注册区域公共品牌，以政府、协会为主体。在此阶段，行政推动机制对区域公共品牌建设有着举足轻重的影响。然而，经过一定时期的发展之后，当区域品牌凭借优良的品质和卓有成效的治理工作，成长为在市场上具有影响力的公共品牌时，龙头企业也得到发展，龙头企业的产品具备了一定市场知名度。政府及行业协会工作重心转移到品牌管理和品牌推荐上，将品牌建设的主要舞台让位于龙头企业，以龙头企业为主体，打造农产品区域品牌和企业品牌。最终，在政府和行业协会的引导和培育下，一批质量信得过的具有自主品牌的农业企业和农民合作社，成长为行业龙头，将会使区域性农业品牌体系具有丰富的内涵和持久的生命力。

第6章　农业文旅

6.1　农业文化旅游的意义与内容

6.1.1　农业文化旅游的意义

几千年以来，农业在社会发展进步过程中除了不断提高生产力，还积淀了浓厚的文化。农业不仅具有生产功能，能够为人类提供基本衣、食等生活用品，还提高了环境质量，使人们能够在农业环境中进行观光、休闲、度假等活动。现代社会的人们拥有越来越多的闲暇时间，对旅游的内容、形式不断提出新要求，人们渴望多元化的旅游，以便于在不同的环境中放松自己。为了满足人们需求，旅游行业不断涌现新形式的旅游活动，这种融合了农业与文化两大产业，将休闲、观光与度假等多功能综合起来的全新旅游形式——农业文化旅游形成。

自古以来，农业与文化息息关联，相辅相成。文化是旅游的灵魂，旅游是文化的载体。农业文化旅游是农业和旅游业、文化产业的交叉产业，也是一二三产相融合的综合性产业。与传统旅游业相比，农业文化旅游是以农为根、文化为魂的朝阳产业，具有很大的发展潜力，既能满足人们日益增长文化与精神的需求，又能起到促进带动经济增长、社会发展的作用。

（1）有利于满足新时代旅游发展需要。

旅游业其出现和发展紧跟社会进步的步伐。随着社会经济的不断发展，人民生活水平不断提高，游客教育水平不断提高，人们不断追求高品质的精神生活，旅游中的个性化、自主化明显，他们希望通过旅游放松身心的同时陶冶情操，在轻松愉快、舒适的旅游中开阔视野、享受生活，这就为旅游业的不断发展创造了新的发展机遇。传统的旅游模式已经不能满足人们的精神追求，而农业文化旅游能够满足游客个性化需求，农业文化旅游具有知识密集、形式多样、启蒙创新的特点，能够使游客真正参与进去，可以满足人们不断变化的旅游需求。

农业文旅既丰富了旅游产品类型，扩充了旅游产品内涵，同时具有健身疗养、休闲娱乐等综合功能，游客在景区内既可参与娱乐、品尝美食，又可以亲自动手劳作、贴近大自然，陶冶情操。

（2）利于带动区域经济。

农业文化旅游产业是一个综合性产业，涉及领域广泛，具有高度相关性，强烈的辐射和强大的推动力。农业文化旅游产业的发展可以通过优化区域产业结构，促进区域基础产业的发展和优化。通过对区域文化资源的深入探索，将农业文化资源转化为农业文化旅游产品，提升区域价值。在提升区域价值的同时，还可以使区域健康稳定、有序地发展。具体来说，它可以分为以下几个方面：

一是有利于促进农民就业增收。通过农业文化旅游可以弥补农村发展落后的现状，在发展过程中创新体制机制，努力改变传统农业，充分利用旅游产业作为引擎，拓展农业的多维功能，促进农业、旅游业、文化产业的深度融合。农业文化旅游还能够通过拓展农业功能，延长农业产业链，为农民创业就业提供渠道，使农村劳动力不必外出务工，这就使农民的收入实现了增加，为新农村的发展奠定了基础（赵林强，2014）。

二是有利于农业农村产业进行结构调整。发展农业文化旅游还能够优化农业产业结构，农业文化旅游集吃、住、行、游、购、娱等功能于一体，有利于实现一二三产业融合发展，同时又促进服务业、金融业、交通运输业等相关产业的协调发展。通过开发农业的非物质文化资源特性，创造新的生产要素，从而提高要素配置效率。

三是有利于实现城乡统筹发展。在长期的历史发展中，农村落后于城市的发展，目前我国总体已经进入以工促农、以城带乡的发展阶段，发展农业文化旅游可以实现城乡需求与供给的有效对接，城乡互为资源、互为环境、互为市场，促进城乡经济文化融合，缩小城乡差别（胡海建、南延长等，2017）。

（3）利于传承保护和弘扬区域文化。

文化是旅游业的灵魂，也是未来旅游业可持续发展的核心竞争力。在发展农业文化旅游的过程中，需要对区域农业文化资源进行挖掘、整理和提升，并赋予其新的时代内涵，在深入挖掘农业文化内涵的过程之中，能够增强人们的文化认同感，这就是在继承和发扬优秀传统文化。通过现代手段重新包装和创造性策划，使之成为这个时代受欢迎的农业文化旅游产品，不仅促进了文化的传播，使文化产业繁荣向上，还做到了传承、保护和弘扬区域文化。

（4）利于丰富旅游业内涵。

在社会发展过程中，涌现出了各种形式的旅游，比如体育旅游、医药旅游、工业旅游等，对旅游者来说，旅游体验是首要的追求。农业文化旅游形式多样、内容丰富多彩，相比其他形式的旅游能够给游客提供深入的旅游体验，使旅游者在旅游过程中从深层次去欣赏旅游吸引物，提升旅游体验，提高旅游质量。

6.1.2　农业文化旅游的内容与载体

6.1.2.1　农业文化内容

（1）传统农耕文化。

中国是农业大国，传统农耕文化是我国传统文化的重要组成部分，传统农耕文化凝聚着农民自强不息的精神追求和历久弥新的精神财富，是建设中华民族精神家园的重要支撑。传统农耕以其涓涓细流滋润了古老的华夏大地，养育了一代又一代炎黄子孙。原始的“日出而作，日落而息”的生活模式如今在广大农村仍然普遍存在，对现代都市人有着无尽的吸引力。如湖北随州的炎帝神农故里，是一个以传统农耕文化体验为特色的旅游区。游客在参观炎帝神农遗迹的过程中，可以亲自体验扶犁耕作、推磨碾米、踩水车灌溉农田等活动，亲身感受原始农耕文化。

（2）现代农业生产。

随着科学和生产力的发展，刀耕火种的原始农业时代已经一去不复返。农业生产方式在不断进步，各种高科技的应用和新的种养方式的应用，使得现代农业呈现日新月异的景象。由此产出的各种各样的农产品，如各种粮食作物、经济作物、瓜果蔬菜、花草树木以及各种禽畜鱼类等，都使旅游者充满了好奇心，它们是怎样培育出来的，有什么用途，等等。

针对旅游者的需求，让游客了解这些动植物名称、习性、耕作施肥方法等，了解农业生产季节性、周期性、各类农业生产的基本条件、农业生产的地区特点、生产过程等，以增加游客的现代农业理性知识；除此之外，游客还可以亲自参加农业实践，如垂钓、捕捞、耕种、收割、采摘果蔬、修剪果树、栽桑养蚕等，以增加对现代农业生产的感性认识，体验劳作，获得乐趣。

（3）民间乡土工艺。

在几千年的农业文明发展中，民间形成了各色各样具有地方特色的手工艺术，深得游客喜爱，如雕塑、陶艺、木艺、铁艺、编织、纺织、刺绣等，这些具备浓郁的乡土特色的工艺经过开发能够成为具有吸引力的旅游体验项目。

（4）民风民俗。

我国地域辽阔，民族众多，各地农村的习俗、民间文化丰富多彩。农村的衣食住行、婚丧嫁娶、传说故事、民歌民谣等乡土文化都充满浓郁的地方色彩。这些也都是发展休闲农业极为宝贵的文化资源。开发利用这些资源，让旅游者感受民俗文化特色，接受民俗文化的熏陶，使民俗文化得到更广泛的理解和传播。

（5）农时节庆。

因为农业与气候息息相关，中国古代大都使用农业历，农业历中的节气既是气候，也是农业活动变化的关键节点，很多都是重要的“农时”。《氾胜之书》中提到：“凡耕之本，在于趣时，和土，粪泽，早锄早获”，“趣时”反映了农时的重要性。在不同的农时节气，都有不同的庆祝活动以表示美好愿望，有的久而久之成为节日（杨会娟，2013）。

（6）饮食文化。

中国地大物博，全国各地都具有地方特色的餐饮料理，比如四川火锅、山西面食、沿海地区的海鲜、新疆烧烤等，各色美食以及与之相应的烹饪文化都可以作为旅游吸引物，这都对广大旅游者具有强烈的旅游吸引力。

6.1.2.2 农业文化旅游的载体

（1）农业公园。

国家农业园既不同于城市公园，也不同于普通的农家乐、乡村旅游景点和乡村民俗观赏园。作为一种新型旅游，它是中国乡村休闲和农业旅游的升级版，是一种高端的农业旅游形式。

（2）田园综合体。

田园综合体是以农业为主导，以农民充分参与和受益为前提，是以农业合作社为主要建设主体，以农业和农村集体用地为载体，融合农业生产、旅游、会展、博览、文化、商贸等三个以上产业，形成多功能、复合型、创新性地域经济综合体。

（3）农业特色小镇。

特色小镇不是行政区划单元上的镇，它没有行政建制，也不是产业园区的区，而是按照创新、协调、绿色、开放、共享发展理念，聚焦特色产业，融合文化、旅游、社区功能的创新创业发展平台。以特色小镇为平台发展农业文化旅游主要是依托农业型特色小镇，农业特色小镇以特色农业为基础，结合绿色生态，美丽宜居和民俗文化的特点，营造出鲜明的农业产业定位、农业文化内涵和农业旅游功能，它集农业、城镇、科技、文化、创新等要素于一体，构建“产、城、人、文”四位一体协同发展的综合体，以新思路，新机制，新型载体推动农村一二三产业的深入发展，是农业经济发展的新引擎，是现代农业发展的新平台。

农业特色小镇可以将农耕文化和厚重的历史文化底蕴做基础，开发和展示传统农耕技术与生产工具、农耕习俗、格言谚语、乡村文学，进行农业文化旅游目的地的打造。农业特色小镇的旅游功能往往体现在体验式采摘、观赏休闲、度假旅游、健康养身、商务会议等方面，旅游功能的开发涉及旅游产业的食、住、行、游、购、娱六大要素。

（4）农家乐。

农家乐是最广泛的休闲农业模式，以农民为中心，以该地区农民的生活方式和民风民俗为吸引物，满足城市居民返璞归真，回归自然的需求的一种农业休闲产业形态。基于农家乐的农业文化旅游开发可称为农家餐饮的升级版，它整合乡村旅游资源，提升乡村旅游内涵，提高品牌价值。游客参加率和重游率最高的农家乐项目是：以“住农家屋、吃农家饭、干农家活、享农家乐”为内容的民俗风情旅游；以收获各种农产品为主要内容的采摘果蔬、垂钓捕捞旅游；以民间传统节庆活动为内容的乡村节庆旅游。

（5）农业观光园。

农业观光园是在城市近郊或风景区附近开辟特色果园、菜园、茶园、花圃等，让游客入内摘果采菜赏花，享受田园乐趣。农业观光园一般具有一定的土地规模，可以将某项农作物、养殖业或手工副业为卖点，综合餐饮、住宿、采摘、游乐等多项休憩内容，采用“庄园式”开发，发展系列农庄、酒庄、水庄、山庄。

（6）古村落。

古村落是经过时间和历史的沉淀而完全或部分保留下来的人类居住的区域，这些村落集中反映了当时人们的生活及劳作状态，具有各自的时代特征和地域特征，通常都是遗留下来的宝贵文化遗产，以保留过往鲜活的生活方式为特色。

（7）生态景区。

依托生态景区开发休闲农业在我国是一种发展比较成熟的乡村旅游开发模式。景区是具有一定的自然、人文、历史资源，是为游客提供游览、观光、探险、休闲、科考等服务的营利性机构。以景区为依托开发的农业文化旅游，一般以自然生态风景为依托挖掘，当地农业文化，发展农业文化旅游。

6.2 农业文旅创意方法与案例评析

6.2.1 农业文旅创意方法

农业文化旅游的灵魂是创意，创意是提高农业文化旅游质量的有效途径。通过创意手段，能够实现在现有乡村景观、农业产业和地区文化的基础上，充分挖掘资源的文化价值、观赏价值、体验价值、科普价值、情感价值、生态价值以及衍生的社会价值。农业文化创意大致有三种途径：一是纵向挖掘已经绝迹甚至失传的古代农业文化，赋予新的生命和新形式；二是横向直接引进当今世界各地的最新农业文化项目，尤其是农业现代科技文化的项目；三是开动脑筋，动员设计、管理、投资、游客等各方的智慧，自力更生，科学大胆地创造新的农业旅游功能项目。

（1）主体定位法。

主体定位包括主导产业定位、主题文化定位、主要客源市场与消费群体定位等方法。其中主导产业可以是规模种养业或者精深加工业，主题文化可以是特色农耕文化、专项产品文化、特定地域文化、社科专题文化、历史主题文化。规划科学与否，首先是看定位是否精准，后续的工作就是资源围绕定位配置，创意围绕定位服务，品牌围绕定位塑造。主体定位法的优点在于引导相关资源向目标靠拢，形成一系列相关联的创意亮点。该方法依托区域农业资源优势，结合创意理念，形成特色鲜明的主题，贯穿产业发展始终。通过创意理念，使得传统旅游农业产品主题突出、品牌彰显，既延长生命周期，又具有区域示范作用。

应用主体定位法需要注意的两个要点：一是创意理念必须符合社会道德要求，必须在社会主义精神文明范畴内；二是创意项目要具有示范性、先进性或时尚性，必须被市场认可和接受，同时也要避免创意的照搬和抄袭。

【例6－1】北京慕田峪国际文化村

慕田峪村位于北京市怀柔区慕田峪长城风景区内，村内生态环境优美，自然景观众多，依托巍峨的长城景观、丰富的物产资源和优良的生态环境，成为京郊知名的民俗村之一。该村自2006年创造性地提出了慕田峪“国际文化村”建设的发展思路，与美国麻州某村结成“国际姊妹村”，引入“乐活”理念（LOHAS—健康、可持续的生活方式），确立了“和谐稳定立村、产业发展富村、新村建设强村、国际交流兴村”的发展口号，形成了“中外文化并存、世界人民相邻”的独特景观，全面推进慕田峪村的新农村建设。村口十二面不同国家的国旗迎风招展，喜迎八方宾客；在村中，特色鲜明、寓意深刻的雕塑群象征着和谐、友谊。现有7个国家和地区的22户外籍友人在慕田峪“安家”。此外慕田峪的“国际音乐文化村”品牌成功推动了村庄的发展，每年接待国内外游客观光、休闲、度假，带动全村产业发展，是一个全方位发展的现代化、国际化的“地球村”。

（2）全息归纳法。

农业文化旅游具有广泛的社会、自然、经济属性，其资源要素可谓包罗万象。全息归纳法是要对资源进行全面的整理归纳和有效的筛选。例如从时间变化的角度要考虑春夏秋冬、白天黑夜、古往今来等；从产业功能的角度要考虑农、林、牧、副、渔等；从游客基础需求的角度要考虑吃、住、行、游、购、娱等；从客源群体的角度要考虑老、中、青、幼、妇等；从农耕体验的角度要考虑第一产业层次、第二产业层次、第三产业层次的不同项目设置；从农业的功能拓展角度要考虑政治、经济、文化、艺术、教育、体育、科技、物流、信息、环保、食品保障、原料供给、养生保健等不同的拓展方向。全息归纳法的特色是将这些资源要素分出重点、列出主次，并进行分类指导。

应用该方法进行创意，重点是将优势资源或品牌资源提升，使传统农业与旅游业的融合达到产业升级的要求，形成新的农业发展模式，带来更大的综合效益。该模式要求资源可以是特色农林、特殊农村风貌等，但需要具备区域品牌优势、规模优势或先发优势。

【例6-2】鱼王拍卖会

北京密云溪翁庄镇，依托密云水库的鱼资源，打造独具特色的渔文化，大力发展创意旅游农业产业。从2006年起重点开展鱼文化美食一条街，沿街两侧2.4平方公里，建起38家农家院，街道两侧进行道路改造，统一立面标识，绿化美化，排水和污水处理等基础设施建设。2008年接待游客50万人次，创旅游收入1300万元。每年密云鱼王拍卖会的关注度和参与度随之逐年升高，鱼王价格从2004年的不到1.6万元到2009年的40万元，5年增加25倍。

（3）景观提升法。

在农业文化旅游开发过程中，除了保持自然景观和农业景观外，还需要增添一些人文景观要素，并适当进行景观设计与改造。景观设计的表现形式要服从于主题思想，求新求变，避免同质化。景观提升法就是要深入挖掘地方文化，深化主题。核心是实现主题的改进，探索文化的源泉，提升景观的核心价值。如开发特色产品，增强独特资源的竞争力；结合当地独特的资源，扩大种植养殖规模；集生产基地、加工、科研、科普、观光、体验、娱乐、餐饮、住宿、购物等为一体，等等。

应用景观提升法，不但可以提升独特物产资源的竞争力，还可以借力已经名声在外的资源名气为本项目所用。应用此法，要求活用文化创意，凝聚景观再造价值，从多维的角度提取项目区旅游资源所蕴含的文化内容、意象和象征意义，完成从静到动、从古板到鲜活、从观光到参与体验，再到游憩的系列转变，从而全面提高项目区景观的品位与档次，有效提升产品价值和游客体验价值。

【例6-3】火山遗迹资源景观提升

位于北京市平谷区熊儿寨乡白羊村的三羊古火山旅游区，其最大特点是分布大面积的

18亿年前的火山遗迹资源，是北京市最古老的火山旅游资源之一。由于火山灰质泥土肥沃、矿物质含量高，果树中红果长势好、品质好、口感好，已注册“火山红果”商标，在北京地区有着较高的知名度。该旅游区借助火山红果资源优势，开展火山精品观赏采摘园项目，配套发展火山主题餐厅、火山休闲手工坊、火山SPA食疗、火山植物百草园等旅游农业项目，实现多层次的综合旅游农业效益。

（4）文化衍生法。

文化是旅游业的灵魂。农业文化主要包括乡土文化、民俗文化、农耕文化、农事节庆文化、饮食文化、作物文化、图腾文化等，特别是乡土文化最具本地特色。乡土文化源远流长，点多面广，题材多样。农村各种民俗节庆、工艺美术、民间建筑、婚俗禁忌、趣事传说等都带着浓厚的乡土文化特色，为发展具有乡土特色的休闲农业奠定了基础。文化衍生法是在传承文化的基础上，结合市场发展趋势和需求，通过文化衍生，整合旅游农业资源，增加农业附加值，拓展产业发展层次，创意出符合游客和其他消费者需求的发展模式。

【例6－4】中国农村的法兰西乡情

位于北京市海淀区苏家坨镇西部的管家岭村，以果园经营为主导产业。本村自明清时期曾是京郊重要的杏花观赏区和艺术创作园地，朱自清、郭沫若、冰心等许多文化名人都曾来管家岭赏杏花并进行艺术创作。根据北京史地民俗学会考证，管家岭村是法国诺贝尔文学奖得主圣－琼·佩斯的获奖作品创作地之一。

管家岭村的规划者独具匠心，运用文化衍生法，把握中法交流日益密切和频繁的历史机遇，结合以果林业为基础，以艺术文化创作为核心，以法国乡村风物为元素，以度假、创作、会议、交流为主要功能，提出发展“法兰西乡情旅游村”的创意。该村建设的重点项目包括：中法乡村文化交流中心、法兰西乡情艺术创作展示基地、森林剧场、乡村酒吧街、圣－琼·佩斯与中国博物馆、果园庄园、“远足沙龙”龙潭沟、“跟随《阿纳巴斯》探寻海淀西山”主题旅游线路等。

（5）产业整合法。

产业整合法也可以说是资源的高效利用法。该方法是充分循环利用资源和将产业有机结合在一起的发展模式，即以第一产业——农产品生产为基础，以第二产业——农产品加工为延展，以第三产业——休闲度假为龙头，形成了一条集种养加、出售、旅游等功能于一体的综合型产业发展模式。

具体来说，有以下五种方式：一是开发创意农产品，通过各种手段进行创意，将普通农产品变成礼品、纪念品、保健品，甚至变成艺术品和奢侈品，从而提高农产品附加值。二是建设创意型主题农园，通过对特定主题的整体设计，按照休闲农业的经营思路，把农业生产场所、农产品消费场所和休闲农业与乡村旅游场所结合为一体，将具有相似功能的农作物、动物和农事活动集中展现，创造出主题鲜明的体验空间。三是打造创意型节庆活动，如各类花卉节、水果节、蔬菜节、美食节、乡村旅游节等。四是匹配相关业态，以农业（第一产业）为基础，向第二产业或第三产业延伸，使之具有多个产业的特征，从而提高农业的加工附加值、服务附加值、文化附加值和科技附加值，如乡村影视基地，艺术家创作村，国学启蒙耕读俱乐部等。五是挖掘乡村创意美食与养生药膳，如发展野生蔬菜与保健蔬菜，开设养生堂，从健康饮食、茶疗茶饮、瑜伽、芳香疗法、中医养生等层面，向会员提供健康管理和调养方案。

【例6-5】张裕爱斐堡国际酒庄

北京张裕爱斐堡国际酒庄位于北京市密云区，是烟台张裕葡萄酿酒股份有限公司投资3.6亿元，由中国、美国、意大利、葡萄牙等国资本在密云共同组建，占地800余亩，由建筑面积7000平方米的城堡主楼、近3000平方米的地下酒窖、1400余亩葡萄园组成。酒庄配备了会议中心、主题休闲区、葡萄酒培训鉴赏中心、葡萄酒主题餐厅以及葡萄酒泥SPA等特色功能区。该酒庄在葡萄种植的基础上，针对北京高端市场，创意推出酒庄及博物馆参观、葡萄酒品鉴与培训、DIY个性化定制、葡萄酒主题餐饮、葡萄及应季水果采摘、整桶订购、储酒领地认领及期酒等葡萄酒主题旅游农业项目，已经成为产业整合法应用的一个典范。

俗话说：水无常形，法无定法。农业文旅创意方法是难以穷尽的。休闲农业与乡村旅游资源开发，是一个灵感创意与科学决策同时并行的过程，对规划人员的知识结构、生活阅历、创意思维、审美情趣和灵活性，是一种考验和刺激。具体到每一个项目，发展条件与发展目标各不相同，在实施资源开发与项目创意时不能拘泥于已有的方法模式和条条框框，高明的规划师要善于综合运用、不断创新。好的创意方法往往在挑战中被促发，也需要通过实践来检验。

6.2.2　经典案例评价

传统农业是“物”的生产，农业文化旅游则是与“人”打交道。规划农业文化旅游时，除了充分利用本土农业资源优势之外，一定要挖掘本地乡土文化、生活方式、风土人情等资源。只有这样，才可避免重复设计，保证所设计的农业文旅项目具有持久生命力和核心竞争力。

（1）韩国大酱村。

韩国江原道旌善郡大酱村通过挖掘利用乡土文化，抓住游客好奇心，取得了惊人成功。大酱村利用当地原生材料，采用韩国传统手艺，制作养生食品（大酱）。既符合现代人的养生学，还可以让游客亲临原初生活状态下的大酱村，同时节约投资、传承民俗文化特色。

该村的经营者开发了丰富多彩的特色文化活动：以三千个大酱缸为背景的大提琴演奏会、绿茶冥想体验、赤脚漫步树林及特色美味健康的大酱拌饭等，这些都增加了游客的体验乐趣，体现了农业文化旅游的就地取材、地域特色浓郁的特点。迎合了市场需求，成功吸引了大量客源。

（2）日本埼玉种畜牧场。

早在20世纪90年代，日本政府推广“食育”教育前，许多农业生产者和经营者就开始关注农业教育的推广。埼玉种畜牧场创办人笹崎龙雄，为解决日本人的食品缺乏问题，于20世纪中叶开始建立了既好吃又好玩的埼玉种畜牧场（即SAIBOKU牧场）。

位于日本埼玉县日高市的埼玉种畜牧场，占地约 9 万平方米，是一个以提供休闲娱乐空间为主的体验型观光牧场。成立于 1946 年的埼玉种畜牧场株式会社是以种猪育种繁殖、肉猪饲养、肉品加工逐渐起家的。创办人笹崎龙雄先生在晚年所述的回忆录中曾提到，第二次世界大战后日本政府推广农业生产时，并没有关注猪的养殖，他认为猪养殖不只是传统的农副业产品，更是战后补充民众的蛋白质的重要来源。因此在发展畜牧事业时，除了奶牛、鸡的培育外，更关注猪的饲养培育上。他们长期投入美味猪肉生产的工作，成果斐然，企业在国际上获得很多食品奖项与认证。

埼玉种畜牧场提供了包含餐饮、农产品采购、运动、亲子活动等消费与休闲娱乐空间，每年游客约有 380 万人次。牧场以“三只小猪”作为乐园主题，进行场所与形象识别设计。带着孩子来这里游玩的父母们，除了可以买到当地生产的新鲜安全蔬果肉品外，还可以安排家人去牧场的公园高尔夫球场运动、在天然温泉馆泡汤养身。牧场提供了许多亲子空间，包含亲子户外休闲的和平广场、陶艺创作教室、三只小猪互动体验区、儿童迷你运动场等。三只小猪互动体验区让游客除了近距离接触可爱的小猪外，并通过提供小猪的成长记录，增进了民众对养殖产业、友善生产与动物生命的了解与体验。

（3）澳大利亚天堂农庄。

澳大利亚天堂农庄位于澳大利亚东部海岸中部，布里斯班南部，气候宜人，阳光充足。农庄距离海岸垂直距离为 12 千米，占地 12 公顷。该农庄被昆士兰旅游局评比为五星级旅游景区，是澳大利亚黄金海岸旅游的必到之处。

天堂农庄以羊为主题。游客可近距离地接触可爱的羊，了解亲近布里斯班乡村生活。农场里安排有解说员，解说关于羊的品种以及用途，还有现场剪羊毛的表演活动，游客能够观看到训练有素的公羊及牧羊犬表演以及羊毛纺织的表演活动等，极具趣味性。游客还可以制作丹麦面包，搭乘复古马车和骆驼，享受正宗的澳大利亚烧烤。还可观看聪明的牧羊犬如何将羊群控制好，还有精彩万分的澳洲牛仔的马术表演。农庄内除了羊外还可见到本土的其他动物，有最受欢迎的袋鼠和无尾熊，游客还可与无尾熊拍照留念，还有喂袋鼠活动。

（4）中国台湾花露农场。

花露农场是苗栗县一家以花卉为主题的观光农场。农场内的庭园造景皆是通过农场主人精心设计打造而成。农场被山间桃源、群山乡野所包围，环境清幽。漫步走进农场，会发现自己在无意之中被花丛围绕，仿如走入一个花的世界。

花露农场的主体结构包括花卉种植区、精油博物馆、特色民宿（精油城堡）、园林餐厅（花香美食餐饮）等。农场上种有各种花卉盆栽植物和药用香草植物。在香草植物区，游客可以亲自了解香精油来自哪种植物，并了解香草植物的种植和应用。

（5）中国台湾南投县的桃米村。

中国台湾农业文化旅游注重情景消费，创造出大量的奇观、氛围、风景和主题，让游客感到新奇快乐。在这种理念下，农业文化旅游非常注重定位、强调特色，为吸引游客，集思广益、各出奇招。薰衣草、蜜蜂、螃蟹、奶牛甚至食虫植物，一切涉农题材几乎都被做成个性鲜明的主题农庄。南投县埔里乡的桃米村，在地震废墟上建立起文旅项目，成为了中国台湾著名农业文化旅游景点，让人惊叹不已。

1999年9月21日，中国台湾发生大地震，桃米村损毁严重，地震发生后一群志愿者来到这里，他们调查发现，青蛙和蜻蜓种类特别丰富，一个创意便应运而生。于是，在当地政府的帮助下，桃米村民不断宣传各种各样的青蛙和色彩斑斓的蜻蜓，他们用纸、用布、用石头等材料制作各种手工艺品。在志愿者们的帮助下，桃米村民还建成全球唯一一个纸教堂，并把地震造成的洼地改造成人工湖，在湖边立起几个弹簧，托起一只小船，上面立一根桅杆。游客在船上能够体验地震一样的摇晃感觉，村民将小船称为“摇晃的记忆”。从一个遭地震重创的落后山村，短短几年间成长为一个农业文化旅游景区，桃米村的成功并非偶然，它植根于中国台湾休闲农业多年发展的沃土中。

（6）桂林市刘三姐茶园。

刘三姐茶园位于临桂区五通镇，距离桂林市仅23公里。茶园主要以茶叶种植、加工、销售及生态农业和旅游观光为经营思路。茶园文化底蕴深厚，是解放初期《刘三姐》影片采茶片段外景拍摄现场。茶园建筑风格独特，设有茶膳餐厅、品茗轩、亭、阁等设施，还有农业绿色食品基地、各种土养家禽养殖场及水果生态园等。

茶园文化活动主要是现场茶叶采摘、加工展示、茶艺表演、刘三姐实景表演、山歌对唱等。游客不仅可品尝当地出产的茶叶，也可亲身参与种茶、采茶、加工茶等环节中去，充分体验中国茶文化的奥义。

（7）车耳营村的古车文化大观园。

车耳营村位于北京市海淀区凤凰岭景区南侧，村庄以种植果树为主，依托凤凰岭景区及农业资源特色，大力发展旅游农业，开展采摘、餐饮、住宿、会议、娱乐等接待项目。以古车文化大观园闻名于世。

车耳营村始建于明代，明嘉靖二十九年（1550年），戚继光在此设立车营，此后车营一直延续至清代。根据这个极为重要的历史文化资源，规划者提出打造“凤凰岭脚下的古车文化大观园”的设想，游客在这里可以观看戚继光“鸳鸯阵”大型实景主题演出，购买古车纪念品、古车模型农副产品、古车手工制作品等古车主题商品，参与车文化主题活动，还可进一步体验运动休闲项目。2017年12月，车耳营村获2017名村影响力排行榜（300佳）荣誉。2018年3月，该村入选北京首批市级传统村落名录。

6.3 休闲农业星级景区规划要点

6.3.1 休闲农业星级景区建设一般要求

（1）经营证照。

休闲农业星级景区主体应具备工商营业执照、税务登记证、卫生许可证、特种行业许可证和排污许可证等经营证照。

（2）使用权。

休闲农业星级景区各组成部分的建筑物和配套项目的使用权应一致，并注册合法经营两年以上。

（3）符合性规定。

休闲农业星级景区的营业场所、附属设施、服务项目和运营管理，应符合土地、建设、公安、安全、卫生、文化和环境保护等现行的国家法律法规的规定。

6.3.2 景区建设规划原则

（1）坚持规划先行与因地制宜。

休闲农业星级景区规划必须与当地经济社会发展规划、新农村建设规划、农业和旅游业发展规划相衔接，做到依法建设、因地制宜、适度超前相结合；合理开发、特色经营与滚动发展相结合；生产、生活、生态相结合；经济效益、社会效益与生态效益相结合。

我国地域辽阔，各地有各地的地理环境与文化风俗，休闲农业星级景区的建设首先要尊重当地人们的生活和风俗习惯。因地制宜，根据景区农业产业发展的实际情况和当地的自然资源、文化资源以及当地人们的生活习惯来确定农业文化旅游的发展方向。

（2）坚持以农为本与共同发展。

休闲农业星级景区规划必须根据当地的资源禀赋，培育优势特色农业产业，突出产业支撑能力与带动作用，并充分尊重农民的意愿，切实保障农民的参与权和收益权，拓宽农民就业增收渠道。使农业生产和旅游活动相互协调、相互结合、相互促进。

（3）坚持差异发展与参与性。

根据市场变化与消费者心理需求，围绕基础设施、服务功能、产品开发、趣味体验、环境景观、文化创意等进行持续创新，形成富有特色的主导产业、主题文化和主要市场，实现提质增效和差异发展。特色是旅游发展的生命之所在，越有特色，其竞争力和发展潜力就会越强。

农业文化旅游空间广阔，内容丰富，极富参与性。休闲农业星级景区规划要关注旅游市场的发展动向。当前游客参与体验、自娱自乐已成为旅游的时尚，规划要考虑多设置游客体验性项目，便于他们参与进来，真正体验到农业文化的奥秘及原汁原味的乡村生活情趣。

（4）坚持生态环保与可持续发展。

休闲农业星级景区规划必须注重农村植被保护和加强水土涵养，加强农业污染源防治与农村卫生条件改造，全面实施绿色防控技术和农业清洁生产，确保乡村自然生态系统稳定与农产品质量安全，实现农村的可持续发展。要重视自然本身的价值，实现能源的循环利用。能源、交通、技术、商品、服务设施的设计要符合绿色标准。

（5）突出文化性。

在规划设计过程中，要注重文化挖掘，注重乡土文化体验，注重展示文化差异，注重体验乡村生活和文化创意。在从原始农业到现代农业的演变和发展过程中，无论是农生产方式、农业生产用具还是各类农产品都有其产生的原因和发展的历史。在规划时要关注我国古代诗词歌赋、农村习俗及农产品的营养价值等多方面资源，挖掘农业的文化内涵，并在项目设计中加以体现，以增加旅游活动的知识性和趣味性，同时提升景区的文化品位和文化内涵。

6.3.3　功能设计与项目设置

功能设计与项目设置，是休闲农业星级景区规划设计的核心任务。需要仔细研究项目区的区位优势、资源禀赋、历史文化背景等条件，具体问题具体分析，制定科学可行的方案。

6.3.3.1　功能设计

休闲农业星级景区的功能设计，要以景区的农业生产项目为基础。一是要符合行业发展方向。详细分析规划区主导产业项目的社会功能、经济功能、文化功能、教育功能、科技功能、生态功能、养生功能、休闲功能、体验功能和示范功能。二是围绕生产与接待功能，做好总体布局规划。总体布局应合理组织各种功能系统，兼顾软、硬件建设，既要突出各功能区的特点，又要注意使各功能区之间相互配合，协调发展，构成一个有机整体，并为今后的发展建设留下余地。

对一些包含生产、科研、示范等主要功能的大型农业产业园区，在规划布局时一般分为核心区、示范区、辐射区。其中核心区主要承载行政管理，研发孵化、展示交易等功能，具有较为完善的服务设施，所以也是休闲接待项目的密集安排区域。而产业示范区和辐射区可以安排观光路线、设置参观节点。

【例6－6】南京市江宁台湾农民创业园的景区建设①

江宁台湾农民创业园已被评为全国乡村旅游星级景区。该园的主导产业在2013年规划定位为农业生物产业，创业园拥有的2万亩地块规划为A研发孵化区、B展示交易区、C物流服务区、D生物肥料生产基地、E生物药业生产基地、F生物苗种快繁基地、G生物种业创新基地7个板块，如图6－1所示。

在图6－1中，A为研发孵化区，B为展示交易区也是该产业园休闲服务的接待区，成为南京市休闲农业与乡村旅游的重要景区之一，著名的南京农业嘉年华活动于2015年、2016年连续两年在这里设立主会场。其中B展示交易区内的“江宁台创花卉博览园”已经成为南京市最大的花卉交易市场，常年游客纷至沓来，交易兴旺。

6.3.3.2　项目设置

休闲农业星级景区的项目设置要因地制宜。一般可以分为山地丘陵、平原地区、河湖水网三种情况。

（1）山地丘陵地区的项目设置。

在山地和丘陵地区，主导特色产业一般适宜发展经济林果、杂粮、中药材等。休闲农业可以因地制宜发展水果采摘园。水果品种要充分考虑自然环境和自身的传统优势，除了普通的水果，还可发展有观赏价值的果树，以及发展林下经济（如养鸡、种植蔬菜、中药材等），也可发展观赏苗木。要通过对景观的设计和建设，为吸引游客创造良好氛围。可依托林果采摘，发展农家餐饮和民宿，进行文化创意，将文化融入农业活动。

---

①　资料来源：《南京市江宁生物农业产业园总体规划（2013—2020）》。

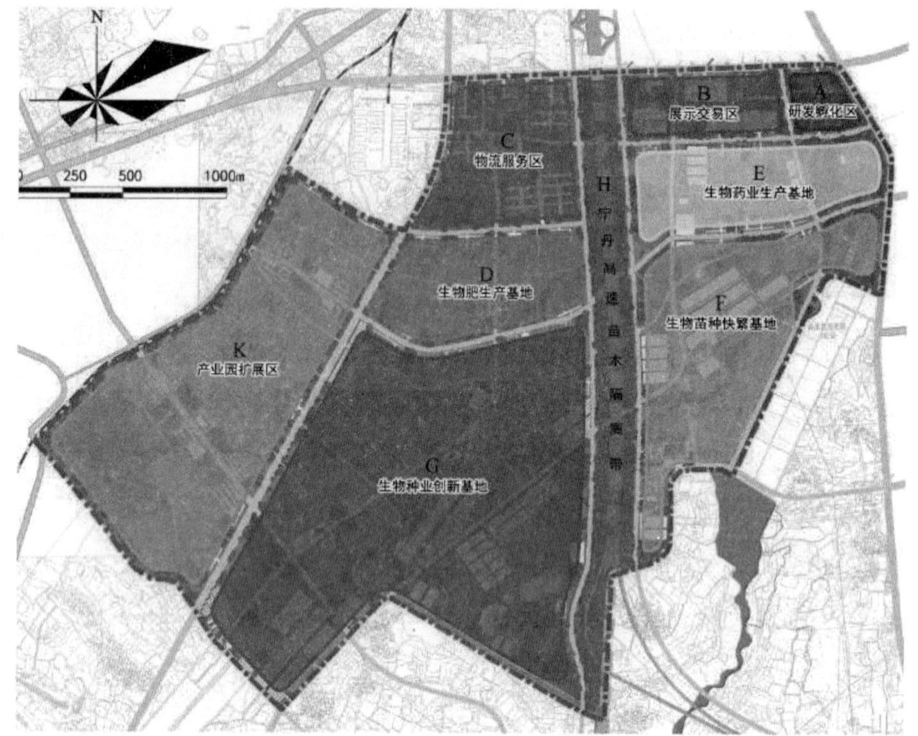

图6－1　南京江宁生物农业产业园功能分区

（2）平原地区的项目设置。

在平原地区，主导特色产业一般以粮油棉等大宗农作物为主，也可以是蔬菜和瓜果等大规模种植基地，休闲农业的本底景观，应反映现代农业的特色。在接待中心，可以有园林植物、景观喷泉、特色餐饮、DIY制作、网络互动等供游人休闲娱乐的设施，但大田景观还是应突出路、水、林三网合一的肌理和底色。现代化的生产、加工、物流设施也可以成为景观特色。这些区域可大力发展学生科普教育基地，着重营造农业现代化的知识传播和技术创新的氛围。

（3）河湖水网地区的项目设置。

在具有湖泊、水库、河流水网的地区，特色水产和水生作物往往是当地的特色产业。这些地区的休闲农业项目要以这些特色产业为基础，充分利用区域内的水面资源和农产品生产条件，发展休闲垂钓、水上运动、儿童嬉水、体验捕捞、湿地公园、水生植物栽培与观赏、水乡特色餐饮品尝、水景赏析等项目。在项目规划设计的同时，还要考虑到水乡环境治理与生态平衡的需求。

6.3.4　重点专项

（1）道路交通规划。

道路是景区的骨架，连接着各个功能区和旅游点。道路交通规划，包括对外交通、内部交通、停车场地和交通附属用地等方面。休闲农业与乡村旅游景区道路系统的规划和布置，除了满足一般农业生产基地的生产需求之外（参见本书第2章），还要特别重视如何保障旅游车辆的通行和各类不同旅游车辆的停车场与临时停靠站点。

出入景区的交通规划，要充分利用区域公共交通路网的建设成果，恰当增设指示性标牌；景区内的道路要照顾到景观布局的艺术性、旅游活动的便利性和使用的舒适性。可在基本道路的基础上，增设一些林荫小径以供联系各景点和功能区、满足游人行走，形成完善的道路系统。人行道与车行道之间要避免十字交叉，在必须十字交叉的情况下，设置特别警示装置。

（2）景观规划。

景观是农业文化旅游景区旅游功能的主要表现形式，也是最能反映景区旅游开发的主题。农业文化旅游景区的景观设计不仅要体现农业文化，还要尊重自然环境。

景观规划要以农业景观和自然景观为主，一些高科技农业项目设施（如育苗温室、植物工厂）也往往具有视觉冲击力，能够形成农业科技景观，要纳入景观体系予以规划；反映农耕文明的小品和农业生产体验的设施，也应作为景观的重要元素予以规划。但是，要避免建造太多的人造景观，避免偏离绿色自然的发展理念。

【例6-7】徽州庄园的四季景观设计①

徽州庄园是长江流域一个占地1000亩的休闲农业园，以绿化苗木与有机蔬果为特色产业。该园区在景观设计时，考虑了如何结合生产特点和经营需要，打造四季不同景观亮点。介绍如下：

（1）春季亮点。如图6-2所示。

①黄鹂回巢。地点：楷木园（A3）。黄连木又叫黄鹂头树。春回日暖，黄连木枝条上红色冬芽绽开嫩叶，树头满生细长的羽状复叶，色鲜红艳，如同黄莺鸟漂亮的冠羽。连片黄鹂头，蔚为壮观。

②木雕联展。楷木园南侧的徽州文化街，以木雕为特色，汇聚以徽州歙县为代表木雕精品，展示、交易。楷木是木雕的优良材料，相传子贡雕刻的孔子像就是用楷木，在山东曲阜已经形成千年产业。

③绿园新翠。常绿树种植园桂花（A1）、女贞（A4）、香樟（A9）的墨绿与落叶乔木园银杏（A2）、杜仲（A5）、无患子（A6）相应的新枝嫩叶，交相辉映，彰显生机。

④红冠江南。红花继木、石楠等彩叶灌木的新叶，鲜红映日；会商会所周边点缀桃、梅、碧桃、海棠等果树或花木，重现“绕屋桃花三十树”之经典仙境。

（2）夏季亮点。

①紫薇映日合欢动人。地点：彩色灌木园（A7和A8），紫薇与红叶石楠、红花继木相间布局，盛夏紫薇的多彩在阳光下更为出色；合欢谷中的合欢树以及盆景园中合欢盆景也美丽动人。

②消暑浴场。夏季的露天浴场（C2区内），将为庄园的会员提供绝佳的休闲养生与健身环境。条件成熟时，本项目也可对社会开放，为附近的经济开发区提供配套消暑服务。

---

① 资料来源：伽红凯2014《徽州庄园农旅设计》。

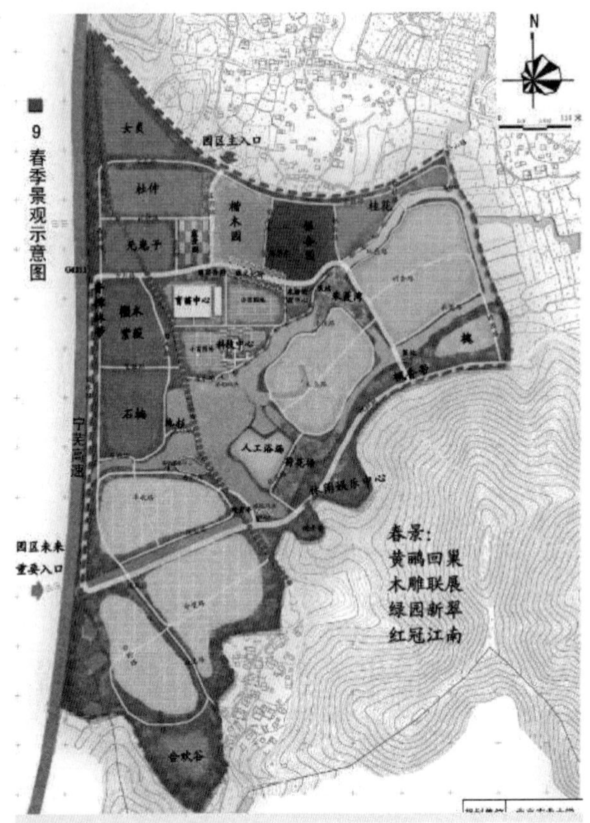

图 6－2　徽州庄园景观规划

③林下垂钓。垂钓鱼塘（C1）及溪边培养池杉、枫杨、银杏等大树，形成林下垂钓的环境，丰富夏季休闲活动。

④采摘荷塘。利用 C2 和 C4 水面栽培莲藕和菱角，供夏季采莲、采菱。

（3）秋季亮点。

①丹枫映桧。枫林路两侧（A12、A13 地块）的各种枫香树，“霜叶红于二月花”。枫林秋叶与南侧山体中的苍松翠柏红绿相衬，秋色斑斓。

②秋叶橙黄。庄园北部的银杏（A2）、黄连木（A3）、无患子（A6），入秋后叶色金黄，尤其是无患子果实累累，橙黄美观。

③品尝有机。园区有机玉米、瓜果、蔬菜在秋季成熟品种最多，虾蟹陆续上市，秋季品尝有机食品将成为徽州庄园的重要特色。

④金桂飘香。地块 A1 以金桂和丹桂大树为主，秋季金桂飘香、丹桂吐艳，将是一个亮点。会商会所和科技中心，能闻到阵阵桂香。地块 A4 的女贞将为桂树大苗的繁殖提供嫁接砧木。秋季结合赏桂之际，可举办桂花树交易峰会，同时推介桂花糕、桂花酒。

（4）冬季亮点。

①温室观赏，盆景盆栽换季越冬服务。利用育苗温室，冬季可面向庄园会员和城市居民花木爱好者提供常绿盆栽盆景越冬保养服务。同时也造就了冬季温室观赏盆栽花卉和盆

景的契机。

②会所药膳。杜仲酒（A5 提供）、桂花糕（A1 提供）、槐花蜜（A14 提供）、有机食材（D1、D2 提供）将成为徽商会所的特色药膳材料。会所向会员提供休闲度假和养生服务，兼顾药膳推广。

③节日礼盒。包括有机食品、徽商会所药膳产品、木雕、盆景，都可以成为徽州庄园的礼盒套餐。构成冬季园区购物的风景线。

（3）绿化规划。

绿化虽与景观概念不同，但关系很大。绿化是指通过有意识的种植或栽培某些植物来达到美化环境、净化空气的目的，当然，精心设计的绿地也可以形成一道道独特的景观。农业文化旅游景区进行绿化规划的基本原则是尊重自然、突出特色，同时兼顾农地生态防护的效果。绿化植物的选择要适合当地的气候、土壤和其他相关条件，以当地树种为主。

要考虑绿化色彩的搭配和春夏秋冬四季景观树种的配置，有条件的地区也可以选择农作物作为主要绿化植物，以突出景区特点。绿化的手法主要是点、线、面相结合，以及乔、灌、草合理地搭配，模拟自然。

6.4 旅游路线设计要点

6.4.1 旅游路线设计的原则

（1）与当地社会、经济发展相协调。

旅游路线的设计必须与当地社会、经济可持续发展协调起来，既要突出农业文化旅游内涵，又要促进当地社会和经济的可持续发展，并强调社会效益和经济效益。遵循“保护第一、开发第二”的原则，确保农村经济、社会和环境的协调发展。在旅游资源开发中，要把握对风景景观资源、生态环境、文物和游客人身财产安全的保护。对观赏、游乐和基础设施的位置、体量、风格等的规划，必须基于保护和资源协调的前提（尤飞等，2015）。

（2）以人为本。

旅游路线的规划设计必须体现以人为本的原则，以精神享受为主导，构建出社会和文化的休闲空间，以满足游客意愿、理念、理想等方面的个性化需求。

（3）系统性。

以当地农业资源、文化特色为灵魂，增强文化内涵，推出独具特色的旅游品种，同时兼具周边区域旅游产品的开发需求，实现区域内旅游产品的协调发展。

（4）科学化。

旅游路线规划应从游客中心开始，并将所有景点连接在一起，其间有鲜明的阶段性和空间序列变化的节奏感，逐渐引人入胜。旅游路线应便捷、安全，使游客在尽可能短的时间内欣赏到精华景观。沿途合理安排游人的行、食、住、购、娱等旅游服务设施和休息、卫生、安全设施。

（5）特色化。

旅游路线要具有特色，与众不同，形成一个清晰的形象主题，以增强旅游吸引力。旅游路线设计尽可能不走重复路线，不走回头路。

6.4.2 基本因素调研与分析

旅游路线设计必须考虑的四个基本因素是：旅游资源、旅游设施、目的地的可进入性、旅游成本。

（1）旅游资源。

国家旅游局颁布的《旅游规划通则》认为，自然界和人类社会凡能对旅游者产生吸引力，可以为旅游业开发利用，并可产生经济效益、社会效益和环境效益的各种事物现象和因素，均称为旅游资源。西方国家将旅游资源称作旅游吸引物（Tourist Attractions），它不仅包括旅游地的旅游资源，还包括接待设施和优良的服务因素，甚至还包括舒适快捷的交通条件，它的内涵更加丰富，范围更加宽泛。

休闲农业的旅游资源无疑还包括农业景观环境和生产过程和农产品。因此，典型观景观赏点和体验项目的设置是开展农业文化旅游活动的必要前提，是休闲农业与乡村旅游发展的基础，是进行旅游路线设计的最核心因素之一。只有这些项目具有鲜明的特色，才能够对游客产生吸引力，引导游客按照设计好的旅游路线进行活动。

（2）旅游设施。

旅游设施是发展休闲农业与乡村旅游业不可缺少的物质基础，是旅游活动顺利开展和实施的重要保障，也是影响游客休闲体验的关键。旅游设施大体分为基础设施与专门设施两类。

基础设施主要包括：道路、桥梁、供电、供热、供水、排污、消防、通信、照明、路标、停车场、绿化、环境卫生等。专门设施通常包括：住宿、餐饮、娱乐、游览等方面的设施，如酒店、宾馆、餐馆、咖啡厅、健身房、棋牌室，和旅游景区中供游人观赏、休憩的场所或设备，以及保证游客安全的相关措施。

在调查中要树立动态观念，要考虑未来发展的两种可能：一方面，旅游设施的建设随着旅游业的发展将会日渐完善；另一方面，旅游设施的增加与完善也会带动旅游业的发展。比如厕所改造、无障碍设施建设、标识完善等工程的推进，会使得旅游活动更加方便快捷。休闲农业旅游路线的设计必须考虑项目区现有的基础设施与旅游专门设施分布的情况，以及未来可以增设的可能性（如建设有关设施可能遇到土地指标和土地性质的限制）。

（3）目的地的可进入性。

休闲农业景区、景点、村落等都是乡村旅游目的地的概念。目的地可进入性是指游客从外部进入景区（景点、村落等）的便捷程度。可进入性越高，意味着游客越容易进入。

旅游目的地的可进入性调研与分析，主要看两个方面：一方面，旅游目的地与外部交通状况、交流的顺畅程度（包括与外界信息沟通、手续办理的繁简程度）等诸多因素。另一方面，旅游目的地的社会文化环境是否良好？若当地民风淳朴、居民热情好客，则对当地的旅游也会产生积极的影响；若当地居民具有一定的排外倾向，且社会治安混乱，便不易于外来旅游者的进入。

（4）旅游成本。

旅游成本往往是旅游者所选择的旅游路线的决定性因素。旅游成本包括时间成本和货币成本。时间成本是旅游过程中要考虑的时间长短和各部分的时间安排。这一因素对规划设计很重要。例如，如果交通时间占据了旅游活动中的很大一部分，那么缩短交通时间就是提高旅游路线品质的有效途径。

货币成本指的是旅游产品的消费价格水平，包括交通、餐饮、住宿、门票、娱乐、特色农产品采购等，不同的消费者可能会选择不同的消费水平。因此，这一因素关系到旅游景区对目标游客的定位设计。

6.4.3 旅游路线的模式选择与设计流程

6.4.3.1 旅游路线的模式选择

在农业文化旅游景区之内，游览路线的布局模式一般有环形路线、线性路线和辐射形路线三种。也可以是这三种模式的有序组合。具体与道路规划和项目布局的关系十分密切。

（1）环形路线。

一般是旅游景区的干线道路。沿环形路线可设计：游客中心、旅游支线道路入口、休闲步道、自行车道、观景台、休息区、环境解说设施、野营区、野餐区、停车场、安全卫生设施、商业设施等。

（2）线性路线。

一般为旅游区内次要道路或游览区内的支线道路。沿线性路线可规划的项目有：游客中心、休闲步道入口、环境解说设施、野营、野餐区、安全卫生设施、商业设施等。

（3）辐射形路线。

主要布局在无法循环的场合。例如连接孤立景点或旅游支线的道路。辐射形游览路线往往以登山步道和健行步道为主要存在形式。在一些山区乡村，由于地形地貌的限制，孤立景点可能较多，在这种情况，以镇（村）为核心与周边景点的连接，往往采用辐射形模式。

6.4.3.2 旅游路线的设计流程

休闲农业与乡村旅游的路线设计一般有四个步骤。

第一步：确定目标市场的成本因素。这通常决定着旅游路线的性质和类型，涉及项目区的开发方向和项目设置问题。

第二步：项目组合布局。根据游客的类型和期望，确定组成旅游路线内容的旅游资源（或项目）的基本空间格局。在一般情况下，旅游资源（或项目）所对应的旅游价值要用定量化的指标（如人数、时间、可能的消费额）表示出来。

第三步：可替代路线设计。结合旅游基础设施、专门设施和其他相关背景材料，设计一些替代路线以供选择。对条件较好的景区（或园区），还可以针对不同的交通方式或不同的游客类型，设计不同路线。

第四步：路线决策。即选择最佳旅游路线，一般对多条路线的功效和造价进行比较和分析，择优选择。最佳路线也可以多条，如水上游览最佳路线、陆地车游最佳路线、徒步游览最佳路线、半日游最佳路线、一日游最佳路线、二日游最佳路线等。

6.5 组织模式选择

农业文旅项目的组织模式是指提供休闲农业与乡村旅游产品（服务）的主体之间的分工与合作关系。这里的“主体”，包括直接或间接提供旅游产品和服务的农户、村集体、地方政府、个体工商户、企业、农民合作组织和乡村旅游协会等。农户、企业（或合作社）和政府是传统乡村旅游的三大主体，是乡村旅游开发主要的利益相关者。

6.5.1 政府主导的组织模式

该模型是指政府通过社会声望，管辖权和财政投入，在休闲农业和乡村旅游发展中发挥主导作用。包括：组织规划设计、扩充内涵、打造品牌、人才培养、项目扶持、宣传推介、依法管理等。这种被广泛接受的中国旅游业发展模式确实具有宏观指导意义，特别是对经济落后但资源丰富、具有发展可行性的地区而言。在休闲农业和乡村旅游发展的早期，它是最有效的发展模式。

我国农业文旅产品开发面临一系列的制约因素。如农村劳动力素质普遍较低、城乡差距较大、基础设施不完善、经营场所分散而关联性差等。政府主导开发休闲农业与乡村旅游及其产品，可以将资金、技术、人才、政策等资源进行有效整合，给农业文旅发展注入强大动力。一些专家很早就通过研究发现：政府在乡村旅游发展中的作用逐渐从原来的管制转变为现在的治理（邹统钎，2008）。政府对乡村旅游的干预主要体现在：参与规划、管理、管理和营销，提供机构支持和财政支持以及生态环境保护（罗许伍，2010）。各级政府应该在该模式下发挥不同的作用。中央层面一般进行政策指引，投资建设基础设施和公共服务项目，引导优质资本流向，监督特色旅游村的规划审批、资源保护、开发进度、公共设施管理和保护；地方政府通过制定发展规划、出台扶持政策、下发乡村旅游专项资金、开展旅游宣传、举行重大旅游活动等方式引导社会资本投入乡村旅游建设、刺激市场，确定发展的地点、内容和时间，启动当地村民实施发展，扩大乡村旅游发展规模，提高发展质量。

政府主导的组织模式容易形成规范的产业运行机制，有利于保持乡村旅游特色，提高旅游基础设施和服务水平。然而，实施这种模式的前提是市场主体需要到位，政府必须转变为服务型政府，否则就会变成政府单方面的“输血”模式，无法持续运作下去。此外，政府主导农业文旅，必须处理好与农民、企业的利益关系，避免与农民、企业竞争获利的现象，否则将产生巨大的负面影响。

【例6-8】密云区的政府主导模式

北京密云区是全国乡村旅游发展的标杆区域。2010年，为了改变单打独斗、散漫杂乱发展的民宿旅游，密云区政府开始以统一的标准来规范民宿村旅游市场，同时引导个性化发展。首先，政府一次性投资450万元，免费更换床上用品，全部使用宾馆标准的床上用品。同时，还专门成立了民宿户床上用品洗涤配送中心，聘请专业人员为民宿户开展床上用品统一洗涤和配送的服务。每套床品的洗涤费用收取3.2元，双人床每套3.4元，超出部分由县财政补贴。其次，出台了《旅游标准化管理手册》对环境卫生管理等九大类内容进行了详细的量化指标规定，以提高民宿户的自身素质和接待水平。同时，密云区旅游局还请来专家，以讲座和入户指导的方式，对全县1100多户民宿户进行了培训，内容包括旅游安全、礼仪规范等，培训之后要进行考试。考试合格后，民宿户领取岗位合格证书，实行持证上岗。最后，县里请来专业的设计公司，结合每个村庄、每个院落的特点，为民宿户的门头、牌匾以及内部装饰进行统一设计、统一安装，体现村庄特色，提升民宿户的文化内涵。

在本例中，政府有关部门在县级公路安装了67组中英文对照的密云旅游道路指示牌，指导建立了村级旅游接待中心和旅游合作社，民宿户一户一个牌匾，统一编号，并与网站结合，设置民宿户网络地图。借助旅游导示系统，游客任意点击或咨询一个民宿户的编码，就能查询到该户的位置、提供的服务项目和其周围旅游景点等信息。以上措施大幅提高了当地接待的档次和水平，使全县农业文旅大步迈进。

6.5.2 企业主导的组织模式

企业在农业文旅项目建设中可以发挥重要作用。长期以来，参与休闲农业和乡村旅游的企业主要有三类：一是旅游企业，它是与资源管理部门合而为一或者由其所衍生；二是外国投资者投资和经营的公司；三是当地社区居民经营的自营或集体所有制旅游企业（宋瑞，2005）。企业主导的农业文旅组织模式是在市场经济较为发达的情况下，引进组织结构成熟的公司经营，所有权和经营权归公司，以公司形象进行旅游开发和经营活动的一种开发模式。最常见的形式是庄园式度假村。这种模式的所有权属于公司，经营管理团队由公司掌控或者委派，当地农民以个人身份加入公司，以劳动获取收益。农业文旅以公司的整体品牌形象进行开发和经营活动。

这种模式能够促进休闲农业和乡村旅游在更高的起点上扩大规模，加速发展。它可以带来先进的管理理念，形成良好的旅游氛围和环境，并迅速走上有序发展的道路。然而，这种模式缺乏社区参与，农民无权谈论利益分配，他们也必须承担旅游业发展的负面影响；另外，纯粹的企业行为很可能会破坏乡村旅游资源的开发，不利于保护当地的生态环境和传统文化。在乡村旅游发展中，企业应听取并采纳农民的合理建议，提高他们的参与度和积极性。政府和农民合作社可以参与管理，以降低风险并提高盈利能力。需要进一步明确旅游资源的产权地位，赋予当地居民社区旅游资源的产权，使旅游资源产权能给当地居民带来直接经济利益。

【例 6－9】密云区的山里寒舍

密云山里寒舍是一个由北庄镇的古村落改造而乡村生态酒店群。与一般农家乐有很大不同，它的目标市场是追求品质生活的小众旅游客群。这种精品化的旅游模式的需求正在日益增长，并使得旅游发展方式、经营方式和服务方式均面临转型和创新。山里寒舍项目有机地利用了闲置土地和废弃的宅基地，成立旅游专业合作社，推动土地、房屋流转起来。在不改变所有权的前提下，村民以自家的房屋、果树和土地自愿入社，化零为整，再委托企业统一运营管理。引进优质社会资源，确保资产良性经营起来。企业垫资、投资房屋改造。

山里寒舍项目规划分 2 期。一期改造庭院 10 处，中餐厅 1 处，并装备 24 小时监控系统、Wi－Fi 无线宽带全覆盖，客房与总台程控电话等。二期的宅院改造，增加自助厨房、烧烤区以及水疗设施等，还增加农作物种植区域，让客人更多体验农耕生活的乐趣。北庄镇政府协调企业拿出合适的岗位，优先安排农民合作社成员就业，为农民带来了土建维修、客房服务、安保巡逻、卫生保洁、农场耕作、果树管护等力所能及的工作，还吸引了本地青年回流。

在本例中，主办企业与马来西亚雪邦黄金海岸棕榈树度假酒店签署了战略发展联盟，在市场运作以及经营管理上引入马来西亚团队，使项目在诸多方面达到国际水准。

6.5.3 农户主导的组织模式

农户可以是农业文旅的基本经营单元。农户主导模式是指农民自己出资金和原材料来进行房屋的建造、翻新或改造。农民自行管理旅游资源，独立经营，独自承担经营风险，独自享受经济效益。在这种模式下，农民自主开发和提供家庭旅游接待，享受旅游带来的好处，如农家乐、个体农场。个体农场是以农村个体户为基础发展起来的，是具有先进理念和经济实力的自营农户通过对家庭承包的农田，林场，牧场或水域的改造，以及旅游项目的建设，使之成为具有旅游接待能力的旅游、休闲度假和娱乐目的地。

这种组织模式的特点在于建设者全是当地村民，他们受外国文化的影响较小，可向游客展示地道的本土传统文化，有利于保持乡土文化的真实性。但是，由于农民自身投资有限，他们基本和服务设施的改善能力不强，文化素质不高，缺乏先进的管理理念。旅游产品容易单一且缺乏特色，对游客吸引力有限，容易导致严重的同质化竞争。

【例 6－10】桐庐县荻浦村的农家乐

杭州市桐庐县江南镇荻浦村，是申屠氏的发源地。荻浦建村已有 1000 多年的历史，以孝义文化、古造纸文化、古戏曲文化、古树文化为特色。随着美丽乡村建设深入，荻浦村通过开展民宿吸引了众多城市游客。申屠成功家是该村最早开展农家民宿接待的农户，起因只是为了招待前来村落观光却无处吃饭的游客。随着游客不断地增加，申屠成功家索性租用了村里的一处老房，全职办起了农家乐。除了地道的农家菜，申屠成功从“土”的角度出发，让游客自己采摘野菜，体验包粽子、做米果等活动，使游客在村里能够体验到几百年前的农居生活。为帮助游客更好地了解荻浦文化，申屠成功还聘请了导游，带大家参观古樟树林、孝子牌坊、造纸遗址、申屠宗祠等历史遗存。

6.5.4 混合型经营模式

多数农业文旅项目的经营模式是混合型模式。即由众多经营主体分工合作来一起开发和经营。主要是公司、集体、农户之间的三种组合模式。

（1）“公司（组织）+农户”模式。

这是以公司、科研单位、各类农民技术或专业协会等组织为龙头带动农户发展农业文旅的一种模式。在这种模式下，公司（组织）与农户签订合同，农户将宅基地、承包地等资源转租给公司（组织）运作，获取租金收入。农户还可以参加农业生产劳动与旅游接待，提供劳务取得薪酬，市场和销售全交给公司（组织）运作。这样，公司（组织）和农户两者优势互补。

该模型有利于解决家庭承包责任制实施过程中农民的小规模经营与市场经济条件下的大市场运作的矛盾。公司（组织）具有资金、技术、人才、科研等优势，是农村个体农民无法获得的。该模式有利于提高农业生产和农业文旅服务的技术水平，有利于提高农民的文化素质，还可以克服农户不能及时了解市场的缺点，也可以扩大当地村民的就业。

（2）“村集体+农户”模式。

该模式是村集体（或合作社）通过直接建立旅游公司对村庄资源进行集中开发和统一管理，农民可以自愿参与村庄旅游开发和管理，在村集体的管理下，可以减少农民发展的盲目性，增加农民的参与，促进参与实体间利益的公平分配。该模式的缺点是经营主体的管理水平和经营规模往往有限，难以形成竞争优势。

（3）股份合作模式。

是由企业、村集体和农民三主体共同组成股份公司的股份合作模式。在这种模式下，农业文旅的三个参与方将自己的资源、资金等转化为股权，采用以股息为基础的红利与劳动分红相结合的商业模式对股份公司进行经营管理。村民自愿参与入股，将土地资源、住宅资源、农业资源和劳动力转化为股本。一般采用按股息分红和按劳分红相互结合的方式计算收益。企业利用自有资金或融资来建设和维护旅游设施，利用自身的管理优势和市场优势；村集体则是将公益金投入到乡村的公益事业，并以股息的形式支付股东的股利分配。

这种模式通过股份公司的运营完成资本集聚，企业投入资金到当地，可促进旅游设施建设与维护，有利于促进农村公共福利的发展和农村环境保护，可以提高村集体参与农业文旅的积极性，增强农户保护旅游环境资源的意识。但一些专项调查表明，股份制模式在现阶段可能适合于经济发达地区的乡村，而对于经济基础薄弱的地区，农户的商品经济意识不强，参与热情不高。

第 7 章　美丽乡村建设

7.1　美丽乡村建设规划概要

7.1.1　美丽乡村概念解析

一般来说，“美丽”是指所有一切能够使人产生美好心情或身心舒畅的事物。“乡村”则是指主要从事农业、人口分布较城镇分散的地方，是农民生产生活的聚集地、是农村经济社会发展的基本载体。

美丽乡村建设事业的溯源可从 1998 年 12 月说起。当时召开的中共十五届三中全会，高度评价和肯定了农村自改革开放以来所取得的成就和经验，并提出了“建设中国特色社会主义新农村”的任务。2005 年 10 月，中共十六届五中全会进一步明确具体地提出了社会主义新农村建设的“20 字”方针，即“生产发展、生活宽裕、乡风文明、村容整洁、管理民主”，并对新农村建设进行了全面部署。2012 年 11 月，中共十八大会议报告明确提出“要努力建设美丽中国，实现中华民族永续发展”，随即出台的 2013 年中央一号文件，依据美丽中国的理念第一次提出了要建设“美丽乡村”的奋斗目标。2013 年 2 月，农业部办公厅发布了《关于开展“美丽乡村”创建活动的意见》（农办科〔2013〕10 号），从国家主管部门角度提出了开展“美丽乡村”创建工作的总体思路。2015 年 5 月，国家质检总局、国家标准委出台了《美丽乡村建设指南》（GB/T 32000—2015），并声明该标准适用于指导以村为单位的美丽乡村的建设。

根据《美丽乡村建设指南》的定义，“美丽乡村（Beautiful Village）是指经济、政治、文化、社会和生态文明协调发展，规划科学、生产发展、生活宽裕、乡风文明、村容整洁、管理民主，宜居、宜业的可持续发展乡村（包括建制村和自然村）。”这句话是从建设美丽乡村的角度来定义美丽乡村的，有三层意思：一是美丽乡村建设的总体要求，即“经济、政治、文化、社会和生态文明协调发展”；二是具体建设内容，即“生产发展、生活宽裕、乡风文明、村容整洁、管理民主”，并强调事先要“科学规划”；三是建设目标，即打造“宜居、宜业的可持续发展乡村（包括建制村和自然村）”。可以看出，美丽乡村建设的内容与新农村建设的“20 字”方针阐述的内容表述完全一致。

7.1.2 美丽乡村建设的意义

美丽乡村建设是美丽中国建设的重要组成部分，是全面建成小康社会的重大举措，是在生态文明建设全新理念指导下的一次农村综合变革，是顺应社会发展趋势的在科学规划指导下的升级版的新农村建设。它既秉承了“生产发展、生活宽裕、乡风文明、村容整治、管理民主”的建设方针，又顺应和深化了对自然客观规律、市场经济规律、社会发展规律的认识和遵循，更加注重生态环境资源的保护和有效利用，更加关注人与自然和谐相处，更加关注农业发展方式转变，更加关注农业功能多样性发展，更加关注农村可持续发展，更加关注保护和传承农业文明。具体可从以下四个方面来理解：

（1）有利于推进生态文明建设。

中共十九大明确提出要“建设美丽中国，为人民创造良好生活环境”。农业农村生态文明建设是生态文明建设的重要内容，开展美丽乡村建设，包括推进生态农业建设、推广节能减排技术、节约和保护农业资源、改善农村人居环境，是落实生态文明建设的重要举措，是在农村地区建设美丽中国的具体行动。

（2）有利于农业农村发展方式转变。

美丽乡村建设有利于推进农业农村发展方式转变。通过加强农业资源环境保护，有效提高农业资源利用率，走资源节约、环境友好的农业发展道路，探索农业规模化、集约化、商品化生产经营的新方式。同时，农村生产要素将会按科学规划重新配置，农村产业结构和发展方式都会同步优化调整。这是现代农业和农村发展的必然要求和趋势。

（3）有利于改善农村人居环境。

自改革开放以来，我国农村人居环境有了较大的改善。但总体而言，广大农村地区基础设施依然薄弱，很多村庄人居环境“脏乱差”现象非常突出。而美丽乡村建设的目标就是要打造宜居、宜业的新农村，通过科学规划实现生产发展、生活宽裕、乡风文明、村容整洁、管理民主，农村宜居、宜业的条件将会全面改善。

（4）有利于设促进城乡协调发展。

农村人居环境的改善和创业条件的发展，将会进一步促进城乡之间要素的流动，缩小城乡差别，推进城乡一体化协调发展。所以说，美丽乡村建设既是美丽中国建设的重要部分，也是城乡协调发展的重要抓手。没有农业和农村的绿色发展，就没有整个中国的绿色发展；没有美丽乡村建设，也不会实现美丽中国。建设美丽乡村不仅仅是农村居民的需要，也是城市居民的需要，是整个社会的需要。

7.1.3 美丽乡村建设规划的范围

依据国家标准《美丽乡村建设指南》，农村基层单位组织实施的美丽乡村建设规划范围，应包括以下七个方面的内容：村庄建设、生态环境、经济发展、公共服务、乡风文明建设、基层组织建设、长效管理机制。

（1）村庄建设规划。

其基本要求是对农民住房提出要求：①新建、改建、扩建住房与建筑整治应符合建筑卫生、安全要求，注重与环境协调；宜选择具有乡村特色和地域风格的建筑图样；倡导建设绿色农房。②保持和延续传统格局和历史风貌，维护历史文化遗产的完整性、真实性、延续性和原始性。③整治影响景观的棚舍、残破或倒塌的墙体，清除临时搭盖，美化影响村庄空间外观视觉的外墙、屋顶、窗户、栏杆等，规范太阳能热水器、屋顶空调等设施的安装。④逐步实施危旧房的改造、整治。

此外，还有生活设施（路、桥、水、电、通信设施等）和生产设施（土地、农田水利、现代化农业生产设施等），要按一定的标准配置。

（2）生态环境规划。

包括：环境质量（大气、声、土壤环境、水体质量等）；污染防治（农业污染防治、工业污染防治、生活污染防治等）；生态保护与治理；村容整治（村容维护、环境绿化、厕所改造、病媒生物如鼠、蝇、蚊、蟑螂等综合防治）。

（3）经济发展规划。

1）基本要求有三条：①制定产业发展规划，要求三产结构合理，融合发展，注重培育惠及面广、效益高、有特色的主导产业。②创新产业发展模式，培育特色村、专业村，带动经济发展，促进农民增收致富。③村级集体经济有稳定的收入来源，能够满足开展村务活动和自身发展的需要。

2）产业规划要分别对农业、工业、服务业进行详细安排。农业要因地制宜，突出培育新型经营主体，发展现代农业，培育品牌；工业鼓励农副产品加工业，拒绝化工、印染、电镀等高污染、高能耗、高排放企业向农村转移；服务业包括休闲旅游、家政、养老服务、农业社会化服务等。

（4）公共服务规划。

包括但不限于以下七个方面：

1）医疗卫生（包括建立健全基本公共卫生服务体系和基本公共卫生服务）。

2）公共教育（幼儿园、中小学、科普宣传等）。

3）文化体育（包括基础设施、文化保护与传承）。

4）社会保障（养老保险、医疗保险、农村五保供养、被征地村民社保等）。

5）劳动就业（包括职业农民培养、劳动关系协调与维权、就业信息收集与发布、就业咨询与援助）。

6）公共安全（避灾场所、自然灾害救助、消防安全、用电安全、治安管理等）。

7）便民服务（如设立村便民服务代办机构、客运站商店、商业服务网点等）。

（5）乡风文明建设规划。

主要包括：如何组织开展爱国主义、精神文明、社会主义核心价值观、道德、法治、形势政策等宣传教育；如何制定并实施村规民约，倡导崇善向上、勤劳致富、邻里和睦、尊老爱幼、诚信友善等文明乡风；如何开展移风易俗活动，引导村民摒弃陋习，培养健康、文明、生态的生活方式和行为习惯。

（6）基层组织建设规划。

主要包括组织建设和工作要求两部分：

组织建设：要求依法设立村级基层组织，包括村党组织、村民委员会、村务监督机构、村集体经济组织、村民兵连及其他民间组织。

工作要求：遵循民主决策、管理、选举、监督；制定村民自治章程、村民议事规则、村务公开、重大事项决策、财务管理等制度，并有效实施；具备协调解决纠纷和应急的能力；建立并规范各项工作的档案记录。

（7）长效管理机制设计。

主要是如何使公众参与？如何保障与监督？

在公众参与方面，要求通过健全村民自治机制等方式，保障村民参与建设和日常监督管理，充分发挥村民主体作用；村民可通过村务公开栏、网络、广播、电视、手机信息等形式，了解美丽乡村建设动态、农事、村务、旅游、商务、防控、民生等信息，参与并监督美丽乡村建设；鼓励开展第三方村民满意度调查，及时公开调查结果。

在保障与监督方面，要建立健全村庄建设、运行管理、服务等制度，落实资金保障措施，明确责任主体、实施主体（鼓励有条件的村庄采用市场化运作模式）；在公共卫生保洁、园林绿化养护、基础设施维护等方面，要配备与村级人口相适应的管护人员（大于2‰），综合运用检查、考核、奖惩等方式，对美丽乡村的建设与运行实施动态监督和管理。

7.1.4　美丽乡村规划的量化指标

按照农业部2016年提出的《“美丽乡村”创建目标体系》中的描述，美丽乡村建设方案至少可以落实到15项工程。即：饮水安全工程、道路硬化工程、四清工程（清垃圾、清杂物、清残垣断壁、清庭院）、厕所改造工程、村庄绿化工程、民居节能工程、污水处理工程、土地整理和公墓建设工程、厨房改造和秸秆处理工程、村民中心建设工程、环境美化工程、农村教育工程、传统文化保护化工程、基层组织建设工程、产业发展工程。结合《美丽乡村建设指南》（GB/T 32000—2015）中的定量化要求，美丽乡村规划必须考虑的具体量化指标至少有19项，如表7－1所示。

表7－1　美丽乡村建设规划必须考虑的量化指标

序号	指标项	量化标准值
1	路面硬化率	100%
2	村域内工业污染源达标排放率	100%
3	农膜回收率	80%以上
4	农作物秸秆综合利用率	70%以上
5	病死畜禽无害化处理率	100%
6	畜禽粪便综合利用率	80%以上
7	生活垃圾无害化处理率	80%以上
8	生活污水处理农户覆盖率	70%以上
9	使用清洁能源的农户数比例	70%以上

续表

序号	指标项	量化标准值
10	林草覆盖率	平原：20%以上
		山区：80%以上
		丘陵：50%以上
11	卫生公厕拥有率	每600户不少于1座
12	户用卫生厕所普及率	80%以上
13	村卫生室建筑面积	$60m^2$ 以上
14	学前一年毛入园率	85%以上
15	九年义务教育目标人群覆盖率	100%
16	九年义务教育巩固率	93%以上
17	村民65岁及以上失能老人基本养老服务补贴覆盖率	50%以上
18	农村五保供养目标人群覆盖率	100%
19	农村五保集中供养能力	50%以上

注：第2~6项，牵涉到生产系统的发展方式和要求；第17~19项反映社会保障系统的建设水平。

7.2 村庄规划要点

村庄规划在美丽乡村建设规划中占有非常重要的位置。国家标准《美丽乡村建设指南》（GB/T 32000—2015）规定村庄规划要遵循因地制宜、村民参与、合理布局、节约用地这四项原则。如何理解并在规划中体现，本节将重点讨论。

7.2.1 如体现村庄规划的四项原则

（1）因地制宜。

村庄规划应该因地制宜。这里的“因地”主要指要依据当地的自然资源禀赋、人文社会资源、经济发展基础及可投资能力，“制宜”即规划安排合适的项目、投资强度与配套措施。

村庄是村民们经济文化活动的阵地与舞台，村庄所处的地理位置，周边地形地貌，当地的空气质量与水资源，当地农业主导产业、特色产业，人均收入水平，劳动力资源的结构与质量，有无历史文化遗产、遗迹，都是规划项目设计的重要依据。村庄要为农业生产经营、为农村一二三产业融合发展提供必要的支撑，因此，村庄规划要考虑产业定位与产业发展方式；村庄也是农村乡土文化传承的阵地，是科学技术与现代文明弘扬与传播的阵地，因此，村庄规划要注重传统文化的保护和传承，维护乡村风貌，突出地域特色，并与科技与现代文明有机衔接；如果村庄规模较大、情况复杂、改造项目较多，还要编制可行性研究报告，从技术、经济、生态、社会效益等多方面进行论证，或做专项规划，要考虑当地的技术条件和经济可承受能力；对历史文化名村和传统保护村落，应编制历史文化名村保护规划和传统村落保护发展规划。

（2）村民参与。

村民参与是“因势利导”和“因人成事”规划原则在村庄规划过程中的具体体现与应用。规划要体现先进发展理念、体现村民的意图、政府扶持的方向、投资主体的愿景，要顺“势”而为，以人为本。因此必须有村民参与，如果有关利益主体与村民意见不一致，要反复沟通，形成共识。要让村民真正理解规划的意图和内容，这样才能保证在规划实施过程中能发挥他们的积极性和主动性。

（3）合理布局。

指村庄建设项目的设置与布局方案要科学合理。第一，项目设置与布局应符合上级土地管理部门的土地利用总体规划，要与镇域规划、经济社会发展规划和各项专业规划（如交通规划、水利规划、村庄布点规划、旅游规划等）协调衔接。第二，要科学区分生产生活区域，功能布局要宜居、宜业，美观、和谐、配套完善，符合各项安全要求。尤其要结合地形地貌、山体、水系、主导风向等自然环境条件，科学布局生产服务与管理、生活、环境保护、文化体育、公共服务等设施，处理好山形、水体、道路、建筑之间的关系。例如，公共停车场应安排在主要进村道路的入口处，电源变压设施应靠近用电负荷中心，粪污集中处理设施应该安排在村庄主导风向的下风向，等等。

（4）节约用地。

村庄规划应科学、合理、统筹配置土地资源，依法使用土地。第一，村庄建设不能占用基本农田。第二，要注意村庄建设的安全性和经济性，如利用山坡地，要格外谨慎，防治发生地质灾害，坡度过大无疑也会增加建设成本，并给未来的生活带来不便。公共活动场所的规划与布局应充分利用闲置土地、现有建筑及设施等。农业服务设施应尽量利用一般农用地，旅游服务设施应尽量利用集体建设用地、集体公共房屋和村民住宅等。

7.2.2 工作流程及规划内容

方案形成大体要历经六个步骤。

规划方案的形成，往往需要较长时间，方案不仅要符合政府有关文件精神和上位规划，还要整体村民和其他利益相关者的同意。方案要经过与利益相关者反复讨论、磋商，才能最终确定。

第一步：村庄现状调查（包括人口、收入、基础设施、住宅面积、村庄占地面积、集体房舍面积）、民意（指村民意愿）调查、需求分析（结合美丽乡村建设标准）、发展条件分析评价。

第二步：根据第一步成果，结合美丽乡村建设标准，提出村庄建设与治理、产业发展和村庄管理的总体要求。

第三步：具体需求分析。主要是：①确定村民住宅用地和建设需求（村民建房、村庄整治改造、建筑的平面改造和立面整饰等）。②公共服务和管理设施（包括村民活动、文体教育、医疗卫生、社会福利等）的用地和建设需求。③农业设施用地及其他生产经营设施用地和建设需求；根据生态环境保护目标。④确定垃圾、污水收集处理设施和公厕等环境卫生设施的配置和建设要求。

第四步：对第三步的各类项目进行布局。同时确定村域道路、供水、排水、供电、通信等各项基础设施配置和建设要求，包括布局、管线走向、敷设方式等。

第五步：专项规划。包括：①确定村庄防灾减灾的要求，例如避火场所建设；有无山体滑坡、崩塌、地陷、地裂、泥石流、山洪冲沟等地质隐患？如果有，需要对相应地段的农村居民点采取规划措施，按相关程序确定搬迁方案。②如果规划的村庄有传统民居、历史建筑物与构筑物、古树名木等人文景观需要保护，则需要规划相应的保护与利用措施。

第六步：编制规划成果。主要是文本和图册，必要时还有专题研究报告和过程资料的汇编。

7.2.3 村庄规划成果的编制

（1）规划文本。

村庄规划文本要简明扼要，避免空谈阔论。文书的内容应集中描述上述六个工作步骤中的研究成果，尽可能给出具体数据。对在实施中需要具体进一步设计的项目，要给出明确的控制性要求。

（2）规划图册。

根据《美丽乡村建设指南》（GB/T 32000—2015）第 5.2.9 条，村庄规划图要求平实直观。“平实”要求表达“干货”，同时要符合规范；“直观”便于村民看得懂，能够发表意见。

为了全面反映规划成果，规划图应是一个体系，形成图册。这个体系一般应包括区位图、现状分析图、功能分区与公共服务项目布局图、道路交通规划图、水系规划图、防护林网规划图、规划总图等。此外专项规划、主要建筑立面设计图，要根据需要灵活绘制，并收入图册中。

【例 7－1】园艺村的村庄规划①

当涂县护河镇园艺村（现更名“桃花村”）是一个建制村，包含 20 多个自然村，规划合并为 8 个集中居住点。其主导产业是桃，已经成为马鞍山市著名的乡村旅游示范景区。本章摘录的村庄规划文本属于该村总体发展规划中的一部分。村庄规划分六项具体内容：

（一）规划与建设的原则

园艺村积极引导村民集中居住，积极鼓励从事第二产业、第三产业的村民进城、进镇居住，合理推进城市化进程。对现有的 21 个自然村进行合并，保留 8 个村庄，其中重点建设 2 个。以整治、扩建为主，以新建村庄为辅。所有集中改建和新建的村庄统一规划、分步实施。

---

① 资料来源：南京农业大学《马鞍山市当涂县园艺村发展规划（2010—2020）》。

园艺村村庄建设规划的原则：一是保护农村生态环境，有利于农业生产发展，提高农民生活质量；二是根据当地经济社会发展水平，实事求是，量力而行；三是保护耕地，节约用地，充分利用丘陵、缓坡和其他非耕地进行建设；四是村庄建设用地避开山洪、风口、滑坡、泥石流、洪水淹没等可能发生自然灾害影响的地段；五是村庄建设用地避免重要公路和高压输电线路穿越，避免沿路展开布局；六是充分考虑丘陵、水网等不同自然地理条件的要求，因地制宜，灵活布置，突出特色；七是公共设施集中布局，基础设施满足农民生产、生活需要；八是在住宅建筑方面，尊重地方民俗风情和生产生活习惯。

村庄布点原则：一是要体现集聚发展的原则；二是符合护河镇域规划的村庄布点要求；三是要有利于现代农业生产的组织、方便农民小康或现代化生活的需求；四是与当地基础设施条件、农业机械化水平相适应，耕作半径合理。

新村扩建原则：一是与原有村庄在社会网络、道路系统、空间形态等方面良好衔接，在建筑风格、景观环境等方面有机协调；二是在原有村庄基础上沿1~2个方向集中建设（选择发展方向应考虑交通条件、土地供给、农业生产等因素），避免无序蔓延，尽量形成团块状紧凑布局的形态；三是统筹安排新旧村公共设施与基础设施配套建设。新建的村庄要与周边自然环境和谐，用地布局合理，功能分区明确，设施配套完善，环境清新优美，充分体现浓郁乡风民情特色和时代特征。

（二）用地标准与村庄布局

吸收长三角地区的经验[①]，村庄人均建设用地标准按两类控制。Ⅰ类为60~70平方米/人，适用于规模较小（800~1500人），人均耕地不足1亩的村庄；Ⅱ类为70~90平方米/人，适用于规模较大（1500人以上），人均耕地大于1亩的村庄。结合园艺村的耕地资源和农家乐旅游特色，按上限90平方米/人标准执行。

重点建设村庄采用集中布局模式；一般村庄采取开敞布局模式。

遵照上述原则和标准，将园艺村当前的21个自然村，规划合并为8个新村。

在图7-1中，圆圈标注的两个村庄为重点建设村。图中规划的8个村庄的人口、建设用地面积、最远农耕半径与建设前的自然村的关系，如表7-2所示。

（三）公共设施建设

公共设施分为公益型和商业服务型两类。公益型公共设施，指文化、教育、行政管理、医疗卫生、体育等公共设施。商业服务型公共设施，指日用百货、集市贸易、食品店、粮店、综合修理店、小吃店、便利店、理发店、娱乐场所、物业管理服务公司、农副产品加工点等公共设施。

公共设施的配套水平应与村庄人口规模相适应，并与村庄住宅同步规划、建设和使用。

公益型公共设施除村部和学校以外，原则上集中布置在重点建设村庄（马村和联合新村），形成村庄公共活动中心。在方便使用、综合经营、互不干扰的前提下，可采用综合楼或组合体。结合村庄公共设施中心或村口布置公共活动场地，满足村民交往活动的需

① 资料来源：江苏省建设厅《江苏省村庄建设规划导则》（2004）。

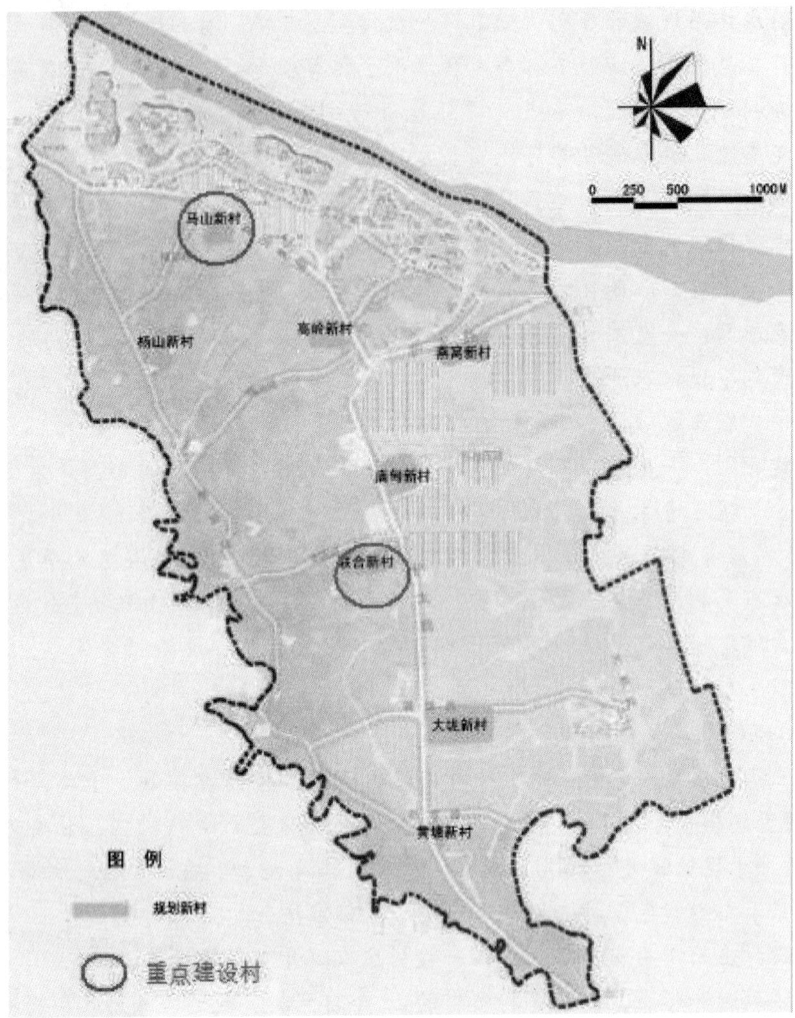

图 7－1　园艺村村庄规划布局

表 7－2　园艺村村庄规划布局一览

新村名称与选址	现状人口（人）	规划人口（人）	建设用地面积（公顷）	最远农耕半径（米）	备　注
杨山	476	300	2.7	500	由杨山、新坝、大坝合并
园艺新村	680	500	4.5	700	由马村、许家、倪庄合并
高岭	491	300	2.7	500	由高岭、小坝合并
燕窝	716	500	4.5	600	由燕窝、窑头合并
联合	467	400	3.6	600	合并老坝、谢家、料草及周边散居农户
庙甸	667	500	4.5	700	由庙甸、王村、赵店合并
大垅	1211	1000	9.0	800	由大垅、薛村、小垅、孙家合并
黄塘	327	200	1.8	600	独立村
合计	5035	3700	33.3	—	现状人口中有 1335 人规划迁往城镇居住

注：以园艺新村和联合为重点建设新村。

求。其中马村服务范围包括杨山、高岭、燕窝；联合新村服务范围包括庙甸、大陇、黄塘。学校按县教育部门有关规划进行布点。现有的青山中学将取消，其校址作为园艺村小学校址。

公益型公共建筑项目参照表7－3的标准配置。

表7－3　公益型公共建筑建设规模

公共建筑项目	建筑面积（平方米）	服务人口（人）	备注
村委会	200～500	行政村管辖范围内人口	
幼儿园、托儿所	600～1800	所服务的村庄人口	2～6班
文化站（室）	200～800	同上	与绿地结合建设
老年活动室	100～200	同上	与绿地结合建设
卫生所、计生站	50～100	同上	可设在村委会内
公用礼堂	600～1000	同上	与村委会、文化站（室）建在一起
运动场地	2000（用地面积）	同上	与绿地结合建设
文化宣传栏	长度>10米不单独占用土地	同上	与村委会、文化站（室）建在一起或设在村口、绿地

商业服务型公共设施根据市场需要按照规划进行选址、安排用地。商业服务型公共建筑建设规模参照表7－4执行。

表7－4　商业服务型公共建筑建设规模

村庄规模（人）	800～1500	1500～3000	3000以上
建筑面积（平方米）	500以上	600以上	800以上

（四）住宅规划设计

（1）住宅规划设计原则

住宅以双拼式、联排式为主，积极引导公寓式住宅建设，限制建设独立式住宅。

住宅组团应避免单一、呆板的布局方式。应结合地形，灵活布局，空间围合丰富，户型设计多样。

住宅设计应遵循适用、经济、安全、美观、节能的原则，积极推广节能、绿色环保建筑材料，并符合工程质量要求。

住宅建筑风格应适合园艺村特点，体现安徽江南地方特色。

（2）宅基地标准

每户宅基地面积不超过160平方米。

住宅建筑面积标准：小户不超过180平方米，大户不超过250平方米。

住宅建筑基底面积不应大于宅基地面积的70%。

住宅层高不宜超过3米，其中底层层高可酌情增加，但不应超过3.4米。

住宅建筑密度与容积率：低层住宅建筑密度不超过30%，容积率不高于0.6；多层住宅建筑密度不超过25%，容积率不高于1.1。

（3）住宅设计要求

园艺村住宅将分布于山地丘陵和滨水两类地形之中。

对山地丘陵地形的村庄，其住宅设计要注意六点：①选择向阳的南、东南、西南向坡面。②必须避开滑坡、冲沟地带。③地形坡度宜在25%以内。④宜选择通风好的坡面。⑤建筑群体组合宜适应地形的变化，布置形式灵活多样，宜形成随地形陡缓曲直而变化的自由式和行列式布局。⑥住宅建筑结合地形，形式多样。平面布置上，建筑布置可采用垂直或平行等高线等方法。竖向处理上可采用如筑台、错层、叠落、分层入口等手法。

对滨水地形的村庄，其住宅设计要注意三点：①需要恰当处理河网与道路的关系。道路宜平行或垂直于河流走向，使住区用地比较完整。②住宅建筑群体的组合及其环境布置应该结合水体环境进行规划和建设。③保障住宅区的防洪安全。

（4）平面与立面要求

新村住宅的平面功能，应方便农民生活，布局合理。各功能空间应减少干扰，分区明确，实现"三分离"：寝居分离、食寝分离、净污分离。应为住户提供适宜的室外生活空间。

新村住宅的立面应统一协调，突出地方特色。外墙材料立足于就地取材，因材设计。色彩应与地方环境协调，体现乡土气息。

（五）规划新村的基础设施

（1）村庄道路

村庄主要道路：路面宽度10～14米；建筑控制线14～20米。

村庄次要道路：路面宽度6～8米；建筑控制线10～12米。

宅间道路：路面宽度3～5米。

村庄主、次道路的间距宜在120～300米。

村庄主要道路有条件时应设置照明设施。

住宅建筑停车按每户1个停车位的标准配置，其中私家农用车停车场地集中布置，低层住宅停车可结合宅、院设置。公共建筑停车场地应结合车流集中的场所统一安排。

（2）给排水

园艺村农民新建全面通自来水。综合用水指标选取近期为100～200升/人·日；远期为150～250升/人·日。水质符合现行饮用水卫生标准。供水水源与区域供水、农村改水相衔接。输配水管网沿道路布局。给水干管最不利点的最小服务水头，单层建筑物按5～10米计算，建筑物每加一层应增压3米。

充分利用自然水体作为村庄消防用水，同时结合村庄配水管网安排消防用水或设置消防水池。

一般村庄采用合流制。重点建设村庄采用雨污分流制。采用雨污分流制时，污水量按生活用水量的75%～90%计算，污水排放前，应采用分布式无动力污水处理系统、高效生态绿地污水处理设施和沼气处理相结合的处理方式进行处理。

雨水量参考当涂县的暴雨强度公式计算。

雨水利用地面径流和沟渠排放；污水通过管道或暗渠排放。

（3）强电与弱电

供电电源的确定和变电站站址的选择应以护河镇供电规划为依据，必须符合建站条件，线路进出方便和接近负荷中心。

中低压主干电力线路沿道路架空敷设。

配电设施应保障村庄道路照明、公共设施照明和夜间应急照明的需求。

电信设施的布点结合公共服务设施统一规划预留，相对集中建设。

有线电视、广播网络要求全面覆盖，其管线应逐步采用地下管道敷设方式，有线广播电视管线原则上与村庄通信管道统一规划、联合建设。村庄道路规划建设时应考虑广电通道位置。

（4）能源与环境卫生

保护农村生态环境、大力推广节能新技术，积极推广使用沼气、太阳能利用、秸秆制气等再生型、清洁型能源。

生活垃圾处理方式：积极鼓励农户利用产生的有机垃圾作为有机肥料，实行有机垃圾资源化。有条件的村应指定专人定期清扫、收集垃圾，运送至乡镇以上的垃圾处理设施集中处置。

无害化卫生厕所覆盖率100%，普及水冲式卫生公厕。村庄公共厕所的服务半径为300米左右，垃圾收集点的服务半径不超过70米。

（5）减灾防灾

消防：每个村庄按规范设置消防通道，主要建筑物、公共场所应设置消防设施。

防洪：按照20年一遇以上标准，安排各类防洪工程设施。

地震灾害：新村住宅按本地地震设防标准建设，广场、绿地兼做地震疏散场地。

（6）竖向规划

村庄的竖向规划包括地形、地貌的利用，确定道路控制高程、建筑室外地坪规划标高等内容。竖向规划应遵循下列原则：①合理利用地形地貌，减少土方工作量；②各种场地的适宜坡度，应符合表7-5的规定；③满足排水管沟的设置要求；④有利于建筑布置与空间环境的设计；⑤当自然地形坡度大于8%，村庄地面连接形式宜选用台地式，台地之间应用挡土墙或护坡连接；⑥建筑场地的标高应与道路标高相协调，高于或等于邻近道路的中心标高。

表7-5　各种场地的适宜坡度（%）

场地名称	适用坡度
广场	0.3～3.0
停车场	0.2～0.5
室外场地——儿童游戏场 室外场地——运动场 室外场地——杂用场地	0.3～2.5 0.2～0.5 0.3～2.9
绿地	0.5～1.0

（六）景观环境规划

（1）设计原则

重点加强村口与公共中心的景观环境建设，营造标志性景观效果。

合理利用特殊地形，形成地方特色。

结合民俗民风，展示地方文化，体现乡土气息。

（2）建筑风貌

根据村庄整体风格特色、居民生活习惯、地形与外部环境条件、传统文化等因素，确定建筑风格及建筑群组合方式。村庄建筑风格应整体协调统一，并能体现地方特色。

住宅以坡屋顶为主，尽量运用地方建筑材料，形成鲜明的地方特色，单栋住宅长度不宜超过50米。

各类公共建筑除满足功能要求和方便人的活动外，必须与村庄环境充分协调，注重特色空间的营造。新建建筑应强调与原有建筑风貌的协调，反映地方特色。

（3）绿地与河道景观

充分利用现状自然条件基础，尽量在劣地、坡地、洼地布置绿化，植物配置宜选用具有地方特色、易生长、抗病害、生态效应好的品种。

加强平面绿化与立体绿化结合、绿地布置与水面结合。

绿地建设重点结合村口与公共中心及沿主要道路布置，适当布置桌椅、儿童活动设施、健身设施、小品建筑等。

保留现有河道水系，并加以整治和沟通，河道设计应满足防洪和排水要求。

河道驳岸宜随岸线自然走向，采用斜坡形式，修饰材料以地方材料为主，并与绿化相结合。河道两侧应布置绿化。

环境设施小品主要包括场地铺装、围栏、花坛、园灯、座椅、雕塑、宣传栏、废物箱等。围栏设计美观大方，采用通透式。

场地铺装，形式应简洁，用材应乡土，利于排水。

各类小品主要布置于道路两侧或公共空间，尺度适宜，结合环境场所要求，采用不同的手法与风格，营造丰富的村庄环境。

路灯、指示牌、废物箱等风格应统一协调，为道路景观画龙点睛。

7.3 村庄改造设计要点

7.3.1 基础设施与公共环境

（1）村庄道路。

村庄的道路和桥梁是村民生活的基本要素。当前大部分村庄道路是自然形成的，缺少必要的铺装，雨雪天会给村民的生活出行带来不便。让村庄拥有平坦整洁的硬化道路是村庄改造的重点内容之一。

主要道路。村庄的主要道路是村庄与村庄、村内主要公共设施与村口连接的道路，解决村庄内各类车辆与外部的交通。主要道路的路面宽度不宜小于4米，有条件时可采用6米以上，路面两侧可设置路缘石，路肩可采用0.25～0.75米宽的土路肩或硬化路肩。当路面宽度为单车道时，应根据实际情况设置会车平台。主要道路的路基、路面需要具有较高的强度和稳定性，路面铺装通常可采用沥青混凝土路面、水泥混凝土路面、块石路面等。平原区排水有困难地区或潮湿地区，宜采用水泥混凝土路面。

次要道路。村庄次要道路是实现村内各个区域与主要道路的连接。供农用机动车与畜力车通行，次要道路的交通量与车辆荷载相比主要道路要低。次要道路对道路的结构要求相对较低，所以路面铺装应采用较为经济、环保的路面铺装方式。平原地区可采用沥青混凝土路面或水泥混凝土路面，山区可采用水泥混凝土路面、石材路面、预制混凝土方砖路面等形式。

道路照明。道路照明设施要尽可能避免能源浪费与光污染，不能影响乡村地区鸟类生活。主要道路、次要道路、宅间道路路灯的排布方式，可参照国家标准《城市道路照明设计标准》（CJJ 45－91）。道路照明的目的主要在于：增加道路交通夜间的安全性；美化村庄的夜间环境；提升村庄的夜间服务能力。

（2）给水与排水。

给水。村庄给水方式通常分为集中式与分散式两类，选择方式需要根据当地水源、地形、能源条件、经济条件、技术水平等因素进行方案综合比较后确定。首先，考虑就近采用城镇管网供水的方案，这样可降低工程投资，保证供水质量并降低制水成本；其次，在受条件限制或无条件采用城镇的配水管网延伸供水情况下，可选择联村、联片或单村集中式给水方式；最后，在无条件建设集中式给水工程的村庄，可采用分散式给水方式。

排水。村庄排水设施改造应优先纳入改造范围。城市近郊的村庄与城市关系密切，应优先纳入改造范围；在水源保护区等环境敏感区的村庄应优先纳入改造范围；对人口规模大于1000人且发展乡村旅游条件较为成熟、经济实力较强的村庄应优先纳入改造范围。其他地区的村庄应根据需要以及近远期规划的要求，依次进行排水设施的改造，做到污水近期不直排、远期有效处理的目标。

（3）公共环境。

村庄的公共环境与村民的生活密不可分，在村庄改造中占据重要地位。不同地区村庄发展水平、自然条件、风俗习惯可能有着较大差异，因此，针对不同地区的村庄的公共环境改造与景观绿化结合起来考虑，因地制宜、分类指导，避免盲目效仿。

村庄公共环境中的绿化改造应遵循适用、经济、安全和环保等原则，结合当地的气候特征，选择乡土优势树种和适宜的植被来进行绿化。现有的大乔木与景观较好树林、植被给予保留，并提升其绿化效果。

村庄空间格局需要与周边的山水环境有机融合，要保护生态边界，避免盲目扩张建设用地范围。村庄内部的建筑需要在高度、体量、形制和色彩等方面予以管控，遵循原有的传统建筑模式、尺度，避免盲目照抄外来建筑元素。建筑外立面及墙基应结合当地特色，尽可能采用当地传统工艺，将附属物与建筑整合起来统一设计。

7.3.2 村庄建筑

村庄建筑主要指村民住宅、各类公共服务设施建设、生产经营设施等。一般需要建设用地，非建设用地不允许进行任何建设活动。村庄改造要充分利用现有建筑，以改善现有村庄建筑和环境为主。必须新建的建筑设施，应利用村庄闲置用地或在原有建筑地块上重建。

农村住宅与城市住宅不同，需满足农业生产和农民生活两方面需要，除居住功能外，还有家庭副业生产活动的功能。各地农村自然条件、生产特点、生活习惯、民俗风俗均不相同，在住宅的平面布置、建筑形式、建筑结构方面，各地都有不同的传统文化与建筑风格。因此，住宅改造应结合当地生产生活的特点及当地自然条件，从实际出发，因地制宜，就地取材，因材致用。

首先要对现有房屋进行鉴定，以确定改造方案，或决定拆除。房屋危险性鉴定一般分A、B、C、D四个等级。

A级：安全房屋结构能满足正常使用要求，未发现危险点。

B级：基本安全。结构基本满足正常使用要求，个别结构构件处于危险状态，但不影响主体结构安全，基本满足正常使用要求。

C级：局部危房。房屋部分承重结构不能满足正常使用要求，局部出现险情，需要结构性改造。

D级：整幢危房。房屋承重结构已不能满足正常使用要求，房屋整体出现险情，需要全面改造或拆除。

根据《农村危房改造抗震安全基本要求（试行）》（建村〔2011〕115号），按要求进行抗震设计的农村危改房，其基本抗震设防目标是：当遭受低于本地区抗震设防烈度的多遇地震影响时，一般不需修理或经简单修理可继续使用；当遭受相当于本地区抗震设防烈度的地震影响时，主体结构不致严重破坏，围护结构不发生大面积倒塌。这是不同结构形式农村危改房的最低抗震设防标准与技术措施要求。对于经济条件较好的建房户在满足本基本要求的同时，鼓励按现行国家标准《建筑抗震设计规范》（GB 50011—2010）确定的设防目标与抗震技术措施要求进行设计。一般情况下，农村危改房抗震设防烈度应按建房地所属县（市）的设防烈度取用，当建房地距离所属县（市）较远时，也可参照临近县（市）设防烈度取用。在改造中鼓励推进农村住宅新技术、新工艺、新材料的应用，不得照搬城市高科技、高费用建筑技术手段。房屋改造需要尊重地域文化、民居文化及风俗习惯，利用当地建材、利用现有适宜技术。

7.3.3 文化保护与传承

在历史文化遗产保护范围内的村落及建筑，应按照相关改造保护方案执行。保护建筑的房屋应传承当地乡土特色、符合当地村民的生活方式与居住习惯，优先选用本土材料及

节能生态保护措施。

保护历史文化遗存的重点是使遗存得到真实和完整的保存；建筑风貌保护重点是外观特征保护和内部设施改善；特色场所保护重点是空间和环境的保护、改善；自然景观特色保护重点是自然形貌和生态功能保护。

村庄改造还必须尊重当地文化习俗。未能达到保护级别的传统民居、普通建筑，在经过改造后应能形成具有乡土特色的风貌。

村内街巷空间是传统风貌的重要组成部分。对其进行维护与整修不能改变街巷的传统风貌、肌理与空间尺度。对于核心保护区内价值较高的传统街巷，保护规划应制定详细的保护措施，改造时应采用传统的材料与工艺。保护范围内的交通应统一规划，尽可能以步行为主，减少机动车的穿行对环境造成的不利影响。占地面积较大的公共设施，如果较难与保护村庄的传统风貌相协调，不应该设置在保护范围之内。

7.4　镇域以上范围的美丽乡村建设模式

镇域以上范围的美丽乡村建设，一般采取先试点探索，取得经验和示范效应，再由点及面进行推进的策略。这一过程通常是政府组织自上而下展开。

7.4.1　政府组织模式

（1）模式特点与运作流程。

政府组织模式的特点主要体现在由政府组织发动、部门协调，通过规划引领、财政引导，形成整体联动、资源整合、社会共同参与的建设格局。

政府组织模式主要强调“生态—生产—生活”三美协同。各地的核心建设内容主要集中于农村危旧房和厕所改造、农村垃圾和污水处理等基础设施建设，山水林田路综合治理和农村环境集中连片整治，以及发展农业循环经济和乡村旅游等方面①。

建设过程中，政府通过政策和资金支持，以项目进村的方式推进建设，这是现阶段美丽乡村建设的主导模式之一②，其自上而下的项目合作与建设流程如图 7－2 所示。

在图 7－2 中，政府部门通过项目招标方式委托开发企业进行农村生产、生活设施建设和相关环境治理活动，通过政策扶持和规划引领等引导村级组织参与其中，同时培育社会组织积极提供相关服务。村级组织作为政府和村民间的桥梁，一方面配合项目建设企业工作，组织村民参与建设；另一方面了解村民诉求并反馈建设成效，促进美丽乡村建设更具针对性。各类社会组织可以提供村民培训和相关项目服务，同时对政府的美丽乡村建设

① 张国磊，张新文．“美丽乡村”建设中的政府动员与基层互动——基于广西钦州的个案调研分析［J］．北京社会科学，2015（7）：32－39.

② 潜莎娅，黄杉，华晨．基于多元主体参与的美丽乡村更新模式研究——以浙江省乐清市下山头村为例［J］．城市规划，2016，40（4）：85－92.

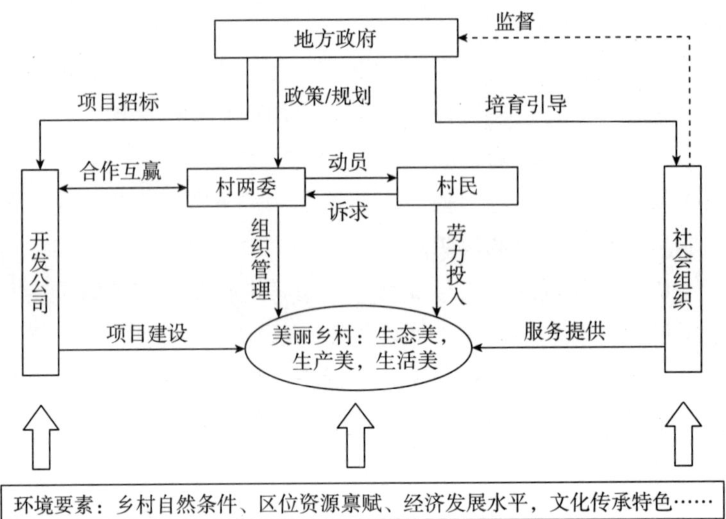

图7－2　自上而下的项目合作与建设流程

任务与成效进行监督。在此过程中，政府和其他建设主体，统筹考虑乡村自然条件、区位资源禀赋、经济发展水平和文化传承特色等环境要素，以保证所采取的美丽乡村建设方案与地方实际相符。

（2）利弊分析。

政府组织模式是一种自上而下的建设模式。过去多地的经验表明，这种模式有力地促进了各地美丽乡村建设事业的顺利开展。但因投资主体相对单一，未能充分发挥市场机制和社会力量作用等原因，导致美丽乡村“硬件”建设与“软件”建设难以协同，建设过程中社会资本参与不足、村民参与意识不强、财政资金效率不高等问题日益凸显。

（3）典型案例。

下面介绍安吉县、永嘉县和南京市这三个典型案例，说明政府组织模式的具体机制以及其作用效果。这三个案例地区的美丽乡村建设都取得了较大的成就。

【例7－2】安吉县的三级组织齐抓共管机制

安吉县把美丽乡村建设看成一项系统工程，按照“一乡一张图、全县一幅画”的总体格局，加快现代农业、粮食生产功能区建设，大力发展生态循环农业、休闲农业，推进“产品变礼品、园区变景区、农民变股民”。同时抓产业转型提升和富民增收。

县委县政府要求各部门整体联动，各负其责，形成合力，建立了县乡村齐抓共管、各负其责的责任机制。县一级政府负责全县美丽乡村总体规划、指标体系和相关制度办法的建设、对美丽乡村建设的指导考核等工作；乡级政府负责整乡的统筹协调，指导建制村开展美丽乡村建设，并在资金、技术上给予支持，对村与村之间的衔接区域统一规划设计并开展建设；建制村是美丽乡村建设的主体，由其负责美丽乡村的规划、建设等相关工作。同时，理顺部门之间的横向关系，对各部门的责任和任务进行量化细分。

【例7-3】永嘉县政府主导下全员参与机制

永嘉县具有“中国长寿之乡”品牌资源优势。在美丽乡村建设中，永嘉县坚持政府主导、建制村主办、全员参与。成立了书记和县长担任组长、22个相关部门“一把手”为成员的美丽乡村建设领导小组，全面负责美丽乡村建设的组织协调和指导考核工作。建立县4套班子领导“九联系”制度，实行一周一督察、半月一早餐会、一月一排名、一季一追责制度，及时了解和帮助解决问题。同时，通过蹲点调研、走村入户、“走出去”“请进来”等方式，广泛开展宣传引导，充分调动广大群众的积极性和主动性，有效形成了美丽乡村建设的强大合力。近年来许多在外企业家和社会能人纷纷捐资助力家乡美丽乡村建设，一些市民和企业家主动当起了“河长”“路长”，有力助推了美丽乡村建设。

【例7-4】南京市财政资金引导机制

南京市美丽乡村建设从2013年开始由政府主导，先在各区县选择试点街镇建立示范区，取得经验后由点及面逐步扩大建设范围。在资金投入上，发挥财了政投入的引导作用，吸引企业和社会资本共建美丽乡村。譬如，市级财政安排10亿元土地整治专项资金，支持每个试点镇街1亿元开展土地综合整治工作；在政策上，规定将试点镇街、美丽乡村示范区内土地出让收益的市、区留成部分全额返还，并优先用于农民安置和社会保障。高淳区整合各类资金，如财政部门的一事一议奖补资金、农业开发资金，环保部门的农村环境连片整治资金，住建部门的村庄环境整治资金和省级康居乡村建设资金，水利部门的村庄河塘清淤及其他专项资金等各类专项资金，集中用于美丽乡村建设，发挥资金合力。江宁区则引入国有企业江宁区交建集团投资亿元以上参与美丽乡村建设。

7.4.2 企业主导模式

2013年9月，国务院办公厅发布《关于政府向社会力量购买服务的指导意见》，明确要求在公共服务领域更多利用社会力量，加大政府购买服务力度。这是企业投身于美丽乡村建设的重要政策依据。

国务院《关于政府向社会力量购买服务的指导意见》中的社会力量，即包括依法成立的社会组织和企业。此前，国家出台的金融支农政策、生态补偿机制和税费减免政策等，对企业参与美丽乡村建设也有一定吸引力。

企业是现代社会最重要的力量之一，不仅自身拥有技术、设备等生产与建设能力，还能聚合并动员大量社会资本和人力资源，按合同进行物资交付和建设服务。但企业的本性是逐利的，企业在提供产品或服务的同时，一般会自发地利用有限的资源使自身获取最大的经济效益。如果监管不力，企业有可能不顾及其他主体的利益。此外，现代企业基本上是有限责任公司，对建设项目中出现的风险也只能承担有限责任。

因此，在美丽乡村建设中，企业参与是非常必要的，甚至可以是最重要的投资主体。但这并不代表政府放任不管。相反，在企业投入美丽乡村建设的过程中，更需要政府发挥主导和协调作用。政府可通过不断优化政策环境，引导企业立足市场，建立起与其他利益主体的连续性互惠共生关系，从而在帮助企业自身成长的同时，使企业的社会责任能完美体现，企业的正能量充分释放，企业与其他利益主体的生态关系不断完善，确保美丽乡村建设事业更好更快地健康发展。

【例7－5】江宁区引入企业投资后政府的作为

南京市江宁区美丽乡村建设的主要特色是引入交建集团等国企参与建设，以市场化机制开发乡村生态资源，吸引社会资本打造乡村生态休闲旅游，形成都市休闲型美丽乡村建设模式。

江宁区作为南京市的近郊区，提出了“三化五美”的美丽乡村建设目标。“三化”指农民生活方式城市化、农业生产方式现代化、农村生态环境田园化；“五美”指山青水碧生态美、科学规划形态美、乡风文明素质美、村强民富生活美、管理民主和谐美。在引入企业投入的同时，政府层面着力抓好以下七大工程：

一是生态环境改善巩固工程。强化自然环境的生态保护、村庄环境整治和农村生态治理，实现永续发展。

二是土地综合整治利用工程。通过土地整治和集约高效利用，实现资源高效配置，显化农村土地价值。

三是基础设施优化提升工程。以路网、水利、供水供气和农村信息化为重点，全面建立城乡一体的基础设施系统。

四是公共服务完善并轨工程。全面提升农村教育、文化、卫生、社会保障等公共服务领域的发展水平，推进城乡缩差并轨，增强农民幸福感和归属感。

五是核心产业集聚发展工程。通过现代农业和都市生态休闲农业的培育，推动生态优势向竞争优势转化，实现农业“接二连三”（即三产融合）发展，为农民增收提供有力支撑。

六是农村综合改革深化工程。创新农业经营机制，深化农村产权管理机制改革，激发农村活力。

七是农村社会管理创新工程。进一步优化社区管理体制机制，提升社区公共服务能力，加强治安综合治理，推进精神文明和乡土文化融合发展，夯实农村基层党组织建设。

本例表明：江宁区引入企业参与后，政府组织力度没有减少。江宁区通过点面结合、重点推进方式建设美丽乡村。面上以交建集团和街道（该区已经撤并乡镇全部改为街道）为主，通过市场化运作建设430平方千米的美丽乡村示范区。点上以单个村（社区）进行美丽乡村示范和达标村创建。对一些重大基础设施和单体投资较大的项目，采取国企（如交建集团）主导、街道配合的建设路径；对一些能够吸引社会资本进入的项目，鼓励街道吸引社会资本进入。如大塘金、大福村等特色村建设都有社会资本参与；对一些适合村民自主建设的项目，则积极引导村民参与建设，杜绝外来企业与民争利。

7.4.3 多主体共建模式

政府组织不是政府要包办一切。美丽乡村建设需要动员社会力量，形成多元参与机制。在过去几年的实践中，美丽乡村建设的实际情况是：政府主导有余、其他主体参与不足，整体建设过度依赖财政资金和行政动员，其持续性和有效性均面临挑战。

要破解“强政府—弱市场—弱社会”的格局，政府必须进一步优化政策环境，协同发挥村域自治组织、村民、社会组织、工商企业等多元主体的积极作用，帮助他们扬长避短，根据各主体的自身优势、可利用资源，参与建设的动因与诉求，具体明确不同主体的角色定位（见表 7－6），以保证各主体在美丽乡村共建过程中的有序和高效协作。

表 7－6　美丽乡村多元建设主体的特点比较

主体名称	主体优势	可用资源	参与诉求	潜在困境	角色定位
政府	法定权 强制权 公共利益代表	财政资金 政策与信息 行政权力	落实上级政策 建设美丽中国	委托—代理中， 基层潜规则 影响公信力	制度安排者 公共产品提供者 协调监督者
村域自治组织	了解村庄 可代表村民	土地等资源 集体资产	盘活乡村资源 壮大集体经济	自治力不强 潜规则影响公信力	代表村民利益
村民	了解自身需求	住宅 承包地 劳动力	生活富裕 宜居宜业	资金不足 知识不足	受益者 建设者 监督者
社会组织	公益性 基层认同 有专业知识	资金 信息与技术 志愿者	服务社会	公信力不足 财力有限	服务提供者 效率推动者 监督者、竞争者
工商企业	效率优势 资金优势	融资、融物 技术与设备	追逐企业利润 履行社会责任	过度逐利	资金提供者 竞争者

对表 7－6 中提出的不同主体的潜在困境，可能会有，也可能没有。但相关的主体应提高警惕，引以为戒，或采取相应的措施解除困境，或将其不利影响降低到最小。

7.5　南京市汤山美丽乡村建设规划评析①

7.5.1　规划背景与目标定位

南京市江宁区汤山美丽乡村地处南京东郊，是南京的东大门，规划范围为汤山街道全域，总面积 172 平方公里，涉及汤山 16 个社区 133 个自然村，农户 16891 户，农业人口

① 资料来源：吴海琴、张川《南京市汤山美丽乡村建设规划》。

50241 人。汤山是著名的温泉之乡，获得“世界著名温泉小镇”殊荣，并被世温联组织确定为“世界温泉论坛永久会址”。区内碑、泉、洞、湖、寺，集人文景观与自然风光为一体，独具特色。

汤山在 2010 ~ 2012 年实现了从“市级旅游度假区”到“省级旅游假区”的两级跨越。2013 年汤山全面开展申报“国家级旅游度假区”的筹备工作。现状汤山旅游模式一直走的是“高端路线”，多为高端温泉酒店，而这种模式不可持续，不能带动整个区域旅游的联动发展。汤山旅游的发展必须建构“大众定位，高端提升”的全新旅游发展模式，美丽乡村的建设填补了汤山乡村旅游产品的空白。

正是基于这一背景，汤山美丽乡村的规划定位明确提出了“与城市景区互补的全域旅游型美丽乡村”，即以汤山国家级旅游度假区的总体目标为导向，基于汤山全域旅游的发展战略，在完善美丽乡村建设内涵要求的基础上，突出汤山乡村地景生态与乡土文化特色，发展与汤山温泉旅游度假区差异互补的休闲旅游型美丽乡村。这种定位无疑符合汤山街道的发展需要，带有很强的时代气息和衔接上位规划的力道，对大城市郊区美丽乡村建设规划具有启发性。

7.5.2 规划亮点

汤山美丽乡村规划最突出的亮点是：通过对乡村空间问题的明晰梳理和研判，开创性地提出了镇域美丽乡村规划的三个等级的空间体系：自然村、社区、聚落片区。如此可以从不同层面安排相应的项目与任务。

规划对不同资源禀赋串点成面，尊重现有乡村聚落的分布及地理空间特点，将乡村全域分为北部片区、西部片区、南部片区三个各具特色的聚落片区。

北部片区现状主要资源为采石宕口、地质剖面、小铁轨、阳山碑材、明文化村等，规划针对资源禀赋，定位北部片区为矿山山林乡村风貌区，聚集以湖山、孟塘及青林三个社区为主的自然村落。西部片区的资源特征为深山峡谷地形地貌、乡土文化古迹多等，定位西部山谷为原生态乡村风貌区，聚集了以龙尚社区为中心的自然村落。南部片区现状地形较为平整，属于平原乡村，其中现代化农业园区较多，定位田园乡村风貌区，集聚了以阜庄社区为中心的自然村落群。

规划针对三个聚落片区的特点，分别赋予工矿山林养生、原朴自然野趣、现代有机农业的产业功能，如图 7 - 3 所示。

从图 7 - 3 可以看出，三个聚落片区围绕着汤山旅游度假区形成有机整体，覆盖汤山街道全域。

7.5.3 针对自然村的分类治理

针对自然村，在进行统一的发展潜力与综合价值评价的基础上，分成一般村、重点整治村和示范村三类。分别确定其保留、改造和提升环境的建设要求，明确基础设施和公共服务设施配置，如表 7 - 7 所示。

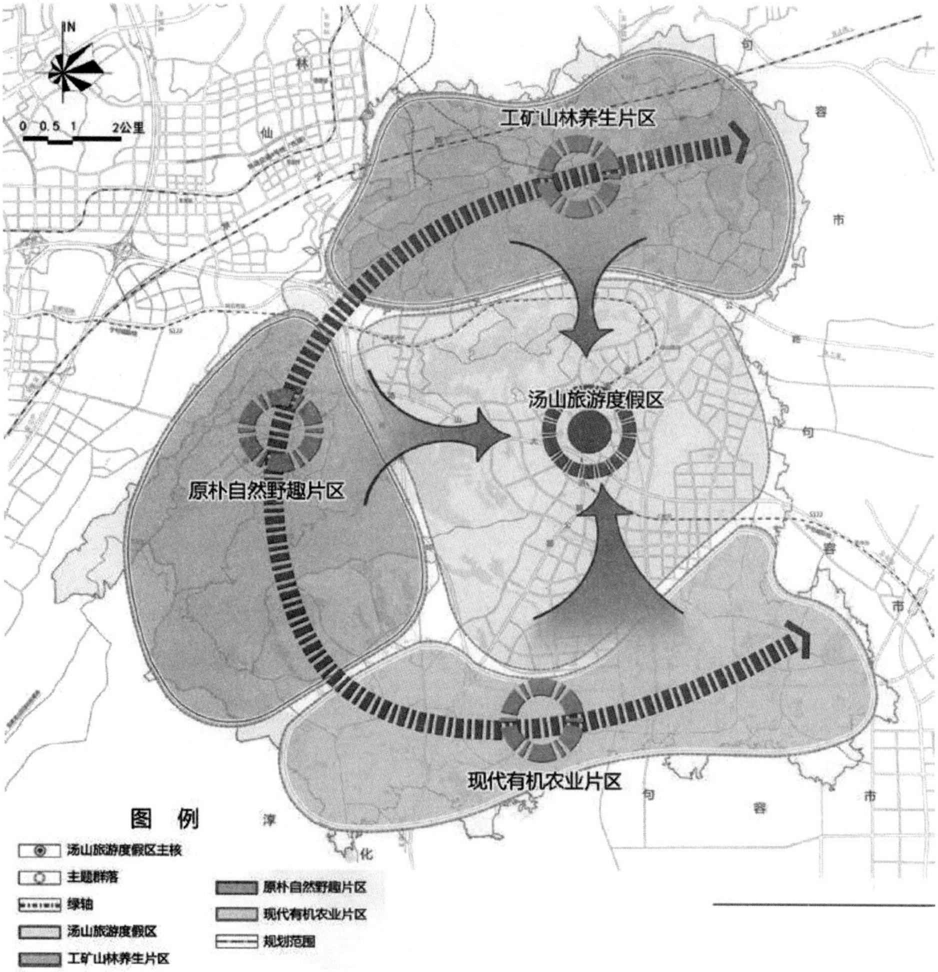

图7-3　汤山美丽乡村规划的聚落片区①

表7-7　自然村分类治理项目要求

项目	一般村（非保留村）	重点整治村	示范村
污水	污水得到有效收集与处理	污水收集管网化，污水处理设施化，雨污分离处理	与重点整治村要求相同
杆线	清理空中存在安全隐患的杆线，视实际情况选择整治方式	杆线集成化落地	管线统一入地，管道集成，标准化管理
垃圾	推行“垃圾分类+资源化利用”方式	建立生活垃圾回收、收运体系，分拣可回收资源	强化垃圾分类管理与引导，建立资源回收系统
道路	现有路面通达完整，无侵占路面的情况，满足村民基本生产生活出行要求	每个村庄应至少保有一条完整贯通的主干道，主要道路4.0～6.0米，次要道路2.0～3.0米，宅间路2.0～2.5米	进村主路面整体黑色化，通过道路绿化及路牙的园林化处理，丰富路面场地，设置道路路灯及个性化指示牌

① 资料来源：《南京汤山美丽乡村建设规划》，图的名称是笔者所加。

续表

项目	一般村（非保留村）	重点整治村	示范村
停车场	一处公共停车场	集中停车场一处	集中停车场一处，生态化处理
站点	保留入村道路公交车	一处公交车停靠点	一处公交车停靠点

7.5.4 社区的任务

对社区而言，规划的重点是解决发展动力、资源整合与特色利用问题。可根据上级政府规划对公共服务和基础设施的配套要求，结合社区的现状情况，对社区的基础设施与公共服务设施作相应的安排，同时对社区内特色资源的利用和保护方案，提出建议。

综上分析，汤山美丽乡村规划的做法很有启发性，尤其是以乡村问题为导向，构建自然村—社区—聚落不同尺度下的空间规划体系，便于针对不同层面的主体（区、街道、社区）提出对应的管理要求。

第8章　现代农业产业园

8.1　起源与发展

现代农业产业园作为各级政府农业部门主推的重大项目，其起源可以追溯到21世纪初的各地农业部门批准建立的农业示范区（园、片、场），特别是“十一五”后期至“十二五”期间财政支持力度较大的国家现代农业示范区和省级现代农业产业园区。

8.1.1　“十一五”末开始的国家现代农业示范区

2009年11月6日，国家农业部发布了《关于创建国家现代农业示范区的意见》（农计发〔2009〕33号），随后又颁发了《国家现代农业示范区认定管理办法》，明确指出各地建立的高标准、高水平的农业示范区（园、片、场），均可申报创建国家现代农业示范区。

在农业部发布的意见中，明确了创建国家现代农业示范区的目的是：为深入贯彻中共中央十七大会议和十七届三中、十七届四中全会精神，积极探索中国特色农业现代化道路，加快现代农业建设进程，决定开展国家现代农业示范区创建工作。在示范区认定管理办法中，具体提出以下十二项申报条件要求：

（1）示范区土地利用符合国家法律法规和政策。严格保护耕地，不存在各种圈地、滥占耕地以及改变土地性质和用途等行为。尊重农民意愿，维护农民土地承包权益，不存在强迫农民流转土地承包经营权的行为。

（2）示范区处于农业部优势农产品区域布局规划、新一轮“菜篮子”工程规划和特色农产品区域布局规划确定的范围内，资源条件和生态环境具有代表性。

（3）示范区具有专门的建设规划或实施方案。规划和实施方案应符合当地经济社会发展特别是农业产业发展规划的总体要求。

（4）示范区主导产业明确，能够体现当地农产品生产优势与特色；产业化水平高，产业拉动作用明显。

（5）示范区规模应与生产条件、环境承载能力、技术应用和管理水平相匹配，处于本省前列，并辐射带动一定的区域范围。示范区经济效益、社会效益和生态效益显著，引领带动区域现代农业发展能力较强。

（6）示范区水、电、路等基础设施配套齐全。种植业示范区应具备标准化、机械化生产设施，综合机械化率平原地区达到80%以上、山区达到50%以上；养殖业示范区应具有规模化、标准化生产设施和污染处理设施，符合标准化规模养殖、水产健康养殖以及疫病虫害防控要求。综合型示范区生产区、加工区、服务区布局合理。

（7）示范区生产科技水平处于当地领先水平。种苗统供、良种覆盖率基本达100%，主推技术基本普及，实现病虫害防治专业化。农作物单产和畜禽个体生产能力高于当地平均水平20%以上。至少有一家省级以上（含省级）科研教育或技术推广单位作为示范区长期稳定的技术合作或依托单位。

（8）具有相应规模的新品种、新技术展示示范区，具备长期经常开展农业技术培训与推广服务的设施和人员条件，定期或不定期开展多种形式的培训活动，带动农民就业增收作用明显。

（9）示范区具有较完善的标准化生产和质量控制体系，生产过程符合良好农业规范，主要农产品通过无公害农产品认定或绿色食品、有机食品认证。

（10）示范区农业生产与生态环境协调发展，废弃物综合利用程度较高，符合动植物疫病虫害防控要求，各项生态环境指标均达到国家标准。

（11）示范区建设主体清晰，管理部门明确，内部制度健全。已建立完善的组织管理机制、高效的经营管理机制和健全的社会化服务机制，运行顺畅有力、经营状况良好。

（12）当地政府支持，农民群众欢迎，发展环境良好。在随后的6年里，国家现代农业示范区先后被认定了三批（第一批50个于2010年8月5日公示，第二批101个于2012年1月22日公示，第三批157个于2015年1月22日公示），第三批认定后，合并前两批示范区已认定的重合县市，国家现代农业示范区总数达到283个。其中第一批的申请者以县（区）为单位，第二批以后一些地级市、副省级城市甚至直辖市也以整体的面貌提出申请，并成功地进入了创建序列。

8.1.2 省级现代农业产业园区

2009~2016年，各省（市、自治区）也积极推进省级现代农业产业园区建设。大部分省级现代农业示范区都比照国家现代农业示范区的创建目标和认定办法，相应地确立了本省现代农业示范（或产业园区）区的创建任务，其目的之一也是为国家现代农业示范区培育本地的申请者。

省级现代农业示范区（或产业园区）的申报条件与国家级的要求基本一致，但因各省的具体情况有所差异。如江苏省提出了现代农业产业园区的6条标准，安徽省提出了现代农业示范区的4项要求，广东省提出了省级现代农业园区的7项标准，浙江省提出了现代农业综合区建设的7项建成标准，并制定了现代农业综合区建设规划编制导则。在浙江省的农业综合区中，一般包含若干主导产业示范区和特色农业精品园（主导产业示范区分为畜牧、蔬菜瓜果、茶叶、水果、食用菌、蚕桑、中药材、花卉苗木、竹木、经济林、渔业11个类别，特色农业精品园分农林、渔业两大类，都分别给出了建设标准）①。

① 王树进．农业园区规划设计［M］．北京：科学出版社，2011.

国家现代农业示范区的创建是我国农业园区发展的里程碑，对推动我国农业现代化进程起了重大的作用。在创建过程中，以江苏省为代表的部分省份出现的“现代农业产业园区”绽放异彩，引起了各级领导和专家学者的关注。现代农业产业园区与现代农业示范区相比，更加突出了特色主导产业的集中度和带动作用，并探索了一二三产融合发展的路径，这也为国家现代农业产业园项目的诞生奠定了坚实的基础。

8.1.3 国家现代农业产业园

2017 年 3 月 29 日，农业部、财政部发布了《关于开展国家现代农业产业园创建工作的通知》（农计发〔2017〕40 号）。该通知指出国家现代农业产业园是在规模化种养基础上，通过“生产 + 加工 + 科技”，聚集现代生产要素，创新体制机制，形成了明确的地理界限和一定的区域范围，建设水平比较领先的现代农业发展平台，是新时期中央推进农业供给侧结构性改革、加快农业现代化的重大举措。要求各地要深化认识，精心组织，切实做好创建申请和建设工作。

2017 年 5 月 15 日，农业部、财政部又发布了《关于做好 2017 年中央财政农业生产发展等项目实施工作的通知》（农财发〔2017〕11 号），其附件之一《农业生产发展资金项目实施方案》明确提出支持国家现代农业产业园建设，指出要按照中央支持、地方负责、市场主导的发展思路，中央财政通过以奖代补方式对创建的产业园给予适当支持。具体要求按照《农业部财政部关于开展国家现代农业产业园创建工作的通知》（农计发〔2017〕40 号）执行。

2017 年 6 月，农业部和财政部公示了四川省眉山市东坡区、浙江省慈溪市、黑龙江省五常市、黑龙江省庆安县、江苏省泗阳县、浙江省诸暨市、山东省金乡县、江西省信丰县、湖北省潜江市、贵州省水城县、广西壮族自治区横县 11 个县（市）为国家现代农业产业园的第一批创建单位；同年 9 月，又公示了安徽省宿州市埇桥区、重庆市潼南区、宁夏回族自治区贺兰县、湖南省靖州县、陕西省洛川县、吉林省集安市、湖南省宁乡县、贵州省湄潭县、山东省栖霞市、内蒙古自治区扎赉特旗、广东农垦湛江垦区、四川省峨眉山市、广东省江门市新会区、黑龙江省宁安市、河南省正阳县、河北省邯郸市滏东、福建省安溪县、海南省陵水县、江苏省无锡市锡山区、四川省蒲江县、广西壮族自治区来宾市、安徽省和县、青海省都兰县、陕西省杨凌示范区、北京市房山区、甘肃省临洮县、山西省太谷县、广东省徐闻县、云南省普洱市思茅区、山东省潍坊市寒亭区 30 个县（市、区、旗）为第二批创建单位。

【例 8－1】东坡区现代农业产业园基本情况

四川省眉山市东坡区现代农业产业园，即眉山“中国泡菜城”，自 2009 年开始规划建设。始终坚持一二三产业深度融合和科学规划布局，建成了以泡菜加工为龙头，带动原料基地、研发、检测、商贸物流、文化旅游等全产业链一体发展的现代农业产业园。2017 年 6 月，参加申报农业部、财政部国家现代农业产业园首批创建单位，获得成功。

该产业园规划面积 146.7 平方公里（折合约 22 万亩），西以岷江为界、北至崇礼大道、南以规划的新省道 106 为界、东以岷东大道为界，涉及东坡区崇礼、永寿等 12 个乡镇，123个村。已建成泡菜原料生产基地14万亩，良种覆盖率达98%。获得“三品一标”产品认证119个。年种植收入7.7亿元。农民年人均可支配收入达20470元，比园区外高出33个百分点。产业园以泡菜加工为龙头，原料基地、龙头企业、博览展销、文化旅游一体化发展。园内有泡菜企业60家、新型农业经营主体187家，其中国家级龙头企业4家，省级龙头企业7家，创建中国驰名商标6个，省著名商标11个，四川名牌12个。2017年泡菜加工量161万吨，实现产值158亿元，产品远销70多个国家和地区，实现2.6万人到泡菜企业务工，年收入超过10亿元。

根据《农业部财政部关于批准创建第一批国家现代农业产业园的通知》和《农业部财政部关于批准创建第二批国家现代农业产业园的通知》精神，中央财政对列入国家现代农业产业园创建名单的每个县（市）安排1亿元奖补资金，重点用于改善产业园基础设施条件和提升公共服务设施服务能力。

在国家现代农业产业园的项目带动下，各省（市、自治区）也积极推进现代农业产业园的建设。仅2017年当年全国就有近10个省份进行了农业产业园工作动员推进会；近30个省（市、自治区）发布了促进现代农业产业园建设的文件，10多个省份制定并实施了省级现代农业产业园区创建认定办法或标准；近20个省份安排了专项资金促进产业园发展①。其中，江苏省农业委员会、省财政厅、省海洋与渔业局联合实施省级现代农业产业示范园创建工作，以期为更好地创建国家现代农业产业园打下基础。

2018年5月7日，农业农村部和财政部发布了《关于开展2018年国家现代农业产业园创建工作的通知》，该通知根据中央农村工作会议、《中共中央国务院关于实施乡村振兴战略的意见》以及《2018年政府工作报告》部署要求，进一步强调“突出现代农业产业园产业融合、农户带动、技术集成、就业增收等功能作用，引领农业供给侧结构性改革，加快推进农业农村现代化”。

2018年6月，第三批国家现代农业产业园被批准创建，创建单位有21家，分别是：陕西省眉县、广东省茂名市、新疆生产建设兵团阿拉尔市、辽宁省盘锦市大洼区、黑龙江农垦宝泉岭垦区、河北省石家庄市鹿泉区、山西省万荣县、广西壮族自治区柳州市柳南区、福建省平和县、山东省泰安市泰山区、贵州省修文、重庆市涪陵区、江西省樟树市、甘肃省定西市安定区、湖南省安化县、云南省芒市、浙江省湖州市吴兴区、四川省苍溪县、安徽省金寨县、河南省温县、西藏自治区白朗县。

2019年3月8日，农业农村部办公厅和财政部办公厅发布了《关于开展2019年国家现代农业产业园创建工作的通知》。该通知明确指出“2019年重点支持创建优质粮油、现代种业、健康养殖（牛羊、水产）、中药材等产业园，优先支持符合条件的贫困县、粮食生产功能区、重要农产品生产保护区、特色农产品优势区、国家现代农业示范区等申请创建”。并且在布局上要求安排在县以下②。文件明确了将符合条件的国家现代农业示范区

① 农业农村部新闻办公室．国家现代农业产业园建设扎实推进［EB/OL］．2017－12－15.

② 在“十二五”期间，国家现代农业示范区发展到最后，一些地级市、省级市都整建制地进入了体系。这次明确规定了国家现代农业产业园在县以下布局。

列入优先支持的范围。

2019年6月，农业农村部和财政部又公示了第四批国家现代农业产业园批准创建名单52家。其中，北京市密云区、天津市宁河区、河北省平泉市、山西省隰县、内蒙古自治区科尔沁左翼中旗、辽宁省东港市、吉林省东辽县、黑龙江省富锦市、黑龙江省铁力市、黑龙江农垦建三江管理局、上海市金山区、江苏省东台市、江苏省南京市高淳区、浙江省杭州市余杭区、安徽省天长市、福建省古田县、江西省彭泽县、山东省滨州市滨城区、山东省庆云县、河南省延津县现代农业产业园、河南省泌阳县、湖北省宜昌市夷陵区、湖北省随县、湖南省常德市鼎城区、湖南省长沙市芙蓉区、广东省梅州市梅县区、广东省湛江市坡头区、广东省新兴县、广东农垦湛江农垦（雷州半岛）、广西壮族自治区都安县、海南省儋州市、海南省三亚市崖州区、重庆市江津区、四川省广汉市、四川省邛崃市、四川省安岳县、贵州省麻江县、云南省开远市、西藏自治区拉萨市城关区、陕西省榆林市榆阳区、甘肃省酒泉市肃州区、甘肃省宁县、青海省泽库县、宁夏回族自治区吴忠市利通区、新疆维吾尔自治区博乐市45家，经县级人民政府申请、省级农业农村和财政部门择优遴选、分管省领导审定、农业农村部和财政部备案审查，同意备案并创建；另有7个省级现代农业产业园（江苏省邳州市、江苏省沭阳县、山东省东阿县、广东省翁源县、广东省普宁市、四川省资中县、四川省南江县）纳入国家现代农业产业园创建管理体系。

至此，批准创建的国家现代农业产业园总数已达114个。

8.1.4　国家现代农业产业园与现代农业示范区的比较

现代农业产业园与现代农业示范区都是国家农业主管部门牵头批准创建，并有中央财政资金支持的、对我国现代农业发展有重大促进作用的平台项目，都以县级政府为申报主体的竞争性项目，都需要编制专项规划。因此，有必要基于规划的视角对两者的主要差异进行比较分析，如表8－1所示。

表8－1　现代农业产业园与现代农业示范区的比较

规划要素	现代农业产业园	现代农业示范区
主要背景	农业供给侧改革 农业农村现代化 乡村振兴战略	科学发展观 农业现代化建设
建设原则	政府引导、市场主导 以农为本，创新发展 多方参与，农民受益 绿色发展，生态友好	以示范引领现代农业建设为根本方向 以保护耕地和尊重农民意愿为前提 以多种形式并举的产业发展为主线 以多元化生产经营单位为建设主体
创建目标	产业特色鲜明 要素高度聚集 设施装备先进 生产方式绿色 一二三产融合 辐射带动有力	引领区域现代农业发展 加速中国特色农业现代化进程

续表

规划要素	现代农业产业园	现代农业示范区
创建条件	主导产业特色优势明显 规划布局科学合理 建设水平区域领先 绿色发展成效突出 带动农民作用显著 政策支持措施有力 组织管理健全完善	规划编制科学 主导产业清晰 建设规模合理 基础设施良好 科技水平先进 运行机制顺畅
建设任务	1. 做大做强主导产业，建设乡村产业兴旺引领区 2. 促进生产要素集聚，建设现代技术与装备集成区 3. 推进产加销、贸工农一体化发展，建设一二三产融合发展区 4. 推进适度规模经营，建设新型经营主体创业创新孵化区 5. 提升农业质量效益和竞争力，建设高质量发展示范区	1. 优势农产品区域：发挥辐射带动作用 2. 大中城市郊区：积极拓展农业多种功能 3. 特色农产品区域：突出地方特色农产品生产示范功能

（1）主要背景。

两者提出的时间相差 8 年，尽管初心不改，宗旨不变，但随着经济社会发展和国际国内形势的变化，项目的政策背景还是有所变化。2009 年，国家现代农业示范区的提出背景是科学发展观和农业现代化；而到 2017 年，供给侧改革已经迫在眉睫，不仅农业要现代化，农村也要现代化，乡村振兴已经上升为国家战略。

（2）建设原则。

现代农业示范区的建设原则表述为以示范引领现代农业建设为根本方向，以保护耕地和尊重农民意愿为前提，以多种形式并举的产业发展为主线，还有建设主体的多元化。

现代农业产业园的建设原则表述得更为明确具体：在基本认同过去提法的基础上，进一步强调了政府与市场的关系（引导与主导的关系）；强调了创新和农民受益，强调了绿色发展生态友好。

（3）创建目标。

现代农业示范区的建设目标带有探索性，期望打造一批具有区域特色的国家现代农业示范区，引领区域现代农业发展，加速中国特色农业现代化进程。

现代农业产业园的目标更为具体，标准更高，考核的指向更加明确。牵涉主导产业（特色鲜明）、现代要素（高度集聚）、生产设备（先进）、生产方式（绿色）、业态特征（三产融合）、辐射带动（有力）六个方面。

（4）创建条件。

现代农业示范区的立项要求条件有 6 项，现代农业产业园的创建要求有 7 项。但大部分条款的内涵有所不同。

相比之下，除了规划布局要求科学合理基本不变以外，现代农业产业园（当前申报的）与现代农业示范区（过去申报的）创建条件相比，有五点明显差异：

第一，现代农业产业园创建条件对主导产业的要求更加看重，从过去的“清晰”到现在的“特色优势明显”。

第二，对建设规模（通常以面积衡量）不再强调，改为强调“绿色发展成效突出”和“带动农民作用显著”，这与创建目标是一致的；也明确传递了追求绿色发展和带动农民增收的理念。

第三，现代农业产业园的创建条件“建设水平区域领先”，可以认为基本等价于过去要求的“基础设施良好、科技水平先进”两项条件，但要求更拔尖。

第四，新提出地方政府的政策支持措施有力。

第五，现代农业产业园的创建条件“组织管理健全完善”相当于过去“运行机制顺畅”的要求，更明确了组织架构要健全，这也是保证“运行机制顺畅”的必要条件。

（5）建设任务。

理解现代农业产业园的建设任务对做好规划来说非常重要，因为规划的目的之一就是要给出完成园区建设任务的思路与方案。

从表8－1可以看出，与过去的现代农业示范区相比，现代农业产业园的建设任务不仅目标更加明确，而且发展路径也更加清晰了。

现代农业示范区的三项任务，基本是分不同区域特色建设农业现代化的示范项目。而现代农业产业园的建设任务的第1条和第5条，强烈地传递了参与竞争的意识。“做大做强”和提升“竞争力”，都是与竞争者比较的概念。“做大做强主导产业，建设乡村产业兴旺引领区”，这一任务表达了建设现代农业产业园与实施乡村振兴战略的关系。建设任务的第2条“促进生产要素集聚”，建设任务的第3条“推进产加销、贸工农一体化发展”，建设任务的第4条“推进适度规模经营”、孵化“新型经营主体创业创新”，正式做大做强主导产业、提升农业质量效益和竞争力的有效路径。

8.2　国家现代农业产业园的评价与认定

8.2.1　评价与认定的意义

2018年11月27日，农业农村部办公厅和财政部办公厅发布了《关于开展国家现代农业产业园创建绩效评价和认定工作的通知》（农办规〔2018〕15号），启动了首批国家现代农业产业园认定工作。随后，经2017年批准创建的国家现代农业产业园通过绩效自评、所在县申请认定、省级审核推荐、创建绩效评价、现场考察等程序，国家现代农业产业园建设工作领导小组办公室研究提出了首批20个国家现代农业产业园拟认定名单，分别是四川省眉山市东坡区、河南省正阳县、山东省金乡县、黑龙江省五常市、贵州省水城县、福建省安溪县、湖北省潜江市、陕西省洛川县、吉林省集安市、浙江省慈溪市、广西壮族自治区来宾市、黑龙江省宁安市、江西省信丰县、黑龙江省庆安县、云南省普洱市思茅区、江苏省泗阳县、内蒙古自治区扎赉特旗、湖南省靖州县、山东省潍坊市寒亭区、山东省栖霞市。

从本书 8.1.3 节可以阅知：2017 年批准创建的国家现代农业产业园两批合计 41 个。2018 年末首批通过评价认定的有 20 个，占 48.78%。

2019 年 3 月 8 日，农业农村部办公厅和财政部办公厅发布了《关于开展 2019 年国家现代农业产业园创建工作的通知》（以下简称《通知》），进一步明确了农业农村部、财政部通过定期监测、绩效评价、实地核查等方式，在批准创建后的第二年和第三年分别组织开展国家现代农业产业园评价认定工作。中央财政通过奖补方式，对批准创建和通过评价认定的国家现代农业产业园，按不同情形予以适当支持。

一是对 2017 年批准创建但未通过 2018 年底评价认定的 21 个国家现代农业产业园，2019 年底前再组织一次评价认定，届时未通过将取消创建资格，并按有关规定收回结余资金。

二是对 2018 年及之后批准创建的国家现代农业产业园，中央财政奖补资金分两次安排，第一次在批准创建时安排部分资金，第二次在通过评价认定后安排剩余资金。如两次认定未通过，不再安排奖补资金，并按有关规定收回结余资金。

三是对纳入国家现代农业产业园创建管理体系的省级产业园，中央财政在批准创建时不安排奖补资金，通过评价认定后给予适当奖补。

四是中央财政奖补资金用于产业园创建方案明确的建设内容。鼓励产业园统筹整合相关资金渠道，创新投资、建设、运营方式，通过 PPP、政府购买服务、贷款贴息等方式，撬动更多金融和社会资本建设产业园。

从上述两部办公厅的《通知》可见，国家现代农业产业园的评价与认定工作的意义重大。评价与认定环节是现代农业产业园健康运行的重要保障，评定与认定指标是对现代农业产业园进行科学规划的重要依据。

通过评价与认定，将“引领带动各地推进现代农业产业园建设，促进农业生产、加工、物流、研发、示范、服务等相互融合和全产业链开发，推动农民利益共享机制创新，打造农业农村现代化和乡村振兴先行区，建设乡村产业振兴主力军”①。

8.2.2 评价与认定的依据和主要指标

毫无疑问，开展国家现代农业产业园创建绩效评价和认定工作的依据就是两部办公厅的《通知》（农办规〔2018〕15 号）文件。认定条件包括八个方面：

（1）主导产业发展水平方面。

要求主导产业发展水平全国领先。是否领先全国的判断标准如下：

1）是否实现了“生产 + 加工 + 科技”的发展要求，形成“种养规模化、加工集群化、科技集成化、营销品牌化的全产业链开发格局”，实现了一二三产业融合发展？

① 引号内容是（农办规〔2018〕15 号）文件中提出的评价与认定工作的总体要求的一部分。

2）生产、加工、物流、休闲、研发、示范、服务七个发展板块是否合理布局、相对集中，彼此间的连接是否紧密？

3）是否已建成对二三产业有支撑作用的大型原料生产区（即原料基地）或产业带？

4）是否已成为品牌突出、业态合理、效益显著、生态良好的优势主导产业发展示范区？

5）对贫困地区：产业园产业扶贫成效是否显著？有没有形成稳定脱贫的长效机制？

6）还有5个量化指标，如表8－2所示。

（2）中央财政奖补资金使用方面。

要求中央财政奖补资金使用规范，效率高。具体评价内容有：

1）中央财政奖补资金是否按既定方案（即申报方案）使用？支出方式是否规范合理？

2）中央财政奖补资金支持的重点是否突出、集中使用？是否重点用于产业园基础设施建设和提升公共服务水平？

3）财政资金资金支持方式有无创新？

4）在提升设施环境、科技支撑、品牌培育、产品营销、折股量化联农带农等方面有没有发挥积极作用，并取得显著成效？

5）中央财政奖补资金使用进度，是否大部分完成？（原则上应超过80%）

（3）技术装备水平方面。

要求产业园的技术装备区域先进。评价内容有：

1）产业园的生产设施条件良好，生产经营信息化水平高。

2）现代要素集聚能力强，技术集成应用水平较高，科技研发和技术推广体系健全，新产品新技术新装备开发应用成效明显，科研经费投入同比增长，与多家省级以上科研教育单位设立合作平台，农业科技贡献率较高（有量化指标，见表8－2）。

3）在主体培育方面，有没有进行职业农民培训？新型经营主体是否成为产业园建设的主体力量？

（4）绿色发展方面。

要求绿色发展成效突出。评价内容主要体现在：

1）产业结构：产业园内部种养结合是否紧密？农业绿色、低碳、循环发展长效机制基本建立？

2）农业废弃物（畜禽粪污、秸秆、农膜）是否综合利用或有效处理（有量化指标）？果菜茶等农作物有机肥替代化肥成效明显？农业环境突出问题是否得到有效治理？

3）生产标准化、经营品牌化、质量可追溯，产品优质安全情况如何？园内农产品抽检合率（有量化指标）是否达标？

4）三品（绿色食品、有机食品、地理标志产品）认证的比例（有量化指标）是否达标？

（5）带动农民方面。

要求带动农民作用显著。评价内容具体有三点：

1）是否创新建立了联农带农激励机制（如合作制、股份制、订单农业等多种利益联结模式），能否使农民充分分享二三产业增值收益？农户加入合作社联合经营的比例是多少（有量化指标）？

2）农业保险覆盖面如何？是否在帮助小农户节本增效、对接市场、抵御风险、拓展增收空间等方面起了明显作用？

3）园内农民人均可支配收入是否明显高于全县平均水平（有量化指标）？

（6）政策支持方面。

要求当地政府的政策支持措施有力。评价内容包括：

1）地方政府的财政扶持力度如何？是否统筹整合财政专项、基本建设投资等资金用于产业园建设？

2）用地保障。二三产业发展的建设用地面积如何落实？有多大面积，位于何地？

3）在金融服务、科技创新应用、人才支撑等方面是否有切实有效的政策措施，其针对性和可操作性如何？

4）产业园的水、电、路、网络等基础设施是否完备？

（7）组织管理方面。

要求组织体系健全，管理机制完善。评价内容主要有两大项：

1）是否建立了由党委或政府领导牵头的国家现代农业产业园建设领导小组？领导小组的主要使命是统筹协调相关重大建设举措，及时解决重大问题。领导小组的工作绩效具体体现在产业园重点工程进展是否达到预期目标。

2）政府是否有效引导了金融和社会资本投入产业园建设？有没有具体政策文件？具体效果主要看多企业、多主体建设产业园的积极性是否充分调动起来了，有没有形成产业园持续发展的动力机制。

（8）“一票否决”负面清单。

如果产业园出现了以下负面清单中的任何一项，就不得进行申请认定。甚至要视情况追究相关者责任。

1）产业园内的“大棚房”整改工作不到位。

2）中央财政奖补资金直接用于企业生产设施投资补助、建设楼堂馆所、一般性支出。

3）发生重大环境污染或生态破坏问题。

4）发生重大农产品质量安全事故。

5）提供虚假资料骗取创建资格。

根据两部办公厅的《通知》（农办规〔2018〕15 号）文件，以上评价内容的具体量化指标总共有 15 项，如表 8－2 所示。

8.2.3 评价与认定的程序

认定过程分为四个步骤：第一步是产业园对照创建方案、中央财政奖补资金使用方案和认定条件进行绩效自评；第二步由县级人民政府在产业园自评合格的前提下，提出认定申请；第三步由省级农业农村、财政部门对申请认定的产业园进行审核，符合认定条件后向农业农村部、财政部推荐；第四步由农业农村部、财政部通过创建绩效评价、现场实地考察等方式，进行认定。

表8－2 国家现代农业产业园评价认定的量化指标

序号	分类	主要指标名称及内容	单位	最低指标值
1	主导产业发展水平	产业园年总产值（所有经营主体年产值之和）	亿元	30
2		主导产业覆盖率（主导产业占比）	%	60
3		适度规模经营率（规模经营占比）	%	60
4		农产品初加工转化率（产后处理的比例）	%	80
5		农产品加工业产值与农业总产值比	—	3∶1
6	财政资金使用效率	中央财政奖补资金使用进度	%	80
7	技术装备水平	科研经费投入同比增长	%	5
8		合作设立平台的省级以上科研教育单位数量	家	3
9		农业科技贡献率	%	65
10		年培训新型职业农民或农村实用人才总数	人次	200
11	绿色发展成效	畜禽粪污综合利用率	%	80
12		园内农产品抽检合格率	%	99
13		绿色、有机、地理标志农产品认证比例	%	80
14	带动农民作用	加入合作社联合经营的农户比例	%	30
15		园内农民人均可支配收入比全县平均水平高	%	30

8.3 现代农业产业园规划要点

编制现代农业产业园规划的主要目的，是落实有关法规、政策和政府文件精神，科学合理地统筹安排利用各种资源，通过具体建设项目和保障措施的设置，为如何完成产业园的各项创建任务制定完整的合规的行动计划。规划必须将国家现代产业园的认定条件纳入近期建设任务之中，更重要的是要制定如何完成长远建设目标的行动方案。

8.3.1 如何做大做强主导产业，建设乡村产业兴旺引领区

（1）规划方案与措施。

1）在分析提炼当地优势特色的基础上，明确产业园的主导产业。主导产业是指在规划区域内农业内部的主要产业和在产业结构调整中需要重点研究如何引导其进一步发展的

产业，其定位受市场、技术、立地条件和官民意愿等因素的影响。主导产业一般已经形成较大的生产规模，能有效利用本地的农业资源，在农林牧副渔业总产值中占比较高，并且其产业本身具有较好的成长性，对农民增收和农村发展具有较大的带动性。

2）要规划建设一批规模化原料生产基地（尽可能在本地）。主导产业原料基地的规模：国家级产业园年产值（基地初级产品年产值）应在 7 亿元以上，以确保园区总产值超过 30 亿元。省级以下产业园可酌情缩小规模。

3）规划的空间范围，应包括拟培育的若干农产品加工企业，以及相关的服务类企业（或合作社等），还要有未来可以让新企业入驻的建设用地。企业引入的主要意图是“打造完整的产业链”。入园企业主营业务除了农产品加工、物流、销售之外，还应包括农业生产、农业社会化服务、休闲服务、产品研发及科技服务、金融保险服务等。要注意企业之间的关联性，突出企业生态，实现一二三产业融合。

4）至少规划一个农产品区域品牌和若干企业品牌。企业业态可灵活多样，但必须效益良好，能提供乡村就业机会。

5）贫困地区的产业园，还要突出产业扶贫项目的稳定脱贫长效机制。

（2）主要规划指标。

1）如果是国家级现代农业产业园，其中所有企业的年产值合计要超过 30 亿元。省级、市级现代农业产业园的总产值应依据当地的文件要求设定。其他主体创建的现代农业产业园依照企业实际情况设定。

2）园内初级产品 80% 以上要经过初加工（如精选、分级、干燥或冷处理、包装等）后才能进入市场。

3）园内主导产业的覆盖率（面积或产值占比）要大于 60%。

4）园内主导产业的适度规模（面积或产值占比）要大于 60%。新型农业经营主体（农业种养大户、家庭农场、合作社、农业企业等）应属于适度规模经营的范畴。

5）农产品加工业产值要比农业总产值高 2 倍，即达到 3∶1。园内的加工企业除了收购、加工园内农产品之外，还要收购、加工园外的农产品，实现产业园的带动作用。

8.3.2 如何促进生产要素集聚，建设现代技术与装备集成区

（1）市场集聚。

通过市场经营主体（入园企业、合作社、家庭农场等）的活动来实现。园区管委会做好规范化合同管理，为市场主体提供安全便捷的交易条件。产业园可以酌情设置物流与交易服务区。

第一，初级农产品交易（企业收购，园内园外都包括）。

第二，加工处理后的农产品批发、零售，电子商务、物流服务等。

第三，农资交易，包括相关的农业技术有偿服务。

第四，农业社会化服务（如机耕、田间管理、收获等农事服务）等。

（2）资本集聚。

发挥财政资金的引领和帮扶作用，通过 PPP、政府购买服务和贷款贴息等多种方式，

鼓励更多的社会资本参与到产业园建设进程中，保障产业园内社会资本的投入力度。通过财政扶持政策，撬动社会资本投入现代农业产业园的建设，实现资本在产业园的集聚。具体措施有：

1）设置土地流转与招商引资服务中心。

2）设置产业投资基金，以财政资金为引，以社会资本为主，支持入园新型经营主体。

3）设置农业保险服务中心。

4）设置园内经营主体贷款担保服务中心。该中心要用好用活金融政策，通过企业来帮助农户担保，保障金融机构对产业园的贷款安全。

5）设置“农村三变”量化评估服务中心（尤其是“资源变资产”第三方评估服务）。

6）引入金融机构依法合规开展业务合作，通过业务代理、银保合作、银担合作、投贷联动等多种形式，为农业产业园建设提供多元化、全方位的金融服务。

（3）信息集聚。

现代农业产业园要实现信息集聚，需要有良好的网络基础设施和促进信息汇聚的机制。信息的内容必须与经营主体的业务相关才有实际意义。可规划措施包括：

1）设置信息服务中心，作为园区公共服务平台之一；平台要定期发布政策、市场、科技等动态信息，及时反映产业园经营主体需求，引入大数据技术分析管理产业园的生产与经营信息，形成信息对外发布和宣传的官方渠道。

2）光纤与无线宽带网络要覆盖主要功能区。

3）规划布局物联网和区块链，保障信息源持续有效和生产经营信息的真实性。

（4）人才集聚。

产业园的人才一般集聚于组织（经营主体）之中。人才质量与经营主体的活力成正比。产业园要集聚高质量人才，主要依靠机制创新。有利于人才集聚的机制设计包括（但不限于）：

1）产业园管委会下设人力资源管理中心，负责制定园区人力资源开发方案和人事管理制度，帮助经营主体招揽人才，设计并打通产业园人才（包括本土农业致富带头人）的职业生涯发展路径（如技术职称评定、岗位工资等级标准等）。

2）落实政府人才激励政策，解决入园企业技术骨干的住房、就医、子女入学、社会保障等民生问题。

3）产业园定期与有关高等院校联合组织人才供需对接会，吸收高校毕业生来产业园就业，鼓励产业园内的经营主体聘请高校和科研单位的技术专家担任顾问，或入股产业园内的经营主体。

4）鼓励经营主体积极申报各级政府部门相关项目，鼓励经营主体将自身的技术需求提炼出来，由管委会将之作为项目形式公开向社会发布，征集有能力的参与者，以项目集聚人才。

（5）技术与装备集成。

产业园管委会推进农科教、产学研大联合大协作。帮助经营主体配套组装和推广应用现有先进技术和装备，探索科技成果熟化应用有效机制。具体措施包括（但不限于）：

1）在规划之前，梳理产业园各经营主体的现有技术装备清单，评估当前技术水平，针对产业园创建目标，分析寻找技术短板，明确对技术与设备（设施）需求。

2）围绕主导产业全产业链的现代化建设，由政府部门或现代农业产业园管委会出面，组织经营主体与省农科院、大学、高职高专学院等，共建产品研发基地、先进技术与设备集成应用基地、专项服务模式创新研究基地、专业人才培养基地等服务平台。也鼓励企业直接与高校合作建立研发与服务平台。

【例 8－2】东坡区现代农业产业园的人才与技术集聚经验

东坡区现代农业产业园按照政府项目支持、重点企业出资、科研团队主体的模式，成立了具有独立法人、民办非企业性质的四川东坡中国泡菜产业技术研究院，聚集了四川省食品发酵院、四川大学、四川农业大学、四川省农科院和重点龙头企业的一大批高水平研发人员。形成了以中国泡菜产业技术研究院为龙头，大专院校、科研机构为支撑，企业为主体的科研体系。

全市泡菜产业已建成 2 个博士后创新实践基地、2 个省级工程技术中心、2 个科技企业孵化器、17 个市级以上工程技术中心和企业技术中心，拥有各类泡菜研发人员 300 余人，成为全国泡菜科技研发中心，被科技部授予“四川优质泡菜产业国家科技特派员创业链”。

3）在产业园规划中，可以对各类农业机械，统一安排存放地点（可以是分布式农机库）、维修保养地点、社会化服务网络，建立设备、业主或操作员档案；对固定农业设施（如排灌系统、连片温室大棚等），建立管理档案，预测并制定升级计划；对经营主体的其他重要装备，也予以登记造册，探索其社会化服务的可能性，提高其利用效率。

4）对入园企的技术研发投入和技术创新成果给予一定的奖励或补贴。

5）采用集中授课、个别对口进修、田间指导等多种方式对经营主体进行培训，对各种职业技能证书的持有人给予积分奖励。

6）将良种覆盖率、农作物耕种收综合机械化水平、新设备新品种新技术研发引进推广经费支出、省级及以上科研单位设立研发平台数量、专业技术人员数量等指标纳入产业园经营主体的年度考评和奖励体系。

8.3.3 如何推进产加销、贸工农一体化发展，建设一二三产融合发展区

构建一二三产业融合发展区，需要在规划阶段解析产业园主导特色产业的生产、加工、物流、销售、研发、服务等农业产业链的各个环节，挖掘农业生态价值、休闲价值、文化价值，对如何推动农业产业链、供应链、价值链重构和演化升级，做出空间安排和机制设计。

【例 8－3】东坡区现代农业产业园的空间安排与机制设计①

东坡区现代农业产业园在空间格局上，规划“一中心六基地”：泡菜加工中心、泡菜

① 眉山“中国泡菜城”管理委员会．中国泡菜城简介［EB/OL］．http：//www. dp. gov. cn/dppcc/gkxx. htm，2018－06－29.

质量检测基地、泡菜研发基地、泡菜教育培训基地、泡菜文化旅游博览基地、泡菜交易展示基地、泡菜有机原料生产基地。采用“一张蓝图绘到底”的做法，产业园的规划布局，与城镇、交通、新农村、土地利用和经济社会发展规划有机衔接。

在土地流转机制方面：创新土地信托流转模式，由政府出资成立农村土地流转服务公司，引导农民先将土地进行预流转。经打包整理后再集中对外引进业主，发展适度规模种植。

在延伸产业链条方面：依托“中国泡菜城”，建设泡菜风情街、美食街和文化广场，连续八年成功举办中国泡菜博览会，创建国家4A级旅游景区，大力推进电商创业创新和上下游产业发展。

在金融保障方面：政府设立农业融资担保公司和信贷风险基金，为农户提供担保贷款。全面实施蔬菜特色保险、蔬菜价格指数保险，有效防控种植风险。

在科技保障方面：建立以泡菜研究院为龙头科技创新体系，选育推广原料优新品种，集成配套技术，实现原料基地高产高效。

在质量保障方面：建立健全产业园、镇、村三级质量安全监管体系，形成“园区负总责、乡镇有机构、监管到村组、检测全覆盖”的工作机制。产业园的标准化生产覆盖率达90%以上。

在经营主体权益保障方面：产业园整合政府部门、行业协会、法律机构力量，成立泡菜行业人民调解委员会，调解矛盾纠纷，保障经营主体的合法权益。

在农民利益联结机制方面，根据具体条件采用以下四种模式：

一是以“企业+农户”为主的订单合同型联结模式。全面推行“订单农业”，目前，该园区泡菜原料种植订单率90%以上，带动12万农户增加收入3.06亿元。

二是以“企业+基地+农户”为主的流转聘用型联结模式。龙头企业建种植基地，农民在获得土地流转金的同时，可以在基地务工，也可以进企业务工。园区解决农民常年务工和季节性务工2.6万人，年实现务工增收8.6亿元。

三是以“合作社+农户”为主的服务协作型联结模式。成立农民专业合作社，统一农技知识、农资购买、农机服务、质量标准、销售，按股分红、利益共享、风险共担。如好味稻专业合作社，带领农户以“稻—菜轮作”模式种植优质水稻和泡菜原料，年粮食总产量1.6万吨，实现机械跨区作业6万余亩、机械烘干稻谷4万余吨，社员累计分红660余万元。

四是以“综合体+农户”为主的三产带动型联结模式。安置从事园林、环卫、劝导等公益岗位，带动农民从事餐饮、旅游电商、物流、运输等泡菜上下游产业，切实增加工资收入和经营性收入。

一般来说，可以实现产加销、贸工农一体化发展的现代农业产业园的规划布局，必须重点考虑以下五个要点：

（1）农业生产基地（原料基地）。

土地性质可以是基本农田、一般农用地、设施农用地。建设内容一般是完善配套基础设施建设，如道路、水利、电力与通信网络等。可能牵涉到土地流转、良种覆盖率、机械化（智能化）作业、农民生产组织与订单管理等。

（2）加工商贸区（或加工中心、商贸中心）。

农产品加工、销售、物流服务的企业集中区。一般需要建设用地，如果建设用地条件许可，最好集中布局，这样利于进行废弃物处理利用和环境保护。

在建设用地指标紧缺的情况下，也可以利用现有的村庄、工厂和其他集体建设用地。尤其是产地农产品初加工和物流服务，采用多中心的分散式布局，利用村集体（或合作社）的场地，可操作性较强。

上述两种布局方案，都要求产业园的规划对基础设施建设方案做出安排（主要是道路、给排水、强弱电网络、环境保护等）。当然，这种安排的依据是产业园加工和物流服务能力的需求估计。

加工商贸区如能把现有龙头企业住所（或厂房）包含在内，可能会事半功倍。在这种情况下，鼓励企业提出升级改造方案，并将之纳入产业园建设规划。

（3）研发中心（基地）。

研发中心（研发基地）可以布局、设置在大学或科研单位，但从企业发展的角度和提升产业园科技水平的角度来看，最好设置在园内的龙头企业住所之内，创新主体向企业转移，这是未来发展的大趋势。研发基地原则上是需要建设用地和建筑面积的。此外，还需要资金投入和技术支撑。

（4）管理服务中心。

指产业园管委会的办公服务场所。可以将展示中心、信息中心、培训中心、检测中心等各类公共服务中心集中到这个区域，便于为园内经营主体服务。

（5）游客中心与参观体验路线。

游客中心是现代农业产业园为休闲观光的市民和专业参观人士提供综合服务的场所，需要按乡村旅游星级景点的接待设施标准来建设。专业人士的参观路线与一般游客的游览路线最好分开设计，两条路线可以交叉或局部合并，两条路线都应该设置一些体验性项目。其中提供餐饮和住宿服务的项目必须是建设用地（或村庄用地）。

在机制设计方面，必须坚持为农、惠农、带动农民发展生产和就业增收。各类经营性项目都要积极创新联农带农激励机制，推动发展合作制、股份制、订单农业等多种利益联结方式，引导农村三变（资源变资产、资金变股金、农民变股东），形成农民分享二三产业增值收益的保障机制。带动农民就业人数、园内农民人均可支配收入等重要指标，要纳入园区年度考核内容。

8.3.4 如何推进适度规模经营，建设新型经营主体创业创新孵化区

鼓励引导家庭农场、农民合作社、龙头企业等新型经营主体，重点通过股份合作等形式入园创业创新，发展多种形式的适度规模经营，搭建一批创业见习、创客服务平台，降低创业风险成本，提高创业成功率，将产业园打造为新型经营主体“双创”的孵化区。

（1）如何培育家庭农场。

保证从事主导产业生产经营家庭农场在产业园中所占比例，促进土地流转，需要对家

庭农场业主进行培育。指导家庭农场等新型农业经营主体发展适度规模经营。

在规划设计方案中，现代农业产业园可采取以下措施重点培育从事主导产业生产经营家庭农场：

1）以家庭农场为生产体系中的基本创业单元，并将其作为重点扶持对象，加大培训力度与培训质量。

2）确定家庭农场的纯收入与劳动用工等两个设计标准，从而吸引更多有文化、有科学知识的青年人才投身于农场创业。①

3）园区内加工和物流等企业（或合作社）与家庭农场形成紧密合作，为创业单元提供收购或销售服务。

4）发展育苗、机耕、机收、统防统治等社会化服务，为家庭农场的农事外包创造条件。

5）与家庭农场合作的下游企业（或合作社），为家庭农场的投资建设提供融资担保服务。

（2）如何培育农民专业合作社。

鼓励从事主导产业生产经营合作社等新型农业经营主体入驻产业园，也可以以园区的生产经营主体为主，组建不同类型的合作社。鼓励村集体牵头组织合作社，也鼓励农业企业等社会资本参与合作社，或与合作社结成紧密关系。农民专业合作社一般有以下几种类型：

1）农业生产合作社。即从事农业种植、养殖等生产活动的农户、家庭农场组建合作社。主要目的是交流生产技术，执行统一标准，以整体的力量参与产业链的分工与合作。此类合作社还可以统一购置生产资料，以减低采购成本，在生产过程中互相帮忙，提高劳动力的生产效率。这类合作社有向下游延伸、直接向市场销售的趋势。

2）农业流通合作社。由农业经纪人组成的联盟。主要从事农产品营销、村头或田头收购、贮存、运输等流通领域服务活动。这类合作社有向上游（组织基地）和下游（产品加工）两头延伸的趋势。

3）服务合作社。即通过各种劳务、服务等方式，提供给社员生产生活一定便利条件的合作社。如租赁合作社、劳务合作社、农机合作社、保险合作社、农事代管合作社、技术承包合作社等。

4）土地股份合作社。将承包地、宅基地集中起来，折价入股，由合作社统一经营，按股份分红的组织形式。此类合作社最好以村集体领办，将一二三产融合发展。

5）新一代合作社（NGC）。农户以产品折价入股（不退股，股份可以内部转让）的一种企业化运营的合作社。每个合作社只经营一种产品，高度专业化（包括向上游延伸控制品种，在生产环节控制作业规范和标准，向下游发展深加工业务），全产业链企业化运作。

---

① 在王树进等著《家庭农场模型设计与评价》（科学出版社2016年出版）一书中，设定家庭纯收入每年20万元以上与年用工量1000个以下这两项指标，提供了42个可选择的模型。

后三种合作社应是现代农业产业园扶持的重点。对前两种合作社，鼓励其延伸至全产业链，形成产加销一体化合作组织。

（3）如何培育农业产业化龙头企业。

农业主导产业要想做大做强，就必须打破区域界限，突破规模优势，走农业区域化布局、一体化经营、合作化生产的路子。现代农业产业园要鼓励涉农企业入园参与主导产业生产经营，为发展现代农业增添新的动力。要加大入园参与主导产业生产经营企业的培育力度，保证国家级龙头企业与省（市）级龙头企业所占比例，发挥农业产业化龙头企业的带动作用，不断凝聚农业产业化发展的驱动力。

1）现代农业产业园管委会要致力于打造最优营商环境，牢固树立“店小二”服务意识，建立咨询服务中心，提供相应的公共服务助推龙头企业的发展，跟踪解决企业和其他经营主体之间的关系，以及在土地、项目、技术等方面的困难和问题，解决企业入园的后顾之忧。

2）鼓励龙头企业在园内和园外发展原料生产基地，并为基地建设与发展提供技术支持和融资担保服务。

3）帮助龙头企业引进高等院校和涉农科研单位资源，在园区合作创立科技研发与推广平台（如创办为某特色农产品生产服务的专项农业科技园）。

4）产业园要切实解决企业技术骨干的生活后顾之忧与职业生涯发展路径等问题（参见 8.3.2 小节的“人才集聚”条款）。

5）帮助入园企业利用资本市场直接融资。

（4）建立创业孵化平台。

现代农业产业园可以通过以下几种方式建立涉农创业孵化平台：

1）管委会下设创业孵化中心，配置一定面积的办公和培训用房，具体负责组织新型经营主体技术培训和管理培训，负责组织农业项目可行性评估专家委员会，为园内经营主体提供企管技术辅导和投融资服务。

2）引进高新技术创投企业来产业园创建孵化器。孵化器可以为孵化企业提供创业辅导，可以成为孵化企业融资的信息平台，为各类投资者尤其是个体投资者寻找和甄选项目提供较好的条件。

3）设立农业创业孵化基金，或在当地政府财政资金引导下的“双创孵化基金”旗下设立农业创业子基金，支持大学生、退伍军人、返乡农民工到现代农业产业园来创业（如创办家庭农场）。

4）规划一定面积的功能区（创业孵化区），将地块分割成适合于家庭农场经营的大小（即符合适度经营规模要求的创业单元。对蔬菜瓜果等园艺产业，可以建成标准化温室大棚，低成本有偿租赁给被孵化者），道路、水电、网络等接入该创业单元，供创业者按预设的模式种植和经营。孵化区主管单位（核心企业）负责技术辅导、苗种农资等有偿提供和产品销售服务，孵化者成功以后（即“毕业”）应离开孵化区去创建新的生产基地，成为产业园核心企业的新合作伙伴，或成为核心企业的业务骨干。

5）对贫困地区的产业园，上述创业孵化区可以面向贫困户设计，按照脱贫的标准来定义创业单元的大小，扶贫资金可用来补贴设施建设或农资购置。

8.3.5 如何提升农业质量效益和竞争力，建设高质量发展示范区

现代农业产业园要大力发展绿色、生态种养业，加强农产品质量安全监管，强化品牌培育，推进农业绿色化、优质化、特色化、品牌化，推动农业由增产导向转向提质导向，建立健全质量兴农的体制机制，将产业园打造成为农业高质量发展示范区。

8.3.5.1 加强农业基础设施建设和装备水平提升

通过规划提升硬件条件，为产业园高质量发展提供保障。例如，四川省眉山市东坡区现代农业产业园的农田基础设施，就是按照“田成方、土成型、渠成网、路相通、沟相连、旱能灌、涝能排、土壤肥、无污染、旱涝保收”的标准规划建设；山东省金乡县现代农业产业园也高度重视农业基础设施建设，其大蒜产业基地的区位交通条件优越，基础配套设施齐全，现代生产要素高度集聚，绿色发展方式初步建立，实现了标准化规模化种植，大蒜品牌效应领先全国，产业集中度、产业融合水平不断提高，产业联结机制日益完善，农民增收渠道加快拓宽。

在装备方面，现代农业产业园应拥有先进的设施设备，基本达到标准化、规模化、机械化、无害化安全生产条件，管理服务设施齐全。

8.3.5.2 构建绿色、低碳、循环发展长效机制

首先，在产业园规划设计过程中，总体设计层面应执行循环经济理念、通过项目设置实现资源的优化配置和多级利用；产业结构要科学合理，保证种养结合紧密。其次，农业生产清洁，使得农业环境突出问题得到有效治理。最后，规划要强化绿色发展的四个评价指标：绿色食品、有机产品、地理标志产品认证，畜禽粪便（或秸秆）综合处理，主要农作物化肥和农药利用率，园内农产品质量安全追溯管理。

（1）强化三品认证。

注重农产品品牌化、标准化建设，着力打造区域公共品牌。产业园要引导和督促经营主体接受绿色食品或有机产品认证服务，提高经营主体对绿色食品和有机产品品牌的重视程度。全园绿色食品、有机农产品产地认证面积超过 50%，认证数量要逐年增多。

对于国家现代农业产业园，其绿色食品、有机食品、地理标志产品三者的覆盖率，要达到 80% 以上。

（2）农业废弃物综合处理。

产业园要提高科技水平，加大畜禽良种、畜禽健康养殖、疫病防控、农村沼气、农村能源清洁利用等重大工程实施力度，开展秸秆、畜禽粪污综合利用工作，构建现代生态循环农业技术体系，保证畜禽粪便（或秸秆）进行无害化处理和综合利用。

对国家现代农业产业园，园内畜禽粪便的综合处理率要达到 80% 以上（见表 8－2）。

（3）加强投入品监管力度。

在生产环节，要实施良好的农业规范，精准施肥（饲喂）、科学使用农药（兽药、鱼药），提高资源利用率，尤其是对化肥、农药、饲料、兽药等投入品要加强监管，设立检测服务机构，建立常规检测制度。要在产业园构建绿色生产标准，加强对农民技术指导和

服务。

（4）农产品质量安全追溯管理。

现代农业产业园在规划设计中，应将提升产品质量和效益作为主攻方向，加快产业园农业经营体系、生产体系、产业体系的转型升级，产业园生产实现由追求“量”向追求“质”的转变，以高品质产品赢得市场竞争力。引进物联网、大数据、区块链等新兴技术，提供产品质量安全追溯服务。通过对成产过程的质量控制和追溯管理，确保产品质量抽检合格率达99%以上。

【例8－4】江苏泗阳县现代农业产业园的绿色发展经验①

自2017年6月获准创建国家现代农业产业园以来，泗阳县现代农业产业园立足当地实际，做大做强特色主导产业，积极推行绿色生产方式，创新农民增收利益联结机制，探索出一条现代农业发展的新路径，成为全国引领农业农村现代化的排头兵、乡村产业兴旺的新样板。

该产业园坚持“生态优先、绿色发展”理念，大力推进绿色低碳循环发展。在产业集群、产业上下游链条之间初步形成了“农作物秸秆、果蔬剩余物→食用菌生产基质→鲜食食用菌、功能食用菌→食用菌菌渣→有机肥、生物饲料→果蔬、水产种养基地”的产业链大循环、流水鱼养殖链自循环等10多种循环发展模式。

不仅如此，该产业园在清洁化生产方面也进行了积极探索。以工厂化食用菌为内核的循环发展模式、秸秆“五化”利用模式、农药化肥减量化使用方式普遍运用，畜禽粪污综合利用率达95.8%以上，秸秆综合利用率达97.5%，化肥使用量减少50%以上，农药使用量减少39%以上，农田灌溉水有效利用系数提高到0.8。

与此同时，产业园还坚持绿色化生产、品牌化经营，全面推行农产品质量可追溯体系，开展华绿牌金针菇、华佗牌金针菇、KH杏鲍菇、美杏杏鲍菇等生态原产地保护认证活动，主要农产品抽检合格率达100%。

8.4 部分省级现代农业产业园动态简析

8.4.1 江苏：现代农业产业示范园

2017年启动。

当年发文部门：江苏省农业委员会、省海洋与渔业局、江苏省财政厅。

主要建设要求：

（1）做大做强主导产业，建设优势特色产业引领区。依托优质粮油、高效园艺、畜

① 人民网江苏频道．泗阳县现代农业产业园成江苏唯一国家现代农业产业园［EB/OL］．http：//js. people. com. cn/n2/2019/0601/c360301－33001332. html？from＝singlemessage，2019－06－01.

禽、水产等优势特色主导产业，建成一批规模化原料生产大基地，培育一批农产品加工大集群和大品牌，将现代农业产业园打造为品牌突出、业态合理、效益显著、生态良好的优势特色产业发展先行区和外向型农业发展先导区。主导产业集中度高，占园区总值的 60% 以上。

（2）促进生产要素集聚，建设现代技术与装备集成区。聚集市场、资本、信息、人才等现代生产要素，推进农科教、产学研大联合大协作，创新、集成推广新品种、新技术、新装备，探索科技成果熟化应用有效机制，将现代农业产业园打造成为技术先进、金融支持有力、设施装备配套的现代技术和装备加速应用的集成区。高标准农田比重达 90%（含池塘标准化比重达 90% 以上），农作物种植综合机械化水平达 90% 以上，农业科技贡献率达 70% 以上。

（3）推进产加销、贸工农一体化发展，建设一二三产业融合发展区。构建种养有机结合，集生产、加工、收储、物流、销售于一体的农业全产业链，挖掘农业生态价值、休闲观光价值、文化价值，推动农业产业链、供应链、价值链重构和演化升级，推进互联网 + 农业等新业态，将现代农业产业园打造成为一二三产业相互渗透、交叉重组的融合发展区。农产品产后处理率 90% 以上，“互联网 + 农业”覆盖率达 50%。

（4）推进适度规模经营，建设新型经营主体创业创新孵化区。鼓励引导家庭农场、农民合作社、农业产业化龙头企业等新型经营主体，重点通过股份合作等形式入园创业创新，发展多种形式的适度规模经营，搭建一批创业见习、创客服务平台，降低创业风险成本，提高创业成功率，将现代农业产业园打造成为新型经营主体的孵化区。园区内新型经营主体适度规模比重超过 80%。

（5）提升农业质量效益和竞争力，建设现代农业示范核心区。加快农业经营体系、生产体系、产业体系转型升级，推进质量兴农、效益兴农、竞争力提升，树立农业现代化建设的标杆，打造成为示范引领农业转型升级、提质增效、绿色发展的核心区。基本实现农业废弃物资源化利用，农产品检测合格率 100%。园区农民可支配收入持续稳定增长，原则上应高于当地平均水平 30% 以上。

动态解析：

江苏省现代农业产业示范园的名称与国家现代农业产业园相比，多了“示范”二字。强调现代农业产业的规范化和标准化以及产业园项目的先导性。就创建的内容而言，与国家级现代农业产业园基本一致，但标准比国家级产业园更为严格（如农产品检测合格率 100%，高于国家级产业园 99%）。2019 年有两个江苏省现代农业产业示范园列入了国家现代农业产业园管理体系。

江苏省现代农业产业示范园坚守宁缺毋滥、严格管理的原则，2017 年计划发展 20 家，实际上因质量控制严格，仅批建 19 家，2018 年批建 10 家，2019 年 11 家。对批准创建的产业园，省级财政资助力度很大（每家 5000 万元专项资助，分三年划拨到位。另外鼓励示范园整合多项资金，所以实际上每个省级现代农业产业园的财政资助远超过这个数）。

8.4.2 广东：省级现代农业产业园

2018年启动。

当年发文部门：广东省农业农村厅。

特色主导产业定位：丝苗米、优质蔬菜、岭南水果、花卉、南药、茶叶、优质旱粮、蚕桑、食用菌、生猪、家禽、水产、油茶、天然橡胶、剑麻等。

主要建设要求：

广东省印发的《2019—2020年全省现代农业产业园建设工作方案》（以下简称《方案》）① 提出“一年全面启动、两年初见成效、三年较成体系”的目标要求，省级财政计划3年总投入75亿元，到2020年创建150个现代农业产业园（其中粤北地区含惠州、肇庆市和江门恩平、开平、台山市等市，每年50个，两年100个），最终形成“百园强县、千亿兴农”的产业兴旺新格局。

《方案》要求：现代农业产业园建设规划合理，产业集中度高、精深度高和聚集度高，主导产业产值占产业园农业总产值50%以上；实施主体与农民建立了利益紧密的联结机制，产业园内农民收入高于当地平均水平15%以上；生产技术先进、设施装备领先、科技创新力强，全面实行标准化生产，培育知名度高的区域农业品牌，农产品基本实现“三品一标”认证，养殖业基本实现废弃物资源化综合利用；建设模式和管理机制创新，形成政府引导、市场主导、企业运营、农民受益、共享发展的现代农业产业园。

在财政资金的补助方式上，每个产业园5000万元的省级财政补助直接拨付给产业园的牵头实施主体，对资金的监督工作利用“正面清单”“负面清单”“鼓励清单”来进行。

动态解析：

广东省级现代农业产业园的名称表述与国家级完全一致。省农业部门和财政部门于2018年11月出台了相关的建设指引、财政资金管理规定、绩效评价办法等。2018年，省财政投入了25亿元启动建设50个省级现代农业产业园，实现建设规划、实施主体、技术团队、补助资金“四个100%到位”。据报道：拉动了各类投资91.88亿元，带动123万农民就业增收。2019年批准了共44个。其中粤东西北地区25个，珠三角地区（自筹资金建设）19个。

《方案》提出的“产业园内农民收入高于当地平均水平15%”的绩效目标，低于国家级现代农业产业园的认定标准（30%）。

8.4.3 福建：现代农业产业园

2017年启动。

当年发文部门：福建省农业厅、福建省财政厅。

---

① 广东省农业农村厅.2019—2020年全省现代农业产业园建设工作方案［EB/OL］. http://dara.gd.gov.cn/tzgg2272/content/post_1558408.html，2018-11-30.

福建省农业厅、财政厅发布了《关于开展全省现代农业产业园创建工作的通知》（闽农产〔2017〕144号），对产业布局与数量提出具体要求：重点围绕茶叶、水果、蔬菜、食用菌、畜禽、种业六个特色产业，创建省级现代农业产业园50个以上，其中茶叶、水果、蔬菜、食用菌、畜禽各10个以上，现代种业等其他产业园若干个。

该《通知》强调要注重创建过程，做到“八个一”：

一要编制一个产业园发展规划，明确功能定位，一张蓝图干到底；

二要出台一套扶持优惠政策，真金白银支持产业园发展；

三要成立一个园区管理机构，由县（市、区）政府分管领导任管委会主任；

四要集聚一批经营主体，注重市场化运作，关注农民参与；

五要建立一个平台，引导返乡下乡人员到产业园创业创新；

六要探索一条产业融合发展之路，促进一二三产业融合发展；

七要建立一套利益联结机制，采取“保底＋分红”、土地入股等多种方式，让农民分享二三产业增值收益；

八要达到一个目标，园区农民收入高于本县平均水平10%以上，实现绿色发展。

动态解析：

福建省的一个重要特点是农业厅和财政厅在部署省级现代农业产业园的同时，提出了市级和县级的创建要求。即：创建设区市级现代农业产业园100个以上、县级现代农业产业园300个以上。并且，产业园申报与创建数量将作为延伸绩效考评指标。

2017年11月，福建省农业厅和财政厅公示了第一批省级产业园8家，分别是：武夷山茶业产业园、福鼎茶业产业园、福安葡萄产业园、平和蜜柚产业园、云霄蔬菜产业园、晋江蔬菜产业园、古田食用菌产业园、连城甘薯产业园。财政厅下达每个省级现代农业产业园1000万元奖补资金，并要求充分发挥政府资金的引导作用，通过政府购买服务、贷款贴息、专项基金、“以奖代补”等方式，撬动金融资本、社会资本投向产业园。

2018年入选福建省省级现代农业产业园有9家，其中茶叶3家，蔬菜3家，食用菌2家，蛋鸡1家；2019年入选了7家，其中种业1家，水果3家，蛋鸡1家，茶叶1家，生猪1家。

8.4.4　其他部分省级现代农业产业园动态解析

（1）浙江：农村一二三产业深度融合的现代农业园区。

浙江省的特点是落实“落实中央一号文件、省第十四次党代会和省委、省政府《关于深化农业供给侧结构性改革加快农业农村转型发展的实施意见》（浙委发〔2017〕17号）精神，深化农业‘两区’建设，推进现代农业发展与美丽乡村建设有机结合。”

2017年8月，浙江省粮食安全和推进农业现代化工作协调小组、农业“两区”办公室印发了《浙江省现代农业园区创建导则（试行）》，提出在现有农业“两区”基础上，通过拓展、提升和创建，五年内，在全省建成100个左右农村一二三产业深度融合的现代农业园区，打造农业“两区”升级版。省农业“两区”办组织专家组对申报材料进行审核，择优确定创建对象。列为创建对象的，要对照创建目标和建设标准，以现代农业园区管委会为责任主体，开展提升和创建（创建期限为三年，从 2017 年开始），农办、科技、财政、农业、林业、海洋与渔业等相关部门加强业务指导。

（2）湖南：现代农业特色产业集聚区。

湖南省的提法是“现代农业特色产业集聚区（省级现代农业产业园）”，强调“一县一特一品牌”“一区一园一品牌”的创建思路。由农业厅和财政厅负责管理。2017 年公示了 10 个集聚区（宁乡市、长沙县、衡阳县、湘潭县、华容县、鼎城区、安化县、靖州县、沅陵县、涟源市），其中宁乡市和靖州县列入国家现代农业产业园体系。

根据《湖南省农业委员会、湖南省财政厅关于开展湖南省现代农业特色产业集聚区（省级现代农业产业园）创建认定工作的通知》（湘农联〔2015〕115 号），2018～2020 年，每年认定 10 个产业园，每个产业园认定后奖补 1000 万元。要求加工、物流、研发、服务等核心区规划面积不少于 5000 亩，其他各项指标与国家级产业园相比低于国家级的要求。如特色产业产值占集聚区的总产值 50% 以上，园区总产值 20 亿元以上，园区农民收入高于当地平均水平 20% 以上，加工产值与农产值比例 2∶1 以上。农业废弃物的有效处理水平的衡量指标是高于全省平均水平的 20%。

（3）湖北：现代农业产业园。

《湖北省现代农业产业园创建工作方案》（鄂农办发〔2017〕10 号）（以下简称《方案》）由省农业厅办公室、湖北省发展和改革委员会办公室、省旅游发展委员会办公室联合印发。《方案》说明了由省农业厅、省发改委和省旅游委启动省级现代农业产业园申报创建和遴选评审工作。

湖北省从 2017 年开始，用 3～4 年时间，在全省建设 100 个现代农业产业园，其中，粮油、蔬菜、水果和茶叶产业园各 10 个，中药材产业园 5 个，畜禽产业园 15 个，水产产业园 10 个，农产品加工（物流）园 15 个，循环产业园、休闲农业园和创业创新园各 5 个。扶持政策：对建设较好的现代农业产业园，由省农业厅、省发改委、省旅游委等部门通过国家现代农业生产发展资金、农村产业融合发展资金、省级现代农业发展专项等，给予一定的支持。同时，择优推荐上报农业部，创建国家级现代农业产业园。

（4）河南：省级现代农业产业园。

2018 年启动省级现代农业产业园创建工作①由河南省农业农村厅、省财政厅联合发文。按照“一年有起色、两年见成效、四年成体系”的总体安排，建成一批生产功能突出、产业特色鲜明、要素高度聚集、设施装备先进、生产方式绿色、经济效益显著、辐射带动有力的现代农业产业园，将产业园打造成为优势特色产业引领区、现代技术与装备集成区、一二三产业融合发展区、农村创业创新孵化区、现代农业示范核心区。

河南的创建标准低于国家级产业园。有些指标偏软，如“园区农民人均可支配收入高于当地平均水平的 15% 以上”（国家级是 30%）。

（5）河北：省级现代农业园区。

---

① 河南省农业农村厅发展规划处．河南省农业农村厅、河南省财政厅关于印发《河南省省级现代农业产业园建设工作方案（2019—2022 年）》的通知［EB/OL］．http：//nynct. henan. gov. cn/2019/08－21/942394. html，2019－08－21.

2017 年 12 月，河北省农业厅、河北省委省政府农村工作办公室联合发文，公示鹿泉区现代农业园区（果蔬）等 67 家园区为 2017 年河北省现代农业园区。2018 年 11 月，又出台了《贫困地区现代农业园区建设三年行动计划（2018—2020 年）》，决定每年在贫困地区发展 10 个现代农业园区①。

河北省级现代农业园区的要求是：建成产业特色化、生产标准化、技术集成化、作业机械化、经营规模化、服务社会化的现代农业产业体系，农业基础设施、科技进步、质量安全、生态环保水平显著提升，新型主体、规模经营、龙头带动、休闲观光实现园区全覆盖，土地产出率、资源利用率、劳动生产率明显提高，单位面积产值、农民收入高于当地平均水平 30% 以上，在全省率先基本实现农业现代化。在贫困地区创建的这些省级现代农业园区，将按照“一县一业、一园一牌”的思路，以及“龙头企业 + 合作社 + 贫困户”紧密型利益联结机制。

（6）山西：省级现代农业产业园。

由省农业厅负责推进。主要依据是农业农村部、财政部关于开展现代农业产业园创建工作的通知精神，以及《山西省人民政府办公厅关于创建特色农产品优势区和现代农业产业园的意见》（晋政办发〔2017〕108 号）、《山西省人民政府关于 2018 年实施乡村振兴若干政策措施的通知》（晋政办发〔2018〕32 号）等。

山西省第一批省级现代农业产业园 2018 年 1 月在《山西日报》上公示。在公示的 20 个产业园中，有 18 个从名称上就能看出其特色产业。如：阳曲县有机旱作谷子、大同县黄花菜、广灵县食用菌、怀仁县羔羊、岢岚县绒山羊、静乐县杂粮（藜麦）、灵石县核桃、岚县马铃薯、吉县苹果、隰县玉露香梨、稷山县板枣、万荣县苹果、新绛县蔬菜、平顺县道地中药材、长子县蔬菜、黎城县中药材、沁水县蜂蜜、陵川县中药材等。

（7）山东：省级现代农业产业园。

山东省人民政府 2018 年 7 月 20 日公开发布了《关于印发山东省新旧动能转换现代高效农业专项规划（2018—2022 年）的通知》（鲁政字〔2018〕150 号）。该规划提出在全省构建“四区引领、三园示范、三区同建”的农业新旧动能转换格局。其中“三园同建”指现代农业产业园（到 2022 年发展 50 家）、农业科技园（建成一批）、农村创业园（返乡创业园、农村创业孵化基地、农村创客服务等平台等）。

在此之前，山东省农业厅、省财政厅启动了省级现代农业产业园申请创建和遴选评审工作，于 2018 年 8 月 6 日公示了滨州市滨城区等 23 家现代农业产业园；2019 年 7 月 29 日，省农业农村厅、财政厅又公示了济南市钢城区等 29 家②。

山东省要求承担省级现代农业产业园创建任务的县（市、区），要按照实施乡村振兴战略的要求，切实落实产业园姓农、务农、为农、兴农的建设宗旨，以推动农民分享二三产业增值收益为核心要务，聚焦做大做强主导产业、促进生产要素集聚、推进一二三产业

① 赵红梅．今后三年河北省每年在贫困地区创建 10 个省级现代农业园区［EB/OL］．河北新闻网，http：//www.hebnews.cn，2018－11－06．

② 刘金旺．山东遴选出 29 个省级现代农业产业园创建主体［EB/OL］．齐鲁网，http：//news.iqilu.com/shandong/yaowen/2019/0729/4321326.shtml，2019－07－29．

融合、加强创业创新孵化、提升农业质量效益和竞争力等任务，明确功能定位、创建思路、支持政策、运管机制、保障措施。在产业园创建过程中，要妥善处理政府与市场、农民与企业的关系，充分发挥市场主体在产业发展、投资建设、产品经营等方面的主体作用，不能异化为工业园区，坚决防止办成城市的开发区，切实密切小农户与现代农业发展的有机衔接，确保广大农民实实在在分享产业园发展成果。

（8）安徽：省级现代农业产业园①。

安徽省以省级现代农业示范区为基础创建现代农业产业园。建设要求是生产、加工、物流、研发等相融合，以引领推进农业供给侧结构性改革，推广绿色生产方式，促进农民持续增收。2017 年计划发展 10 家，2018 年 5 月 3 日实际公示了宿州市埇桥区、马鞍山市和县、六安市金寨县、黄山市休宁县、阜阳市界首市、宣城市宣州区、安庆市怀宁县 7 家，其中，宿州市埇桥区、马鞍山市和县已批准创建国家级现代农业产业园。

安徽省级现代农业产业园将探索建立金融服务体系和科技支撑体系；要求建成规模化原料生产基地和农产品加工产业集群，园区加工业与农业产值比达到 2. 5∶1（稍低于国家级认定要求），园区产值达到 30 亿元；打造一批农业生产加工大品牌，园区“三品一标”认证农产品实现全覆盖，品牌化率达 80%；农作物耕种收综合机械化率达 80%，农业科技贡献率达 65%，垃圾处理率达 100%；培育一批融合发展新产业新业态，特色农产品网上销售额占总销售额 15% 以上；园区农民可支配收入应高于当地平均水平 30% 以上。

① 史力．安徽省将建 10 个省级现代农业产业园［EB/OL］，中安在线—安徽日报，http：//ah. anhuinews. com/system/2017/10/30/007738140. shtml，2017 －07 －30.

第 9 章　农业科技园区

9.1　起源发展与政策背景

9.1.1　科技园区的发展情况

自 20 世纪 50 年代以来，世界一些国家和地区的科技园区的发展，有效地推动了当地的科技、经济的发展。建立于 1951 年的美国著名科技产业园硅谷，现已成为全世界科创中心；建立于 1961 年的新加坡裕廊工业区促进了新加坡经济的腾飞；始建于 20 世纪 60 年代的日本筑波科学城是日本为实现技术立国而建立，其发展有效地推动了日本经济的发展；中国 20 世纪 80 年代以后建立于北京的中关村、上海的张江高科技园区推动了北京、上海乃至全中国的科技发展。以上这些高科技园区都为所在国的科技以及经济发展做出了重要的贡献。

截至 2016 年，我国共有经济开发区、高新区，共计 365 个，GDP 总值占全国 GDP 总值的 23%，合计上交税收占全部税收的 25%，成为区域经济发展的重要载体和引擎，高新技术园区成为创新动力实践的典范，例如，中关村科技园 2017 年总收入约 5 万亿元，独角兽企业 67 家，占全球独角兽企业的 1/4①。

9.1.2　农业科技园区的兴起与体系构建

我国农业科技园区的兴起，可以追溯到 20 世纪 90 年代。当时中央致力于构建新的科技投入转化机制，实现高新技术成果向农业领域转移，在全国创办了农业高新技术开发区、农业科技园区和农业现代化示范基地，加快高新技术改造传统农业的步伐。

北京于 1993 年建立了展示以色列设施农业和节水农业为主体的示范农场，此后又出台了《现代化农业科技工程（1996—2000 年）纲要》，在北京市范围内建立了 17 个市级星火技术密集区，培养形成了 8 个产值超亿元的星火产业集团。

上海在 1994 年投资 2400 万元建设了 10 个市级农业示范区，其中就有著名的引进荷兰全套玻璃温室和工厂化生产技术的孙桥现代农业示范区，形成了现代化大农业的初步格

① 资料来源：和君咨询刘小军《科技园简析》（2018）。

局，在全国开创了农业科技园区建设的先河。

1997 年，国务院进行重大工程立项，与地方政府共同投资创办了我国第一个国家农业科技园区——陕西杨凌农业高新技术产业示范区，同时在湖南长沙马坡岭建立了国家农业高新科技园“隆平农业高科技园”；原国家科委正式立项启动了北京、上海、沈阳、杭州和广州 5 个城市的国家工厂化农业示范区。

根据农业部调查统计，截至 1997 年底，我国各地创办的农业高新技术开发区、农业科技园区、农业现代化示范基地达 405 个，其中国家级农业高新技术产业开发区 1 个，即杨凌农业高新技术产业开发区，省级农业高新技术开发区 42 个，地市级农业高新技术开发区 362 个[①]。这段时间（指 1997 年前后），农业科技园区群雄并起。1998 年国家科技部立项建立了 15 个持续高效农业示范区，1999 年国家农业综合开发办公室设立了 17 个农业高新技术示范区，还有其他一些部委（或部级机构）也在各地发展农业科技园区，而且都冠名“国家级”。

2000 年初，中共中央、国务院在《关于做好 2000 年农业和农村工作的意见》（中发〔2000〕3 号）中明确指出“要抓紧建设具有国际先进水平的重点实验室和科学园区，并制定扶植政策”。随后，国务院办公厅发布了《关于落实中共中央、国务院做好 2000 年农业和农村工作意见有关政策问题的通知》（国办函〔2000〕13 号），明确提出“科学园区由科技部牵头，会同有关部门制定建设规划和政策措施”。

在此背景下，由国家科技部牵头，联合农业部、水利部、国家林业局、中国科学院、中国农业银行等部门正式发文，系统地开启了国家农业科技园区建设工作。

此后，农业科技园区发展经历了试点建设（2001 ~ 2005 年）、全面推进（2006 ~ 2011 年）、创新发展（2012 年至今）三个阶段。截至 2017 年底，先后七批共批准建设了 246 个国家级农业科技园区，基本覆盖了全国所有省、自治区、直辖市、计划单列市及新疆生产建设兵团，初步形成了特色鲜明、模式典型、科技示范效果显著的园区发展格局。按照建设和运营主体的差异，园区形成了政府主导型（占 87.0%）、企业主导型（占 9.7%）、科研单位主导型（占 3.3%）三种模式[②]。

2018 年 1 月 22 日，科技部牵头，联合农业部、水利部、国家林业局、中国科学院、中国农业银行发布了《国家农业科技园区发展规划（2018—2025 年）》（以下简称《规划》）。该《规划》制定的目标是：到 2020 年，“构建以国家农业科技园区为引领，以省级农业科技园区为基础的层次分明、功能互补、特色鲜明、创新发展的农业科技园区体系”。国家级农业科技园区要布局到 300 个，带动省级园区发展到 3000 个，基本覆盖我国主要农业功能类型区和优势农产品产业带。

9.1.3 顶层推动的农业高新技术产业示范区

2018 年 1 月 16 日，国务院办公厅发布了《关于推进农业高新技术产业示范区建设发

① 王树进. 农业园区规划设计［M］. 北京：科学出版社，2011.

② 科技部等《国家农业科技园区发展规划（2018—2025 年）》。

展的指导意见》（国办发〔2018〕4号）（以下简称《意见》）。该《意见》肯定了1997年和2015年国务院分别批准建立的杨凌、黄河三角洲农业高新技术产业示范区的建设成就，点到了我国农业高新技术产业示范区（以下简称示范区）发展不平衡不充分、高新技术产业竞争力有待提高等问题，提出了到2025年在全国布局建设一批国家农业高新技术产业示范区的目标。即："打造具有国际影响力的现代农业创新高地、人才高地、产业高地。探索农业创新驱动发展路径，显著提高示范区土地产出率、劳动生产率和绿色发展水平。坚持一区一主题，依靠科技创新，着力解决制约我国农业发展的突出问题，形成可复制、可推广的模式，提升农业可持续发展水平，推动农业全面升级、农村全面进步、农民全面发展。"《意见》还明确了示范区建设的八项重点任务，分别是：培育创新主体；做强主导产业；集聚科教资源；培训职业农民；促进融合共享；推动绿色发展；强化信息服务；加强国际合作。

2018年9月5日，科技部发布了《国家农业高新技术产业示范区建设工作指引》（以下简称《指引》）。《指引》明确了国家农业高新技术产业示范区的四个基本定位：一是深化体制改革；二是聚焦"三农"发展；三是突出科技特色；四是打造创新高地（农业产业硅谷）。并从建设基础、产业基础、创新资源、基础设施、政策保障五个方面提出了申报条件。

对国家农业高新技术产业示范区规划的编制，《指引》拟定了九章提纲（一、战略意义；二、现有基础和发展环境；三、建设思路和目标定位；四、区域空间结构布局；五、高新技术产业发展；六、科技支撑能力建设；七、示范推广辐射机制；八、保障措施；九、相关附件）。此外，还要求编制实施方案。实施方案的内容按八个部分组织，分别是：重要性和必要性；发展基础和现状；发展思路和目标；主导产业布局；科教资源集聚；区域示范带动；组织保障；进度安排。

根据国务院办公厅（国办发〔2018〕4号）的《意见》，国家农业高新技术产业示范区享受的支持政策主要有四个方面。

一是在财政支持方面。中央财政通过现有资金和政策渠道，支持公共服务平台建设、农业高新技术企业孵化、成果转移转化等，推动农业高新技术产业发展。同时，要求地方政府将按规定统筹支持农业科技研发推广的相关资金并向示范区集聚，采取多种形式支持农业高新技术产业发展。

二是扶持金融创新。综合多种方式引导社会资本和地方政府在现行政策框架下设立现代农业领域创业投资基金，支持农业科技成果在示范区转化落地；通过政府和社会资本合作（PPP）等模式，吸引社会资本向示范区集聚，支持示范区基础设施建设；鼓励社会资本在示范区所在县域使用自有资金参与投资组建村镇银行等农村金融机构。创新信贷投放方式，鼓励政策性银行、开发性金融机构和商业性金融机构，根据职能定位和业务范围为符合条件的示范区建设项目和农业高新技术企业提供信贷支持。引导风险投资、保险资金等各类资本为符合条件的农业高新技术企业融资提供支持。

三是土地利用政策。坚持依法供地，在示范区内严禁房地产开发，合理、集约、高效利用土地资源。在土地利用年度计划中，优先安排农业高新技术企业和产业发展用地，明确“规划建设用地”和“科研试验、示范农业用地（不改变土地使用性质）”的具体面积和四至范围（以界址点坐标控制）。支持指导示范区在落实创新平台、公共设施、科研教学、中试示范、创业创新等用地时，用好用足促进新产业新业态发展和“大众创业、万众创新”的用地支持政策，将示范区建设成为节约集约用地的典范。

四是优化科技管理政策。在落实好国家高新技术产业开发区支持政策、高新技术企业税收优惠政策等现有政策的基础上，进一步优化科技管理政策，推动农业企业提升创新能力。完善科技成果评价评定制度和农业科技人员报酬激励机制。将示范区列为“创新人才推进计划”推荐渠道，搭建育才、引才、荐才、用才平台。

9.2 农业科技园区规划要点

近年来，农业科技园区基于自身发展模式和区域特色等，为适应创新驱动发展的需要，在功能定位、规划布局上出现了一系列新变化，政府主导型园区向农业高新技术产业培育和产城融合、产镇融合、产村融合的模式发展，其他两类园区分别向科技服务和成果应用方向发展。

9.2.1 政府主导型农业科技园区

（1）总体要求。

此类农业科技示范园的发展规划，要以实施创新驱动发展战略和乡村振兴战略为引领，以深入推进农业供给侧结构性改革为主线，以提高农业综合效益和竞争力为目标，以培育和壮大新型农业经营主体为抓手，着力促进园区向高端化、集聚化、融合化、绿色化方向发展。一是要着力引进农业高新技术，提高农业产业竞争力，推动农业全面升级；二是要着力促进产城产镇产村融合，统筹城乡发展，建设美丽乡村，推动农村全面进步；三是要着力促进一二三产业融合，积极探索农民分享二三产业利益的机制，大幅度增加农民收入，推动农民全面发展。

根据《国家农业科技园区发展规划（2018—2025 年）》要求，到 2020 年，构建以国家农业科技园区为引领，以省级农业科技园区为基础的层次分明、功能互补、特色鲜明、创新发展的农业科技园区体系。具体实现以下目标：①园区布局更加优化，国家级农业科技园区达到 300 个，带动省级园区发展到 3000 个，基本覆盖我国主要农业功能类型区和优势农产品产业带。②园区成果转移转化能力不断增强，累计推广应用农业新技术 4000 项、新品种 6000 个以上，授权发明专利数在 1000 个以上。③园区高新技术产业集聚度有较大提升，培育 20 个产值过 100 亿元、30 个产值过 50 亿元的园区，3000 个农业高新技术企业，10000 个农业技术成果推广示范基地。④园区“大众创业，万众创新”成效显著，园区累计创建 500 个“星创天地”，创新创业活动持续涌现，创新创业氛围更加浓厚。⑤园区精准脱贫带动能力大幅提升，累计培训农民 1000 万人次以上，带动周边农民收入增长20%以上，推动园区成为科技扶贫、精准脱贫的重要载体。

（2）园区单体的空间布局。

此类农业科技示范园区的规划，在空间布局上应明确核心区、示范区及辐射区的空间范围。其中，核心区为农业科技园区投入和建设的主体部分，面积宜为100～500公顷，具有农业生产、技术创新、科技示范、企业孵化、咨询服务、培训教育和综合管理等功能；示范区一般位于核心区的外围或周边，面积宜为核心区面积的5～15倍，主要为承接、转化核心区的科技成果，具有农业生产、成果转化、生产示范和产业带动等功能；辐射区位于示范区的外围或周边，是接受核心区技术服务或直接受到核心区影响的农业发展区域，与示范区在空间上可以不连续，具有农业生产、产业开发、成果应用等功能，如图9－1所示。

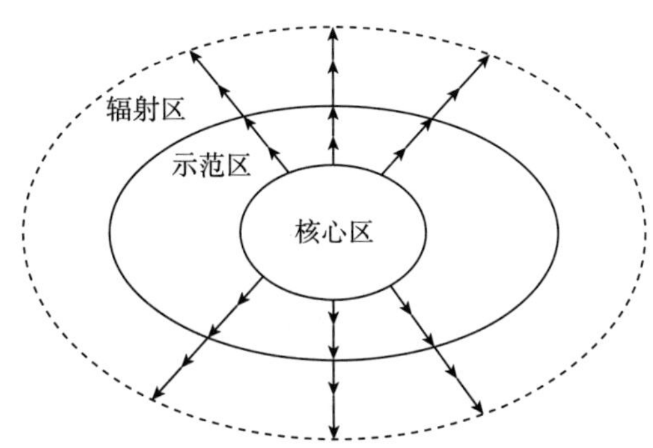

图9－1　政府主导型农业科技园区的三区结构示意

（3）核心区的进一步设计。

此类农业科技园区的核心区还可以进一步细分为科技研发区、农业技术展示区、咨询与培训区、综合管理区及观光休闲区。其中，科技研发区是农业科技示范园的重点建设对象，承载省部级及以上实验室、工程技术中心或企业技术创新中心等技术研发平台；观光休闲区是农业科技园区的功能拓展区域，在空间上可单独设区，也可与农业技术展示区、咨询与培训区等重合，配套旅游观光休闲相关设施，为园区参观对象提供现代农业观光、休闲体验、餐饮住宿等服务。

（4）管理体系与机制创新。

此类农业科技园区要建立健全的管理体系（包括地方协调领导小组和园区管理机构），要制定规范的土地、资金、人才等规章与管理制度。

园区在规划设计方案中，要积极创新体制机制，尤其是在人才应用、科技成果转化、资本投入等方面。可探索如何实施“一站式服务”“网上办事”和“网上审批”，开辟重大项目“绿色通道”，制定和完善市场“负面清单”、园区行政管理单位“责任清单”和“权力清单”，激发市场活力。如通过“后补助”等方式支持农业科技创新，深入推进科研成果权益改革试点；规范科技人员兼职取酬制度，引导高端人才向园区集聚，激活人才链；落实农业科技成果转化收益制度，促进科技成果转移转化水平的提升；完善政策资金、金融资金及社会资本等多元投入机制，着力优化投入结构，创新使用方式，提升支农效能，通过创新驱动将小农生产引入现代农业发展的轨道。

【例9－1】山东寿光蔬菜高科技示范园的运行机制

山东寿光蔬菜高科技示范园是第一批国家农业科技园区。位于寿光市洛城街道，自1999年6月开工建设以来，示范园累计投资达116亿元，建成核心区2万亩，示范区7.5万亩，辐射区35万亩，建筑面积60万平方米。该园区也是国家引进国外智力成果示范基地、全国农业旅游示范点（2005年）、国家4A级景区（2009年）、山东省农业科技示范园区建设单位、山东省蔬菜工程技术研究中心、山东省蔬菜工厂化育苗中心、山东农业大学博士后科研工作站、山东省无农药残毒放心菜生产基地①。

该园区即积极探索体制机制创新，规划组建示范园管理委员，负责示范园建设运行工作过程中的领导协调工作；建立完善专家咨询委员会，负责规划示范园未来发展、制定园区年度科技计划、监督管理园区咨询和审议程序的执行情况，尝试新材料、开发新技术和新设施，推出新品种等，促进园区可持续发展；建立示范园企业化经营主体，确保示范园日常市场经营实行企业化运作。从建园开始就以寿光蔬菜产业集团、寿光建筑公司、寿光国有资产运行公司共同作为发起人，注册成立山东寿光欧亚特菜有限公司、农发集团、七彩庄园配送中心、砚祥有机蔬菜生产基地等，下设生物工程种苗公司、特菜生产基地公司、会展信息公司、蔬菜加工销售公司等多个分公司，构成较为完整的产业链条。同时，示范园实行“公司＋基地＋农户”的产业运作机制，在新品种、新技术、新产品引进等方面形成横向发展，纵向带动。示范园以优质蔬菜产品取得市场认可，从而带动园区及其周边农户增收致富。

（5）坚持依法用地。

政府主导型农业科技园区要坚持依法用地，合理、集约、高效地利用土地资源。核心区要有一定建设用地，示范区要有一定设施用地。严禁在农业科技园区内进行房地产开发。

9.2.2 企业主导型农业科技园区

9.2.2.1 总体要求

企业主导型农业科技园区一般是企业投资建设。此类农业科技园区对规划的要求，一般比较具体，强调前瞻性与操作性的结合。对主导产业的定位要求非常明确、具体。对重要项目，要有较好的经济效益，能够取得满意的投资回报。要处理好企业与政府、企业与农户的关系，企业依靠技术服务来带动农户发展生产从而提高经营性收入，提供就业岗位来提高农户的工资性收入。

9.2.2.2 地块细分与编码

此类农业科技园区要高度重视土地的集约化利用。规划设计的重要依据之一是当地土地管理部门的《土地利用规划》。

为了精细安排建设项目，建议规划开始就绘制地块编码图。具体做法是：将规划范围

---

① 王勇．寿光市蔬菜高科技示范园发展对策研究［D］．青岛：中国海洋大学，2012.

内的土地细分为便于识别与管理的若干（或数十个、数百个）小地块，小地块的边界是现有的田间道路、河沟、田埂等，也可以是拟规划的道路、水渠等。对每一小地块进行编码、对其现状进行勘测、分析和评价，以便在规划时因地制宜采取适当措施。

9.2.2.3　重要项目设置

研发中心、种苗中心、产后处理中心、休闲服务中心、生产示范基地等项目往往是此类农业科技园的典型项目设置。

（1）研发中心。

企业主办的农业科技园区所设置的农业技术研发中心除了研发之外，还兼顾示范与推广功能；可以与当地农业大学和研究院所合作建立；可以是后者的技术推广和培训服务平台。企业通过研发中心的建设和运行，与高校建立紧密型合作关系，打造农业科技型企业的核心竞争力，并带动农业科技园周边的农业增效、农民增收。

研发中心的硬件规划内容主要包括工作设施与生活设施。需要建设用地，在布局上尽量靠近村庄或镇区。

【例9-2】松塘健源农业科技园的研发中心①

松塘健源农业科技园位于马鞍山市当涂县现代农业示范区之内。由农业科技型企业主办，占地面积1055亩。其研发中心占地面积15亩。研发中心设计的创新方向和主要研究项目是：大树移栽、高效园艺作物的快速繁殖与育苗、种草养鱼、鲜食玉米、菜用香椿等。

①规划的工作设施：

实验室600平方米；培训教室100平方米；中小型会议室3个，面积共200平方米；专家工作室（6~10个办公单元）400平方米；展示厅200平方米；停车场300平方米与亭廊100平方米。

②生活设施：

专家住所10套，合计面积2000平方米；为高校专家和招募前来参加园区子项目承包经营的种田能手、项目经理人之工作住所。

公共厨房与餐厅200平方米。

以上建筑面积合计4000平方米，占地面积10000平方米。

（2）种苗中心。

农业生产的育苗环节科技含量较高。因此种苗中心往往是企业主办的农业科技园区联系农户最紧密的项目之一。企业通过提供育苗服务，良种推广也就水到渠成了。向上游还可以延伸到品种引进与培育，甚至育种；向下游可以控制生产过程和产品收购。对于蔬菜瓜果、花卉苗木类的产业来说，育苗中心的主要设施是育苗温室，以及配套的播种设备与环境控制设备。

【例9-3】松塘健源农业科技园的育苗中心

上例介绍的松塘健源农业科技园，其主导产业是有机蔬菜和花卉苗木。企业通过育苗

① 资料来源：南京农业大学农业园区研究中心《松塘健源农业科技园总体规划》。

中心向周边农户提供蔬菜瓜果与名贵苗木的穴盘播种育苗、组织培养、扦插、嫁接育苗的商业化服务。设计年生产能力为：组培苗200万株；穴盘苗300万株，扦插苗500万株，嫁接苗100万株。具体生产量由订单决定。

育苗中心的主体结构设计：智能温室4000平方米（实现温度、光照、空气、水分、肥分等智慧化控制），配套联栋大棚或钢架单管大棚4000平方米，播种、扦插、仓储、车间和组培室等辅助设施建筑面积2000平方米，配套一年生苗圃园地30亩（装备遮阳设施与喷灌系统）。

（3）产后处理中心。

产后的商品化处理，是国家蔬菜标准园的必备项目。对于苗木企业来说，可能就是移栽和绿化工程服务。对其他大宗农产来说，就是收储、加工和销售服务。企业将种苗提供农户，通过产后处理中心（或称采后处理中心、销售服务中心），解决农户产后销售的难题。这样才真正完备了“企业+农户”的带动机制。产后处理中心的规划，因产业性质不同差别较大，一般包括收储、分拣、物流、加工、销售等设施。

【例9-4】松塘健源农业科技园的产后处理中心①

上例介绍的松塘健源农业科技园，其产后处理中心的功能是：提供鲜食玉米、有机蔬菜、其他养生食材、各类苗木销售的商业化质检、营销与配送服务。可服务种植面积1万亩以上，具有食品质量安全追溯功能和生产过程监测与报告功能；近期至少能满足本科技园内部生产的鲜食玉米和绿色、有机蔬菜的采后去杂清理、分级、包装、冷藏、分拣、市场营销与配送服务等需求。兼顾本科技园内部水产品收后处理和营销服务。

主体结构设计：

接货场1000平方米，分级分拣车间2000平方米（含分拣加工与包装流水线），保鲜库1000平方米，出库站台及广场200平方米，生态停车场200平方米，质量追溯信息中心与管理用房200平方米。合计建设面积4800平方米，占地面积4800平方米。如图9-2所示。图中的综合服务和办公区包含检测室、结算室、工具室等管理用房。图9-2中的展示交易区作为备选项目，可兼作现场购物中心。

（4）休闲服务中心。

企业主办型农业科技园大多数都兼顾发展农业文旅服务。一是因为地方政府积极鼓励农业科技型企业发展乡村旅游，农业科技园区设置此项目可以有效增加农村就业岗位；二是因为园区先进的农业技术本身具有参观学习的价值，发展科普旅游乃是顺势而为的事；三是企业可以利用休闲服务合作单位的来宾和园区CSA会员为主，带动技术和产品的扩散；四是休闲服务可以增加企业的收入来源。休闲服务中心是游客服务中心，也可以是企业内部管理旅游项目建设和运营服务的一个部门，负责旅游路线的设计与建设，包括沿途景观、小品、专用道路的维护等。休闲服务中心如提供餐饮和民宿服务，一定要安排建设用地（或村庄用地）。

① 资料来源：南京农业大学农业园区研究中心《松塘健源农业科技园总体规划》。

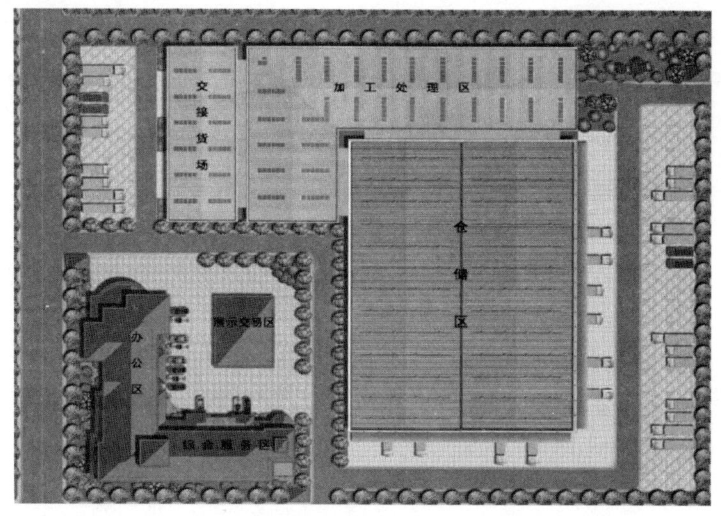

图9－2　产后处理中心结构示意

【例9－5】松塘健源农业科技园的休闲服务中心①

松塘健源农业科技园的休闲服务中心以接待科技合作单位来宾和园区CSA会员（即预定园区农产品的社区消费者）为主，兼顾为一般游客服务。在餐饮上强调有机、新鲜、美味；在环境上强调生态、动静有致；在项目上追求传统农耕文化传承与现代科技成果运用相结合。

接待能力：参观与体验300人次/日；用膳100人次/日。

建设内容：生态餐厅2000平方米（含特色餐厅、快餐厅、品茗阁、咖啡厅、榨汁坊等），DIY棚室300平方米（含编织坊、花坊、果蔬礼品篮制作等），游憩水榭100平方米，亲水栈道1000米，活动广场1000平方米，小船码头100平方米，垂钓台20座。

（5）生产示范基地。

生产示范基地是此类农业科技示范园区最基本的建设项目，一般占用基本农田（设施养殖的项目用设施农用地）。主要功能：一是优质农产品生产；二是先进农业技术的示范性应用。也是参观学习人员和游客农旅体验的重要场所。企业主办的农业科技园区一般占地面积不大（不同于农业产业园区），因此要追求土地产出能力和经济效益，在基地生产活动的安排上，要突出科技的作用和环境质量的把控，生产高端农产品。有条件的地方，要种养集合；在种植业内部，要合理安排产品组合和茬口。执行绿色（或有机）农业生产标准。

【例9－6】松塘健源农业科技园的有机种植区②

松塘健源农业科技园的生产示范基地主要有苗木生产区（地块编码以B开头）、生态养殖区（地块编码以C开头）、有机种植区（地块编码以D开头）。其中有机种植区

①②　资料来源：南京农业大学农业园区研究中心《松塘健源农业科技园总体规划》。

规划如下：

（一）规划面积及布局

本区规划总面积250.8亩，地块编码D1～22。其中D11～12、D15～16、D19～20为大棚设施（合计71.2亩），如图9－3所示。

图9－3　松塘健源农业科技园有机种植区地块布局

（二）功能设计

本区规划按有机农业方式种植，近三年执行有机农业生产基地的培育规范。不使用化肥农药。以种植水稻、蔬菜为主。

有机水稻种植与采用稻田养鸭、稻田养鱼相结合。利用稻田鸭消除杂草和虫害，利用鱼类养殖水体为休闲观光提供合适的环境条件和景观。蔬菜选择四类轮流种植：叶菜、块根（茎）类、豆类、瓜果类。不同蔬菜根系深浅不同，可利用的不同土层的养分与水分，轮作不会使土壤超负荷利用。轮作顺序可安排为以下四种模式：

第一种：叶菜类→块根（茎）类→豆类→瓜果类；

第二种：块根（茎）类→叶菜类→瓜果类→豆类；

第三种：豆类→瓜果类→块根（茎）类→叶菜类；

第四种：瓜果类→豆类→叶菜类→块根（茎）类。

（三）配套项目设置

在D3地块设置采后处理中心（含分拣车间、冷库等），将蔬菜分级摘净冷藏，均衡供应会员单位。

在D10地块设置农机与工具房50平方米，作为蔬菜大棚的配套设施，兼顾农事作业和参观者休息场地。

在D18地块设置观光果园（桃花岛）和休闲接待中心。观光果园与草莓、瓜果大棚构成四季采摘园。

在D21地块设置200平方米鸭棚一座，作为稻田养鸭项目的配套设施。

（四）生产组织与收入设计

本区产品设计以鲜食玉米为主。每亩种植者销售收入设计为 5000 元左右。由于鲜食玉米收获早，且收获时植株茎叶仍保持绿色，青秆含有大量的糖、蛋白质、维生素等营养物质，其粗蛋白含量是普通玉米的 1 ~2 倍，是饲养奶牛和羊最好的青贮饲草之一。一亩地一季能产 2000 千克青秆，出售青秆做饲料平均每亩收入约 600 元。

本区反包给 3 ~5 个农户种植，每户种植一块地，公司收购其产品。公司在采后处理中心，将玉米穗加工成快餐品后冷藏，作为健源品牌产品之一，均衡上市。按公司向种植户的合同收购价 0.7 元/穗计算，每户种植户的纯收入能达到 10 万 ~20 万元以上。

9.2.2.4　原则与立场

企业主办型农业科技示范园区的规划设计，要特别强调“因地制宜”“因势利导”“因人成事”的规划原则，尤其要尊重投资主体的发展愿景。在符合国家农业科技园区基本政策要求的前提下，以企业的效益为中心，讲究投资回报。项目及其运营方案的设计，要使园区企业综合投资的内部收益率（IRR）达到 15% 以上，否则园区发展可能会遇到资金障碍。

9.2.3　科教单位主导型农业科技园区

此类农业科技园区主要是各地农业大学的教学科研基地、农业大学申办的国家大学科技园区、市级以上农科院（所）主办的科技推广与示范基地。这类农业科技园区的主要特点是与本单位科研与教学工作关系紧密，即使是面向社会的国家大学科技园，也要求“50% 以上的企业在技术、成果和人才等方面与依托高校有实质性联系”①。

（1）规划指导思想。

在秉承国家农业科技园区指导思想的基础上，融合主办单位的具体愿景。园区要兼顾主办单位的发展战略和科技创新、制度创新之需求。要借助于农业科技园区的建设，使主办单位（下称本单位）的科技成果更好地服务于社会，同时，也促进主办单位科技创新的方向和条件进一步优化与完善。

（2）需求与立地条件调查。

需求调查包括三个方面：一是单位内部各部门、各分支机构的发展现状、存在问题以及对基地（园区）的期望；二是国内外科技发展趋势以及本单位在竞争中的地位、本单位的战略应对策略；三是当地社会经济社会发展对科技的需求，以及本单位可能起到的作用。

立地条件调查包括科技园区的地形地貌，自然条件，道路、给排水、电力电讯和污水处理等基础设施建设的现状，周边地理环境和人文环境等。在此类科技园区选址没有确定之前，立地条件调查报告将是选址决策的重要依据之一；在科技园区选址已经决定的情况下，立地条件调查将是进一步规划设计的不可或缺的基础。

---

① 参见科技部教育部 2019 年 4 月 3 日下发的《国家大学科技园管理办法》第三章第十条（认定条件）。

（3）与上位规划的关系。

科教单位主办的农业科技园区规划，涉及的上位规划至少来自三个方面：一是科教单位上级政府部门的相关规划；二是科教单位本身的总体发展规划；三是提供土地的地方政府各有关部门的相关规划。其中地方政府的总体规划和土地利用规划的影响最为直接。

此类农业科技园区规划的项目布局，必须遵循地方政府的土地利用规划，否则项目难以落地。如果某项目的布局无法与地方政府部门的土地利用规划一致，一定要明确提出对土地利用规划修编的要求，待土地利用规划的修编方案批准实施后才可以启动实施方案。

（4）基础设施建设。

此类农业科技园区的外部基础设施（道路交通、水、电等）一般比较好，否则难以通过选址论证。园区规划主要解决内部基础设置的安排问题。

科教单位主导型农业科技园区基础设施建设规划，要根据园区目标和任务要求，为园区自身发展服务。具体要做一些专项规划，如道路系统规划、绿化景观系统规划、水系灌溉系统规划、市政工程规划（包括给水、排水、供电、通信、燃气、环卫、公共交通设施、管线综合等）和竖向规划等。

（5）项目设置与布局。

项目设置与布局一般与功能区设计联系在一起。主题目标相同的项目集聚在一起构成一个功能区，便于建设分工和运营管理，也便于土地利用性质的管控。科教单位主导型农业科技园区的项目主题，至少可以分为三类：一是为本单位科研教学服务的项目（如试验田、实验室、实验农场、实验牧场、实验渔场、实践基地等）；二是带有公益性的科学宣传、示范推广、学术交流服务性项目，兼顾社会服务和单位内部服务两大功能；三是科技成果创新熟化和产业孵化项目，具有明确的经济效益指向，与区域经济社会发展高度融合，也是本单位对社会贡献的重要成果之一。

项目功能区的布局要服从上位规划的总体安排。

【例 9－7】南京农业大学白马教学科研基地的项目设置与布局①

南京农业大学白马教学科研基地是南京农业大学“两校区一园区”总体规划中的“一园区”部分，也是“江苏省南京白马高新技术产业开发区”② 中的南京农业大学科技园区。根据《江苏省南京白马高新技术产业开发区总体规划》，南京农业大学白马教学科研基地的地块东头属于上位规划的农业科技创新园（建设用地集中在此园提供），中部属于国际农业合作园，西部属于环境管控区，如图 9－4 所示。

根据上位规划的功能区之要求，南京农业大学白马教学科研基地于 2017 年修编了原规划，将该教学科研基地划分为三大功能区，即农业高新技术产业区、综合展示区、专业科教区。在这三个功能区内相应设置了 38 个建设项目，兼顾了上位规划要求和本单位的发展需要，如图 9－5 所示。

① 资料来源：南京农业大学规划设计研究院。

② 江苏省南京白马高新技术产业开发区是江苏省人民政府针对南京市《关于设立江苏南京农业高新技术产业园区的请示》的回复中所核准的园区名称，见苏政复〔2016〕71 号文。

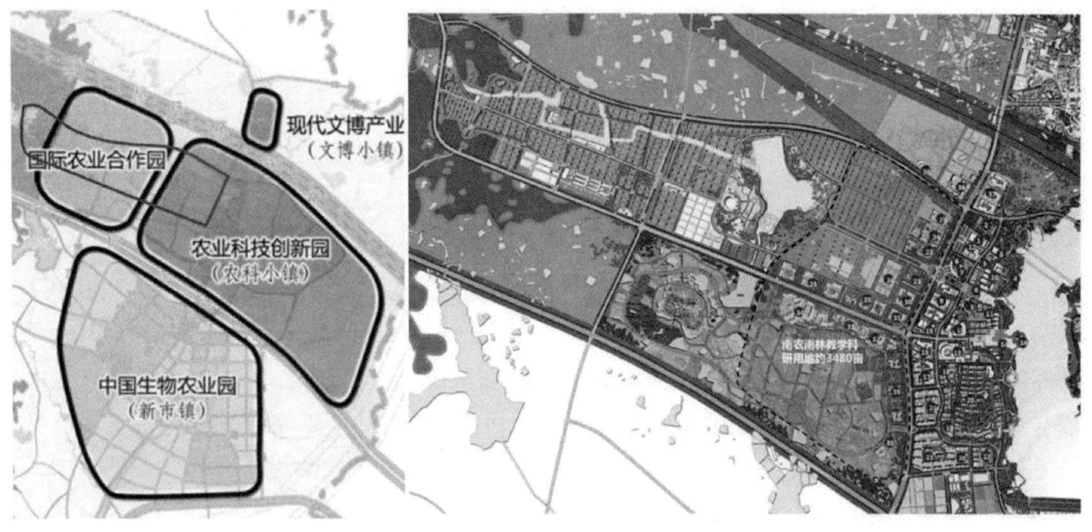

图9-4 南京农业大学科技园区在上位规划中的位置

图9-5 南京农业大学科技园的功能分区

在图9-5中，农业高新技术产业区由创新加速组团和产业孵化组团构成。创新加速组团围绕涉农科学技术的创新以及社会发展需要，从国际农业交流、科技成果技术转移、动植物品种改良、市场需求、政策与机制、物质装备等方面进行科技创新与突破，包含作物表型组学研究重大科技基础设施项目等国家级科研平台。产业孵化组团围绕学校优势学科和产业特色进行科技成果的孵化、中试、转化与产业化，把科技成果通过产业化的运作服务社会。包含国际农企孵化园、种业孵化园、物质装备孵化园、农事服务孵化园、创意农业孵化园、创新创业孵化园六大产业孵化园。此外，为了便于产学研融合，提高建设用地的综合效益，将教学综合楼、学生公寓、教师公寓、后勤服务用房等包括在内。将国家级科研实验平台（国家梨改良中心南京分中心、国家果梅杨梅种质资源圃等）也包括在内。

图9－5中的综合展示区，围绕中心湖布局展示性服务项目，形成农业科技景区：如国际农业新品种展示馆、国际农业装备与技术展馆、世界农业名人广场、创意农业馆、国际农业科技成果展示馆、农业博览馆、青年科普营地、游憩服务点等。

图9－5中的专业科教区，主要包含植物大田试验基地、动物实验基地、转基因基地、人文社科实验基地。其中植物大田试验基地主要用于农学、植保、资环、园艺、生科、草业等学院的教学科研实验实习；动物实验基地（建设用地）为动科、动医、食品等学院教学科研实验实习场所；转基因基地将建成学校转基因研究的公共实验平台；人文社科实验基地试图对难以搬迁的村庄进行改造，满足原来村庄的原住民的生活需求，同时也满足外来务工人员、创业人员的居住需求，按田园综合体模式进行实验示范，为经管、人文、公管、新农村建设等单位的相关教学和研究提供实验平台。

由于南京农业大学已经定位于创建世界一流农业大学，其教学科研的合作已经国际化，所以上述综合展示区和专业科教区，与上位规划的“国际农业合作园”基本一致。

（6）组织管理与运营机制。

科教单位主导型农业科技园区的组织管理体系一般由主办单位决定。但如果申请国家级农业科技园区或国家大学科技园，要按照相应的文件要求来设置。此时的规划方案，可建议采用一套班子两块牌子的做法。园区管委会可以由单位高层领导负责，但各下属院系（或研究所等）主要领导应进入管委会，园区管理办公室在科教单位处于中层。其组织管理的岗位设置可依据建设与运营业务的需要灵活安排。对国家大学科技园而言，需要注册具有独立法人资格的组织，组织中要具有职业化服务团队，经过创业服务相关培训或具有创业、投融资、企业管理等经验的服务人员数量占总人员数量的80%以上①。

运营机制可采用非营利性机构管理办法与市场化管理办法相结合的方式，探索如何发挥园区项目经营主体的积极性。对于大学科技园，要求能够整合高校和社会化服务资源，依托高校向大学科技园入驻企业提供研发中试、检验检测、信息数据、专业咨询和培训等资源和服务，具有技术转移、知识产权和科技中介等功能或与相关机构建有实质性合作关系；还要引进天使投资、风险投资、融资担保等金融机构入驻，或与相关金融机构建立合作关系；要组织专业化的创业导师队伍，在技术研发、商业模式构建、经营管理、资本运作和市场营销等方面提供辅导和培训。

（7）资金来源。

科教单位主导型农业科技园区的资金来源，可能会来自六个方面：一是单位自有的教学科研基地建设专项资金；二是各级政府的项目补贴与奖励资金；三是园区内项目经营主体的资金；四是社会捐赠；五是社会资本的合作投资；六是园区可能的经营性收入（后期投入）。具体要看主办单位的情况和园区的性质定位以及相关主体的运作能力。

---

① 参见《国家大学科技园管理办法》第三章第十条。

（8）建设时序。

科教单位主导型农业科技园区的建设时序与资金来源关系很大。一般来说，基础设施建设项目要先行，其余服务性和经营性项目要视资金来源和经营主体到位情况而定。单位内部教学科研的眼前需求应优先满足。

此外，国家大学科技园的认定条件要求是：园区组织的运营时间不少于2年，可自主支配的场地总面积不低于15000平方米，其中60%以上提供给孵化企业使用；在园区创业的企业孵化时间不超过4年，单一在孵企业使用的孵化场地面积不大于1000平方米。因此，如果拟申请国家大学科技园项目，这些硬指标所暗含的建设条件应优先满足。

9.3　农业高新技术产业示范区规划要点

农业高新技术产业示范区与上节所讨论的农业科技园区相比，一是开发区的属性更为突出，且一定是政府主办；二是要求更高，数量严格控制。国家农业高新技术产业示范区由国务院批准建设，过去只批了两家，在1997年批准第一家，在2015年批准第二家。按照科技部的意图，近年要加大布局力度，但最多每个省一家，发展的障碍因素很多，土地供给不足是其中之一。省级以下的农业高新技术产业示范区可依次类推。省级以下的这类示范区，多数是与当地高新区管理体系相融合，享受高新区的政策，但土地供应问题依然难以解决。

9.3.1　战略意义和必要性

创建农业高新技术产业示范区战略意义，可以从国家和区域农业和农村创新发展战略需要来论述。示范区以实施创新驱动发展战略和乡村振兴战略为引领，以深入推进农业供给侧结构性改革为主线，把服务农业增效、农民增收、农村增绿作为主攻方向，集聚各类要素资源，着力打造农业创新驱动发展的先行区和农业供给侧结构性改革的试验区。这对国家和区域农业农村发展是非常必要的。

（1）国家层面的需求。

创新驱动发展战略是我国经济进入新常态的必然选择。国家“十三五”规划已经将创新驱动作为我国“十三五”发展的首位理念，明确提出要将创新摆在国家发展全局的核心位置。各级政府配套出台了一系列政策措施，积极推动“大众创业，万众创新”。

战略性新兴产业是创新驱动的主战场之一。而农业高新技术产业在我国战略性新兴产业中占有很重要的位置。尽管我国农业科技水平与发达国家的差距在逐渐缩小，部分领域已经达到了世界先进水平，甚至领先水平，但农业高新技术产业的发展存在诸多问题和不足，与发达国家之间仍有较大差距。如种业、生物农业、高端农业装备制造、智慧农业等强大企业屈指可数，并难以与国际巨头正面竞争。农业高新技术产业发展存在一系列的问题，如：融资难、融资成本高；社会资本对现代农业的投入不足；农业技术创新和科技发展能力仍需加强；市场活力未完全激发；人才政策不完善，人才激励不够等。这都需要创建农业高新技术产业示范区探索其发展道路。

我国乡村振兴与农业现代化，迫切需要提高农业土地产出率、劳动生产率和资源高效可持续利用水平。这迫切需要农业高新技术的引领和支撑。而农业高新技术产业示范区的建设对于推动农业科技创新、发展农业科技产业、引领现代农业转型升级具有重大意义。

（2）区域发展层面的任务。

国家级和省级农业高新技术产业示范区，都应是区域农业创新中心。因此，要结合示范区所在区域的农业特点和实施国家主体功能区发展规划的需求，明确本区域的创新需求，结合本示范园发展定位来论述本示范园创建的必要性。

通过示范园的创建，可集聚创新要素、提高区域创新能力、发展能引领区域现代农业发展、支撑区域农业转型升级的高科技产业。

9.3.2 现有基础和发展条件

创建农业高新技术产业示范区的基础和条件，主要从涉农企业集群、农业科技创新平台、基础设施建设等方面叙述。

【例9－8】南京白马农业高新技术产业示范区的基础条件

南京白马农业高新技术产业示范区的规划，强调生物农业产业、装备制造产业、现代农业这三个企业集群。在生物农业产业方面，规划区已经集聚了南京金万辰生物科技有限公司、沃德绿世界（溧水）生物科技有限公司、江苏奥迈生物科技有限公司、邦基（南京）农牧有限公司等生物农业企业104家；在装备制造产业方面，规划区已经引进了西普集团、南京长安、都乐制冷等企业，初步形成了以汽车制造及零部件和节能环保产业为代表的高端装备产业集群；在现代农业产业方面，规划区已建成国家级农业科技园（白马）和省级现代农业示范园区（傅家边），集聚了溧峰集团、傅家边集团、中山园林、南京白龙有机、河西园林等多家现代农业企业，建设了近5万亩的高效农业示范基地。

在创新平台方面，南京白马农业高新技术产业示范区内已建立国家、省、市级重点实验室、工程技术研究中心、科技公共服务平台、开放实验室等各类科技平台30个。其中，高校院所、科研单位已落户高新区的科研平台主要有：农作物DUS测试中心、国家梨产业工程技术研究中心南京分中心、林木新品种繁育工程技术研究中心、农业机械试验检测实验室等。

在基础设施建设方面，南京白马农业高新技术产业示范区位于长江经济带和苏南现代化建设示范区，是“宁杭发展轴”上的重要节点。距南京市约50千米，距禄口国际机场约30千米，拥有宁杭城际铁路、宁高高速、宁杭高速，宁高公路、S246、S341等众多对外交通线路，具有良好的区位优势和便利的交通条件。使示范区服务长三角地区的现代化农业非常便捷。

创建农业高新技术产业示范区的基础和条件，还应该包括当地农业科技资源和人力资源状况，以及金融与相关产业的发展情况。

9.3.3　目标定位与发展思路

根据《国家农业高新技术产业示范区建设工作指引》文件精神，所规划的示范区到2025 年，应能成为所在区域的现代农业创新高地、人才高地、产业高地。示范区要在农业创新驱动发展路径方面有所探索，能显著提高土地产出率、劳动生产率和绿色发展水平。要依靠科技创新，着力解决制约农业农村发展的突出问题，形成可复制、可推广的模式，提升农业可持续发展水平。示范区规划目标定位要反映当地农业发展的需求特色，如陕西杨凌国家农业高新技术产业示范区的特色是服务于我国干旱和半干旱农业；而山东东营国家农业高新技术产业示范区则是要针对东部盐碱地区的需求特色，创立“高新技术支撑、现代服务业引领、一二三产业融合、四化同步发展”现代农业发展新模式；南京白马国家农业高新技术产业示范区则要解决经济发达地区（如苏南地区）农业农村创新驱动发展的路径。

发展思路可以围绕基本定位的四个方面来论述：

（1）如何深化体制改革。

农业高新技术产业示范区的发展思路，首先要以改革创新为动力，加大科技体制机制改革力度，打造农业科技体制机制改革“试验田”。起步重点是整合科研力量，深入推进“放管服”改革，充分调动各方面积极性，激发农业科技创新活力。如杨凌国家农业高新技术产业示范区，整合了陕西省杨凌地区的绝大多数涉农科技单位，包括部属单位、省属单位和其他社会资源；南京白马农业高新技术产业示范区已经规划了南京农业大学、江苏省农科院、南京林业大学、农业部南京农业机械化研究所、中国科学院在南京的下属单位入驻。需要进一步探索的主要在机制方面，如何使落户示范区的单位的科研力量真正整合为合力？可能通过重大项目的落地，以项目为抓手，才能真正实施科技资源的整合。让整合起来的科技力量为项目服务。项目成功，一荣俱荣，项目失败，一损俱损。

（2）如何聚焦“三农”发展。

上述项目的设计，必须针对解决“三农”问题的需要。项目要以农业提质增效为重点，推进农村一二三产业融合发展。通过提升农业技术水平，实现农业强、农村美、农民富，为乡村全面振兴提供有力支撑。

（3）如何突出科技特色。

农业高新技术产业示范区必须突出科技特色。要以科技创新为引领，针对制约区域发展的突出问题，通过产业项目的设置与孵化，促进农业科技成果集成、转化。同时，进一步引导和强化面向产业发展需求的科研创新。示范区为创新主体的试验示范提供条件，通过试验示范将科研成果转化为现实生产力，从技术上保障“质量兴农之路”的可达性和必然性。

（4）如何打造创新高地。

农业高新技术产业示范区要成为创新高地，成为“农业产业硅谷”，必须以国家战略为指引，坚持高标准、严要求，保障建设质量，增强农业可持续发展能力，培育农业高新技术企业，发展农业高新技术产业。这需要对入驻产业进行严格筛选，符合条件才准入。

【例9－9】南京白马农业高新技术产业示范区的产业准入四项原则①

一是技术先进原则。农业高新技术产业示范区的产业与其他产业的一个重要区别就在于它依靠科学技术进步，必须是高技术和新技术，能够集中地体现技术进步的主要方向和发展趋势，从而提高产业的劳动生产率，增加产品的技术附加值，在市场竞争中获得优势。技术的进步在于创新，创新是发展的驱动力，拥有科技创新的资源优势则是产业选择的重要因素。

二是市场需求原则。农业高新技术产业示范区的主导产业，要针对区域农业发展的市场需求。市场需求是产业生存、发展和壮大的必要条件之一。作为农业高新技术产业示范区的产业，要立足于解决所在区域的农业发展问题，同时要有较大而长期的国内外市场容量，在国际国内市场上有较强竞争力，能够通过市场运作使企业赢利，从而使企业有一个很好的发展前景。

三是产业基础原则。农业高新技术产业化最终要靠企业去完成，对有一定产业基础的领域，高新技术的导入和应用比较容易。产业基础不仅仅是指已有入驻的企业，还包括农业高新技术产业示范区内和附近的资源禀赋，以及为示范区产业提供产前、产中、产后配套服务的产业。

四是错位发展原则。农业高新技术产业示范区要剖析和吸取省内外同类示范区和高新技术产业开发区成功的经验，把握发展方向，发挥自身优势，规避劣势，差别竞争，错位发展，努力发展“人无我有、人有我优”的产业，提升示范区的发展竞争力。

要打造农业创新高地，对入驻产业进行筛选是必需的，但这仅是第一步。产业入驻以后还要精心培育。需要创建有利于创新型企业成长的硬环境和软环境，布局好商业配套项目，制定系统的政策措施和孵化培育机制。

9.3.4 区域空间结构与主导产业布局

如何设置与布局创新型企业成长的硬环境和软环境，布局好商业配套项目？这是示范区规划设计工作的重要任务。

（1）园镇一体、产城融合。

园镇一体是指农业高新技术产业示范区（即园区）的空间结构规划要与所在城镇的总体规划一体化去考虑。借助于原有城镇的市政设施，示范区可以大大减少初期建设成本和启动时间。产城融合是指产业与城市融合发展，以城市为基础，承载产业空间和发展产业经济，以产业为保障，驱动城市更新和完善服务配套，以达到产业、城市、人之间有活力、持续向上发展的模式。

（2）因地制宜巧设功能区。

农业高新技术产业示范区的主导产业的基本业态是农业技术产品的研发、制造、服务和农业应用示范。除了农业技术应用示范可以在农业用地上展开以外，研发、制造、服务

---

① 资料来源：江苏省农科院等《江苏省南京白马高新技术产业开发区产业发展规划》，笔者对其局部作了文字上的微调。

都需要建设用地。这就是此类农业示范区需要借助于现有的村镇和工业园区土地的原因。依托已有的村镇、开发区或现有骨干企业用地，向周边扩展，可能事半功倍，易于启动并节约成本。

【例9-10】南京白马农业高新技术产业示范区的空间布局

南京白马农业高新技术产业示范区规划的特点，是依托现状村镇布局特点，结合产业、交通等相关规划，构建“两城、三轴、四区”的整体空间布局结构，如图9-6所示①。

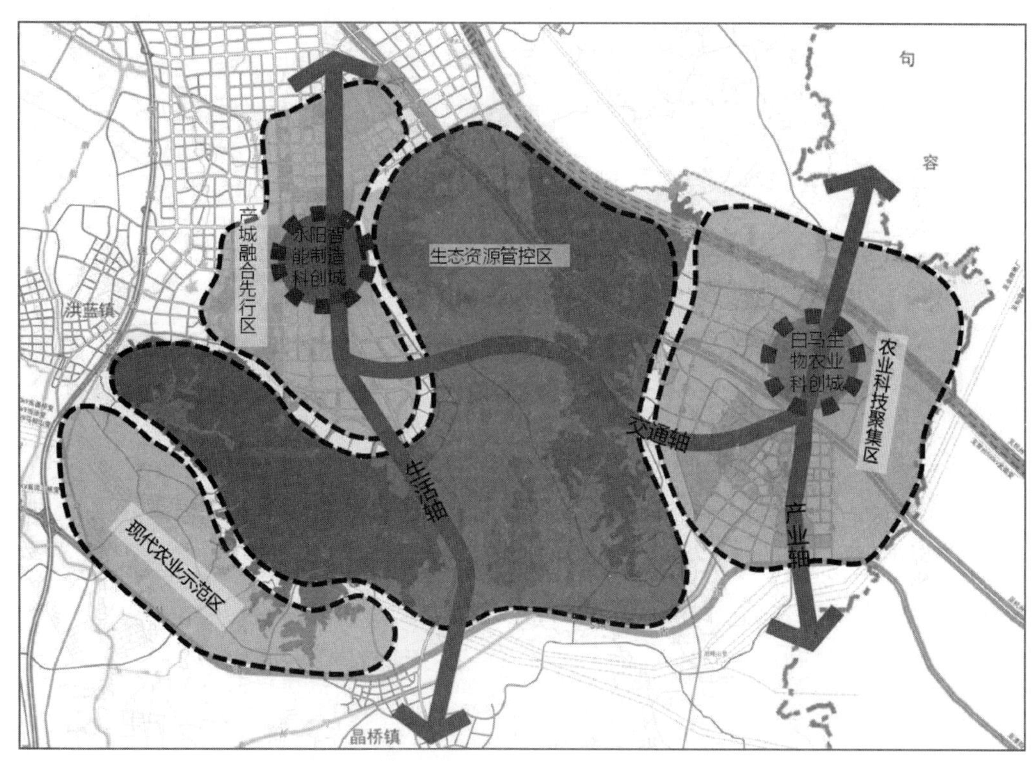

图9-6　白马农业高新技术产业示范区的结构布局

“两城”分别为“生物农业科创城”与“智能制造科创城”。前者规划定位为生物农业创新中心，位于白马国家农业科技园核心区内，宁杭高速以北、宁杭城际铁路以南的区域内，规划用地约3.7平方公里。生物农业科创城重点集聚涉农科技服务、科技创新等功能；后者规划定位为智能制造创新中心，位于246省道以东、中山湖以西、交通路以南，龙潭路以北，规划用地约6.28平方公里。智能制造科创城重点集聚总部办公、产业服务、科技研发等生产性服务功能。

“三轴”分别为白袁路—白朱路特色产业发展轴、永阳—白马“通勤交通”发展轴、秦淮路生活配套发展轴。白袁路—白朱路特色产业发展轴是白马涉农高新技术产业集聚

① 资料来源：江苏省城镇与乡村规划设计院等《江苏省南京白马高新技术产业开发区总体规划（2016—2020）》。

轴，分别串联农业科技创新区、生物农业区、食品加工区，是产业南北向拓展的重要轴线。永阳—白马通勤交通发展轴依托规划城郊三号路（现状246省道）、南外环路（现状341省道），构建上述白马高新区两核心区之间的快速通勤交通廊道。规划对现状246省道和341省道进行改造升级，优化断面形式，解决通勤交通问题。秦淮路生活配套发展轴是溧水中心城区南北发展轴线的延伸，连接北部溧水开发区、中部溧水老城区和南部溧水新城区，是城市生活及配套设施发展轴线。

"四区"分别为农业科技聚集区、产城融合先行区、现代农业示范区、生态资源管控区。农业科技聚集区以南京农业大学、南京林业大学和江苏省农科院等单位为基础，引导涉农高校院所、科研单位和企业总部的聚集，打造涉农高新产业的科技研发、教学科普、会展交流和配套服务等农业科技聚集区；产城融合先行区以溧水城南新城为依托，以永阳智能制造产业园为支撑，促进智能制造产业与溧水城市的功能融合与空间整合，实现"以产促城，以城兴产，产城融合"的发展目标；现代农业示范区以傅家边现代农业示范园为主体，示范和推广农业新品种、新技术、新模式和新装备等；生态资源管控区以东庐山、无想山、中山湖、姚家水库"两山两湖"为主体，划定生态红线、确定保护措施，实行生态管控。

研究图9-6可以发现，本例的最精彩之处是设置了生态资源管控区，以该区的生态红线将其余三个功能区有机地联系在一起，并设计了永阳—白马通勤交通发展轴解决"两城"之间的快速通勤交通问题。

在一般情况下，依托村镇集体建设用地发展研发、加工、服务等农业科技产业，村镇之间的农业用地用来发展现代农业生产示范，也是一种可行的布局方案。

9.3.5 农业高新技术产业的方向选择

早在21世纪初，研究我国农业高新技术产业化的专家们就建议锁定九大领域①：

一是动植物品种培育与改良，主要是利用基因工程，培育高产、优质、抗性强和可以生产抗功能性的新品种；

二是动植物的快速繁殖，主要是植物组培技术产业和动物胚胎移植技术产业；

三是农用生物制剂，包括生物农药、动物疫苗、动植物生产调节剂的研制；

四是海洋农业开发，主要与"国家863计划"中海洋生物技术研究与开发项目相呼应；

五是测土配肥与精确农业，将测土配肥专家系统、电子商务在线服务、数据库、GPS、作物新品种、专用肥配制等技术集成在一起，形成一个覆盖全国性的专业服务体系；

六是节水技术和设施农业，其中设施农业除研究和建设适应我国不同农业生态条件和农区要求的、不同档次和类型的温室系列之外，应将重点放在重点设施条件下的专用品种、栽培和植保技术、消耗性材料（如栽培基质）、相应的检测仪器、环境控制设备、智

---

① 王树进．如何加快我国农业高新技术产业化建设进程［N］．农民日报，2002-6-1（05）．

能化工具、农艺方案、农事制度和营销组织等方面；

七是农业信息化与服务体系建设，包括各种农业专家系统、技术咨询、市场分析、法规、新闻、农产品和农需品的供求动态、物流配送系统、网络信息共享和电子商务网站平台技术的有机融合，生成一批与“测土配肥技术产业”类似的企业群体，从而重塑我国农业技术推广体系；

八是农产品深加工，以此提高附加值、缓解农产品供应市场的季节性问题，并刺激农产品的市场需求，增加社会农产品需求总量；

九是食品安全与标准化，包括质检智能化软件、在线专家咨询系统、检测仪器、检测工具和材料、土壤解毒剂、农药降解剂和其他相关产品等。

如今看来，上述九大领域仍然是农业高新技术产业示范区可以选择的主攻方向。只不过在不同的地区，应结合区域农业发展的突出需求而有所侧重；不同的创办主体，应选择自身具有竞争优势的技术领域。

例如，南京白马农业高新技术产业示范区的产业规划，根据长三角地区产业发展需求和示范园内现有主体自身的技术优势，将主攻方向定位在生物农业、智能制造业、科技服务业和现代农业四个领域[①]。

生物农业：重点引进和培育生物种源、生物食品、生物饲料、生物信息以及生物检测等生物技术产业，形成生物农业产业集聚区。

智能制造业：以发展智能化、自动化、标准化为目标，结合已有的农机创新成果和工业基础，重点发展农机具制造和遥感信息两大产业，并通过遥感信息技术与智能农机具的结合，打造智能制造业集群。

科技服务业：提升产业创新能力，引进科研院所以及国内外高新企业打造科技创新核心区，成为整个开发区的技术核心和成果源头。

现代农业：建设农业高新技术示范区，推广应用农业新品种、新技术、新材料、新装备，积极发展农业新型经营主体，推动农业新兴业态和新商业模式建设，转变农业发展方式，构建农业全产业链和价值链，提高农业发展的质量和效益，持续增加农民收入。

9.3.6　如何集聚科教资源建设科技支撑能力

（1）通过整合科教单位凝聚人才。

对涉农科教单位进行整合，壮大科教单位的凝聚力，依托科技单位凝聚人才。

如 1997 年批准建设的杨凌农业高新技术产业示范区依托“西北农林科技大学”和“杨凌职业技术学院”两所院校，凝聚了一批科技创新人才。其中，西北农林科技大学是 1999 年 9 月由原西北农业大学、西北林学院、中国科学院水利部水土保持研究所、水利部西北水利科学研究所、陕西省农业科学院、陕西省林业科学院、陕西省中国科学院西北植物研究所 7 所科教单位合并而成。示范区依托这些科教单位，在全国建有 160 多个示范基地（示范站），推广先进的农业技术、产品和管理模式。到 2015 年，园区科技成果

① 资料来源：江苏省农科院等《江苏省南京白马高新技术产业开发区产业发展规划》。

转化率提高到60%，培育与引进创新团队300多个，逐步建立起以高新技术为先导，以现代农业为基点，以干旱半干旱地区节水农业发展为核心，以食品工业、生物产业、环保农资为支柱的新型产业体系，形成了“核心示范—周边带动—广泛辐射”的示范推广格局。

（2）通过科学规划产业体系集聚科教资源。

通过科学规划农业高新技术产业示范区的产业体系，以产业目标为发展导向，以示范区运作为发展载体，通过产业体系的构建，吸引科教资源向示范区集聚。

如南京白马农业高新技术产业示范区，通过规划确定高新技术产业（以生物农业、智能制造为主）、现代服务业和现代农业三大产业体系。其中，高新技术产业的发展导向是建设产业与科研并重的科教创新高地；现代服务业的发展导向是构建以生产性服务业为重点、生活性服务业为配套、公共服务业为保障的现代服务业体系；现代农业的发展导向是建设优势农产品规模化基地和农业标准化生产示范区。如此，南京农业大学、江苏省农科院、南京林业大学、农业部南京农业机械化研究所、中国科学院南京土壤所等科教单位入驻示范区皆能有所作为。

（3）通过企业和资本的入驻集聚科教资源。

技术只有与产业、资本的结合才能创造经济效益，实现其社会价值。因此，企业和资本对科教资源的吸引力毋庸置疑。引入有影响的企业和资本进入农业高新技术产业示范区，通过企业和资本的合作，可以加速科教资源聚集（包括但不限于本地科教资源）。

9.3.7 如何创新示范推广辐射机制

农业高新技术产业示范区的示范推广辐射的目的是带动区域农业发展。这里牵涉到“示范”“推广”“辐射”三个相关的概念：所谓示范，需要把好的产品或有效的经验示出让人家能够知晓和理解；推广则是扩大应用范围，可能需要试验、观察、培训和理解的过程；辐射则是有物质和能量的输出与回馈，可能惠及很远的距离。

（1）如何创新示范机制。

示范带动作用的前提是示范园本身要做得很好，如农业高新技术产业发展很成功，或技术产品应用很有效。因此要创新示范机制，首先必须集中力量把示范园本身建设好。如果这个前提成立，可以通过媒体宣传、开现场会或对外接待参观者来扩大影响。与乡村休闲观光相融合，一来可以增加收入，二来通过旅游项目促进示范区技术及技术产品的显示度，三来通过游客的口碑扩大媒体宣传的效果。这是近十几年来各地农业科技园区的运作经验的结晶，也是一个创新之举。

（2）如何创新推广机制。

农业技术如作物新品种、新的栽培模式、新的菌种培育方式等，因自然气候条件差异可能会有不同的表现，农业高新技术的推广应用，其效果存在一定不确定性。为了消除这种不确定性，需要在拟推广区进行试验示范。因此，对试验推广基地进行多点布局，或与不同地区的农业科技企业、机构合作，建立二级示范园，有利于农业高新技术扩大其空间应用范围。此外，在示范区内建立培训基地，区内企业与社会上培训机构合作建立培训基地，与大学共建培训基地，发展科技特派员、科技大篷车、建立农科超市，都是可取的推广机制。将企业技术推广经费纳入 R&D 费用口径，强化建立推广人员职业生涯路径管理（如单列职称评定标准），应有利于农业高新技术推广事业的发展。

（3）如何创新辐射机制。

辐射作用主要表现为产品和服务的销售和渗透，包括新应用环境下的二次开发和深度转化。农业高新技术产业示范区应具有强大的辐射力，需要不断创新，建立多元化的科技成果转化机制。

具体可以是：鼓励和支持科研机构和科研人员通过技术承包、技术入股、技术转让等形式参与技术辐射，促进高科技项目与高新技术企业嫁接，促进农业高新技术企业为一般现代农业企业服务，为农民专业合作社和家庭农场服务。例如，向后者提供种苗，并收回产品进行加工，转化成高附加值商品。

政府部门各类科技计划项目向符合条件的农业高新技术企业倾斜。高新技术企业从事国家鼓励类产业项目、引进国内不能生产的先进加工生产设备，要按规定落实减免税政策。高新企业为开发新技术、新产品、新工艺所发生的研究开发费用，据实税前扣除并按照有关规定享受加计扣除优惠政策。

9.3.8　保障措施

（1）组织保障。

农业高新技术产业示范区的组织体系应根据相关的文件精神要求设置。一般要求成立相应级别的领导小组和管委会来加强组织领导。领导小组要定期召开会议，协调解决示范区规划建设过程中遇到的问题。管委会负责日常运行工作，协调落实有关事项。政府相关部门可能涉及发改、科技、农业农村、财政、国土、环境等，其部门领导应加入管委会。各部门按照职能，细化方案，精心组织实施。

（2）制度保障。

成立管委会班子成员联系企业制度。班子成员应深入基层，搞好调查研究，及时掌握工作动态，把握示范区经营的发展规律，帮助农业高新技术产业化企业及时解决发展中遇到的困难和问题，切实把扶持高新技术产业化经营的优惠政策和发展目标落到实处。

要完善责任目标考核体系，对示范园有关指标进行分解量化，责任分工明确到位。要建立督察考核制度，建立和完善激励机制。每年对示范区高新技术产业工作进行一次全面的评比考核，对经营效益好、带动能力强的企业和有突出贡献的企业及科技人员进行表彰和奖励。示范区执行一般高新区政策，要确保高新区优惠政策落实到示范区企业，要加强对优惠政策执行的监管，着重考核企业是否达到标准，政策落实是否公平公正。

政府部门要转变工作作风，充分发挥部门职能，积极帮助企业在工商注册、项目立项、环境评价、厂房建设、土地供给、技术创新、资金信贷、市场开拓、信息交流等方面做好服务，简化审批程序，提高办事效能，不断优化经济社会环境。

（3）金融保障。

设立农业高新技术创投资基金，通过资本运营，资产重组、兼并等方式，加大对创新创业的扶持力度。将符合条件的农业高新技术企业优先纳入上市后备企业资源库，对条件成熟的优先列为年度企业上市重点推进和培育目标。指导企业利用融资租赁工具，促进融资结构多元化。

（4）人才保障。

示范区要实施高端人才集聚计划。一般会在农业生物技术、农业信息技术、智能装备制造、现代农业企业管理等领域培养和引进国内外高端人才。要建立具有国际竞争力的人才引进制度，区内企业、大学、研究院所都可以是引进高端人才的执行机构。各级人民政府按照个人贡献程度给予政策奖励，以新学科、新平台、新基地、新项目为引导，加快聚集、培育青年科技人才队伍，提高人才可持续发展能力。

（5）创新平台与公共配套设施建设。

在创新平台建设方面，要以示范园为载体，突出农业科技创新创业。可建设种业科技创新中心、农业生物技术创新中心、农业机械创新和测试中心等涉农科技创新和科技服务平台。在公共配套建设方面，要重点推进孵化器、众创空间（星创天地）、大学生创业园、公共服务中心（人才服务、信息服务、金融服务、知识产权服务等），还要建设专家公寓、人才公寓、必要的酒店宾馆、会展中心等生活与商务配套设施。

（6）技术保障。

示范区要加强技术开发能力的培养和科技支撑体系的建设，不断提高区内项目的技术含量。要建立稳定的技术依托和技术来源，加强产学研合作，增强高新区持续创新能力。首先，要高度重视高新区技术创新中心、孵化平台、农产品质量安全检测中心、技术交易与转化平台、园区网络中心等科技创新重点平台项目的建设，增强高新区自身的科技研发、技术集成和应用能力，使高新区能够集中高水平的农业科技力量，真正成为本地区农业引进、研究、开发、创新的孵化器和核心。其次，要进一步加强协作和技术引进。大力引进国际、国内智力，推动示范区国际、国内交流；吸纳国内外高等院校和科研机构入驻，并充分发挥这些单位在人才、技术、成果等方面的优势，增加技术储备和加速成果转化。最后，将示范区所在区域内的各科教单位和农业龙头企业的国家重点实验室、省级以上工程技术中心结成联盟，共享科技公共服务平台，避免重复建设和低效率运行。

（7）土地保障。

农业高新技术产业示范区的建设用地要严格执行国家有关土地政策文件，优先纳入当地政府的年度供地计划。并且，由于农业农村项目发展的特点，建设用地的点状供地试点项目应优先安排在农业高新技术产业示范区，以利于涉农企业的入驻和运营。

附录：2018 年以前已批准的 246 个国家农业科技园区名单

第一批（21 家）		
山东寿光农业科技园区	浙江嘉兴农业科技园区	北京昌平农业科技园区
天津津南农业科技园区	江苏常熟农业科技园区	上海浦东农业科技园区
福建漳州农业科技园区	广东广州农业科技园区	河南许昌农业科技园区
湖南望城农业科技园区	黑龙江哈尔滨国家农业科技园区	河北三河国家农业科技园区
湖北武汉国家农业科技园区	辽宁阜新国家农业科技园区	吉林公主岭国家农业科技园区
新疆生产建设兵团国家农业科技园区	甘肃定西国家农业科技园区	广西百色国家农业科技园区
重庆渝北国家农业科技园区	宁夏吴忠国家农业科技园区	四川乐山国家农业科技园区
第二批（15 家）		
宁波慈溪国家农业科技园区	青岛即墨国家农业科技园区	大连金州国家农业科技园区
深圳宝安国家农业科技园区	海南儋州国家农业科技园区	安徽宿州国家农业科技园区
江西南昌国家农业科技园区	山西太原国家农业科技园区	云南红河国家农业科技园区
新疆昌吉国家农业科技园区	内蒙古赤峰国家农业科技园区	青海西宁国家农业科技园区
陕西渭南国家农业科技园区	贵州贵阳国家农业科技园区	西藏拉萨国家农业科技园区
第三批（27 家）		
北京顺义国家农业科技园区	天津滨海国家农业科技园区	山西晋中国家农业科技园区
内蒙古和林格尔国家农业科技园区	辽宁海城国家农业科技园区	黑龙江建三江国家农业科技园区
江苏南京白马国家农业科技园区	浙江杭州萧山国家农业科技园区	安徽芜湖国家农业科技园区
江西新余国家农业科技园区	山东滨州国家农业科技园区	河南南阳国家农业科技园区
湖北仙桃国家农业科技园区	湖南永州国家农业科技园区	广西北海国家农业科技园区
海南三亚国家农业科技园区	重庆忠县国家农业科技园区	四川雅安国家农业科技园区
贵州湄潭国家农业科技园区	陕西杨凌国家农业科技园区	甘肃天水国家农业科技园区
青海海东国家农业科技园区	宁夏银川国家农业科技园区	新疆伊犁国家农业科技园区
新疆生产建设兵团阿拉尔国家农业科技园区	厦门同安国家农业科技园区	深圳宝安国家农业科技园区
第四批（8 家）		
河北唐山国家农业科技园区	山西运城国家农业科技园区	吉林松原国家农业科技园区
山东东营国家农业科技园区	云南昆明石林国家农业科技园区	西藏日喀则国家农业科技园区
大连旅顺国家农业科技园区	新疆生产建设兵团五家渠国家农业科技园区	

续表

第五批（45 家）		
江苏淮安国家农业科技园区	广东珠海国家农业科技园区	山东济宁国家农业科技园区
河北邯郸国家农业科技园区	四川宜宾国家农业科技园区	新疆乌鲁木齐国家农业科技园区
湖南岳阳国家农业科技园区	山东泰安国家农业科技园区	浙江湖州国家农业科技园区
广东湛江国家农业科技园区	山东烟台国家农业科技园区	河南鹤壁国家农业科技园区
江苏盐城国家农业科技园区	湖北潜江国家农业科技园区	内蒙古乌兰察布国家农业科技园区
福建宁德国家农业科技园区	宁夏石嘴山国家农业科技园区	北京延庆国家农业科技园区
甘肃武威国家农业科技园区	福建泉州国家农业科技园区	湖南湘潭国家农业科技园区
宁夏固原国家农业科技园区	湖北荆州国家农业科技园区	新疆哈密国家农业科技园区
吉林通化国家农业科技园区	贵州黔西南国家农业科技园区	黑龙江大庆国家农业科技园区
湖南衡阳国家农业科技园区	新疆和田国家农业科技园区	重庆璧山国家农业科技园区
北京通州国家农业科技园区	河南濮阳国家农业科技园区	吉林延边国家农业科技园区
安徽蚌埠国家农业科技园区	浙江金华国家农业科技园区	贵州毕节国家农业科技园区
黑龙江黑河国家农业科技园区	陕西榆林国家农业科技园区	安徽铜陵国家农业科技园区
云南楚雄国家农业科技园区	安徽安庆国家农业科技园区	安徽合肥国家农业科技园区
辽宁铁岭国家农业科技园区	山西吕梁国家农业科技园区	广西桂林国家农业科技园区
第六批（41 家）		
江西丰城国家农业科技园区	江西赣州国家农业科技园区	江西萍乡国家农业科技园区
江苏徐州国家农业科技园区	江苏泰州国家农业科技园区	江苏南通国家农业科技园区
江苏无锡国家农业科技园区	江苏连云港国家农业科技园区	重庆潼南国家农业科技园区
重庆丰都国家农业科技园区	四川内江国家农业科技园区	四川南充国家农业科技园区
安徽淮北国家农业科技园区	安徽阜阳国家农业科技园区	安徽马鞍山国家农业科技园区
安徽池州国家农业科技园区	安徽滁州国家农业科技园区	甘肃酒泉国家农业科技园区
甘肃张掖国家农业科技园区	贵州安顺国家农业科技园区	贵州黔东南国家农业科技园区
陕西咸阳国家农业科技园区	陕西宝鸡国家农业科技园区	陕西汉中国家农业科技园区
浙江象山国家农业科技园区	湖北十堰国家农业科技园区	湖北荆门国家农业科技园区
山东临沂国家农业科技园区	湖南湘西国家农业科技园区	内蒙古锡林国家农业科技园区
兵团五一农场国家农业科技园区	河北定州国家农业科技园区	河北石家庄国家农业科技园区
沧州河北国家农业科技园区	河南郑州国家农业科技园区	河南兰考国家农业科技园区
云南嵩明国家农业科技园区	云南滇中国家农业科技园区	云南玉溪国家农业科技园区
广东河源国家农业科技园区	新疆塔城国家农业科技园区	
第七批（19 家）		
四川巴中国家农业科技园区	四川遂宁国家农业科技园区	四川绵阳国家农业科技园区
青海海西国家农业科技园区	青海海南国家农业科技园区	青海海北国家农业科技园区
河南驻马店国家农业科技园区	内蒙古鄂尔多斯国家农业科技园区	云南宣威现代农业种业园
云南马龙现代农业科技园区	重庆江津国家农业科技园区	重庆涪陵国家农业科技园区
重庆长寿国家农业科技园区	重庆永川国家农业科技园区	贵州铜仁国家农业科技园区
贵州赤水国家农业科技园区	贵州六盘水国家农业科技园区	海南陵水国家农业科技园区
广西贺州国家农业科技园区		

第 10 章　田园综合体

10.1　起源与发展

田园综合体是在城乡一体化格局下，在工业化、城镇化发展到一定阶段的背景下，顺应农业供给侧结构性改革、生态环境可持续、新产业新业态发展要求，在基层内生的一种新项目。该项目以现代企业经营管理的思路，利用农村广阔的田野，以美丽乡村和现代农业为基础，融入低碳环保、循环可持续的发展理念，通过保持田园乡村景色，完善公共设施和服务，实行城乡一体化的社区管理服务，拓展农业的多功能性，发展农事体验、文化、休闲、旅游、康养等产业，实现田园生产、田园生活、田园生态的有机统一和一二三产业的深度融合。该项目为中国农业农村和农民探索一套可推广可复制的、稳定的生产生活方式（卢贵敏，2017）。

最早的田园综合体项目是在江苏省无锡市创建的。即由田园东方产业集团在无锡市阳山镇政府大力支持下策划、规划、建设与运营的田园东方综合体。该项目于 2014 年 3 月正式对外开放，作为乡村新型产业发展的亮点措施，迅速引起了媒体、学者、“三农”工作者和各级领导的关注和重视。

该田园综合体位于江苏省无锡市阳山镇北部，东南部与西南部分别与阳山镇老镇区和新镇区相接，新长铁路穿过其南部，锡溧运河为其北边界。项目区规划总面积约 416. 4 公顷（6246 亩），其中农业用地 277. 1 公顷（占规划总面积的 66. 5%）。

该项目规划分为三部分：农业、文旅和居住。三部分分别包括内在的复合业态。其中，农业部分以水蜜桃产业为基底，通过公司化、规范化、科技化运作，发展现代农业产业园，形成当地社会的基础性产业，形成休闲型农业、CAS 社区支持型农业、生产型农业等多类型；文旅部分，规划将其打造为新兴驱动型产业，将生态自然型多样的旅游产品和度假产品组合，由田园游乐、田园度假、乡村文创园等产品组成；居住部分，开展田园社区建设，服务原住民、新住民和游客，最终形成一个新的社区，选择曾经的拾房村旧址，并按照修旧如旧的方式，选取十座老房子修缮和保护，还保留了村庄内的古井、池塘、原生树木，最大限度地保持了村庄的自然形态。

围绕农业、文旅、居住三个功能，田园东方重点打造了乡村旅游主力项目集群、田园主题乐园、健康养生建筑群、农业产业项目集群、田园小镇群、主题酒店及文化博览 6 大项目集群，从而为广大田园人构建一幅“有花有业锄作田”的美好人居图景。

此外，田园东方不断优化经营机制，妥善处理政府、企业、村集体、农民四者之间的关系。其中，政府为村集体提供资金支持，为田园综合体内的企业提供政策扶持；村集体则以集体资产权益入股成立村集体公司和乡村运营平台；企业与村集体形成合作分红模式；农民收入来源于三个部分：一是以农村土地入股村集体公司和乡村运营平台，定期分红；二是成为企业员工获取劳动报酬；三是获取土地及其附着物的一次性补偿。

2017 年 2 月，“田园综合体”作为乡村新型产业发展的亮点措施被写进中央一号文件，文件提出“支持有条件的乡村建设以农民合作社为主要载体、让农民充分参与和受益，集循环农业、创意农业、农事体验于一体的田园综合体，通过农业综合开发、农村综合改革转移支付等渠道开展试点示范”。随后，财政部、国家农业综合开发办公室先后下发《关于开展田园综合体建设试点工作的通知》（财办〔2017〕29 号）、《关于做好 2017 年田园综合体试点工作的意见》（财办农〔2017〕71 号）、《关于开展田园综合体建设试点工作的补充通知》（国农办〔2017〕18 号）等政策意见，明确了田园综合体的重点建设内容、立项条件及相关扶持政策，并确定河北、山西、内蒙古、江苏、浙江、福建、江西、山东、河南、湖南、广东、广西、海南、重庆、四川、云南、陕西、甘肃 18 个省份开展田园综合体建设试点。自此后，浙江、安徽、福建等多省份参照国家财政部关于田园综合体建设试点工作的通知精神，积极开展省级田园综合体试点。

至此，田园综合体由民间自发组织的项目发展成为由各级政府重点支持并引导的“三农”工作亮点。

10.2　试点项目总体要求与立项条件

10.2.1　试点工作指导思想

作为国家和省级政府财政部门主导的试点项目田园综合体，要求贯彻中央的决策部署，深入推进农业供给侧结构性改革，适应农村发展阶段性需要，遵循农村发展规律和市场经济规律，围绕农业增效、农民增收、农村增绿，通过加强基础设施、产业支撑、公共服务、环境风貌建设，实现农村生产生活生态“三生同步”、一二三产业“三产融合”，农村文化旅游“三位一体”，积极探索推进农村经济和社会全面发展的新模式、新业态、新路径。

作为试点项目的田园综合体，可以逐步建成（一般建设期 3 年），其特点是“以农民合作社为主要载体，让农民充分参与和受益，集循环农业、创意农业、农事体验于一体”。

10.2.2　试点工作的原则

根据财政部《关于开展田园综合体建设试点工作的通知》（财办〔2017〕29 号）文件精神，试点工作要坚持以农为本、共同发展、市场主导、循序渐进四项原则。

以农为本原则有三层含义：一是以保护耕地为前提，提升农业综合生产能力，突出农业特色，发展现代农业促进产业融合，提高农业综合效益和现代化水平；二是要保持农村田园风光，保护好青山绿水，实现生态可持续；三是要确保农民参与和受益，着力构建企业、合作社、农民之间的利益联结机制，让农民充分分享发展成果。

共同发展原则主要强调集体经济。一方面，要充分发挥农村集体经济组织在乡村建设治理中的主体作用，通过农村集体组织、农民合作社等渠道让农民参与建设进程，提高区域内公共服务的质量和水平，逐步实现农村社区化管理；另一方面，要把探索发展集体经济作为产业发展的重要途径，积极盘活农村集体资产，发展多种形式的股份合作增强和壮大集体经济发展活力和实力。

市场主导原则的重点是强调政府引导、企业参与、市场化运作。要求创新建设模式、管理方式和服务手段，全面激活市场、激活要素、激活主体，调动多元化主体共同推动田园综合体建设的积极性。政府负责顶层设计、提供公共服务，不要大包大揽。政府投入要围绕改善农民生产生活条件，提高产业发展能力，重点是补齐基础设施、公共服务、生态环境短板，提高区域内居民特别是农民的获得感和幸福感。

循序渐进原则是指要依托现有农村资源，特别是统筹运用好已经实施过的农业综合开发、美丽乡村等项目建设成果，从当地实际出发，遵循客观规律，循序渐进地发展。要挖掘特色优势，体现区域差异，提倡形态多元性、建设模式多样性；要创新发展理念，优化功能定位，探索一条可持续、可复制、可推广的田园综合体建设和发展之路。这样的田园综合体，要特色鲜明、宜居宜业、惠及各方。

10.2.3　试点立项条件

不是所有的乡村都适合建设田园综合体。试点项目尤其如此。根据国财办〔2017〕29 号文对田园综合体试点立项区的要求，适合于申报田园综合体项目的条件有 7 项，即：

（1）功能定位准确。

要突出以农业为基础的产业融合和辐射带动等主体功能，具备循环农业、创意农业、农事一体化的基础和前景。要明确农村集体组织在建设田园综合体中的功能定位，充分发挥其在“开发集体资源、发展集体经济、服务集体成员”等方面的作用。具体要求：

乡村和产业——有基础、有优势、有特色、有规模、有潜力；

发展路径——农田田园化、产业融合化、城乡一体化；

开发单元——自然村落、特色片区；

基础设施——全域统筹开发、全面完善。

（2）基础条件较优。

可从三个方面来理解：一是区域范围内农业基础设施已经较为完备，农村特色优势产业、区位条件都较好，核心区集中连片；二是投资方面，已经自筹资金投入较大，且有持续投资能力，建设规划能积极引进先进生产要素和社会资本，规划发展思路清晰；三是组织方面，农民合作组织比较健全，规模经营显著，龙头企业带动力强，龙头企业与村集体、农民及农民合作社之间已经建立起较密切的利益联结机制。

（3）生态环境友好。

指能够落实绿色发展理念，一方面，保留青山绿水，积极推进山水田林湖整体保护和综合治理；另一方面，农业环境突出问题得到有效治理，农业清洁生产基础较好。

（4）政策措施有力。

主要体现在三个方面：一是地方政府在用地、财政、金融、科技、人才等方面有明确举措，水、电、路、网络等基础设施完备；二是在建设主体与管理方式方面，是否已经搭建了政府引导、市场主导的建设格局；三是在田园综合体建设用地保障机制方面，是否做出积极探索，是否为产业发展和田园综合体建设提供了条件。

（5）投融资机制明确。

一是积极创新财政资金投入方式，综合考虑通过先建后补、贴息、以奖代补、担保补贴、风险补偿金等方式的运用，撬动金融和社会资本投向项目建设；二是鼓励各类金融机构加大金融支持力度，积极统筹各渠道支农资金向本项目汇聚；三是要严格控制政府和村集体组织的债务风险，不新增债务负担。

（6）带动作用显著。

一方面在组织架构上，以农村集体组织、农民合作社为主要载体，组织引导农民参与建设管理，保障原住民的参与权和受益权，实现项目共建；另一方面在机制创新上，通过构建股份合作、财政资金股权量化等模式，让农民分享产业增值收益。

（7）运行管理顺畅。

田园综合体的建设模式和管理模式要因地制宜，要与当地的主导产业规划和新型经营主体发育水平相适应。可以采取村集体组织、合作组织、龙头企业等共同参与的方式来建设田园综合体，盘活存量资源，调动各方积极性，通过机制创新激发内生动力。

此外，财政部《关于开展田园综合体建设试点工作的通知》还强调对试点申请的否决机制（即六不受理机制）：凡是未突出以农为本、在项目布局与业态发展上与农业未能有机融合，以非农产业为主导产业的，不予受理；不符合产业发展政策的不予受理；资源环境承载能力较差的不予受理；违反国家土地管理使用相关法律法规，违规进行房地产开发和私人会所建设的不予受理；乡村举债搞建设的不予受理；存在大拆大建盲目铺摊子的情况不予受理。

综上所述，田园综合体的立项要求，主要从资源条件、现状基础、政策机制及发展定位等方面展开。在资源条件方面，要求规划项目区自然生态环境优越、交通区位条件优良、历史人文资源丰富；在基础现状方面，要求规划项目区社会经济发展水平较高、农业产业基础较好、生产基础设施较完备；在政策机制方面，要求地方政府在土地、财政、金融、科技、人才等方面出台有力的支持政策，明确投融资机制，强化联农带农机制，创新运营管理机制；在发展定位方面，要求规划项目区功能定位准确，发展路径科学合理。由此可以看出，田园综合体的建设发展，要求在保障资源禀赋条件的基础上，通过要素的叠加混合、资金与技术的嵌入，突出多样性与独特性。

10.3　田园综合体的建设重点与投资强度

10.3.1　田园综合体试点项目的建设重点

根据财政部《关于开展田园综合体建设试点工作的通知》（财办〔2017〕29 号）对试点项目建设内容的要求，田园综合体应围绕其具体的建设目标及功能定位，重点打造六大支撑体系。具体是：生产体系、产业体系、经营体系、生态体系、服务体系、运行体系，如图 10－1 所示。

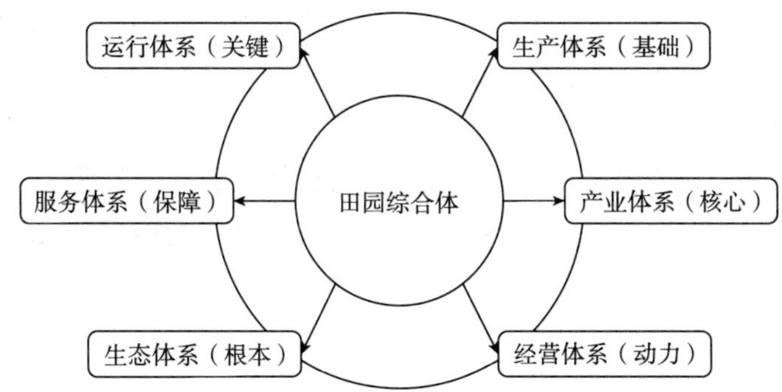

图 10－1　田园综合体的重点建设内容

在六大支撑体系中，生产体系是田园综合体建设的基础，为田园综合体的农业生产、休闲旅游、居住养老等各业态发展构建了特色农业背景和基础条件；产业体系指田园综合体的产业链群，是田园综合体建设的核心，为田园综合体发展和运行提供产业支撑；经营体系是田园综合体的动力，为田园综合体内优化生产关系，促进生产效率的提高；生态体系是田园综合体建设的根本，为田园综合体的可持续发展构建生态屏障；服务体系是田园综合体建设的保障，通过生产性服务及社区服务的完善，保障田园综合体的更好发展；运行体系是关键，通过健全优化组织管理与运行机制，形成田园综合体健康发展合力。

10.3.2　田园综合体试点项目的投资强度

投资强度是指项目单位面积的投资量。田园综合体的设计规模不同，原有的基础条件不同，项目的设计方案不同，所需要的投资强度自然也不同。

我们根据网上公开的资料和南京农业大学规划设计研究院提供的内部资讯，在 2017 年获准的首批国家级田园综合体试点项目和省级田园综合体试点项目中筛选出部分数据比较齐全的案例，如表 10－1 所示。

表 10－1　2017 年部分获批的田园综合体项目设计规模与投资强度比较

名称	规划面积（万亩）	规划总投资（亿元）	规划投入强度（万元/亩）	包含的村庄数量	备注
海口市田园综合体	2.82	14.9	5.28	29（自然村）	国家级试点
海南共享农庄（农垦—保国）	2.41	7.8	3.23		国家级试点
广西南宁市“美丽南方”	10.44	27	2.58	不详	国家级试点
山东临沂市沂南县朱家林	4.3	12.18	2.83	10（行政村）	国家级试点
河北迁西县花乡果巷	7.35	17.2	2.34	12（行政村）	国家级试点
四川都江堰天府源	3.27	21.03	6.43	13（行政村）	国家级试点
福建漳浦（石榴）田园综合体	2.83	14.04	4.96	2（行政村）	省级试点
平均值	4.77	16.3	3.95		

从表 10－1 中可以看出，7 个获得国家和省财政资助的田园综合体，平均投资强度为 3.95 万元/亩，一般涉及数个行政村（或更多的自然村），规划面积从 2.82 万亩到 10.44 万亩不等（平均规划面积为 4.77 万亩）。

表 10－1 中所列项目的投资用途主要是六大支撑体系的建设，具体包括基础设施、公共服务设施和产业化经营项目的投入，其中大约 20%～30% 来源于各级财政资金，70%～80% 来源于经营主体自筹资金。

10.4　田园综合体规划设计要点

10.4.1　如何建设生产体系

10.4.1.1　政策要求

夯实基础，完善生产体系发展条件。要按照适度超前、综合配套、集约利用的原则，集中连片开展高标准农田建设，加强田园综合体区域内“田园＋农村”基础设施建设，整合资金完善供电、通信、污水垃圾处理、游客集散、公共服务等配套设施条件。

10.4.1.2　规划设计要点

（1）高标准农田建设。

加强高标准农田建设，巩固规划区农业综合开发项目的成果。包括土地平整、土壤改良、灌溉与排水、田间道路、农田防护与生态环境保持、农田输配电、防护林网、田间物联网等内容的整体提升。重点实施田间设施提升改造工程、田间道路提升工程、水利管网沟渠配套工程等，完善道路、水利、给排水、强弱电、林网等基础设施建设，从而打造集中连片、设施配套、高产稳产、生态良好、抗灾能力强，与现代农业生产和经营方式相适应的基本农田，为田园综合体实现“产业兴”打下良好的生产基础。

（2）村庄基础设施建设。

加强村庄基础设施建设，巩固美丽乡村建设成果。一是通过电力扩容，整合供电企业的资金；二是整合信息通信系统的资金，加强信息化基础设施建设（如光纤宽带与基站等）；三是整合环保部门的项目资金，满足田园综合体污水处理工程的资金需求；四是积极争取旅游系统的项目支持，解决游客集散中心的建设资金；五是积极争取公共交通、卫生系统、民政系统、商务管理系统的公共服务项目入驻，整合相关的扶持资金。通过多渠道多部门公共服务项目的设置，综合改善农村基础设施和人居环境，具体如乡村危旧房的拆除与改造、村庄道路的硬化及景观亮化、乡村自来水管线系统改造与提升、农村电网改造升级、农村广播电视、通信、宽带等信息基础设施的建设和完善、村庄环境卫生的整治等，为田园综合体实现“村庄美”的目标提供设施基础。

10.4.2 如何建设涉农产业体系

10.4.2.1 政策要求

突出特色，打造涉农产业体系发展平台。立足资源禀赋、区位环境、历史文化、产业集聚等比较优势，围绕田园资源和农业特色，做大做强传统特色优势主导产业，推动土地规模化利用和三产融合发展，大力打造农业产业集群；稳步发展创意农业，利用“旅游+”“生态+”等模式，开发农业多功能性，推进农业产业与旅游、教育、文化、康养等产业深度融合；强化品牌和原产地地理标志管理，推进农村电商、物流服务业发展，培育形成1~2个区域农业知名品牌，构建支撑田园综合体发展的产业体系。

10.4.2.2 规划设计要点

（1）农业产业集群的构建。

田园综合体以现代农业为基础，根据政策要求，其规划设计过程中将通过打造农业产业集群、拓展农业多功能、培育区域农业知名品牌等方面，以农业主导产业为核心，以农产品研发、加工、物流及营销等产业为支撑，以旅游、会务、地产等产业为配套，以文创产业为衍生，构建由多条产业链相互支撑的田园综合体产业体系，如图10-2所示。

（2）核心产业如何规划。

首先要明确特色农业产业集群发展的战略目标、整体布局、发展重点和建设内容，同时出台配套产业政策和措施。规划在战略目标上，要力求形成“特色成块、基地成片、产业成带、集群发展”的良好格局；在发展重点上要依据“比较优势，错位发展”的原则，突出若干个特色农业产业集群的主导地位；在建设内容上要坚持“强产业龙头、扩生产基地、带广大农户、创区域品牌”的思路，从而带动田园综合体规划区域及其周边农业形成规模经济优势、交易成本优势、区域品牌优势、技术创新优势。

（3）如何实现一二三产业融合。

田园综合体要把循环农业、创意农业、农事体验集于一体，并要求农业、文化、旅游“三位一体”共同发展。在规划设计过程中，应着重拓展农业多功能性，将田园观光、农

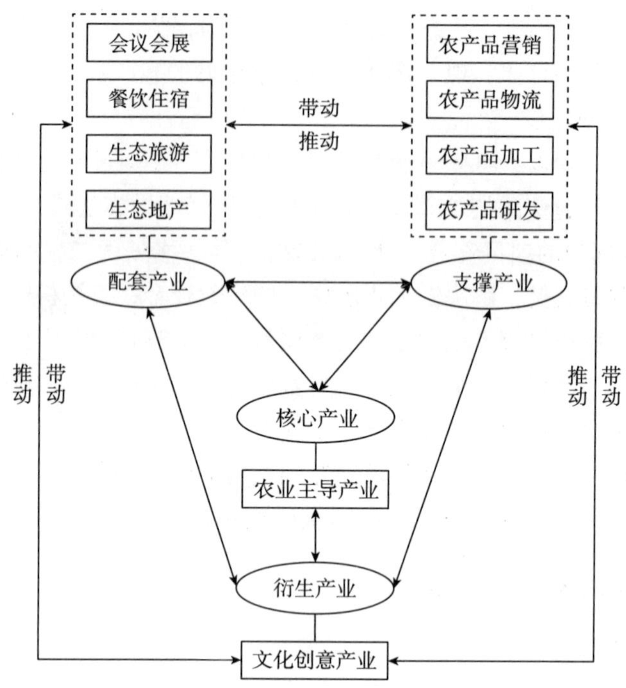

图 10－2　田园综合体产业体系构建（绿维文旅，2017）

事体验、农业科普教育、乡村文化休闲、农业文创、农村康养等有机结合起来，大力发展休闲农业与乡村旅游。通过挖掘田园综合体规划区域历史文化与特色资源，提炼区域农业休闲观光与乡村旅游主题形象，并以此为基础，科学策划旅游营销方案。此外，将创意融入以农业生产、农家生活、农村景观为主要内容的各项旅游项目中，设置特色明显、体验感强、文化度高的旅游项目，并合理安排四季特色旅游活动，打造特色旅游线路。

（4）致力于创建品牌。

田园综合体要求做强传统特色优势（或主导）产业，以生产高品质农产品为核心诉求，应重点培育田园综合体规划区域农业知名品牌。通过政府及田园综合体管委会牵头整合各方力量，以地理标志认定为依托，充分挖掘当地自然环境、文化内涵以及农产品本身特点，加强区域特色农产品公共品牌建设，打造区域公共品牌、企业自主品牌、单项产品品牌相结合的品牌建设格局。即同类农产品主打一个区域公共品牌，在其旗下形成系列品牌。区域公共品牌要彰显地方特色，系列品牌要有各自清晰的品牌定位和突出的产品风格。

（5）强化电商与物流。

田园综合体加强农产品流通体系建设。规划设计中应按照交易方式现代化、运营管理专业化、物流网络高效化、市场经营品牌化的原则，通过积极发展专业市场；培育农产品产销组织、行业协会、流通企业以及农民经纪人；以“互联网＋农业”为契机，强化电商平台的建立与运用，建立发达的农产品流通体系。

10.4.3 如何建设农业经营体系

10.4.3.1 政策要求

创业创新，培育农业经营体系发展新动能。积极壮大新型农业经营主体实力，完善农业社会化服务体系，通过土地流转、股份合作、代耕代种、土地托管等方式促进农业适度规模经营，优化农业生产经营体系，增加农业效益。同时，强化服务和利益联结，逐步将小农户生产、生活引入现代农业农村发展轨道，带动区域内农民可支配收入持续稳定增长。

10.4.3.2 规划设计要点

（1）设置农业经营主体孵化器。

在田园综合体中设置农民创业园（或星创空间、农业经营主体培训学院），培育新型经营主体（家庭农场业主、合作社带头人等），并引入创业孵化基金。注重规划核心区和辐射区的新型农业经营主体实力的综合提升，逐步形成以家庭承包经营为基础，专业大户、家庭农场、新一代农民专业合作社、农业产业化龙头企业为骨干，其他组织形式为补充的区域新型农业经营体系。

（2）完善社会化服务体系，促进农业增效。

在政府政策有力保证的情况下，利用农村产权交易平台等渠道，以土地流转、股份合作、代耕代种、土地托管等方式，促进规划区农业适度规模经营，增加农业效益。

（3）招商引资。

积极引导和鼓励规划区当地有规模、有潜力的农业企业上市融资或其他行业企业到规划区内投资农业，充分利用资本市场解决农业投入不足问题，促进规划区农业生产与加工企业的发展壮大。田园综合体规划区政府应把农业开发与招商作为加快规划区现代农业发展、实现转型升级的突破口。

（4）注重利益联结机制。

田园综合体的规划设计应强化经营主体的利益联结机制。要充分利用规划区内已有龙头企业、农民合作组织及其他农业经营主体在产业发展和实体运营中的示范引领作用，以土地流转、股份合作、土地托管、倒包返租、劳动力雇佣等形式，带动农户参与规划区的农业产业化生产，逐步将规划区内的小农户生产、生活引入现代农业农村发展轨道，带动区域内农民参与分享三产融合所带来的利益增长，最终实现田园综合体及其周边农户可支配收入的持续稳定增长。

10.4.4 如何建设生态体系

10.4.4.1 政策要求

绿色发展，构建乡村生态体系屏障。牢固树立“绿水青山就是金山银山”的理念，优化田园景观资源配置，深度挖掘农业生态价值，统筹农业景观功能和体验功能，凸显宜居宜业新特色。积极发展循环农业，充分利用农业生态环保生产新技术，促进农业资源的节约化、农业生产残余废弃物的减量化和资源化再利用，实施农业节水工程，加强农业环境综合整治，促进农业可持续发展。

10.4.4.2 规划设计要点

（1）优化景观资源配置。

生态宜居是乡村振兴战略中的重要任务，田园综合体规划设计中，应坚持保得住生态、留得住文化、记得住乡愁的发展方向，推进规划区山水林田湖的整体保护、系统修复、综合治理工作。同时，调研梳理规划区自然生态资源，并以此为基础打造规划区特色四季田园风光，实现乡村景观资源的优化配置。此外，深度挖掘农业生态价值，统筹农业景观功能和体验功能，利用规划区现有农业生产基础，开发田园观光、农事体验等项目，凸显田园综合体宜居宜业的新特色。

（2）设计循环农业。

在田园综合体项目规划设计过程中，应坚持贯彻生态循环理念，设置循环农业示范工程。畜禽养殖活动的规模要严格限制，要科学设计，避免造成废弃物污染。在规划区内可以设置堆肥场、有机肥车间等项目处理农业生产废弃物，设置净化塘、人工湿地等项目处理农业废水。另外，对村庄生活污水要进行拦截和处理，避免流入田间。可引入有机肥制作技术处理规划区生活污水及人畜粪便，实现资源循环利用；推进绿色高效生产，提高肥水利用率、控制面源污染，促进规划区农业可持续生产。

10.4.5 如何补齐公共服务体系短板

10.4.5.1 政策要求

完善功能，补齐公共服务体系建设短板。要完善区域内的生产性服务体系，通过发展适应市场需求的产业和公共服务平台，聚集市场、资本、信息、人才等现代生产要素，推动城乡产业链双向延伸对接，推动农村新产业、新业态蓬勃发展。完善综合体社区公共服务设施和功能，为社区居民提供便捷高效的服务。

10.4.5.2 规划设计要点

（1）加强生产性服务体系建设。

如种苗繁育、病虫害通防统治、农事外包作业、电子商务物平台、物流配送、技术咨询服务、营销策划服务、融资担保和保险服务等都可以形成产业，政府通过搭建服务平台，鼓励新型经营主体去具体提供专项服务。如此，着力发展规划区农业生产性服务体系，利用专业化农业生产服务组织实现规划区各经营主体的生产资料集中购买、生产经营集中进行、产品集中销售，并积极推广农业标准化生产，充分发挥农业机械装备的作业能力和分工分业专业化服务的效率，提高规划区农业综合生产能力，推进其农业现代化发展进程。

（2）完善社区公共服务设施和功能。

田园综合体要打造宜居宜业的特色，在规划设计中时必须强化社区公共服务能力的提升。第一要完善综合体社区公共服务设施，田园综合体的住房及配套设施要能满足原住民、新住民（打工者和创业者）及外来休闲旅游客群（包括度假养老）三类人群的生活需求。一般可规划设置农村社区服务中心，提供劳动就业、社会保障、社区养老、医疗卫生、文体教育、社区安全、流动人口管理等方面的服务。第二要完善上述设施的功能，提高服务水平。通过田园综合体的建设，要有效改善规划区社区医疗卫生条件，开展乡镇卫生院提升工程，满足规划区社区居民基本医疗服务和初级卫生保健需求；加强社区警务、警务辅助力量和群防群治队伍建设，建立健全社区公共安全体系；规划建设田园文化中心、乡村体育中心、康养中心、乡村助餐点等项目，强化规划区弱势群体关爱服务体系等。

10.4.6 如何优化运行体系建设

10.4.6.1 政策要求

形成合力，健全优化运行体系建设。妥善处理好政府、企业和农民三者关系，确定合理的建设运营管理模式，形成健康发展的合力。政府重点负责政策引导和规划引领，营造有利于田园综合体发展的外部环境；企业、村集体组织、农民合作组织及其他市场主体要充分发挥在产业发展和实体运营中的作用；农民通过合作化、组织化等方式，实现在田园综合体发展中的收益分配、就近就业。

10.4.6.2 规划设计要点

（1）三类主体之间的关系。

田园综合体作为推动农业现代化与城乡一体化互促共进的探索性项目，涉及的投资主体和经营主体很多，主要可归纳为政府、企业、规划区农民三大类主体。在规划设计中，应妥善处理好政府、企业和农民三者的关系，确定合理的建设运营管理模式，形成田园综合体健康发展的合力。其中，规划区当地政府负责政策支持引导和规划管理，在用地保障、财政扶持、金融服务、科技创新应用、人才培育与引进等方面提出明确的政策方案；并针对田园综合体的功能定位、重点产业规划、乡村旅游规划、村庄建设规划等内容做出科学合理规划，积极营造出有利于田园综合体发展的外部环境。

如图10－3所示，田园综合体是由农村原住民、外来就业和创业者、休闲养生者共同居住的高品质、低密度的人本型田园社区（周敏，2018）。由村集体（或农民合作社）土地入股、企业资本入股共建项目平台公司，由该平台公司负责田园综合体的开发建设和运营管理。田园综合体的经营利润在平台公司的两大股东之间按协议方式（或股权方式）分配。一方面，地方政府招商引资招徕企业；另一方面，引导村集体和合作社保障农民利益，并负责田园综合体的规划管理和政策支持。而田园综合体的成功运营，将帮助政府促进乡村社会经济发展和改善乡村生态人居环境。如此可形成田园综合体各相关主体之间的良性互动，不断优化田园综合体运行体系的结构，提升其功能。

（2）企业、村集体、合作社如何发挥作用。

相关的企业、村集体、农民合作组织及其他农业经营主体要充分发挥在产业发展和实体运营中的作用。龙头企业要发挥示范带动作用，通常负责社会资金筹集、投资建设和市场营销；村集体作为集体资产的运营者和农民的代表，重点负责整合集体资源，组织农户参与田园综合体建设，并负责对接地方政府的各项支持政策；农民合作组织（如各类合作社）负责组织分散的小农户、家庭农场，形成专业化群体，与龙头企业对接。

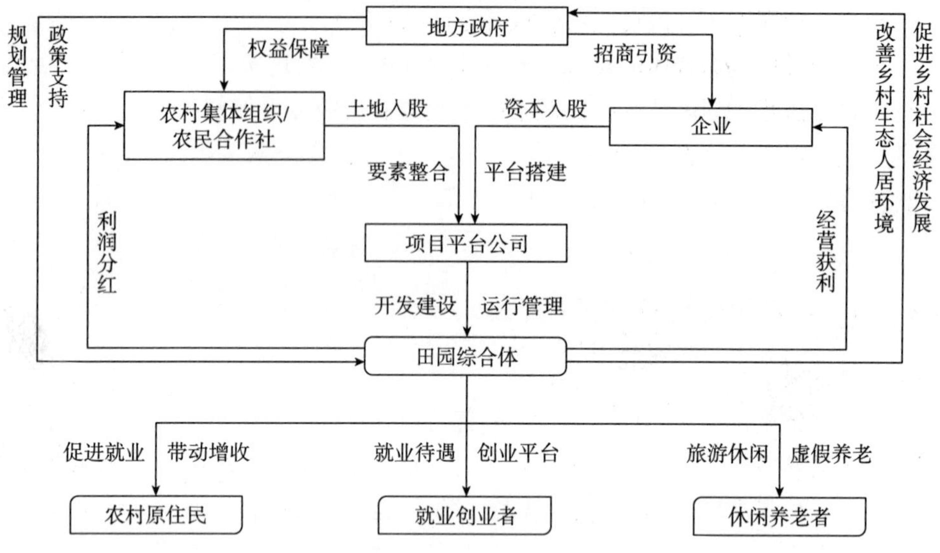

图 10－3　田园综合体多主体组织框架及运行机制

（3）如何保障农民获益。

规划区农户作为田园综合体的重要建设主体之一，应以农村集体组织或农民合作社等组织形式参与田园综合体的产业经营，分享集体经济发展和农村改革成果。

10.5　田园综合体规划成果编制要求

通过上述建设内容的研究，可以形成规划方案。规划方案需要通过规划文本和规划图册将其科学地表达出来。一些创新性强的方案或项目，甚至还需要专题研究报告来进一步说明。试点项目还要求编制三年实施方案，即将规划的任务分解到三年，逐年给出明确的任务，以便于检查督促和项目考核。

10.5.1　规划文本

田园综合体总体规划的文本至少包括以下九项内容：

（1）项目区基本情况。

项目区即规划区。应说明田园综合体的规划范围，所涵盖的村庄（或社区），已有的产业特色、交通区位和基础设施建设，已有的新型农业经营主体，已有项目（包括农业综合开发、美丽乡村建设、经营主体的各种产业项目）的投资运营情况等。

（2）建设目标与任务。

目标要围绕农业增效、农民增收、农村增绿来描述，可以从农业产业发展、文旅建设和社区建设三方面来展开，任务描述可以紧扣六大支撑体系建设项目。

（3）区域功能布局。

区域功能布局要因地制宜、因势利导。一般将规划区域按功能分为农业生产区、生态涵养区（或文化旅游区）、综合服务区、居住生活区等几个大类，也可以按现有的产业园、观光园的分布，结合未来项目布局设想，按一核数区、一带数园的模式表述。

（4）主要建设内容。

对每个功能区中具体建设项目一一予以说明。包括每个项目的作用、规模、价值、实施主体、农民受益方式等。也可以按照产业链群的框架逐一产业链予以具体解析。除了产业项目之外，还有基础设施和公共服务项目的建设内容。这部分的全部内容要与后面的投资估算和资金筹措方案对应起来。

（5）水土资源开发与生态环境保护。

指规划区总体的土地利用、水资源平衡、生态环境保护方案等。要将田园综合体建设前的土地利用现状与田园综合体建设后的土地利用规划进行比较，为土地利用规划部门提供土地规划修编的建议；要将田园综合体建设前的水资源利用现状与田园综合体建设后的水资源利用规划进行比较，为水务部门的水利规划修编提供建议；要将田园综合体建设前的环境保护现状与田园综合体建设后的环境保护规划进行比较，为后续的资源环境评估提供依据。

（6）建设管理与运营机制。

主要描述田园综合体投资建设和运营管理的组织框架的设计以及各类经营主体之间的任务分工和利益联结机制。要突出如何保障农民能够分享田园综合体发展带来的利益，也要注意每一类经营主体都能从中获得合理的、满意的收益。

（7）投资估算与资金筹措方案。

投资估算可以分两部分进行汇总：一是基础设施建设和公共服务项目的建设投资；二是产业或经营项目的建设投资。在资金筹措方面，基础设施建设和公共服务项目主要靠财政投入，但经营主体也可以有条件地投入；后者主要靠经营主体投入，但政府也可以提供一定的政策支持（如补贴、奖励等）。

（8）资源环境评估分析。

对田园综合体的整体以及其中的一些重点项目，需要进行资源环境评估分析，包括水资源环境，土地资源环境，空气、噪声等环境影响进行评价。

（9）政策保障措施。

一般包括（但不限于）强化组织领导、项目监督考核、财政资金扶持、土地保障措施、金融政策支持、科技政策保障、人才激励办法等几个方面。

10.5.2 规划图册

田园综合体总体规划的图纸包括（但不限于）以下内容：项目区位图、产业现状分析图、土地利用现状图、村庄现状分析图、功能分区图、项目布局图、道路建设规划图、水利规划图、强弱电规划图、给排水规划图、村庄规划图、总平面图等。

10.5.3 专题研究报告

包括重点项目的专题研究或可行性研究报告。对田园综合体重要组成部分的一些创新性较强的项目，往往需要作较深度的说明，或进行初步的可行性研究。但总体规划的文本因篇幅和体例所限，难以容纳这些内容，所以采纳专题研究报告的形式收集和整理，以备在项目实施过程中查阅、参考。

10.6 案例点评

福建漳浦（石榴）田园综合体规划简介

一、基本情况

漳浦（石榴）田园综合体是在福建省漳浦县政府的主导下，由南京农业大学规划设计研究院规划设计，其规划方案在省内竞争立项中胜出，漳浦（石榴）田园综合体入选福建省农业综合开发田园综合体建设省级示范点。

漳浦（石榴）田园综合体位于福建省漳州市漳浦县石榴镇（见图 10－4），距县城 14 公里，距镇区 7 公里，包括象牙村与攀龙村两个行政村，总面积 28350 亩，总人口 6676 人。项目区依托国家现代农业示范区石榴核心示范园建设，农业产业基础良好；东临台湾海峡，与台湾岛隔海相望，南隔东山湾，与东山县对峙，西南与云霄县相连，西及西北与平和县、龙海市毗邻，北及东北与龙海市接壤，内外交通畅达，交通区位条件优良；作为著名侨乡和台胞祖籍地，项目区具备独特的对台优势；且项目区介于北纬 23°43′～24°21′生态环境优越、自然风光优美、乡村物产丰富。

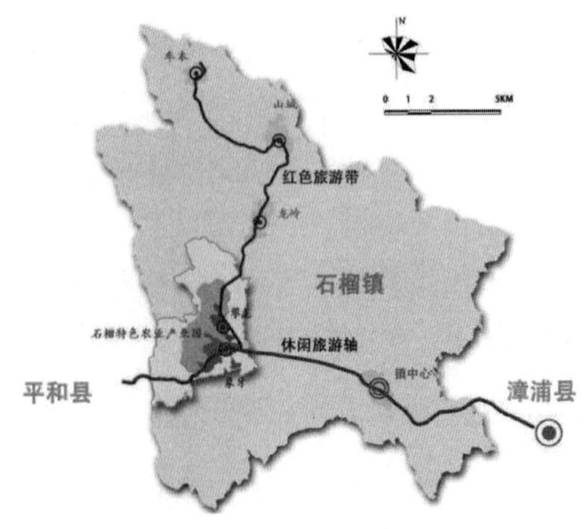

图 10－4 漳浦（石榴）田园综合体区位

二、核心思路

漳浦（石榴）田园综合体规划创新农业4.0定制理念，结合立地条件、市场需求、技术现状、政策支持等要素分析，将项目区自有资源优势发挥到极致，将农业、文旅、社区三方面有机组合，形成“一轴一带、一园两村”的格局（见图10－5）。总投资14.04亿元。

图10－5 漳浦（石榴）田园综合体总平面图

田园综合体分为三部分，农业、文旅和社区，并包括内在的复合业态。其中，农业部分以热带水果、四季花卉、道地药材、有机蔬菜四大产业为基底，通过公司化、规范化、科技化运作，发展现代农业产业园，形成项目区的基础性产业，同时延伸休闲型农业、CAS社区支持型农业、生产型农业等多类型业态；文旅部分，规划将其打造为新兴驱动型产业，以自然生态美景为基底，以“闽南井冈山”红色文化资源为底蕴，以象牙温泉为引力，以将生态自然型旅游产品和文化体验、休闲度假产品组合，形成“春观赏、夏品尝、秋参与、冬疗养”的四季主题；居住部分，在保留乡村原有风貌的基础上，通过建设田园文化中心、乡村体育中心、石榴康养中心、乡村助餐点等项目，开展田园社区建设，服务原住民、新住民和游客，综合打造一个新的社区。最终打造“闽南井冈山”红色文化带，创造“温泉乡村游”生态宜居地，建设“四季花果、红色文化、温泉养生”为主题的田园综合体。

漳浦（石榴）田园综合体运营方面，创新农产品定制中心的产业化运作模式，以新一代农民合作社、龙头企业、家庭农场作为漳浦（石榴）田园综合体的主要农业经营主体，建设“两岸优选”农产品定制中心（兼顾休闲旅游项目预约）。整合传统的展示与管理中心、采后物流中心、电子商务中心（包括农产品定购系统、民宿与休闲旅游项目预约系统）、研发与设计中心、涉农创业中心等多项服务功能，打造一个融合品牌营销、研发设计、产品加工、冷链物流、创业服务等多功能于一体的涉农产业体系发展平台，最终优化漳浦（石榴）田园综合体农业、文旅等各产业的生产经营机制，如图10－6所示。

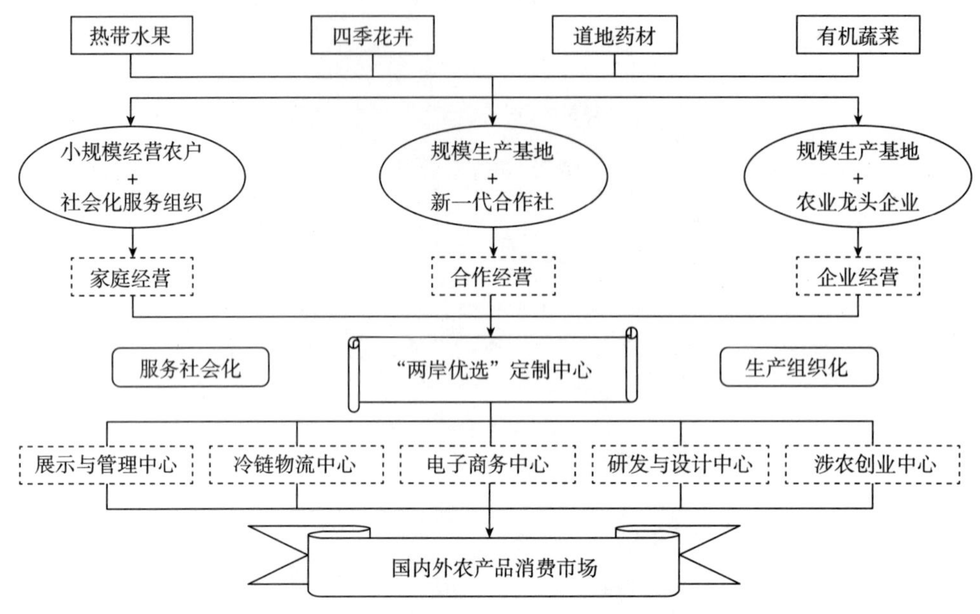

图10－6　漳浦（石榴）田园综合体运营模式

三、投资估算与资金来源

漳浦（石榴）田园综合体共有40个建设项目，总投资14.04万元。其中高标准农田建设项目2个，占总投资的3.7%；小流域治理项目2个，占总投资的4.5%；财政补贴产业化项目13个，占总投资的4.1%；财政补贴配套项目3个，占总投资的6.8%；非农发配套项目3个，占15%；非农发企业投资项目17个，占总投资的65.9%。资金来源：各级财政资金约占17%，经营主体自筹资金约占83%。

四、规划点评

从项目规划设计的角度来看，漳浦（石榴）田园综合体具有较多的台湾海峡两岸农业融合的元素。规划的主要亮点是设置了“两岸优选”农产品定制中心，通过这个中心，将展示服务、预约系统、电商、物流、研发与创业服务整合在一起，为经营主体打开市场构筑服务平台。此外，规划内容非常务实，40个项目皆能落地，充分体现了田园综合体的总体目标和任务。规划方案的逻辑性强，重要项目皆有可行性研究报告予以支撑。

第 11 章　农业特色小镇

农业特色小镇是指遵循创新、协调、绿色、开放、共享发展理念，具有明确产业定位、文化内涵和优势资源，兼具产业、文化、休闲和社区功能的农业特色产业集聚区，是推进农业农村供给侧结构性改革的重要平台项目，是深入推进新型城镇化的重要抓手。该项目有利于推动农村经济转型升级，聚合发展新动能，有利于充分发挥城镇化对农业农村建设的辐射带动作用。要做好农业特色小镇的规划设计，首先应了解特色小镇项目的政策背景。

11.1　特色小镇的政策背景

特色小镇项目起源于浙江省。2015 年，浙江政府工作报告提出要加快规划建设一批“特色小镇”，在全省建设一批聚焦七大产业功能、兼顾丝绸黄酒等历史经典产业、有独特文化内涵和旅游功能的特色小镇，助力浙江经济转型。2015 年 4 月 22 日，《浙江省人民政府关于加快特色小镇规划建设的指导意见》（浙政发〔2015〕8 号）文件出台，规划 3 年内全省建成 100 个左右特色小镇，平均每个规划面积 3 平方公里，建设面积 1 平方公里，原则上 3 年完成固定资产建设投资 50 亿元（不含住宅和商业综合体项目）。同年 6 月 4 日，第一批浙江省省级特色小镇（37 个）创建名单正式公布，浙特镇办（浙江省特色小镇规划建设工作联席会议办公室）同时强调了“培育一批、创建一批、命名一批”的梯度创建工作机制。2016 年 1 月 29 日，第二批特色小镇创建名单（42 个）公布，2017 年 8 月 2 日，第三批特色小镇创建名单（35 个）公布，2018 年 9 月 13 日，第四批创建名单（21 个）公布。

2016 年 7 月 1 日，住房城乡建设部、国家发展改革委、财政部联合下发了《关于开展特色小镇培育工作的通知》（建村〔2016〕147 号），决定在全国范围开展特色小镇培育工作。这是支持特色小镇建设的第一个国家层面的政策文件。该文件提出的计划是：到 2020 年，全国培育 1000 个左右各具特色、富有活力的休闲旅游、商贸物流、现代制造、教育科技、传统文化、美丽宜居等特色小镇，引领带动全国小城镇建设。

此后，特色小镇建设被列为农村重点工作之一，各部委、地方密集出台相应政策，支持特色小镇创建工作，特色小镇进入了国家层面全面推广的新阶段。

2016 年 10 月 8 日，国家发改委下发了《关于加快美丽特色小（城）镇建设的指导意见》。

2016 年 10 月 14 日，住房城乡建设部公布了第一批 127 个中国特色小镇名单。

2016 年 10 月至 2017 年 4 月，住房城乡建设部分别与中国农业发展银行、国家开发银行、中国建设银行等政策性银行签署合作协议，给特色小镇建设提供政策性金融支持。

2017 年 5 ~ 7 月，体育总局、农业部、国家林业局相继下发了关于开展运动休闲特色小镇、农业特色互联网小镇、森林特色小镇建设试点工作的通知，为特色小镇建设探索路子、总结经验。

2017 年 8 月 22 日，住房和城乡建设部公布第二批 276 个中国特色小镇名单，包含 32 个省（直辖市、自治区、新疆生产建设兵团）。

2017 年 12 月，发改委、国土部、环保部、住房城乡建设部出台《关于规范推进特色小镇和特色小城镇建设的若干意见》，规范和引导特色小镇的建设，防止变形走样、盲目发展及房地产化。

2018 年 8 月 30 日，为进一步对标党的十九大精神，巩固纠偏成果、有力、有序、有效地推动特色小城镇高质量发展，国家发改委办公厅下发了《关于建立特色小镇和特色小城镇高质量发展机制的通知》（发改办规划〔2018〕1041 号）（以下简称《通知》）。该《通知》要求：以引导特色产业发展为核心，以严格遵循发展规律、严控房地产化倾向、严防政府债务风险为底线，以建立规范纠偏机制、典型引路机制、服务支撑机制为重点，加快建立特色小镇和特色小城镇高质量发展机制，释放城乡融合发展和内需增长新空间，促进经济高质量发展。

除了上述部委的文件精神以外，国务院 2016 年 2 月 2 日发布的《关于深入推进新型城镇化建设的若干意见》、中共中央办公厅、国务院办公厅于 2016 年 12 月 19 日印发的《关于深入推进经济发达镇行政管理体制改革的指导意见》、国务院办公厅 2017 年 2 月 17 日印发的《关于创新农村基础设施投融资体制机制的指导意见》等重要文件，也凸显了特色小镇建设项目获得中央政策的大力支持。

在上述政策背景下，大多数省（市、自治区）人民政府对建设特色小镇的热情高涨，纷纷推出省级特色小镇。如四川省发改委于 2016 年 12 月出台了《四川省“十三五”特色小城镇发展规划》（以下简称《规划》），提出“在 2016 ~ 2020 年规划期内，要大力培育发展 200 个左右类型多样、充满活力、富有魅力的特色小城镇”，引领带动全省小城镇发展和建设。《规划》提出要按照各地主体功能定位，根据重点开发区域、农产品主产区、重点生态功能区的管控要求，立足资源禀赋、地理区位、发展基础等实际，引导特色小城镇布局建设，将重点打造旅游休闲型、现代农业型、商贸物流型、加工制造型、文化创意型和科技教育型六大类。从四川省发改委在 2017 年 3 月发布的规划建设名单中可以看到，实际规划的省级特色小镇是 200 个，其中旅游休闲型特色小城镇 47 个、现代农业型特色小城镇 45 个、商贸物流型特色小城镇 31 个、加工制造型特色小城镇 30 个、文化创意型特色小城镇 32 个、科技教育型 15 个。现代农业特色小镇约占 20%。

11.2 农业特色小镇的建设要求

上述特色小镇可以依据所依托的产业类型来进行分类。以农林牧渔产业为依托的特色小镇即农业特色小镇。如在四川省的省级特色小镇名单中，20%为农业特色小镇。除此之外，农业特色小镇还包括其他政府部门授予的涉农主题特色小镇，如农业农村部（原农业部）等系统扶持的项目。

11.2.1 国家级农业特色小镇建设要求

主要是农业农村部的特色互联网小镇和国家林业局森林特色小镇。

2017 年 6 月 9 日，农业部市场与经济信息司发布了《关于组织开展农业特色互联网小镇建设试点工作的通知》，提出在 2020 年试点结束以前，原则上以县（市、区）或垦区为单位，在全国建设、运营 100 个农业特色优势明显、产业基础好、发展潜力大、带动能力强的农业特色互联网小镇。在小镇内，培育一批经济效益好、辐射带动强的新型农业经营主体，打造一批优势特色明显的农业区域公用品牌、企业品牌和产品品牌，将小镇培育成农业农村经济的重要支柱。同时强调小镇建设要坚持促进产业融合发展、规划引领合理布局、积极助推精准扶贫、深化信息技术应用。同年 10 月 10 日，农业部办公厅又发布了《关于开展农业特色互联网小镇建设试点的指导意见》，强调要坚持政府引导、市场主体，坚持创新驱动，坚持绿色发展，坚持合作共赢，坚持试点先行等建设原则。

2017 年 7 月 4 日，国家林业局办公室发布了《关于开展森林特色小镇建设试点工作的通知》，定义森林特色小镇“是指在森林资源丰富、生态环境良好的国有林场和国有林区林业局的场部、局址、工区等适宜地点，重点利用老旧场址工区、场房民居，通过科学规划设计、合理布局，建设接待设施齐全、基础设施完备、服务功能完善，以提供森林观光游览、休闲度假、运动养生等生态产品与生态服务为主要特色的，融合产业、文化、旅游、社区功能的创新发展平台”。提出在全国国有林场和国有林区林业局范围内选择 30 个左右作为首批国家建设试点。到 2018 年 9 月，国家林业和草原局办公室实际公布了全国首批 50 个国家森林小镇建设试点名单。森林小镇试点建设期限定为 3 年，在 3 年内完成建设任务的，由国家林业和草原局认定为“国家森林小镇”，并统一颁发标识。

11.2.2 省级农业特色小镇建设要求

在国家特色小镇和省级特色小镇项目的启发下，一些省份的农业部门敏锐地发现了农业类特色小镇的建设意义和可行性。他们针对农业生产、乡村旅游、农产品加工、农村文化创意、农村“互联网 +”、农村康养等产业发展的显著优势，积极出台农业特色小镇的扶持政策和指导意见。

如江苏省农业委员会于 2017 年 5 月举办了全省创意休闲农业工作推进会，决定启动创意休闲农业省级特色品牌培育计划：用3~5年时间，培育100个农业特色小镇、200个休闲观光农业示范村、300个主题创意农园，构建全国领先的创意休闲农业互联网宣传平台，每年举办一次创意休闲农业设计大赛，进一步提升该省创意休闲农业影响力，建设创意休闲农业强省。

2017年12月10日，江苏省农业委员会发布了关于印发《江苏省农业特色小镇培育发展情况评估指标（试行）》（苏农园〔2017〕12号）通知，在此文件中，从规划建设方案、农业特色主导产业、基础服务设施、支持保障、农民增收与生态文明五个方面提出了36个具体评价指标。

【例11-1】江苏省农业特色小镇的建设要求①

（1）规划建设方案

权重15%。但对"未编制小镇概念性规划及年度建设方案"的申请，将予以一票否决。

要求规划面积在3~5平方公里，核心区面积在1平方公里左右；与本地区的经济社会发展规划、城乡建设总体规划、土地利用总体规划、农业发展规划、环境保护规划、主体功能区规划、村庄布局规划等上位规划相衔接；在发展理念方面，要"三农"资源与科技、文化、历史、生态等元素有机融合，发展方向明确，体现产镇融合、文旅融合等先进发展理念；在功能分区方面，要求空间布局合理，产业、文化、旅游、社区功能分区明确；在特色定位方面，要具备特色产品、特色风情、特色文化等吸引物；在组织机制方面，要求成立相关组织领导机构，出台相关推进文件；在建设目标方面，要明确近3年的拟建项目计划（重点工程、重点项目）、发展目标、投资估算；在进度安排上，要求建设方案合理，年度计划、工作任务和推进措施明确。

（2）农业特色主导产业

权重45%。分为产业集聚型农业特色小镇、休闲观光型农业特色小镇两类区别对待。

1）两类特色小镇的共性要求（15%）

一是要求"一镇一特"，重点发展1~2个农业特色主导产业，展现小镇产业特色、文化特色和生态特色；发展方向要符合农业供给侧结构性改革政策导向、符合传统产业优化升级或者新兴产业培育方向。二是产业集中度明显，农业特色主导产业的全产业链总产值占特色小镇农业经济总量的50%以上。三是产业竞争力方面，要求产业体系健全，一二三产业融合发展，产业链条完整；同时产销对接畅通，市场推广有力，营销模式多元。

2）不同类型的个性要求（30%）

对产业集聚型农业特色小镇，一是要求产业规模与产业集聚度高，具体是特色产业面积占小镇耕地面积的比重50%以上，在特色产业经营面积中，新型经营主体（即规模经营的主体）的面积要占65%以上。二是生产水平要高，产地生态环境良好，集成应用先进科技，生产方式绿色可持续：在农业生产管理水平方面，生产手段要机械化、过程要标准化、管理要智能化；在生产服务方面，要形成服务结构合理、专业水平较高、服务能力

① 资料来源：江苏省农业农村厅园艺处。

较强、服务行为规范、覆盖特色产业全产业链的农业生产性服务组织。三是重视质量品牌建设：要求拥有市级以上名牌农产品，拥有绿色食品或有机农产品认证的农产品；特色农产品电商销售比例达10%以上；建立食用农产品质量追溯体系，食用农产品例行监测抽检合格率98%以上，其他农产品质量应当符合质量标准。

对休闲观光型农业特色小镇，要求达到AA级旅游区（点）以上服务功能要求[①]。在休闲观光产品要求方面，要提供适合不同目标人群的高品质的休闲观光产品；特色民宿、农家乐经营户占小镇居民总户数的5%以上，或具有全国休闲农业与乡村旅游三星级及以上企业。在休闲观光市场开发方面，要求每年开展与地方特色农耕文化相关的扩大产业影响力的农事节庆活动；年休闲观光综合产值增长率10%以上；年休闲观光接待人数增长率达10%以上；创意农业开发具有较大的影响和市场前景。在文化挖掘方面，要求深入开展农耕文化资源调查，挖掘整理出能够较好体现乡村风情及当地文化特色的农业文化遗产、民间技艺、乡风民俗、名人典故等独具特色的资源，资源类型较为丰富；要制定具体的农耕文化保护与传承利用措施，运用文化资源开发出一定数量的与特色产业关联的文化创意产品、农事体验和休闲服务等项目。

（3）基础服务设施

权重15%。包括基础设施和服务设施。

基础设施指交通、供电、供水、通信等生产生活设施完备。服务设施包括社区服务（设有功能完善、服务到位的社区便民服务窗口）、餐饮与住宿（能提供较多类型餐饮服务、可提供创业者、游客住宿场所）、信息服务（核心区实现免费Wi-Fi全覆盖、建有小镇App或微信公众号，并具备相应的服务预定与支付功能）。此外还强调小镇客厅建设，即要求建有具备小镇宣介、商务交流、信息咨询、产品展示、创新创业服务等综合功能的公共平台或空间。

（4）支持保障

权重15%。包括投资建设、政策支持、宣传推介等。

在投资建设方面，要求建立以特色产业骨干企业或行业协会、商会等组织牵头的多元化、公司化的小镇管理运作平台；通过多渠道引进投融资主体；积极招商引资，农业特色产业全产业链投资占小镇建设总投资的35%以上。在政策支持方面，项目所在县（市、区）政府应出台针对农业特色小镇的投融资、人才、税收、创新创业激励等扶持政策；当地财政应安排专项资金支持农业特色小镇建设，其他相关财政专项资金向农业特色小镇区域内倾斜；在配套建设用地指标上也给予倾斜支持。当地政府在宣传推介方面，要编制小镇故事画册，强化小镇新闻宣传，尤其强化农民增收与生态文明的宣传与经验传播。

（5）农民增收与生态文明

权重10%。要构建有效的联农带农机制，完善利益分配机制。农民年增收10%以上，农民人均可支配收入高于本县域平均水平15%以上。在区域生态环境质量与文明水平方面，要有完善的生态环境保护措施或制度、责任明确；环境整洁美观，整体风貌赏心悦

① AA级旅游区（点）每年接待人数要达到10万人次以上，还有许多其他要求。具体可查相关标准。

目，生态和谐统一。

此外，还有一项一票否决机制。即不允许发生安全生产事故、重大农产品质量安全事件或社会影响恶劣的其他相关事件。

总体来看，农业特色小镇的建设要求是：围绕农业供给侧结构性改革主线，按照“生产、生态、文化、生活”四位一体融合发展的要求，以农业产业为特色，以休闲农业和乡村旅游为抓手，构建现代化农业产业体系，形成新型的城乡统筹发展模式。通过创建新型的农村生活方式，用现代农业与城镇发展空间充分融合、衔接，打造具有特色的城乡生态空间，构建农业主题的产业特色鲜明、产品多元、可持续发展的农旅综合发展平台。可用产业“特而强”、功能“聚而合”、形态“小而美”、机制“新而活”来概括。它是培育农业特色产业的新载体，是构建农业农村创新创业的新平台。最终目标还是促进农业增效、农民增收。

与住房城乡建设部、国家发展改革委、财政部联合定义的中国特色小镇相比，农业特色小镇在投资规模上没有明确的限制（一般远远小于前者），也不一定需要太多的建设用地，所以可推广面会更大一些。

11.3 农业特色小镇规划设计要点

编制农业特色小镇建设规划，要树立生产生活生态协调统一、农村一二三产业融合发展的先进理念，明确规划建设范围、产业定位、投资主体、投资规模、项目建设计划。以培育特色产业为主线，以优质项目的实施来推动当地经济的升级发展。在规划过程中要细心研读和领会当地的经济社会发展规划、城乡规划、土地利用规划、环境保护规划、扶贫搬迁规划、农业发展规划，与之进行有效衔接，实现“多规合一”。

11.3.1 如何聚焦特色产业，河北馆陶县的理念与经验

在农业特色小镇规划设计过程中，应根据区域要素禀赋和比较优势，锁定一个最有优势、最具潜力、最能成长的特色产业，发展相对集中的专业化生产，推广应用新品种、新技术、新装备、新模式，建立完善现代农业生产体系；实施全产业链发展策略，覆盖种植、养殖、加工、流通、营销等产业链各环节配套协调发展，形成产品类型丰富、产业链条健全、品牌知名度高、经济效益显著的产业化经营格局，彰显一“镇”一业、一“村”一品的特色。

【例 11－2】河北省馆陶县黄瓜小镇①

河北省馆陶县是一个传统农业县，通过四年的建设，其农业特色小镇已经全国闻名。

---

① 农民日报．河北传统农业县如何打造特色小镇？［EB/OL］．河北新闻网，http：//xczx.hebnews.cn/2018－11/23/content_7114095.htm，2018－11－23.

馆陶县委、县政府的指导思想从一开始就很明确：首先要强化产业聚集效能，让原住民有活干能增收；同时要留住美好乡愁，复活乡村记忆符号。主导推动这项工作的馆陶县委书记谢继炯介绍说，馆陶的所有特色小镇，坚持的都是“尊重民意、留住乡愁、做强产业、改造提升”，不拆房、不砍树、不占耕地，充分利用旧房闲宅，严格按照各个村庄的产业基础、文化特征规划小镇布局、设计装饰风格。通过就地构建具有“乡村风情，城市品质”的特色小镇，形成示范带动效应，如图 11 - 1 所示。

图 11 - 1 馆陶县黄瓜小镇的创意小品

该县的黄瓜种植与山东寿光几乎同步。过去产出规模虽然不小，却长期难以形成自有品牌。自 2014 年以黄瓜种植专业村翟村为中心，建起黄瓜特色小镇后，这种状况得到明显扭转。全县黄瓜种植面积，两年间由 3.5 万亩迅速增长到 10 万亩，年交易量突破 8000 万公斤。穿过排列着 1000 多栋黄瓜温室大棚的生产园区，漫步在从路边墙饰到房屋街景黄瓜元素无处不在的小镇中央，该小镇第一书记高杨介绍说，依托黄瓜种植优势，这里已经建起包括黄瓜博物馆、黄瓜主题公园等在内的多个黄瓜类旅游参观看点，还开发出了黄瓜特色餐饮、黄瓜美容等旅游产品，村民既可以在大棚里农忙创收，也能旅游旺季时在家门口摆摊待客。

以产业定名划线，特色产业在哪里，小镇就建到哪里。这样的思考定位，确保了馆陶特色小镇建设在思想上不摇摆、行动上不跑偏，避免了只顾面子不顾里子的插花瓶、摆盆景现象。馆陶特色小镇，不同于常规意义上的行政建制镇，也与各类产业园区有着明显区别。它不求面积大、功能多，突出的是“一镇一业”、机制灵活，沿循的是从普通乡村到美丽乡村再到特色小镇的蝶变理念，属于一种新型的“乡村产业社区”建设模式。

彰显个性魅力要借助于文化创意。文化特色应该是农业特色小镇建设的灵魂，文化创意与工业设计、建筑设计、农业开发等深度融合对特色小镇产业转型升级具有助推作用。在小镇培育过程中应该不断完善特色小镇文化创意激励体制机制；同时，还可以发动社会力量参与，创新合作载体和平台，推动形成特色小镇特色鲜明、创意生动、高附加值文化创意产品体系。

11.3.2 如何构筑发展动能，看海南石山的“互联网+”模式

农业特色小镇要适应聚力创新的时代要求。聚力创新是快速构筑发展动能的有效武器，而“互联网+”则是聚力创新的有效模式。海南省海口市石山互联网农业小镇，运用互联网信息技术，将企业、农户、机构、组织、创客等多个主体的力量聚合在一起，实现了小镇经济的跨越式发展，成为我国第一个互联网农业特色小镇。

【例11-3】石山互联网农业小镇的“1+2+N”运营模式

海南省石山互联网农业小镇，位于海口市秀英区西南部，距离海口市行政中心11公里，美兰国际机场36公里。石山镇总面积120.74平方公里（18110亩），人口约4.2万人，下辖11个村委会、1个居委会，共86个村民小组，拥有火山黑豆、火山荔枝、火山龙眼、火山石斛、火山诺丽、火山辣木、石山壅羊、美安小黄牛等特色农产品资源和万年火山、千年驿道、百年碉楼、古老民居、富硒红土等历史文化旅游资源，是国家住建部确定的全国重点镇、海南省十大文化名镇、海南省特色产业小镇。

石山互联网农业小镇是以“1+2+N”的运营模式贯穿农业生产、经营、管理以及服务全产业链，打造的一个新型的农业特色小镇。“1”是以网络为基础构建一个智慧小镇的综合运营平台，将产业、服务、创业、运营和管理统筹协调起来。“2”是搭建运营管理中心和大数据中心，为建设互联网小镇奠定软件、硬件基础，并为小镇的运营、管理和决策提供支持。而“N”是将企业、农户、机构、组织、创客等多个农业模块统一协调，未来还拟囊括科技、健康、旅游、养老、创意、休闲、文化、会展、培训、检测、加工、电商、贸易、物流、金融等丰富多元的维度。

小镇以特色产业为核心，依托物联网技术和农村电子商务，应用国内外顶尖技术，建设了石斛、壅羊、荔枝等十个现代农业产业园，夯实了互联网+农业的产业支撑；成立海口市秀英区互联网农业协会，实行“抱团”发展，涵盖石斛、黑豆、壅羊、民宿、荔枝等产业合作社，搭建电子商务公共服务平台，依托线上线下销售，扩大市场营销，与“海岛生活”“火山公社”“优电联盟”等电商平台及海南顺丰、海南邮政合作，发挥蚂蚁兵团的集聚效应，带动农村电子商务的快速发展，提升石山特色农产品市场竞争力。

“1+2+N”的运营模式有效地把农民和农业串联起来，既带动农民增收，又促成了农业增效。到2018年，石山互联网农业特色小镇已实现农业互联网、农业示范基地、农产品加工、休闲农业、旅游民宿、农村金融、政务服务等一二三产业有机融合，一体化发展。镇域经济总产值年均增长20%以上，农民人均年收入达15000元以上。石山互联网农业小镇打造的海岛生活电商平台销售额已达600多万元，互联网农业小镇线上线下销售额达2亿元。初步实现了“农业的生产经营方式、农民的生活方式、农村的人居环境”三大改变。

在运营组织方面，小镇以镇级运营+村级服务形式，建设了镇级运营中心及12个村级服务中心，构建了互联网综合信息服务体系，将互联网向农村、农户延伸，为农产品销售推广、购物、技能培训等提供全方位的服务，构建互联网农业小镇综合信息服务体系，推动了一二三产业融合发展，让互联网小镇成为农业现代化建设的基石和载体。

一般来说，一个产业发展的动能来自两个方面：一方面是技术创新的推动，另一方面是市场需求的拉动。石山小镇成功地验证了这一理论：第一，运用互联网这种新技术组合了已有的资源，形成合力推动；第二，多样化的特色农产品迎合了市场对特色农产品的需求。这种模式在旅游资源丰厚的城市郊区，应有较大的推广价值。

11.3.3 如何注重多元融合，促进农业功能拓展

农业特色小镇规划中，比较容易实现的是农业与旅游、健康、教育等产业深度融合。可在农业特色小镇规划区域内，发展农业休闲观光产业，合理布局休闲体验项目，将美丽休闲乡村、休闲农业星级企业以及其他旅游景点、民宿等串联成线。可结合农时节令组织开展果蔬采摘、动物喂养、趣味运动会等亲子活动，开设农业科普、农事劳作、书画写生、素质拓展等户外教育课程，把小镇建成宜业宜居宜游的美丽区域板块。

实现多元融合，还可以从科技、文化、艺术等元素与“三农”资源融合的角度去思考规划方案，在农田景观上创意、在农产品用途转化上创意、在饮食与民宿上创意、在休闲体验活动上创意，增加特色化、个性化、多元化产品与服务供给，在小镇打造一些主题创意农业园，引领创意农业发展，满足游客深度体验需求。上文提到馆陶县农业特色小镇比较有名，实际上该县农业特色小镇有十几个，但其排头兵还是融合农业与艺术元素的粮画小镇。“粮画”则是农产品用途转化方面的创意。

【例11-4】馆陶县的粮画小镇①②

粮画小镇的核心在馆陶县寿东村。该村位于县城西部，309国道南侧，距县城3公里，全村188户、713口人，耕地面积1165亩。曾是邯郸东部平原县一个默默无闻的小村、穷村，没有产业基础、没有资源优势，是多年没有脱贫的省级贫困村。自2012年开始，该村主动作为，不等不靠，坚持少花钱、多办事，干成事后争取上级资金，村庄发展逐步进入良性连锁循环。最初，村里用尽了所有集体积蓄，投入30万元建设村“两室”、扩修村内道路、建设文化广场。此后村内秧歌队、舞蹈队陆续成立，村民每天在这里活动。2013年，寿东村被确定为农村面貌改造提升行动县级重点村。馆陶县按照集中力量办大事的思路，统筹整合涉农资金，向重点村投入，寿东村成了受益村之一，村庄面貌进一步提升。2014年馆陶县又把寿东村作为美丽乡村创建试点，县环保局利用国家环境综合连片整治项目资金60余万元建设了垃圾中转站、投入80余万元建设了村内排污管网；县民政局投入30万元建成幸福互助院；县卫计局投入15万元实施厕所改造工程，村庄环境面貌发生了重大改观。同年，该村招商引进了馆陶县海增粮艺有限公司，发展粮食画制作。后来，寿东村的师献巧从一个普通的农家女，成长为技艺娴熟的粮画师，在家门口开设自己的粮画工作室。再后来，寿东村、寿北村、寿南村和法寺村，都在因为粮画制作这个产业以及衍生的旅游功能，紧密连接在一起，除了本村近百家农户加入粮画制作，还带

① 姜育耀．粮画小镇的蝶变之路［EB/OL］．http：//hebei.ifeng.com/news/chengshi/detail_2015_07/01/4062225_0.shtml，2015-07-01.

② 农民日报．河北传统农业县如何打造特色小镇？［EB/OL］．河北新闻网，http：//xczx.hebnews.cn/2018-11/23/content_7114095.htm，2018-11-23.

动了周边300家农户共同参与，形成了完整的粮画制作产业链条，粮画小镇由此成为馆陶众多特色小镇中的排头兵。

到2018年，仅一个粮画小镇，就累计吸引了外来观光客150万人次，其他小镇也因地域相近，成为游客必去之选。

如果农业产业是种植药食同源的中药材，还可以积极开发功能性食品，向康养小镇方向演化。以有机种植为基础的且农民住宅可以改造出租的村子，也可考虑拓展到乡村养老，发展“乡村市民社区”①。

农业的功能之一就是保障安全的食物来源，这与人类的健康息息相关。随着大健康产业的发展和大健康需求的日益旺盛，农业特色小镇通过融入大健康产业来吸收社会资本和人才的机遇会越来越多。

11.3.4 如何强化基础配套，完善服务功能

农业特色小镇的基础配套包括基础设施建设和公共服务设施建设。

在农业特色小镇的规划设计中，按照适度超前、综合配套、集约利用的原则，加强农业特色小镇配套设施建设，优化基础设施和公共服务，将产业发展和社区功能有机结合起来，构建便捷的“生活圈、服务圈、商业圈、旅游圈”。

【例11－5】常州礼嘉葡萄文化小镇的基础配套②

常州市武进区礼嘉镇葡萄种植面积约1.5万亩，占武进区葡萄种植面积的25%左右，葡萄产业逐步成为礼嘉的富民产业。礼嘉镇20世纪90年代起种植葡萄，时间较长；种植葡萄的面积连年增加，发展速度较快；年产值超1亿元，产值较大。农户也积累了一定的种植技能和经验，葡萄已成为镇上农业的支柱产业。

2017年，该镇被列为省级农业特色小镇创建单位。礼嘉葡萄文化特色小镇规划总面积规划为31200亩。其中核心区1500亩（其中葡萄园500亩，文化活动区1000亩），精品区1500亩（全是葡萄园），推广区2200亩（全是葡萄园），辐射区26000亩（含镇外产业基地）。

（1）配套的基础设施主要是：

1）道路体系：仅指葡萄园道路体系，不含区域内乡村道路。葡萄园道路体系分入口道路、广场、园内道路。其占地面积控制在葡萄园总面积的10%以内，土地性质属于农用地。核心区、精品区、推广区的葡萄园入口道路，硬化宽度4～6米，入口处建设停车场或小广场200平方米以上。辐射区葡萄园的入口道路根据具体条件灵活设计，其硬化宽度不低于3.5米，入口处建设停车场或小广场100平方米以上。水系渠道逐步改造为灌排分开，本规划对葡萄园采用滴灌明排方式。

2）水利：包括农田基本建设。为适应灌排的需要，按既有田块大小进行平整，土地

① 王树进．从市民农园到乡村市民社区——关于城乡统筹发展的一种新模式的思考［J］．农业经济与管理，2012（02）：74－78.

② 资料来源：田素妍、李保凯等《礼嘉葡萄文化特色小镇总体规划》。

整理后，灌溉设计保证率达到92%，支渠以下灌溉水利用系数为0.75，农田中沟以上建筑物配套率和完好率达到100%，田间灌排工程配套率和完好率为90%，建筑物性能与技术指标达到规范标准。排涝设计标准达到日降水量200毫米，雨后1天排出，农田地下水位埋深应在2天内降至田面0.8米以下，灌排工程配套率和完好率为95%。鼓励规划区内的每个经营主体在自己的葡萄园内设置滴灌水源装置（内部水池），收集大棚或露天园地的雨水，用于葡萄园灌溉。缺水季节，可通过上述沟渠或管道对水源装置进行补水。

3）强弱电：动力线路沿路铺设，通达各功能区的葡萄园入口、重点项目所在位置。葡萄园用电负荷按20瓦/平方米配置；物流配送中心冷库用电负荷按500瓦/平方米配置，加工车间按50瓦/平方米配置。弱电主要是通信系统，传输各项运行的检测数据，项目运行的控制调度指令，重要设施运行状态的监控，以及行政业务管理通信和对外联系等。选用实线通信和无线短波通信相结合的方式，光纤以及电信线路与强电线路同向，但与之保持规定的距离。重点项目处皆有光纤接入。

4）给排水：自来水接入种苗中心、采后处理中心、展示与科技服务中心、休闲酒庄、电商中心等重要服务设施内。给水管网由礼嘉镇给水管网引出，送到各功能区，管径DN100－500沿道路铺设。污水排放采用雨污分流制度，育苗中心、采后处理中心、展示与科技服务中心、休闲酒庄、电商中心等重要服务设施内的生活粪污与污水，采用沼气池处理方式，经处理后作为葡萄生产的肥源。

（2）配套的公共服务设施嵌入在重点项目予以建设，分别是：

1）育苗中心：占地60亩，本中心主要包括葡萄苗圃地母本区、葡萄苗圃地繁殖区和葡萄苗圃地轮作区，用于为本园区和园区外的种苗供应以及品种的更新。

2）采后加工与物流中心：采收后的加工与物流中心，所需场地约5亩。包括接货大厅、检验室、分级与清理车间、冷处理车间与冷库、出货分拣与包装车间、出货月台、停车场、订单与配送管理中心等设施。

3）葡萄文化中心与科技服务中心：占地约10亩，含展示中心、专家工作站和科技示范园地。主要任务是进行品牌展示、科普宣传、进行葡萄高效栽培模式示范与技术服务。葡萄文化中心是接待参观的重要场所，规划建设展示设施2000平方米（含游客中心）。科技服务中心规划建设面积1000平方米（含专家工作室）。

4）电子商务中心：规划建筑面积1000平方米（含大数据管理设施与办公场所），建立葡萄园的产品信息网站。

5）休闲酒庄：规划占地10000平方米，主要功能：提供休闲观光服务，吸引城市居民来园区采购产品，提升本园知名度和品牌形象。主要建设内容包括葡萄园地与葡萄酒坊。

6）企业会所：企业会所是葡萄产业文化功能拓展的重要节点，是一二三产业深度融合的主要阵地与活动场所。可以在现有葡萄园的管理中心的基础上进一步发展而成，也可以利用村庄集体用地（或房屋）、农户宅基地（或闲置住房）的入股（或租赁）方式解决建设用地的瓶颈。本规划重点建设企业会所10000平方米，现有经营主体（国伟生态园、科丰生态园、嬉乐湾、裕园、丰润农业生态文化园、一亩田、武嘉、国色天香、富景园、嘉盛园等）和未来发展的新的经营主体皆可以分享指标，作为企业产品研发、推广和休闲接待的经营场所。

7）田园综合体：拓展葡萄产业文化旅游和产业服务功能的重要节点，是葡萄种植、加工销售、休闲观光、双创孵化、民宿服务等一二三产业深度融合的主要阵地与活动场所。规划以锡澧河南岸的村庄为田园综合体的重点建设区，带动项目区的庞家村、华渡村开展葡萄文化创意项目孵化和民宿服务。田园综合体可利用村庄集体用地（或房屋）、农户宅基地（或闲置住房）的入股（或租赁）方式解决建设用地的瓶颈。主要建设项目包括生产体系、产业体系、经营体系、生态体系、服务体系、运行体系六大支撑体系的建设，大约投资2亿元人民币（另有《礼嘉葡萄田园综合体专项规划》予以具体说明）。

一般来说，上述两类项目的资金来源有所不同。基础设施建设一般由财政资金解决，或由具备政府背书的PPP项目解决；公共服务设施建设可申请政府专项资金，或由项目运营单位自筹资金，政府给予一定的奖补扶持。如游客接待中心、停车场、观光通道、公厕、导览图、导游指示牌、免费公共Wi－Fi等基本公共设施，可以纳入旅游项目建设的范畴，由经营主体负责建设和维护，同时可申请政府相关项目的扶持。

农业特色小镇要具备和谐宜居的美丽环境，基础设施和公共服务设施建设是非常必要的。在规划中要尊重自然、顺应自然，空间布局与周边自然环境相协调。小镇的整体格局和风貌应具有地域典型特征和独特性，建筑彰显传统文化和地域特色。要做到环境优美、整洁，生活、工作、休闲活动舒适便利，土地利用集约节约，资金投入有节有效。基础设施和公共服务设施建设要与产业发展的需求相协调，服从于经营思路。

11.3.5 如何合理利用空间和资源，少花钱多办事

农业特色小镇规划要因地制宜，合理利用已有资源和已有的基础设施条件。尤其是村庄和建筑物，应避免大拆大建。加工物流和生活服务设施应尽可能利用社区（或村庄）资源，技术展示和休闲观光应尽可能利用已经建成的农业园区和休闲景区。

【例11－6】句容市后白草坪特色小镇的空间布局①

后白镇位于镇江句容市城南17公里处，交通便利。西抵南京禄口国际机场28公里，距南京主城区40公里，距镇江、常州市均60公里。是江苏省乃至华东地区面积最大的草坪种植基地。2017年，全镇草坪种植面积达3.5万亩，实现产值1.5亿元，占全镇农业生产总值的11.7%。全镇初步形成了以西冯村为主，王庄、曹村、长里岗、延福、东湾5村为依托的草坪种植板块，品种涵盖天堂、马尼拉、黑麦草、高羊茅等。草坪产业集中连片规模化经营，带动了一批熟悉草坪生产技术，了解掌握市场销售动态的专业化人才队伍建设。如众帮草坪合作联社，共种植各类草坪3200多亩，种植户已达500户，拥有经纪人70多名，专业技术人员300多人，并有200多老弱劳力从事草绳（草坪包扎运输用品）加工等副业生产。后白镇已有规模化农业企业14家，其中，省级龙头企业1家，镇江市级龙头企业2家，句容市级龙头企业12家。农民专业合作社16家，家庭农场42家，初

① 资料来源：南京农业大学《江苏句容后白草毯绿波特色小镇总体规划（2017—2019）》。

步形成了休闲、娱乐、郊游、采摘、种植一体化的服务体系。西冯草坪品牌已经得到国家农业部门认可登记。

如图11－2所示，后白草业特色小镇的空间布局规划为三个功能区，分别是：产业技术与文化展示区；创业园与生活社区；农户生产培训与示范区。三个功能区彼此之间有一定的空间距离，地块之间实际上是草坪和绿化苗木的种植基地。

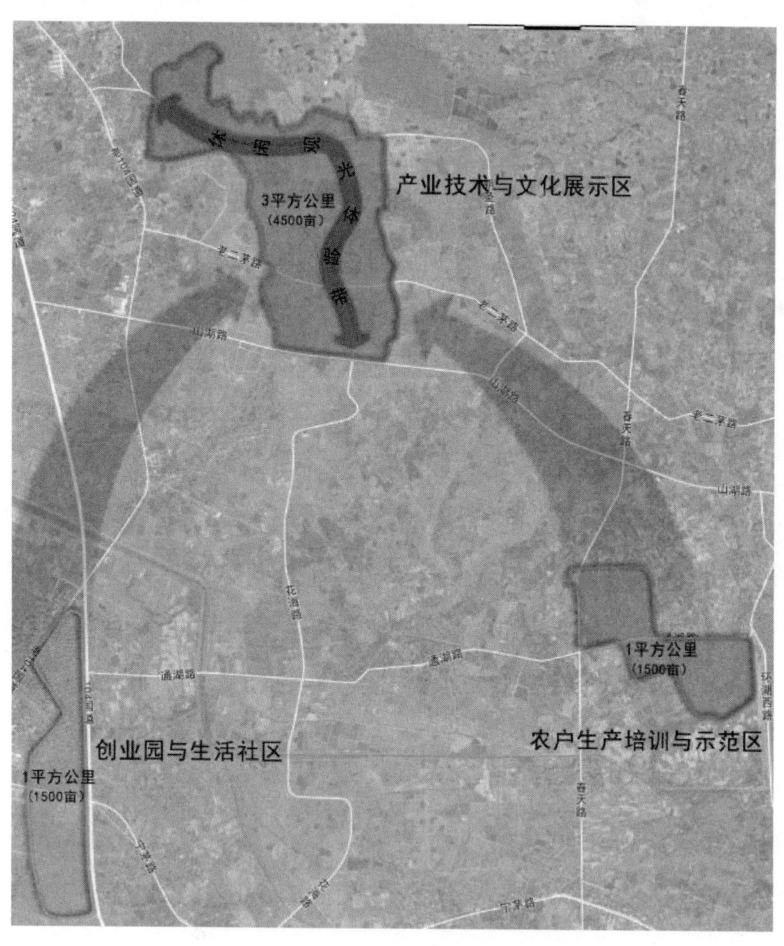

图11－2　句容市后白草业小镇的功能分区

位于花海路两侧的是产业技术与文化展示区，占地3平方公里（4500亩），包含“小镇客厅”，主要展示草坪生产与运用的各种先进技术、模式，以及古今中外草业文化的历史与演进，为全镇及周边经营主体产品促销与相关技术的交流平台，也是草业项目旅游功能、生态功能拓展的示范平台。

位于后白镇区的是创业园与生活社区，占地1平方公里。主要为大学生、退伍军人、高校科技人员以及其他社会人士来后白镇围绕草坪产业链进行创新创业提供服务，包括提供工作场地与生活社区服务，也是草业小镇一二三产业融合发展的重要平台之一。

位于西冯村的是生产培训与示范区，占地1平方公里。主要是针对农户就草坪生产与组织方式提供培训和示范。展示与推广适合草坪产业（延伸至绿化苗木和工程服务）的组织模式与生产方式，重点是农民收入和权益如何保障。

在［例11-6］中，花海路两侧的3平方公里土地上，在规划前已经集聚了一批草坪、花卉种植等园艺公司和家庭农场，已经形成了一条观光带。所以在此区块展示草坪文化和生产技术，正是践行因地制宜、因势利导的规划理念，投资少、见效快；而以草业文创和商业服务（包含研发、电子商务和物流服务等）为特点的创业园，需要建设用地和生活服务设施，利用后白镇区现有的可出租房屋、电商一条街和工业开发用地等资源，避免了重复投资和土地矛盾；西冯村已经是全国闻名的草坪专业村，其沙坪草皮生产工艺与常规的土坪草皮相比，不仅一年可以多卖一茬，而且草皮质量高，价格高，不伤原土，可持续性好。西冯村的培训和接待设施已经一应俱全，所以将之纳入特色小镇的核心板块，可谓顺势而为。这就是为什么后白草坪特色小镇有上述不连续的空间布局的原因所在。

项目布局不连续，也是农业特色小镇项目集聚的基本形态，而正是这种形态，可以合理利用空间和资源，少花钱，多办事，办成事。

11.3.6 如何创新体制机制，增强小镇活力

农业特色小镇的体制机制创新，重点是培育新型农业经营组织，发展农业品牌化经营。一般来说，一个小镇可以成立多个合作社和一个合作联社。合作社要树立生产规模化、种植特色化、品种中高档化、运作市场化的生产、管理和经营理念。合作联社要以服务成员、谋求发展和全体成员的共同利益为宗旨，带动全体农民，实行市场、信息、资源共享。对特色小镇的主导产品，最好实行统一管理、统一经营、统一服务。通过提高组织化程度，完成与市场的有效对接，实现产业致富的良性发展，为农民增收拓展渠道。通过把产业做强，带动当地经济的发展。

11.3.6.1 农业特色小镇农民合作组织规范化管理的要点

（1）登记注册。

合作组织（尤其是合作联社）要规范工商登记，取得法人资格。并报市社和县农办、财政局备案。

（2）健全规章制度。

合作联社要建立健全成员（代表）大会、理事会、监事会等“三会”制度，充分保障全体成员社对联合社内部各项事务的知情权、决策权、参与权和监督权。明确岗位责任制，建立健全各类台账，保障联合社规范有序运作。

（3）完善内部服务体系。

合作联社要为成员社提供产前、产中、产后等系列化服务。努力提高统一营销和产品加工能力，逐步延伸农业产业链，使社员获取农业增值效益。积极开展统一采购供应、统一标准生产、统一储运服务、统一产品营销、统一产品认证和统一技术培训服务，提高农产品质量安全水平。

（4）注重品牌建设。

合作联社要实施品牌化经营战略，建立健全规范信用管理制度，以信誉和品牌赢得市

场，提高经营管理水平，增强可持续发展能力。重视注册商标，开展无公害产品、绿色食品、有机食品生产基地和地理标志产品等相关认证，提高品牌知名度，提升联合社的市场定价能力。

（5）强化财务管理。

为全体成员社建立完整的个人账户，确保成员社的产权资料记录准确无误。建立良好的内部积累和风险保障机制，保持资产状况良好，最大限度地增加成员收入。

11.3.6.2　建立长效运营机制

农业特色小镇可以建立以特色产业骨干企业或行业协会商会牵头的小镇管理运作平台，在村（或镇）党组织的领导下进行企业化运作。句容市后白草业小镇在实践中探索出“党组织与合作社结合、经纪人与农户结对、公司与市场结伴”的运行机制，实现销售由合作联社统一开票、经纪人收益由合作社统一返点、种植户销售款由合作联社统一打卡的销售结算措施，简称“三结三统一”的“众人模式”，值得在同类小镇中推广应用。

一般来说，要保障农业特色小镇专业合作组织的长效运营机制，需要从以下四个方面着力：

（1）加强组织领导。

选举产生专业合作组织的带头人。合作联社必须有理事长和监事，以及其他相关的管理人员岗位。要明确相关职责，扩大合作联社的带动力和影响力。充分利用好农民合作组织的优势，积极争取政府部门、社会各方资源，为农业特色小镇创造良好发展环境，促进小镇特色产业的经营管理规范化，确保产业可持续发展。

（2）加强培训。

特色小镇管委会可引进外部师资或利用周边城市的智力资源，定期开展面向以带头人为主的经营管理人才、以会计为主的理财能手、以专业技术人员为主的种养能人培训，造就和保持一支政策理论水平高、业务本领强、热心合作事业的农民专业合作社联合社专业人员队伍。

（3）业务指导。

特色小镇管委会要坚持规范与发展并重、转型升级与提质增效并举，建立科学高效的内部治理结构。切实加强与工商、税务等部门协调，帮助农民专业合作组织修订章程、完善民主管理和财务管理制度，妥善解决税收问题。加快形成成员社“一社一品（服务）”，避免成员社在品种、服务上的雷同，有计划地调节好市场供应，控制价格波动，保护农民利益。

（4）典型示范。

着重打造农民专业合作社联合社示范社，树立行业标杆，引领全体农业专业合作组织健康发展壮大。依据农民专业合作组织发展的规范与成熟程度，做好优秀社员和合作社的评选推荐。支持优秀者优先申报各类财政扶持项目。大力完善农业经营体系，加快培育农业特色小镇规划区域内新型农业经营主体和为农服务组织，提高农业产出效益。加大招商引资、引智力度，优化创业环境，吸引各行业人才到农业特色小镇创新创业，提高要素配置效率。创新农业特色小镇运营管理机制，鼓励企业、社会组织和市民积极参与小镇的投资建设和管理，打造高质量的特色小镇。构建有效的联农带农机制，采取市场化、股权化的利益分配机制，促进农民共享小镇发展成果。

11.3.7 关注政府有关部门的甄选标准

政府有关部门发布的农业特色小镇示范项目甄选标准，是农业特色小镇规划设计的重要指南，必须认真研读，在方案设计时可根据当地具体条件对照选取具体项目。以下推荐湖南省农村工作领导小组在这方面的创新。

【例 11－7】湖南省农业特色小镇的甄选标准①

湖南省委农村工作领导小组提出在全省实施品牌强农、特色强农、质量强农、产业融合强农、科技强农、开放强农“六大行动”方案，在该省培育打造粮食、畜禽、蔬菜、茶叶、油料、水果、水产、中药材、南竹等优势特色千亿产业，加快推动乡村产业发展。他们把农业特色小镇，当作小区域乡村产业兴旺的示范样板。具体由省农业农村厅和省林业局会同有关部门组织开展了农业特色小镇遴选工作，在全省 1536 个乡镇中遴选出湖南省首批 10 个农业特色小镇，并于 2019 年 7 月 31 日公开发布。分别是：安化县黑茶小镇（田庄乡）；浏阳市花木小镇（浏阳市柏加镇、雨花区跳马镇；株洲市石峰区云田镇）；华容县芥菜小镇（三封寺镇）；邵东县廉桥中药材小镇（廉桥镇）；湘潭县湘莲小镇（花石镇）；新宁县脐橙小镇（黄龙镇）；汝城县辣椒小镇（泉水镇）；炎陵县黄桃小镇（中村乡）；靖州县杨梅小镇（坳上镇）；常宁市油茶小镇（西岭镇）。

湖南省政府有关部门制定的农业特色小镇遴选标准科学合理，简便易行。概括起来是“五有五好”：

一是发展有规划，功能布局好。要求制定包括农业产业发展规划在内的镇村一体、多规合一的镇域发展规划。规划功能清晰，发展目标明确，原料基地、加工转化、仓储流通、服务配套等布局合理。道路、供水、供电、通信、宽带网络等基础设施完善。

二是产业有规模，示范带动好。具体要求是主导产业特色鲜明、基础扎实、底蕴深厚，原则上与“一县一特”一致，有建成连片的标准化生产基地，当地群众参与程度高，主导产业对周边乡村发展有示范和辐射带动作用。

三是加工有龙头，品牌形象好。具体要求是主导产业集聚度高，镇（乡）域内至少有一家省级以上农业产业化龙头企业或 2 家以上市级农业产业化龙头企业。主要农产品获“三品一标”绿色、有机、地理标志认证农产品认证，有一定的知名度，年产值达 2 亿元以上。

四是三产有融合，致富效果好。要求当地种植、养殖、加工、流通等产业链条完整。实现以镇兴业、产镇融合、农旅结合，全镇（乡）农村居民人均可支配高于县域平均水平 10% 以上。

五是建设有特色，镇域环境好。要求镇（乡）域内建有完备的生活垃圾收运处置体

① 湖南省农业农村厅乡村产业发展处．湖南省农业农村厅关于做好 2019 年农业特色小镇遴选工作的通知［EB/OL］. http：//agri. hunan. gov. cn/agri/xxgk/tzgg/201904/t20190430_ 5326197. html，2019－4－30.

系和生活污水处理设施，农户卫生厕所普及率达 100%，畜禽粪污、秸秆等农业生产废弃物资源化利用率达 80% 以上，实现化肥、农药零增长。开展村庄清洁行动和“一拆二改三清四化”工程，村庄环境优美、农村传统村落保持完好，农村卫生保洁、设施维护和绿化养护机制健全。

湖南省实施这一标准的第一批 10 个案例，在农业方面以地方特色经济作物为主，经济效益相对较高，对推动农村经济发展乃至实施乡村振兴战略，无疑具有启发意义和示范价值。

第12章　农村产业融合示范园区

12.1　政策解读

2014年，中央农村工作会议提出促进一二三产业融合发展。2016年1月4日，国务院办公厅印发了《关于推进农村一二三产业融合发展指导意见》（国发办〔2015〕93号）（以下简称《意见》）文件，将一二三产业融合（简称农村产业融合）提到了新的高度。同时，该《意见》提出了农村产业融合发展的坚持基本原则（6句话）。即：①坚持和完善农村基本经营制度，严守耕地保护红线，提高农业综合生产能力，确保国家粮食安全。②坚持因地制宜，分类指导，探索不同地区、不同产业融合模式。③坚持尊重农民意愿，强化利益联结，保障农民获得合理的产业链增值收益。④坚持市场导向，充分发挥市场配置资源的决定性作用，更好地发挥政府作用，营造良好市场环境，加快培育市场主体。⑤坚持改革创新，打破要素瓶颈制约和体制机制障碍，激发融合发展活力。⑥坚持农业现代化与新型城镇化相衔接，与新农村建设协调推进，引导农村产业集聚发展。

2017年8月1日，国家发展改革委、农业部、工业和信息化部、财政部、国土资源部、商务部、国家旅游局7个部门联合发文推出了《国家农村产业融合发展示范园创建工作方案》（以下简称《方案》）[①]，该《方案》明确提出到2020年建成300个融合特色鲜明、产业集聚发展、利益联结紧密、配套服务完善、组织管理高效、示范作用显著的农村产业融合发展示范园的目标。要求示范园“实现多模式融合、多类型示范，并通过复制推广先进经验，加快延伸农业产业链、提升农业价值链、拓展农业多种功能、培育农村新产业新业态”。

根据该《方案》的表述，国家农村产业融合发展示范园的主要任务有四个：一是探索多种产业融合模式，构建现代农业产业体系；二是培育多元化产业融合主体，激发产业融合发展活力；三是健全利益联结机制，让农民更多地分享产业增值收益；四是创新体制机制，破解产业融合发展瓶颈约束。

《方案》提出的保障措施一共有8项，其中，6项涉及资金（如加大项目资金支持力度、优先支持发行企业债券、鼓励设立产业投资基金、鼓励地方加大融资支持、支持政府

① 资料来源：《关于印发国家农村产业融合发展示范园创建工作方案的通知》（发改农经〔2017〕1451号）。

与社会资本合作等），1 项为土地保障（如多渠道保障示范园用地需求、实施差别化的土地用途管制政策等），1 项为公共服务（主要是搭建农村综合性信息化服务平台、优化创业孵化平台、建设农村产权流转交易市场）。

2017 年 12 月 5 日，农业部办公厅发布了《关于支持创建农村一二三产业融合发展先导区的意见》（农办加〔2017〕20 号），提出打造产业融合发展先导区的五项重点任务：一是规划先行、统筹布局；二是培育品牌、市场决定；三是整合资源、形成合力；四是发挥优势、绿色发展；五是主体引领、科技支撑。同时也提出了加大项目资金支持力度、优化政府投资方式、支持政府与社会资本合作、完善用地保障机制、加强产业融合公共服务五项支持政策。

根据农业部的意见，产业融合“先导区”的创建原则主要有四条：“一是聚焦主导产业，要与国家粮食生产功能区、重要农产品保护区、特色农产品优势区建设结合起来，统筹规划布局，形成产业优势；二是坚持市场导向，发挥市场配置资源的决定作用，不断提升市场竞争力和产业价值链增值空间，形成价值优势；三是坚持绿色发展，各产业要推广绿色发展模式，建立绿色、低碳、循环发展长效机制，形成生态环保优势；四是促进农民增收，积极发展扶贫产业，不断完善订单农业、土地经营权入股等利益联结机制，形成农民持续增收的经济优势。”

2018 年 10 月 11 日，国家发展改革委会同农业农村部、工业和信息化部、财政部、自然资源部、商务部、文化和旅游部出台了有效期 5 年的《国家农村产业融合发展示范园认定管理办法（试行）》（发改农经规〔2018〕1484 号），对国务院 7 部门与地方政府的职责及分工、创建单位申报、认定、支持政策、后续管理等方案作了具体详细的安排。

12.2　农村产业融合示范园区发展情况

2017 年 12 月 30 日，国家发改委等 7 部门公布了首批国家农村产业融合发展示范园创建单位名单（北京市房山区窦店镇窦店村农村产业融合发展示范园等 148 个）；2019 年 2 月 2 日，公示了其中 100 个示范园通过评审认定。

2018 年 10 月 22 日，农业农村部乡村产业发展司公示了天津市蓟州区等 155 个县（市、区）确定为 2018 年全国农村一二三产业融合发展先导区创建名单。

2019 年 1 月 12 日，农业农村部经过组织评估和公示后，确认天津市蓟州区等 153 个县（市、区）为全国农村一二三产业融合发展先导区创建单位。

2019 年 6 月 19 日，国家发改委等 7 部门公布了第二批国家农村产业融合发展示范园创建单位名单（北京市密云区巨各庄镇蔡家洼村农村产业融合发展示范园等 110 个）。

从已经公布的示范项目可以看出：发改委等 7 部门共管的“示范园”与农业部主管的“先行区”在农村产业融合的理念和做法上有许多共同之处，但也有一些不同的要求。如：前者的规划范围比较灵活，可以是整个县级区域，也可以是一个特色村或特色小镇；

后者一般要求全域统筹规划，并且强调培育品牌，形成产业优势。

在国务院的《意见》指导下和国家有关部委示范项目的推动下，一些省份的政府部门也积极发起省级农村一二三产融合示范项目。如山东省发展和改革委员会、农业厅、经济和信息化委员会、财政厅、国土资源厅、商业厅、旅游发展委7个部门在2018年2月2日，公布了该省6个国家级农村产业融合发展示范园创建名单（分别是：安丘农谷农村产业融合发展示范园、沂水县马莲河农村产业融合发展示范园、滨州市滨城区农村产业融合发展示范园、菏泽市牡丹区农村产业融合发展示范园、诸城市健康食品小镇农村产业融合发展示范园、新泰市农光一体示范园）的同时，也公布了另外6个省级农村产业融合发展示范园创建名单（分别是：荣成市高新海洋经济农村产业融合发展示范园、寿光（洛城）农村产业融合发展示范园、莱阳市农村产业融合发展示范园、鱼台县农村产业融合发展示范园、沂源县农村产业融合发展示范园、沂南县六棵树草莓特色小镇农村产业融合发展示范园）。2019年8月，山东省上述7部门在公布第二批获得国家级农村产业融合发展示范园创建单位（烟台栖霞市等6个）的同时，又公布了为第二批省级农村产业融合发展示范园（甄城县等7个）。

事实上，自2016年以来，大部分省政府办公厅都先后出台了《关于推进农村一二三产业融合发展的实施意见》，如粤府办〔2016〕127号、浙政办发〔2016〕158号、鄂政办发〔2017〕1号、湘政办发〔2017〕14号等。农村一二三产业融合发展的必要性已经深入人心，农业融合二三产业，已经成为各级地方政府解决“三农”问题的重要抓手；完善惠农、富农的利益联结机制，让农民真正分享产业链延伸、产业功能拓展的好处，已经成为促进农民增收的核心改革方案；把新技术、新业态和新的模式引入农业，用现代理念来引导农业，用现代技术改造农业，已经成为提高农业竞争力的根本路径；政府通过政策引导、提供公共服务和市场监管，发挥市场在配置资源方面的决定性作用，通过市场导向，调动各类市场主体的积极性，已经成为农村产业融合的基本运作模式。

很多县（市）及乡村积极主动制定《一二三产业融合发展规划》，并把农村产业融合规划，作为实现其“多规合一”的路径之一。如苏州常熟市常福街道中泾村，在市委农工办和村党委主要领导的直接参与下，自发邀请南京农业大学帮助编制产业融合发展规划，通过规划探索农村产业融合的方法和路径，把一二三产业融合作为实施乡村振兴战略的具体抓手。

12.3　农村产业融合发展示范园区的规划要点

本节所述的农村产业融合发展示范园区，包括农村产业融合发展示范园和农村一二三产业融合发展先行区。其中示范园分为六种类型，即农业内部融合型、延伸农业产业链型、农业功能拓展型、多业态复合型、新技术渗透型、产城融合型。示范园的规划方案应该参照认定评估的标准来设计，先行区的规划方案亦是如此。

12.3.1 各种类型产业融合园区的共性规划要点

12.3.1.1 农村产业融合发展示范园区的基础设施条件

农村产业融合发展示范园区的基础设施条件建设方案主要包括四个方面：一是水、电、道路、通信等基础设施建设方案的设计要点参见本书第 2 章。此外，农业生产设施、加工和服务业的配套用房等，也是产业融合发展的重要基础设施条件，必须一并纳入规划。二是现代农业生产设施要体现先进适用的原则，要与现代农业生产、服务手段相配套，并便于新技术的推广应用。三是高度重视农业生态环境：农用水质量和土壤主要指标要符合绿色农业生产要求；农业面源污染要严格控制，除了化肥、农药科学施用以外，农业废弃物要及时恰当处理，尽量实现物质能量的循环利用。四是强化现代能源支撑方案，如农村电网升级改造、绿色能源开发利用，不断提高清洁能源消费的比重。

12.3.1.2 示范园区的产业发展规划

示范园区内的产业发展规划要市场为导向，一是要选择市场表现好且有发展潜力的产品，并且要本地的产业发展规划，凸显和提升本地农业产业的生命力。二是示范园区的产业链必须完整，实现一二三产业协同发展、紧密融合。三是空间布局要合理，边界明确，功能分区科学。四是依法利用土地。应以国土部门的土地利用规划为上位规划，主动与之衔接。设施用地不得占用耕地特别是永久基本农田。配套用房占地必须依法办理有关土地利用手续。

12.3.1.3 示范园区功能定位及产业融合发展

规划要明确“示范”什么，产业“如何”融合发展。示范类型主要侧重农村产业融合模式，是农业内部融合，还是农业产业链延伸？市农业功能拓展，还是多业态复合？是新技术渗透，还是产城融合发展？融合的类型必须明确。每种类型的园区功能定位也要清晰，突出产业特色和创建目标。要重视已经形成的适合本地特点的产业融合模式。园区建设目标的表达要明确到指标数据，最好有基准年份和规划年份的对比数据表。

产业融合发展要以农业农村为基本依托，与本地资源禀赋紧密结合，与乡村产业振兴和农业农村现代化紧密结合。因此，规划前期的现状调研和分析要到位，包括农村资源、农业产业、农村社会经济发展和传统文化积淀以及乡村振兴中的主要问题。示范园区的规划要力求创新产业融合方式，探索产业融合发展路径中独特的制度、技术、商业模式、创新做法，关注具有新颖性及推广价值的具体案例的提炼。

园区龙头企业的带动能力及其与其他经营主体（尤其是农户）之间的利益联结机制，是产业融合发展路径中的重要制度设计，必须引起高度关注。利益联结机制要紧密、新颖，具备可复制、可推广的价值，有利于发挥对农业提质增效、农民增收致富的积极促进作用。

【例 12－1】常熟市中泾村产业融合规划中的利益联结机制设计①

常熟市中泾村的一二三产业融合发展规划，以建设“都市休闲旅游型”美丽乡村为

① 资料来源：张秋林《常熟市中泾村一二三产业融合发展规划》2019 年 1 月初稿及评审会纪要。

主题，以发展旅游农业为方向，以增加农民收入为目标，充分利用中泾村环境、资源和区位优势，拓展农业多种功能，培育壮大农村新产业新业态。规划以产业结构与布局优化为主线，同时也兼顾了道路、水系、林网、村庄、环保、组织管理体系与机制建设。

机制建设的目的，是有效推进产业融合发展，盘活管好用好集体资产，进一步壮大集体经济实力，吸引更多的社会资本投入现代农业和美丽乡村建设，让农民分享更多的改革发展成果。

该村规划方案是依法成立“中泾村现代农业发展有限责任公司”来统一运作。该公司的股东由中泾富民合作社、中泾社区股份合作社、中泾农地股份合作社、社会资本（企业、事业单位）、村民资本或资产、创业者个人或团队、其他投资人 7 类主体构成，这种股东结构凸显了苏南地区农村社会经济发展的高效企业组织特征，非常有利于资源整合和农村产业融合。

12.3.1.4　园区的政策支持

在规划文本中，对政策支持要作以下六个方面的具体阐述：

（1）关于新型经营主体的支持政策。

当地政府应出台鼓励新型经营主体发展的系统性政策，包括对主体给予用地、水电、金融等方面的优惠意见。

（2）奖补资金如何落实到经营主体。

应适当安排园区内的合作社、家庭农场、新型职业农民承担一些政府涉农项目，或明确政府奖补资金如何惠及经营主体（如奖补资金如何量化入股，或作风险补偿）。

（3）农村产业融合土地保障。

如何保障农业、第二产业、第三产业的土地供给，应有明确的支持政策。如农业用地如何保障，加工和服务业用地如何取得，要通过明确的政策文件来指导经营主体依法用地，避免再现“大棚房”的风险。

（4）引导资金投入。

产业融合示范园区鼓励各类政府财政资金扶持项目融入本园区，以产生“1+1>2”的溢出效应。这要求规划者要有系统思维，认真学习和掌握可能融入本园区的项目指南，按规定统筹整合相关资金，充分发挥财政资金的引导作用。

（5）金融服务。

国家 7 部委联合出台的《国家农村产业融合发展示范园创建工作方案》已经明确了支持示范园发展的金融政策，如设立产业发展基金、风险担保基金或成立融资担保、再担保机构等。这为园区规划中的金融服务方案提供了重要依据。规划应根据实际需要的现实条件，不失时机地提出政策建议。

（6）支持农业人口转移就业、返乡创业。

规划应建议地方政府出台示范园吸纳农业人口转移就业、支持返乡创业人员的具体政策措施，如设置孵化器、政府优先采购、项目倾斜、与减税挂钩、融资担保等。

12.3.1.5　园区组织保障

组织保障是项目实施的前提。无论哪一类产业示范园区，其园区组织架构和运营机制都大同小异。第一，要有领导小组，一般是本级政府主要领导挂帅，体现领导重视。第二，要设置管委会（或其他机构，如中心、管理公司等），负责园区建设运行具体事务。领导小组和管委会要有本级政府的文件予以明确。管委会至少应下设产业融合信息服务、产权流转服务、科技合作促进服务、督促考核服务四个服务部门，其中，产业融合信息服务部负责搭建和管理农村产业融合发展公共服务信息平台；产权流转服务部负责搭建和管理农村集体产权流转市场；科技合作促进服务部负责发展科技机构参与园区建设，或与园区经营主体合作研发和经营；督促考核服务部负责制定监督考核措施，建立健全规章制度，推动园区创建执行，负责监督检查、绩效考核。

12.3.2　农业内部融合型示范园区

农业内部融合型示范园区的特点是农村种植业、养殖业、服务业的融合发展。此类园区带有明显的循环经济特征。此类园区规划除了关注 12.3.1 节讨论的 5 项要点之外，在农业产业结构优化、主体示范带动、利益联结等方面还要进一步强化。

（1）农业产业结构优化。

第一，产业链群的设计。此类园区至少设计种植业和养殖业，因此，基于产品视角划分的产业链可能不止一条，多条产业链构成产业链群。产业链群涉及种植业、养殖业、农产品加工、农产品物流、农产品电子商务、乡村旅游、乡村文化、小城镇开发建设等多项活动。

第二，每条产业链上要有一个龙头企业（一个企业可以涉足多条产业链，但应以某一条为主），要培育规模以上（年产值 1000 万元以上）的龙头企业或其他新兴经营主体。

第三，农业内部循环经济建设的思路要描述清楚，要关注种养加一体化的产值与示范园区总产值之间的比例关系，对种养加一体化的产值和园区的总产值要有明确的指标设计。

第四，在农产品生产方面，“三品一标”农产品认证面积要纳入规划指标，且尽可能覆盖全园区。

第五，推行土地适度规模化经营。通过土地流转、托管等规模化经营方式，提升规模化经营面积在示范园区中的比重，这也是重要的规划指标。

第六，农业废弃物资源化利用。这应是此类园区的亮点之一，农业废弃物（如畜禽粪污、秸秆等）可变为有机肥、栽培基质以及其他资源，实现多级利用；秸秆能否作为创意材料、建筑材料、动物饲料？要给出具体规划方案。农业废弃物资源化利用的比例，要纳入量化考核指标。

（2）主体示范带动。

第一，要提高龙头企业辐射带动能力。龙头企业辐射带动能力主要体现在生产基地的规模（通常以种植面积、畜禽存栏量或年度产量来表达），以新型职业农民、合作社、家庭农场、龙头企业经营的农业生产基地占总量的比例为评价指标。因此，龙头企业除了自己经营示范性生产基地以外，要辅导新型职业农民、合作社、家庭农场来经营生产基地。

第二，培育其他新型经营主体。其他新型经营主体包括（但不限于）本地大中专毕业的青年学生、务工经商返乡人员、退伍军人等。对他们在园区创业，兴办合作社或兴办家庭农场，或开办乡村旅游等服务性企业予以支持。园区应规划孵化服务机制和相应的空间场所，由龙头企业或科技服务机构提供相关服务。管委会对此类动态要纳入年度统计指标。

第三，生产基地的标准化、品牌化和组织化。园区龙头企业自建或带动其他经营主体经营的原料基地，应该实现标准化、规范化管理，创建企业品牌或园区品牌，标准化生产面积占基地总面积的比重，品牌农产品产值占农产品总产值的比重，应该纳入园区的考核指标。此外，在示范园区内可以规划成立产业联盟或行业协会，有组织地对基地农业生产进行指导，并引导基地经营主体制定有关的行为公约，实现品牌自律。

（3）利益联结。农业内部融合型示范园区的利益联结机制，以订单农业或保底分红等方式最为普遍。这种方式的规划指标是订单农业（或保底分红）生产产值占全部农产品产值的比重。其主要目的是带动农民增收，因此，园区内农民增收的幅度（前后对比数据）也是重要的规划指标，一般高于周边的20%左右。

示范园区要关注农户收入的构成、示范园区规划，要把农户资产性收益（包括但不限于以土地、林地入股参与合作社或龙头企业所得的收益）当作农户收益的重要增长方向。从而在产业融合发展中，实现农村“三变”，保障农民可分享经济发展的红利。

政府投入资产性收益如何处理也是利益联结机制设计的一个重要内容。政策鼓励将政府投资项目或财政资金折股量化，支持农民参与保底收益或分红。但怎样支持农民参与保底分红，仍有研究探索的空间。如果财政资金直接量化为农民的股份参与分红，可能会挫伤企业（或其他社会资本）股东积极性；届时项目如亏损，农民依然难以“保底”。合理的办法之一可能是将财政资金量化后的股份收益“储蓄”起来，在效益不佳的年份拿出来补偿给农户，作为“保底”资金。

龙头企业（或合作社）是利益联结机制设计中最重要的主体之一。一般情况下，龙头企业（或合作社）要为农户提供技术或市场培训，提供统一品牌营销和管理服务；龙头企业还应为农户贷款提供信贷担保或融资服务。规划在运营机制设计章节中，要明确龙头企业与农户之间的这种服务与被服务的关系。

12.3.3 延伸农业产业链型示范园区

延伸农业产业链型融合发展示范园区的特点是将农业（种植业和养殖业）向上下游两头延伸，上游主要是计划管理、种业和生产资料的供应，下游主要是加工和销售。此类园区带有明显的全产业链运作的特征。此类园区规划除了关注12.3.1节讨论的5项要点之外，在产业结构优化、主体示范带动、利益联结等方面，与12.3.2节讨论的农业内部融合型示范园区规划特点基本相同，但也有一些针对性的要求。

（1）产业结构优化。

首先是产品和产业链的设计。此类园区的主导产业必须突出，主导产业的最终产品必须有市场前景，主导产业的生产环节在本地有较大的技术优势或资源优势。产业链向下游的延伸，可以涉及乡村旅游、共享农业、认养农业、体验农业、特色民宿、生态康养、乡村文化、小城镇开发建设等项目。

农产品加工企业的培育是此类园区的重中之重，要通过农产品加工等产后处理措施，创建品牌，大幅度提高农产品的附加值，是此类园区产业走向成功的关键。因此“农产品加工产值占园区总产值的比例”这一指标对此类园区来说最为重要。在规划时要明确加工业发展用地，或将农产品加工集中区纳入规划范围。农产品加工集中区的规划要点详见本书第 2 章。

此类园区的规划思路，应以农产品加工企业如何做大做强为主线，培育农业产业化龙头企业（主导产业中至少有一个规模以上龙头企业）及其产品品牌。以农产品为原料的产品品牌价值与其原料生产基地的生产方式和质量标准关系密切。因此，土地流转、托管等规模化经营面积占示范园区总面积的比例，“三品一标”农产品认证面积占示范园区总面积的比例等指标，依然是此类园区重要的考核内容。

此外，农业循环发展、种养加一体化方式要尽量采纳。通过循环农业，减少本系统废弃物的对外排放。

（2）主体示范带动。

此类园区的龙头企业，主要通过提供技术服务、农产品订单或股份的形式来带动新型职业农民、家庭农场和农民专业合作社。也可以在主导产业的优势产区建立大规模的原料基地，通过基地带动农户和当地大中专学生、务工经商返乡创业人员兴办家庭农场和合作社。还可以在基地村镇和目标城市内创建电商基地，带动创业人员兴办小微企业，培养小微企业外包括其技术服务、品牌营销服务，或销售其最终产品。

园区龙头企业必须创建原料大基地，实现基地生产标准化、品牌化、组织化。上述带动起来的小微企业，都可以是组织基地、维系基地、服务基地的有生力量。

园区龙头企业还可以在更高的层面上发起（或参与）产业联盟，以在整个行业的健康发展中起到积极作用。

（3）利益联结。

延伸农业产业链型示范园区的利益联结机制，主要有以下八种：第一是龙头企业向基地经营主体下订单，按合同收购其产品；第二是龙头企业向农户并提供良种以及相应的其他生产资料和后续服务；第三是龙头企业为农户提供代耕代收和代为加工服务；第四是龙头企业为基地提供技术服务；第五是龙头企业为农户提供融资担保服务；第六是同时采用上述四种联结机制，并由龙头企业垫支一切有关费用，在产品收购环节一并扣除；第七是龙头企业与农户成立股份合作组织，农户收益采取保底 + 分红的保障策略；第八是企业建设创业孵化平台，帮助农户及返乡青年创业者在产业链延伸的不同节点上投资创业（如搭建电商平台让创业者销售企业的主要产品及其他）。上述各种机制在规划中应根据实际条件灵活选用，尽量选择第六、第七、第八种利益联结机制。在采用第七种机制时，农民入股的方式可以是财物、权益（承包地、林地、闲置住宅等）、劳动力等。

利益联结的最终目的是提高全产业链的运行效率，同时提高农民的收入。政府投入资产性收益如何处理，可参考 12. 3. 2 节的讨论。

12.3.4 农业功能拓展型示范园区

农业功能拓展型示范园区的特点是以农业为基础，充分利用农业农村的自然生态资源、历史文化资源、产业资源等，横向拓展经营范围。例如以农业为本底，发展创意产业和旅游服务业。此类园区规划除了关注12.3.1节讨论的5项要点之外，在产业结构优化、主体示范带动、利益联结等方面，另有一些针对性的要求。

（1）产业结构优化升级。

第一，农业产业结构要优化，要生产优质安全农产品，并提高生产效率。因此“三品一标”农产品认证面积和农地适度规模化经营（一般通过土地流转、托管等方式实现）依然非常重要。

第二，要重视新产业、新业态的带动作用。可重点突出农村电商、乡村旅游等新产业新业态对现代农业发展的带动作用。如通过文化商品开发、农产品电子商务、特色农业展会和旅游项目的设置，提高园区知名度、带动农产品的销售。

第三，要重点打造特色旅游景点，拓展农业的休闲服务功能。除了生态景观的优化设计之外，重点要考虑体验性项目，如采摘、垂钓、农事体验、农家餐饮制作与品尝、民宿体验、民俗文化活动演绎等。特色旅游景点和旅游村镇数量和质量可以纳入此类示范园区的考核指标。

第四，此类园区规划要明确对村镇文化保护措施以及地域文化开发利用方式。尤其是列入传统村落保护目录的村镇（寨、组、屯、堡子等），要依法科学处理保护与开发的关系。

第五，结合示范园区内的农事体验、旅游商品开发、共享农业、认养农业、农家乐、康养服务等项目的设置和优化，积极探索农业功能拓展的技术创新、模式创新和机制创新。

【例12-2】盘锦市大洼区国家农村产业融合发展示范园①

大洼农村产业融合发展示范园位于大洼区新立镇，占地面积60平方公里，涉及新立镇全域。园区践行农业供给侧结构性改革发展要求，积极转变农业发展方式，加快农业结构调整，依托全域良田，在全国首创“互联网+认养农业”模式，通过认养方式经营以“盘锦大米”“盘锦河蟹”为代表的系列农产品。其认养产品具有国有农场自产自营、品种纯正安全、环节直供、生态种植/养殖、新鲜保证等特点。

该示范园的产业结构规划为“基础产业、特色产业、增值产业”三级产业体系，其中，增值产业即以田园风光、园艺体验、食品安全为载体，以美丽乡村建设为抓手，以乡村民宿为重点，打造农业体验游、田园养生游、温泉度假游、家庭亲子游等乡村旅游产品。

（2）主体示范带动。

农业功能拓展型示范园区的经营主体可能比较多：龙头企业、合作社、家庭农场、新

---

① 资料来源：南京新农道规划设计研究院《大洼国家现代农业产业融合发展示范园规划》案例简介。

业态小微企业、村镇集体经济组织以及其他社会资本，都可能在此类园区中大展身手。因此，在主体示范带动方面要关注以下三类特征指标：一是旅游、展会、民宿等经营活动带动示范园区农产品或特色民俗产品销售情况，如每年销售增长的比率；二是园区吸引消费者情况，它反映农业与旅游、教育、文化、健康养老等产业融合发展的深度，一般用游客数量来衡量（特别是外地游客）；三是基地生产标准化、品牌化、组织化情况（参考12.3.3节的讨论）。在规划时要围绕这三类指标设置有关项目。

（3）利益联结。

农业功能拓展型示范园区在利益联结方面最突出的表现可能是带动就业增长。第一，园区新型经营主体在发展旅游、展会、民宿等服务过程中，会产生大量工作岗位，带动本地农民就业人数增加。第二，因为就业机会增加和旅游、展会、民宿以及订单农业等带来的经营收入，可以有效增加农民收入。第三，农民以土地、林地入股参与合作社或龙头企业经营，还会带来资产性收入。第四，政府投资项目或财政资金，主要用在基础设施和公共服务上，在收益方面可以折股量化，可以在农民入股的方式下，支持农民参与保底收益（参见12.3.2节的讨论）。第五，如果龙头企业（或合作社）在园区经营环节能成为核心部门（如统一营销、统一收款并开具发票），则应该为农户和其他小业主提供信贷担保或融资服务，并为农户（或其他业主）提供技术或市场培训，提供统一品牌服务。

12.3.5　多业态复合型示范园区

业态指产业及业务形态。农村涉农基本产业可以分为五类：种植业（含作物、园艺、林草）、养殖业（含畜禽养殖、渔业、特种养殖等）、农副产品加工业、生产服务业（含技术、农资、农事外包、物流、销售等）、生活服务业（含餐饮、休闲体验、观光农业等），每一类产业中的具体业务又有多种形态。这五类基本业态可相互融合、再融合，派生出来的复合型新业态将不胜枚举。根据启迪农科《2018年乡村新产业新业态数据大盘点》的分析，以农业为基础的多业态复合，已经催生了四大类新型业态。“农业+”林牧渔，催生了鸭稻共生综合种养等循环型农业；“农业+”加工流通，催生了中央厨房、直供直销、会员农业等延伸型农业；“农业+”文化、教育、旅游、康养等产业，催生了创意农业、民宿服务、康养农业等体验型农业；“农业+”信息产业，催生了数字农业等智慧型农业。

多业态复合型示范园区的主要特点，是多种涉农基本业态的嵌套性融合，一二三产业之间的界限比较模糊。例如，基于有机农场的中央厨房配餐服务，似乎属于生活服务业，但其中的食品加工环节可算是加工业，其原料生产环节是种植（养殖）业。至于送上门的那道菜肴的价值，加工业占多大比重很难计算。事实上，经营此类配餐服务的产加销一体化经营组织，其主要业务指标的是就业、成本和销售额，并不在意其业绩中一二三产业的比例是多少。又如，农户种植果园生产水果，在果树林下养鸡，通过微信公众号和朋友圈接受订单，再通过快递公司或自备冷藏车向顾客送货完成水果和鸡蛋的交易。这样的农户就是典型的多业态复合型业主了。

因此，多业态复合型示范园区的规划，可以参考上述农业内部融合型、延伸农业产业链型、农业功能拓展型等示范园区规划要点，侧重营销和销售环节的服务平台建设。

（1）农业产业结构优化升级。

在多业态复合型示范园区中，农业产业结构优化升级的重要指标是四个比例，即："三品一标"农产品生产比例、种养加一体化产值占园区总产值的比例、农产品加工产值占园区总产值的比例或过腹转化产值占园区总产值的比例、通过互联网订单销售产品占示范园农产品比例。因此，在综合服务平台的设计时，要留下此四类数据的统计切口，便于在运行时数据采集和监控。此外，园区通过多功能拓展带动当地农民参与旅游、展会、民宿、电商等就业人数情况也是产业结构优化结果的一个重要指标。

【例12－3】六合区国家农村产业融合发展示范园①

六合区国家农村产业融合发展示范园位于南京市六合区竹镇镇（江苏六合现代农业产业园），创建类型为多业态复合型。规划面积6万亩，其中核心区约2.4万亩。园区已形成以高效园艺（绿色蔬菜、应时鲜果）为主导，农产品加工为提升，循环农业和休闲农业为特色的一二三产业深度融合体系。高效园艺上建成原料生产基地近42000亩（其中桃、葡萄、梨等鲜果约22000亩，蔬菜约5000亩，苗木花卉约15000亩），创建成为省级农产品集中加工区，循环农业上建成江苏省农科院动物基地、伊利生态牧场两个国家级示范养殖小区，休闲农业上被评为全国乡村旅游与休闲农业五星级园区，2018年接待游客突破200万人次。

（2）主体示范带动。

此类园区的龙头企业要有为本地大中专学生、务工经商返乡创业人员兴办合作社或兴办家庭农场、开办乡村旅游提供支持，以形成有利于园区永续发展的企业生态。

为了保障多业态复合型示范园区产品和服务的质量，其农业基地的生产标准化、品牌化、组织化还是非常必要的。规划中必须强化经营主体的基地建设：龙头企业自建或带动原料基地标准化生产比例、基地生产品牌化产品产值占示范园农产品总产值的比例，要纳入规划指标体系之中，龙头企业应领办行业协会或产业联盟，并对基地中的新型职业农民、合作社、家庭农场等的农业生产进行指导。

（3）利益联结。

多业态复合型示范园区的利益联结机制与功能拓展型示范园区类似，龙头企业与其他经营主体的关系以订单、业务外包合同、股份合作等最为常见，参考12.3.4节的讨论。

12.3.6 新技术渗透型示范园区

此类农村产业融合发展示范园区主要特点是农业高新技术的渗透性运用。主要特征是生产手段和装备的现代化。

农业高新技术大体上可分为四种类型：一是农业生物技术。它是定向地、有目的地进行农业生物遗传改良和创制的一门高新技术，包括基因技术、细胞技术、酶技术和发酵技术等。应用这一技术可以不断地为农业生产提供新品种、新方法、新资源。如细胞工程技

① 资料来源：国家发改委农经处《国家农村产业融合发展示范园经验做法（江苏篇）》。

术中的试管苗快繁和茎尖培养脱毒技术，已成功地应用于生产实践，尤其在香蕉、柑橘、草莓、西瓜、甘薯、马铃薯等作物上，脱毒试管苗已大规模推广，取得了显著效益。二是农业信息技术，主要包括农业决策支持系统研制与开发、虚拟农业研究、农业信息网络化技术、农业资源管理与动态监测专家系统研制、专业实用技术信息系统及专家系统的研制，全国共享的农业经济、资源、科技信息网络、农产品电子商务与农用物联网等。尤其是农产品电子商务近几年发展非常快，已经成为很多农村脱贫致富的有效手段。三是农业生产环境控制技术，包括设施园艺技术、动物规模化饲养环境控制、工厂化食用菌生产技术等，这类技术可大大提高农业土地产出率和劳动生产率。尤其是棚膜栽培、节能日光温室、无土栽培等设施农业技术，特别适宜于蔬菜、园艺作物的生产和繁殖，能大幅度地提高水、土、热、气的利用率，经济、社会、生态效益非常明显。四是机电一体化或智能化水平较高的农业机械与装备，如耕播施肥一体化机械、植保无人机、收割与分级清理一体化机器人、蔬菜瓜果水肥一体化装备等，这些先进机械和装备的运用，不仅可以大大提高劳动生产率，还可以实现科学化、精细化管理，有效提高农产品质量和监控环境质量。

新技术渗透型示范园区规划除了关注 12.3.1 节讨论的 5 项要点之外，在产业结构优化、主体示范带动、利益联结等方面，都应体现农业高新技术的运用。

（1）农业产业结构优化升级。

在生产环节，要强调农业高新技术、设备、品种的推广运用，不断提高“三品一标”农产品认证面积占示范园总面积的比例，不断提高远程监控、在线诊断、物联网、大数据、在线信息发布等新技术运用的水平和技术效率。在产后服务环节，应设置农产品电子商务交易集中区，以便提升网络通信、物流加工与管理等基础设施配套体系，不断提高互联网订单销售占示范园区农产品总产值的比例。

（2）主体示范带动。

此类园区的龙头企业以电子商务为特色的销售服务型企业，也可以是那些拥有生物技术服务能力或拥有高新技术设备的为农户、家庭农场提供种苗或农事外包服务的生产服务型企业。两类企业可以是科技型企业，鼓励他们申报农业高新技术企业称号。

培育园区电商龙头企业和生产服务型龙头企业，通过他们带动新型经营主体，进而带动本地就业能力增长，这是此类园区发展的潜在亮点，应予以重视、发挥。可以考虑的规划方案：一是为之提供科技支撑，引入市级以上科研机构（至少一家）进入园区，建立科技研发推广平台和产业基地。二是通过电商推动示范园区产品（和生产过程的科技服务）品牌化建设和发展。三是支持龙头企业领办行业协会或产业联盟，对内并对指导农户和家庭农场等经营主体，对外发展盟员，以及发展异地生产基地。

（3）利益联结。

新技术渗透型示范园区的利益联结机制可以分为三个层面来描述：一是政府层面，以公共服务与基础设施投资项目或其他财政资金投入方式带动农业高新技术运用。二是电子商务或农业技术公司（或合作社）为农户提供技术或市场培训，提供统一品牌服务；龙头企业还可以为农户贷款提供信贷担保或融资服务；龙头企业与农户之间可以是产品订单关系，或保底分红式的股份合作关系。三是农户通过新品种、新技术运用提高农业产出值，通过现代农业生产技术提高劳动生产率，在结合订单的风险保障或保底分红机制，最终达到收入稳定增长的目的。

12.3.7 产城融合型示范园

产城融合是在我国城乡经济转型升级的背景下提出的一种发展思路。要求产业发展与城市化同步规划，协调推进。两者功能融合、空间整合，以产促城，以城兴产，不能一快一慢，脱节分离。产业是城市发展的基础，城市是产业发展的载体，城市和产业共生、共利。把产城融合的思路用于农村一二三产业融合发展，可具体到产镇融合、产村融合，意义非常重大。农业产业化和城镇化同步推进，相互支撑，核心的任务是将产业做大做强，促进农业劳动力向二三产业转移，以产业兴旺带动乡村振兴和经济转型。因此，创建产城融合型农村产业融合示范园区是一个内涵最为丰富、前景最令人振奋的系统工程。此类园区必须规划先行，先做好产业定位。园区的规划除了落实12.3.1节讨论的5项要点之外，在产业结构优化、主体示范带动、利益联结等方面，还可以有更深远的考量。重点是做好前瞻性的规划定位，把握产业趋势，引领产业变革，同时利用城市和村镇建设更新的土地资源、空间资源用于发展新兴产业，并将产业做强做大，其触角可以延伸到国际化领域。

（1）产业结构优化升级。

第一，园区产业发展与当地城镇化规划紧密衔接，农产品加工业产值占当地农产品加工业总产值的比重以及农产品加工业产值增加幅度，应成为规划实施的主要考核指标。

第二，土地市场要城乡一体化，确保二三产业发展的用地指标。可依法利用农村集体建设用地的资源，将资源变资产，农民变股东。

第三，城乡居民社会保障体系一体化进程要纳入规划方案，确保示范园区内农民与城镇居民社会保障体系一体化程度高不断提升。

第四，规划区内水电路等基础设施和上学、就医等公共服务也应一体化。规划要明确示范园区基础设施和城乡公共服务均等化水平逐年提升的进程方案。

第五，将示范园区内农村居民非农就业比例，列为规划实施的考核指标。农村居民务农比例要低于本地区平均水平。

（2）融合发展能力。

第一，融合发展能力体现在农业产业化龙头企业的带动能力上。龙头企业要建立标准化、品牌化原料生产大基地（企业自建或带动基地当地农户、合作社建设皆可），品牌化农产品产值占示范园区农产品总产值的比例要列入考核指标。

第二，融合发展能力体现在示范园区的主导产业对城镇化形成是否起到支撑，主要特征是吸纳本地农业转移人口就业的数量。为此，规划可以考虑以农村特色产业或生态环境为基础，将园区发展成为吸引城市居民前来休闲养生的场所，要提出具体的服务方案，如此可以提供大量的非农就业机会。

（3）利益联结。

此类园区利益联结机制的设计，要确保示范园区内农民收入增幅超过当地平均收入增幅。政府的投资项目或其他财政资金投入，主要用于带动农业信息技术运用、高新技术运

用，同时支持农业转移人口的专业技术培训。龙头企业为农户贷款提供信贷担保或融资服务，龙头企业或合作社为农户提供技术或市场培训，提供统一品牌服务。订单农业、农民集体资产通过入股取得保底分红等方式，都应是龙头企业联结农户的可行且重要的路径。

12.4　可以借鉴的创建方案评审标准

凡是示范园，一般都带有典型性和示范性，并可以争取政府有关部门的立项支持和财政资金的支持。这就免不了要对创建方案进行评审。而示范园规划的编制，必须考虑项目实施单位便于根据规划组织实施并提交创建方案。

以下介绍湖南省政府部门公开发布的对国家农村产业融合发展示范园创建方案的评审评分细则，如表 12－1 所示。这一细则的特点是：既能体现国家有关主管部门的战略意图和任务框架，又具体量化到每一个可度量的指标，具有极强的可操作性。对国家农村产业融合示范园规划的编制具有直接的指导价值，各地方农业产业融合示范园的规划设计也能借鉴。

表 12－1　湖南省国家农村产业融合发展示范园创建方案评审评分细则①

序号	指标类	评分内容	分值
一	规划布局合理	1. 园区有详细的建设规划或建设方案，且符合当地经济社会发展、土地利用和农业发展规划的总体要求（3 分） 2. 园区有明确的地理界限和一定的区域范围，园区总规划面积不低于 20 平方公里，其中核心区面积不小于 1 万亩（3 分） 3. 园区全面统筹布局生产、加工、销售、物流、研发、休闲旅游、服务等功能板块（4 分）	10
二	产业集聚发展	4. 在全省粮食、油料、茶叶、蔬菜、水果、中药材、畜禽、水产、竹木、花卉苗木 10 大优势产业中，园区围绕 1～2 大产业重点发展，主导产业突出，产值比重占园区总值的 50% 以上（5 分，其中，主导产业不属于 10 大优势产业范围的，减 2 分；主导产业产值占园区总值 40% 以下的，减 2 分） 5. 园区产业链条完整，有与园区相配套的高标准原料基地，生产、加工、销售一体化经营程度比较高（4 分） 6. 园区规模以上农业企业不少于 15 家，其中农业产业化省级龙头企业不少于 3 家（包括 3 家），市级农业产业化龙头企业不少于 5 家（包括 5 家）（6 分，其中，规模以上农业企业 10～15 家，或省级龙头企业数 2～3 家，或市级龙头企业 3～5 家的，记 4 分；规模以上企业少于 10 家，或省级龙头企业少于 2 家，或市级龙头企业少于 3 家的，记 2 分）	15

① 湖南省农经处．国家发展改革委等七部门制定印发《国家农村产业融合发展示范园创建工作方案》［EB/OL］．http：//fgw. hunan. gov. cn/fgw/xxgk_ 70899/gzdtf/gzdt/201708/t20170814_ 4392846. html，2017－08－14.

续表

序号	指标类	评分内容	分值
三	发展水平领先	7. 园区水、电、路、通信、网络等基础设施完备（3 分） 8. 园区科技水平领先，与科研院所建立了紧密合作，园区或企业建立了产学研平台或科技研发中心，高新技术企业比重占园区企业数的 50% 以上（4 分，其中，高新技术企业比重 30% ~50% 的，记 3 分；比重 30% 以下的，记 2 分） 9. 园区内全面推行“一控两减三基本”，生产基地标准化率 80% 以上，“三品一标”农产品认证数超过 5 个，绿色食品认证数超过 3 个，绿色、低碳、循环发展长效机制基本建立（5 分，其中，生产基地标准化率 60% 以下，或“三品一标”农产品认证数低于 3 个，或绿色食品认证数低于 2 个，记 3 分；生产基地标准化率 40% 以下，或“三品一标”农产品认证数低于 2 个，或绿色食品认证数 1 个，记 1 分） 10. 园区产业品牌竞争力较强，拥有省级及以上品牌不少于 3 个（3 分，其中，少于 3 个的，记 2 分；没有的，不记分）	15
四	融合特色鲜明	11. 园区结合本地实际，充分挖掘地域产业特色，初步形成一二三产业高度融合（5 分，其中，属于一二产业融合发展或二三产业融合发展的，记 4 分；属于一产业内部融合发展的，记 3 分） 12. 园区新产业、新业态发展较快，年增长速度在 20% 以上（5 分，其中增速为 15% ~20% 的，记 4 分；增速为 10% ~15% 的，记 3 分；增速 10% 以下的，不计分）	10
五	目标任务明确	13. 园区未来 2 ~3 年实施的单个项目投资额 5000 万元以上的重大项目在 10 个以上或项目总投资 10 亿元以上（5 分，单个投资额 5000 万元重大项目每减少 1 个或项目总投资每减少 2 亿元，减 1 分） 14. 园区未来 2 ~3 年每年吸纳社会资本投入数超过 2 亿元（5 分，每减少 5000 万元减 1 分） 15. 园区未来 2 ~3 年每年总产值增长在 15% 以上（5 分，其中，年产值每下降 5%，减 2 分）	15
六	利益联结紧密	16. 入园企业通过构建股份合作、二次返利、订单生产等模式，建立了与基地农户、农民合作社稳定的利益联结关系，直接带动农户超过 3000 户以上（5 分，其中，直接带动农户 2000 ~3000 户的，记 4 分；2000 户以下的，记 2 分） 17. 园区企业与基地农户建立股份合作、享受二次分红的超过 1000 户，或开展订单生产农户在 1500 户以上（5 分，其中，与园区企业股份合作农户 500 ~1000 户，或开展订单生产农户 800 ~1500 户的，记 3 分；股份合作农户 500 户以下，或开展订单生产农户 800 户以下，记 1 分） 18. 园区农民年收入高于当地平均水平 20% 以上（5 分，其中，高于 15% ~20% 的，记 4 分；高于 10% ~15% 的，记 3 分；高于 10% 以下的，记 1 分） 19. 园区企业长期吸纳当地农民工占企业职工总数 50% 以上（3 分，其中，当地农民工占企业职工总数比重每减少 10%，减 1 分）	18

续表

序号	指标类	评分内容	分值
七	政府高度重视	20. 园区所在政府高度重视农村产业融合发展工作，已成立由主要领导挂帅的领导小组（3 分） 21. 园区所在政府出台了支持园区发展的政策措施（3 分） 22. 园区建设主体清晰，建立了适应发展要求的管理机构和开发运营机制（3 分） 23. 园区所在政府设立有财政专项扶持资金或农村产业融合发展基金（3 分）	12
八	示范作用显著	24. 创建的示范园属于国家农村一二三产业融合发展试点县（市、区）（3 分） 25. 创建的示范园属于国家现代农业产业园、国家农业科技示范园等国家级农业园区类（2 分）	5
合计			100

由于各地自然和经济条件差别较大，在借鉴上述细则进行规划时，要结合当地的具体条件，不同省份的有关部门对具体指标值的要求可能有差别，对 7 大类 25 个分项的具体要求可能会有另外的规定。规划编制必须遵循当地的规定，因地制宜、因势利导。

第13章　复垦区农业

13.1　复垦区农业利用概述

13.1.1　复垦区的概念

本章的复垦区是指经过土地复垦之后形成的规划范围。土地复垦是指对生产建设活动和自然灾害损毁的土地，采取整治措施（包括工程、生物和化学等措施），使其达到可供利用状态的活动。这里的“可供利用状态”，指复垦后的土地可用作农用生产用地、非农建设用地等。

众所周知，土地是农业生产中最基本的生产资料，是人类生存和发展的重要载体。近年来，随着城市化和工业化的发展，对土地资源的需求越来越大，耕地不断减少、人地矛盾非常突出。如何实现土地资源的可持续利用受到人们的普遍关注。土地复垦是实现土地资源可持续利用的重要途径，可有效增加农用土地的面积，提高土地的利用率和产出率。

13.1.2　土地复垦的分类

在2011年国务院颁布的《土地复垦条例》中，土地复垦分为两大类型：一是“生产建设活动损毁土地的复垦”；二是“历史遗留损毁土地和自然灾害损毁土地的复垦”。

如果从实际发生的案例数量来看，土地复垦又可以分为矿坑复垦、采矿塌陷地复垦、村庄和工厂等拆迁地复垦、其他宗地复垦等几种。

矿坑复垦：一般是露天采矿造成的坑塘或采矿破坏的山体，其特点是表土不复存在，需要采取工程措施填补表土或恢复植被。

采矿塌陷地复垦：指地下采矿导致地面沉降，从而导致不能继续按原来的方式在地面上进行生产和生活，需要因地制宜采取复垦措施，恢复其生产和生活的功能。

村庄和工厂拆迁地复垦：指村庄、工厂、学校等拆迁后，对原有房屋和非农活动的占地进行整治。其特点是原有的土地一般不符合耕种的要求，需要采取复垦措施进行治理。

其他宗地复垦：指除以上三种复垦缘由之外的其他原因导致土地复垦。

还有人从工程方法和措施的角度来分类，将土地复垦分为充填复垦与非充填复垦两大类。所谓的充填复垦是把采矿过程中产生的废弃物对沉陷区和露天采坑，进行回填、平整，达到复垦目的。非充填复垦是对矿区已形成的地形进行因地制宜的治理，改造成多种用途的土地，例如因地制宜地建设矿区公园、观光水面等。

13.1.3 复垦区农业利用的方向与效益

复垦后土地的利用方向，应按照因地制宜、综合治理、经济可行、合理利用的原则，结合自然条件和土地损毁情况来确定，宜农则农、宜林则林、宜渔则渔、宜建则建。

目前，我国土地复垦率大约25%左右，但与世界先进国家矿区70%～80%的土地复垦率相比，存在很大差距。据估算，我国约有1333.4万公顷（折合约2亿亩）废弃土地①，其中仅采矿破坏的土地约占一半，如能按照上述原则进行复垦，约有60%以上的废弃地可以复垦为耕地，30%可以复垦为其他农用地，用于发展农、林、果、草、水产和畜禽养殖等，可以带来可观的经济效益、生态效益和社会效益。

13.2 复垦区农业规划的政策依据

我国土地复垦的实践起步较晚，始于20世纪50年代。当时有个别矿山和单位自发地进行一些土地复垦工作，并且都是一些小规模的修复治理工作，处于自发零散状态，缺少可行性分析和科学规划，成效不大，也没有相关法律规范。主要采用填埋、剥离、覆土等简单措施，土地复垦基本上处于一种自然修复的状态。

13.2.1 我国土地复垦相关政策法规的回顾

自从20世纪80年代后期开始，相关法律法规陆续出台，土地复垦工作逐渐变为有关行业有计划有组织的自觉行动，土地复垦工作取得了较大的进展，开始步入正轨。

1989年1月1日实施的《土地复垦规定》，标志着我国土地复垦与生态修复工作开始走上了法制的轨道。之后几年出台的政策、法规等对我国土地复垦方案、制度框架、复垦技术标准和规范均作出了明确的规定。继《土地复垦规定》颁布实施后，在《土地管理法》《矿产资源法》《环境保护法》《煤炭法》《铁路法》等法律中都有土地复垦方面的规定。

据不完全统计，自20世纪80年代以来，全国人大常务委员会、国务院、国家计委、国家经委、水利部、财政部、煤炭部、冶金部、环保部、土地部等有关部门先后制定了与矿区土地复垦、水土保持、环境保护有关的法律、法规和规章30余部。各级人民政府积极推进矿山环境立法，制订矿山环境保护规划，建立土地复垦保证金制度，开展矿山环境治理示范工程，产生了许多实用的土地复垦技术。

我国土地复垦相关政策与法规出台情况如表13－1所示。

---

① 陶小莫．低碳［J］．公民与法制，2010（11）：58.

表 13－1　我国土地复垦相关政策与法规出台情况一览

年份	相关法规与重要事件	主要内容
1986	《土地管理法》颁布	1986 年 6 月 25 日，由第六届全国人大常委会第十六次会议通过并颁布，明确规定了土地复垦的任务
1987	成立了土地复垦研究会	有关行业的科研部门都设立或指定专门机构对土地复垦中一些相关技术等课题进行了研究
1989	《土地复垦规定》实施	1988 年 10 月 21 日国务院常务会议通过，1989 年 1 月 1 日正式实施，标志着中国土地复垦走上法制的轨道，明确了"谁破坏、谁治理"的原则，并且对复垦规划、综合治理、资金来源等也做了相应的规定
1995	国家环保局组织"矿区生态环境破坏与恢复重建调查研究"	从 20 世纪 90 年代开始，当时的国家土地管理局先后在全国设立了 12 个土地复垦试验示范点，开始了大面积的土地复垦试验推广工作，土地复垦逐渐成为热点
1998	国家土地管理局土地整理中心成立	1998 年 1 月组建成立，即现在国土资源部土地整理中心的前身。该中心明确规定了在国家土地整理工作中肩负的任务
1998	《土地管理法》修订"复垦"相关内容	1998 年第 4 次修订的《土地管理法》第四十二条："因挖损、塌陷、压占等造成土地破坏，用地单位和个人应当按照国家有关规定负责复垦；没有条件复垦或者复垦不符合要求的，应当缴纳土地复垦费，专项用于土地复垦。复垦的土地应当优先用于农业。" 从法律的角度正式提出土地整理：土地整理逐步发展成为我国扩大耕地面积，提高土地利用效率的重要手段之一
2000	国土资源部土地整理中心成立土地整理规划设计研究院	研究院专门从事土地整理的技术和理论研究。2000 年制定了《土地开发整理标准》，包含《土地开发整理规划编制标准》《土地开发整理项目规划设计规范》《土地开发整理项目验收规程》三项标准，这三项标准包含了土地整理工作的大部分技术层面，提供了全国统一的操作规程。同年颁布实施的还有《国家投资土地开发整理项目管理暂行办法》和《土地开发整理项目资金管理暂行办法》
2001	"国家投资土地开发整理项目"开始实施	标志着国家开始投资土地复垦，国家明确规定土地有偿使用费专项用于耕地开发
2003	《全国土地开发整理规划》出台	同时出台了《关于做好土地开发整理权属管理工作的意见》，并下发了《土地开发整理若干意见》
2004	《土地开发整理规划管理若干意见》颁布并实施	不断完善和改进我国土地整理工作
2005	国土资源部下发《关于加强和改进土地开发整理工作的通知》	我国土地整理的管理制度体系逐步完善
2006	国土资源部下发《关于加强生产建设项目土地复垦管理工作的通知》	由国土资源部等 7 部委颁发，标志着复垦进入开采许可、用地审批程序中，即开采和建设用地的许可审批都要编制土地复垦方案。加强土地复垦前期管理，做好生产建设项目土地复垦方案的编制、评审和报送审查工作

续表

年份	相关法规与重要事件	主要内容
2007	国土资源部出台《中华人民共和国环境影响评价法》，下发《关于组织土地复垦方案编报和审查有关问题的通知》	对土地复垦方案的编制内容、审批要求等进一步进行明确，从而使土地复垦有了很好的抓手，促进了复垦义务人对土地复垦的重视。要求矿区在开采前必须进行环境影响评价和土地复垦方案编制，极大促进了矿区生态保护与复垦工作
2009	《矿山地质环境保护规定》实施	2009年5月1日实施。《规定》第十二条："采矿权申请人申请办理采矿许可证时，应当编制矿山地质环境保护与治理恢复方案，报有批准权的国土资源行政主管部门批准"，对矿区生态保护与复垦均有明确的目标和要求
2009	国务院法制办公布《土地复垦条例（征求意见稿）》	2009年7月2日公布，此条例将土地复垦定义为：对生产建设过程中因挖损、塌陷、压占等造成破坏的土地以及自然灾害损毁的土地，采取整治措施，使其恢复到可供利用状态或者恢复生态的活动。国家第一次明确地把土地复垦和生态重建结合起来，可以说是土地复垦的质的飞跃
2011	《土地复垦条例》正式公布	2011年2月22日，国务院第145次常务会议通过并实施标志着土地复垦工作全新阶段的开始。1988年11月8日国务院发布的《土地复垦规定》同时废止
2011	TD/T 1031—2011《土地复垦方案编制规程》制定并实施	加强了土地复垦技术标准和规范的编制
2012～2013	《土地复垦条例实施办法》出台	（2012年12月11日国土资源部第4次部务会议审议通过），2013年3月1日正式实施，构建了我国土地复垦的基本制度框架
2013	TD/T 1036—2013《土地复垦质量控制标准》制定并实施	进一步完善了土地复垦技术标准和规范的编制，使土地复垦迈入了高速发展的新时期
2014	TD/T 1044—2014《生产项目土地复垦验收规程》制定并实施	
2016	TD/T 1049—2016《矿山土地信息基础信息调查规程》制定并实施	
2015	国土资源部下发《历史遗留工矿废弃地复垦利用试点管理办法》	将历史遗留工矿废弃地复垦，与城市新增建设用地挂钩，调整建设用地布局，解决土地复垦资金不足和城市建设缺乏空间的矛盾
2017	《关于加快建设绿色矿山的实施意见》（国土资规〔2017〕4号）出台	提出绿色矿山建设要求及支持政策
2017	《国土资源部土地复垦"双随机一公开"监督检查实施细则》（出台	要求进行土地复垦监督检查
2017	国土资源部发布《关于开展绿色矿业发展示范区建设的函》	提出到2020年在全国创建50个以上具有区域特色的绿色矿业发展示范区的目标

续表

年份	相关法规与重要事件	主要内容
2018	自然资源部成立，并设立国土空间生态修复司	使矿区土地复垦与生态修复有了统一的管理机构，有利于更完善的政策与法规的颁布
2019	土地复垦条例实施办法（2019修正）	（2012年12月27日国土资源部第56号令公布，根据2019年7月16日自然资源部第2次部务会议《自然资源部关于第一批废止和修改的部门规章的决定》修正）

13.2.2 主要政策法规的解读

有关专家从国家土地复垦法律法规的颁布实施与煤矿区生态修复研究与实践的成就相结合的角度，将煤矿区土地复垦划分为以下四个发展阶段：萌芽阶段（1980～1989年）、初创阶段（1990～2000年）、发展阶段（2001～2007年）、高速发展阶段（2008至今）①。

在土地复垦的发展阶段和高速发展阶段，国家在各项规划中都有复垦方面的明确要求，包括《全国土地利用总体规划纲要（2006—2020年）》《全国矿产资源规划（2008—2015年）》和《全国土地整治规划（2016—2020）》等均对土地复垦提出了明确要求，确立了土地复垦的重点区域和复垦目标②。

《全国矿产资源规划》（2008—2015年）中要求到2010年和2015年，新建和生产矿山的地质环境得到全面治理，历史遗留的矿山地质环境恢复治理率分别达到25%和35%，新建和在建矿山毁损土地全面得到复垦利用，历史遗留矿山废弃土地复垦率分别达到25%和30%以上。到2020年，绿色矿山格局基本建立，矿山地质环境保护和矿区土地复垦水平全面提高。

《全国土地利用总体规划纲要（2006—2020年）》规定："到2010年和2020年，全国通过土地整理复垦开发补充耕地不低于1710万亩（114万公顷）和5500万亩（367万公顷）""有计划、分步骤地复垦历史上形成的采矿废弃地，及时、全面复垦新增工矿废弃地""能源矿产资源开发地区，要坚持资源开发与环境保护相协调，禁止向严重污染环境的开发项目提供用地。加强对能源、矿山资源开发中土地复垦的监管，建立健全矿山生态环境恢复保证金制度，强化矿区生态环境保护监督。"

《全国土地整治规划（2016—2020年）》提出，在"十三五"期间，国家确保建成2600万公顷、力争建成4000万公顷高标准农田，通过土地整治补充耕地133.33万公顷，通过农用地整理改造中低等耕地1333.33万公顷左右，耕地数量质量保护水平全面提升。

---

① 胡振琪．我国土地复垦与生态修复30年：回顾、反思与展望［J］．煤炭科学技术，2019，47（01）：25－35.

② 胡振琪．中国土地复垦与生态重建20年：回顾与展望［J］．科技导报，2009，27（17）：25－29.

13.3　复垦区农业规划设计要点

13.3.1　复垦区农业规划定位

复垦区农业规划的发展方向，必须遵循因地制宜、因势利导、因人成事的规划原则。

所谓因地制宜，就是要考虑复垦区的地理特征、交通和经济区位特点，采取相应的目标定位。对于商品粮主产区的大面积采煤塌陷地来说，复垦后应建设规模化、机械化、智能化粮食生产基地；对于已经形成特色农业的经济作物主产区来说，应继续以此类经济作物为主；对于复垦后存在较大水面的采矿塌陷区，应发展水生作物、水产养殖与休闲观光等农村产业融合的新业态。

所谓因势利导，就是要考虑复垦区复垦之后可能面临的农产品市场、农业技术与装备、农业社会化服务、农业政策等发展新趋势，顺势而为，并力求能够引领所在区域的农业发展，使复垦区的农业和农村成为所在区域农业农村发展的新标杆。

所谓因人成事，就是要考虑复垦区复垦之后的农业经营主体，是以家庭经营为主，还是由企业规模化生产？对不同的经营主体，应采取不同的组织模式、生产方式和运作机制，从而适应经营主体的特点和操作能力。

为了落实上述三项规划原则，必须对规划区域的具体发展条件进行详细调查，对复垦后的情况进行科学分析，同时要对市场长期动态、技术发展趋势、宏观政策走向、当地的社情民意和经营主体的能力进行科学评判。

【例 13－1】菏泽采煤塌陷地复垦区的农业定位

山东省菏泽采煤塌陷地复垦区规划总面积 10025 公顷（150380 亩），涵盖郓城煤矿、彭庄煤矿、郭屯煤矿、赵楼煤矿、龙固煤矿、万福煤矿、张集煤矿、陈蛮庄煤矿 8 个矿区，涉及 4 个县、14 个乡镇（街道），分别为郓城县的郓洲街道、潘渡镇、杨庄集镇、丁里长镇、双桥镇、郭屯镇、南赵楼镇，巨野县的田桥镇、龙固镇、太平镇、万丰镇，成武县的汶上集镇以及单县的张集镇、李田楼镇。

以上 8 个采煤矿区的塌陷地规划治理地块的位置如图 13－1 所示。

对图 13－1 中的 8 个地块，中国矿业大学于 2017 年完成了《菏泽市采煤塌陷地治理总体规划（2017—2025）》，南京农业大学于 2018 年完成了《菏泽市采煤塌陷区农业发展总体规划（2018—2025）》。根据塌陷地治理规划和南京农业大学的补充调查和预测，菏泽 8 个地块采煤塌陷地复垦后土地性状和面积如表 13－2 所示。

从图 13－1 和表 13－2 可以看出：菏泽采煤塌陷地复垦区的 8 个地块分布在 4 个县，总面积超过 15 万亩。如此大范围分布的地块，其发展条件各异，必须分别定位。但总体又属于同一个组织，所以又必须考虑系统发展的整体性。必须做到统分结合。

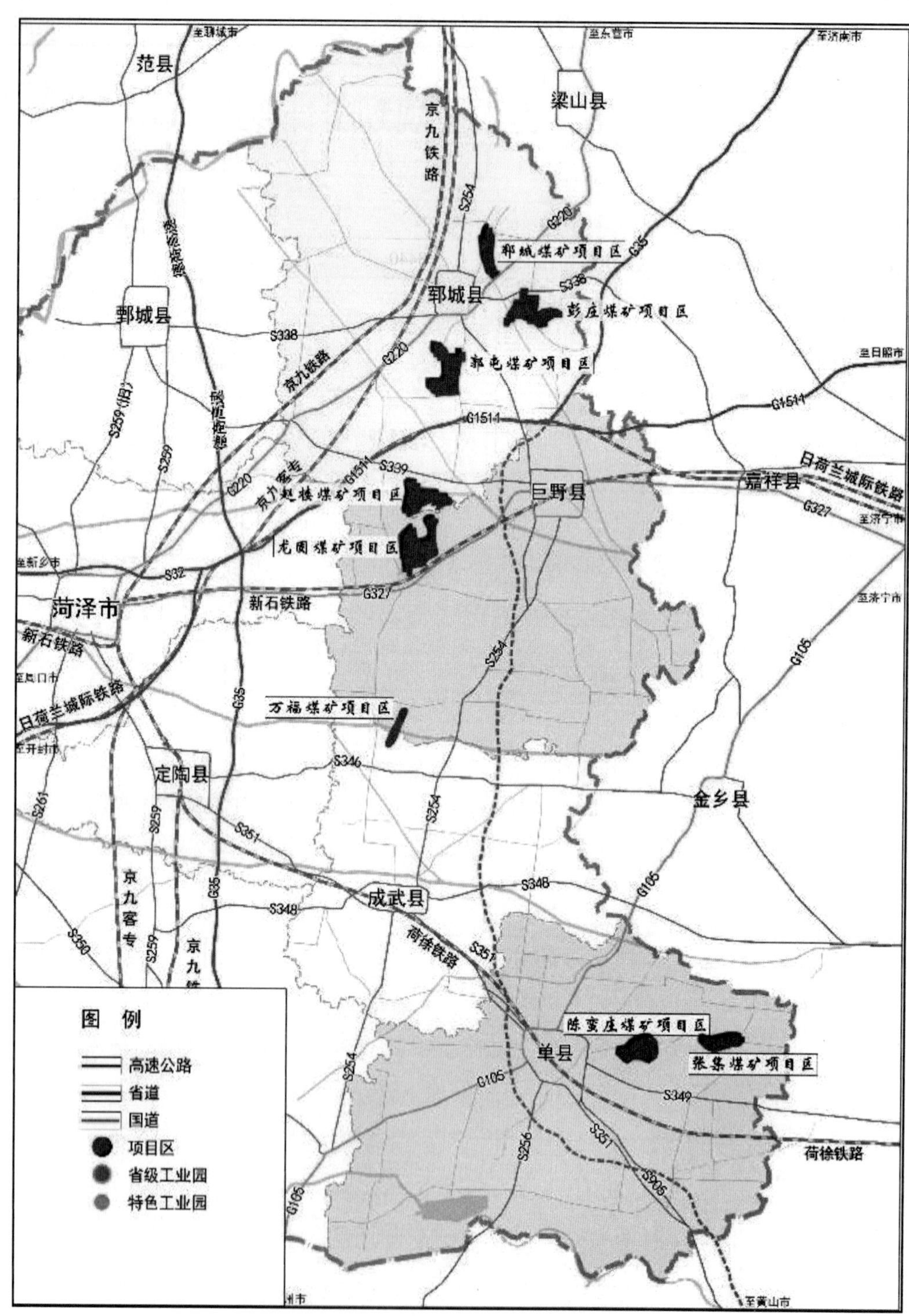

图 13－1　菏泽采煤塌陷地的位置

表 13－2　菏泽采煤塌陷地复垦后的农地面积　　单位：亩

序号	区块名称	区块总面积	土地特征		
			水平耕地	缓坡地	池塘水面
1	郓城煤矿	13270	12610	130	530
2	彭庄煤矿	30700	27900	500	2300
3	郭屯煤矿	27600	25390	440	1770
4	赵楼煤矿	22800	18440	870	3490
5	龙固煤矿	36300	23470	2560	10270
6	万福煤矿	5320	4850	90	380
7	张集煤矿	7290	6990	60	240
8	陈蛮庄煤矿	7100	7100	0	0
	小计	150380	126750	4650	18980

注：本项目区主要为平地和水面，坡地仅水面四周有少许，本表缓坡地面积以水面面积 1/4 估算。

南京农业大学规划团队经过反复现场踏勘和对经营环境的调查，与经营主体多次讨论，最终确定每个地块的发展定位如图 13－2 所示。

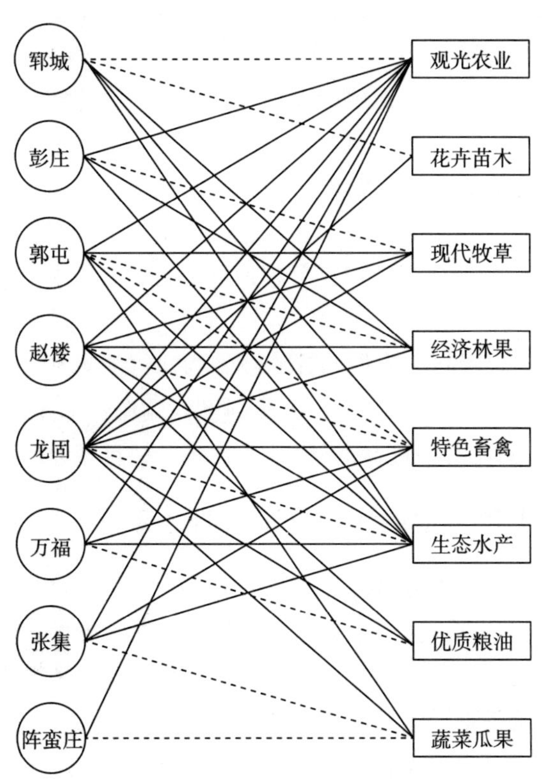

图 13－2　菏泽采煤塌陷地复垦区农业规划的创新与服务定位

在图 13－2 中，复垦地块名称与规划产业名称之间的连线表达了两者之间的关系，其中，粗线表示主导产业，对应地块的经营主体，是系统内相应产业的技术创新、技术服务和农事社会化服务的主要承担者；细线表示一般配套产业，相应的经营主体是此类产业接受技术服务的一方。从图中可以看出，每个复垦地块的主导产业不超过两个，但一个复垦地块的经营主体，至少有一个产业创新的方向，并承担相应的面向系统内部的服务任务。如此统分结合，整个系统内的资源配置就可以避免重复。该规划的特色畜禽有郭屯（红标鸡）和赵楼（湖羊）两家经营主体，由于品类不同，其创新方向和服务内容并不重复；同理，蔬菜瓜果因品类繁多，张集（特种蔬菜）与陈蛮庄（设施蔬果）创新方向与服务内容也有明显的区别。

规划地块中各主导产业的创新主体，除了负责系统内部的相应产业的服务之外，还向系统外部提供示范、推广和社会化服务，肩负着带动周边地区的农村发展的责任，以实现把复垦区建成当地农村经济增长极的战略意图。因此，各地块经营主体创新方向的定位，必须充分考虑本地块所在区域的农业特色和本地块主体的创新优势。例如张集和陈蛮庄所在区域（单县），其蔬菜瓜果产业已经初具规模，有很好的社会基础，所以这两个复垦区规划的主导产业定位为瓜果蔬菜，非常符合因地制宜、因势利导、因人成事的原则。

地块本身的资源禀赋的特色往往也是规划定位要考虑的重要因素。如本例中的龙固复垦区，复垦后拥有 8 块大面积水体，总面积达到 10270 亩，占系统中总水面（18980 亩）的 54% 以上，所以生态水产的创新与服务主体的定位，自然落在龙固复垦区。

一地定位两个主导产业，往往是由产业内部的关联性决定的。例如图 13－2 中郓城复垦区主导产业定位为观光农业和花卉苗木，主要原因是花卉苗木产业本身具有较强的可观赏效应，这也是大多数观光休闲园区都或多或少地发展花卉苗木产业的道理。郭屯复垦区定位重点发展经济林果和特色畜禽两个产业，也是这个道理：因为林下可以养鸡、可以种草养羊，成片树林又可以在动物疫情防控中起到很好的隔离作用，这是经济林果产业与畜禽养殖的天然关联性。

在图 13－2 中，每个复垦区都发展观光农业，为何将观光农业的创新与服务主体安排给郓城复垦区？这个答案可以在图 13－1 中找到一些端倪：那是因为郓城复垦区靠近县城，又临国道，靠近梁山，旅游资源和条件最为优越，并且观光农业发育较早的缘故。

13.3.2 观光农业项目建设和运营团队的培育

复垦区，特别是采煤塌陷地复垦区，往往会有大片水面。这为水产养殖和观光农业项目的开发建设创造了有利条件。但当地的经营主体过去在这方面没有经验，需要在规划中强化此类项目的建设和团队培育。尤其是观光农业项目，看起来简单，似乎很容易增加收入，但实际操作起来困难重重，既需要较大资金投入，也需要专业化的运作经验。因此，复垦区观光农业项目的建设和观光农业运营团队的培育，是复垦区农业规划中非常重要的内容。大家在图 13－2 中也可以看出，菏泽市采煤系统的 8 个复垦区，无一例外都把观光农业定位成发展方向之一。

济宁市南阳湖农场在复垦区的规划设计中，专门设置一个启动区，在小范围内率先尝试开发旅游项目，积累经验，培育团队，为后续的大面积农业结构调整和产业融合做准备，这样有利于降低风险，增加全场复垦区规划实施的可行性。其经验值得借鉴。

【例13－2】济宁南阳湖农场复垦后观光农业启动区规划设计

济宁市南阳湖农场是一个农林牧副渔综合发展的国有中型农垦企业。随着农场地下煤层的开采，农场的2万亩土地正在逐渐塌陷。为了减少煤矿塌陷过程对农场的不利影响，指导塌陷后农场的重建工作，进一步促进农场的快速和谐发展，加快农场的现代化建设步伐，曾委托南京农业大学编制农场发展规划。规划的基本设想是根据塌陷复垦后多出大量不规则水面的情况，因地制宜地开发农场的旅游观光和休闲度假的功能。为了便于农场干部职工适应未来性质不同的工作岗位，培育农场休闲服务的客户群体和经营队伍，在农场入口处塌陷相对稳定的区域率先建设一个占地600亩的启动区。启动区设置38个建设项目如下：

（1）启动区北入口，位于农场东侧，也是农场的主入口，为适应旅游需要适当改造。

（2）盆景园：建筑面积1000平方米。盆景被誉为“立体的画”和“无声的诗”。是大自然景物的缩影，集园林栽培、文学、绘画等艺术于一体的综合性造型艺术。

（3）入口景观：包括百花仙子雕塑、花架长廊、景观喷泉，作为此景区的标志。

（4）木栈道：沿着在塌陷形成的水体（下称内湖）浅水区制作一些木质栈道，供游人步行欣赏水景。

（5）观景亭：于本区西北角处建观景亭，便于游客休憩的同时欣赏周边的景色。

（6）水生花卉园：占地面积约15亩。种植荷花、黄花鸢尾（黄菖蒲）、千屈菜、菖蒲、香蒲、慈姑、梭鱼草、再力花（水竹芋）等挺水型水生花卉以及睡莲、王莲、萍蓬草、芡实、荇菜等浮叶型水生花卉。

（7）市民农园（水生蔬菜园）：开辟一些小块水田种植水生蔬菜，作为市民体验农作的场所。日常维护由农场负责，周末及节假日市民可在农园内劳作，体验农事劳作与丰收。

（8）美食园：含农家餐馆、烧烤园、食作坊等项目，开展烤土鸡、野菜、野味烹调、农家饭、药用植物、品茶、鲜果采食、地方特色品尝等特色活动。

（9）垂钓园：在启动区内南侧鱼塘处，沿岸设置一些钓位，供游客垂钓，垂钓鱼池按照投放鱼的种类分为不同的鱼池，分别根据鱼的垂钓特点来教授游人钓鱼的技巧。

（10）游船码头：于内湖北岸、西入口处建两座游船码头，设置小木舟、电动游艇，供游客从水路游览。

（11）编织园：包含草编坊、柳编坊和藤编坊。引导游客使用本地丰富的麦秆、芦苇、蒲草、柳条、藤条等作为原料进行编织体验，成品可作为礼物送给游客。

（12）乡土文化纪念馆：放置一些反映本地文化与风俗的道具、历史文化名人的诗词等，作为了解本地历史文化一个平台。

（13）农事接待中心：此区的中心位置。人们到农场旅游已不甘做农业生产的局外人，他们更愿意参与到各种农事活动当中，去体验农业和农村的生产和生活。这种旅游形式要求农场在发展旅游的同时保持农业生产持续下去，也在相当程度上保证了只有实际农场才有条件发展这种旅游，旅游者更愿意选择实际农场而不是为旅游而另辟建的专门农场作为目的地。此处设置的活动有：农耕作业（松土、播种、育苗、施肥、灌溉、嫁接、收割）、操作农耕机具（收割机、中耕机、插秧机等）、采茶、采摘蔬菜、采摘水果、挖蘑菇等。

（14）观光果园：位于市民农园的南侧，种植梅、柿、杏等果木，占地60余亩，作为游客观光、体验之所。

（15）展销中心：于靠近观光果园和编制园的地方建一展销中心，用于展示各种编制园的作品，同时兼顾销售之用。

（16）戏鱼园：在观光果园南侧鱼池内放养锦鲤，同时出售鱼食，便于游客欣赏到锦鲤争食的壮观场面。

（17）儿童乐园：于戏鱼园南侧布置一些用于儿童游乐的器材，为来此游玩的小朋友营造一片欢乐的天地。

（18）畜禽世界：沿观光果园东侧靠近观光水道的地方养殖一些具有本地特色的小动物，同时放置一些动物的模型，使小朋友能够近距离地认知各种动物。

（19）西便门：在距北入口500米处设西便门，作为游客进入农场的西入口。

（20）森林停车场：启动区共有两处森林停车场，分别位于北门和西便门处，为不同方向进入本园参观的游客提供方便的服务。

（21）风车阵：于观光农业园西侧沿洸府河大堤布置一些可以使用风力进行发电的风车，便于游客近距离感受风车阵。

（22）鹅岛：在位于西便门森林停车场南侧的小岛上放养一定数量的白鹅，便于游客在远处观赏。

（23）桃李园：位于鹅岛的南侧，占地面积约10亩。桃果味道鲜美，营养丰富。除鲜食外，还可加工成桃脯、桃酱、桃汁、桃干和桃罐头。李的果实不仅美丽、芳香、多汁、酸甜适口，含有糖、酸、蛋白质、脂肪、碳水化合物及多种维生素，极有利于人体健康。李的果实还可以加工制成李干、蜜饯、果酱、果酒、李汁饮料、话李等深受大众喜爱。

（24）花池：于桃李园内池塘内种植各种适于本地生长的水生花卉，游客观赏的同时可以丰富水生花卉方面的知识。

（25）苹果园：位于花池的南侧，占地面积15亩。苹果含有丰富的糖类、有机酸、纤维素、维生素、矿物质、多酚及黄酮类营养物质，可以降低血脂、降血压、抗氧化、强化骨骼等作用。

（26）果文化展示厅：位于体验路东侧、儿童乐园的南侧，用于展示各种果木的优秀品种。占地面积2000平方米。

（27）设施瓜果园：采用现代农业技术，利用温室大棚进行各种果木的反季节种植，兼具观赏和销售之用。

（28）小木屋和观景亭：在区内布置一些小木屋和景亭，作为游客休憩和观景之所。

（29）梨园：位于设施瓜果园的南侧，占地面积约30亩。梨果实肉脆多汁，酸甜可口，风味芳香优美。富含糖、蛋白质、脂肪、碳水化合物及多种维生素，对人体健康有重要作用。梨果还可以加工制作梨干、梨脯、梨膏、梨汁、梨罐头等，也可用来酿酒、制醋。梨果还有医用价值，可助消化、润肺清心，消痰止咳、退热、解毒疮的功效。

(30) 养殖鱼池：在位于梨园南侧的养殖鱼池内，采取分品种养殖的办法，在每块独立的鱼池内，分别为垂钓鱼池和戏鱼园提供鱼苗。

(31) 葡萄园：位于养殖鱼池的南侧，种植面积约3亩。

(32) 服务部：于区内按需分布几处服务部，满足游客购物的基本需要。

(33) 健身管理中心：于健身岛西北角处建一管理中心，主要负责运动与健身区的管理及安全维护工作。

(34) 露天浴场：于健身区的西南角处的水道处，建各种配套设施，为济宁市民提供夏季游泳、避暑的场所。

(35) 人工沙滩：在露天游泳池的岸边铺设人工沙滩，作为游客休息与日光浴的地方。

(36) 室内游泳馆：于健身岛东南侧建一室内游泳馆，为冬季游泳的游客提供服务。

(37) 茶吧：于人造沙滩处建一些茶馆、饮吧，为来此健身的游客提供茶水与饮料。

(38) 水球运动场：于健身岛的东侧，按照水球运动场的标准建两块水球运动场，既可以用于平时的训练，又可以作为比赛场地。

济宁市南阳湖农场观光农业的启动区仅用600亩地，安排了38个袖珍型农业休闲服务项目，便于在经验不足的情况培育经营队伍。随着启动区的小规模运行，经营团队可以很快发现哪些项目适合当地的发展条件和市场需求，从而可以动态调整总体规划设计，有效降低大规模旅游开发的风险。

13.3.3 如何处理复垦区水产养殖与水生态保护的矛盾？

绝大多数复垦区都有一定的水面，存在发展水产养殖的可能性。例如在菏泽采煤塌陷地复垦后的8个地块中，7个地块都有大面积的水体，规划有水产养殖项目。其中，龙固复垦区的可养殖水面达到10000亩，如表13-3所示。

表13-3 菏泽采煤塌陷地复垦区的农业产业规划 单位：亩

序号	区块名称	总面积（亩）	其中产业用地						设施用地	建设用地
			花卉苗木	牧草	林果	水产	粮油	蔬果		
1	郓城	13270	12000	—	500	500	—	—	70	200
2	彭庄	30700	—	20000	5300	900	—	—	100	500
3	郭屯	27600	—	20000	25000	1700	—	500	200	200
4	赵楼	22800	—	12000	1600	3400	5000	—	600	200
5	龙固	36300	500	15000	8000	10000	6000	200	300	300
6	万福	5320	—	—	—	350	4900	—	50	20
7	张集	7290	—	—	—	200	—	4000	3070	20
8	陈蛮庄	7100	—	—	—	—	—	5000	2000	100
	小计	150380	12500	67000	40400	17050	15900	9700	6390	1540

在具备大水面水产养殖的条件下，如何处理提高养殖效率（如饲料转化率和劳动生产率）与有效保护环境之间（如保持水体清洁）的关系，一直是水产专家和农村工作者努力攻克的难题。近年来一些经营主体探索出“跑道式养鱼”的模式，在复垦区大水面保护与利用方面可以尝试。

跑道式养鱼是一种池塘内循环流水养殖技术。一般在大水面靠近岸边处建设长 20 米以上、宽 5 米、深 3 米的内循环养殖槽。这些养殖槽通过模拟自然界中的流水状态实现集约化养殖，槽内精养名优品种，而大水面则进行生态养殖（一般低密度投放花白鲢等净化水体的鱼类）。循环流水养鱼通过推水系统将大水体内的新水推过养殖槽，实现槽内外水体交换。槽内养殖产生的残饵、粪便等通过底部吸污系统抽入一级处理池沉淀后，再抽入二级净化池，净化后的水体再放入大水体，沉淀出的残饵、粪便，经过处理作为农作物肥料。内循环养殖槽的总面积不超过大水体总面积的 5%。

据搜狐新闻 2019 年 1 月 3 日周金泉报道：资阳市远诚水产养殖专业合作社理事长刘利军 2017 年 4 月在其 26.8 亩的大鱼塘内建设 4 条长 22 米、宽 5 米、高 2.8 米的内循环养殖槽，同年 7 月在槽内投放每尾 1 两至 3 两的鱼苗（草鱼 1.3 万尾、斑点叉尾鮰 1.5 万尾），到 2018 年 6～10 月的捕捞季，总面积约 1 亩的养殖槽，合计产鱼高达 16 万斤，另外在外塘还产了近 2 万斤花白鲢。平均下来 26.8 亩的水面产量达到了每亩 6700 多斤，在传统基础上增产 2 倍。

13.3.4 复垦区农业的生产组织与经营机制

农业规划的“因人成事”原则主要体现在农业生产组织体系与运营机制的安排方面。有些复垦区（如大面积采煤塌陷地）农户村庄已经拆除，农户新居距离农地很远，再回到原来的生活和生产模式中就很困难，农户更情愿将土地流转出去。在这种情况，复垦后的农业应采取规模化、机械化生产方式，采用企业与合作社组织化经营机制，这正好是提升农业产业升级和产业化经营水平的契机。对于农户愿意继续自己经营的一些劳动密集型的效益较好的项目（如蔬菜、花卉苗木等产业项目），可以引导其发展适度规模，成为可持续经营的家庭农场。

【例 13-3】菏泽采煤塌陷地复垦区的产业组织体系规划

菏泽采煤塌陷地复垦区的产业组织体系规划，就是采用“家庭农场 + 龙头企业 + 新一代合作社（New Generation Cooperatives，NGC）+ 集团公司”的总体组织构架。

针对复垦区区不同产业的要素密集程度不同，其经营组织规划有所差异。对于牧草、粮油类的土地密集型产业，具备在适度规模经营基础上的机械化、智能化、大生产的可能性，采用家庭农场 + 企业化经营组织；对于劳动力密集型的园艺产业（如蔬菜、花卉等），采用家庭农场与新一代合作社作为其主要组织形式，生产高附加值的优质果蔬产品；对于畜禽等资本密集型产业，以龙头企业成为组织核心，其纵向一体化成为该类产品的主要组织形式。

家庭农场是最基本的生产经营单元。家庭农场的业主可以从当地有经验的农户中选择，也可以由龙头企业从大学（或农业职业技术学校）的毕业生中招聘，作为企业员工

采用联产承包责任制方式进行培育。

龙头企业是指由煤矿企业在属地注册，已经在复垦区管理本地农业示范园的经营主体。

新一代合作社（NGC）由家庭农场、龙头企业和周边接受辐射的农户构成。其特点是社员以产品折价（或现金出资）持股，不退股（但股权可在内部转让），合作社负责产品加工与销售以及农业品牌建设。原则上一社一品，一个产品由一个合作社进行全产业链生产开发运营。

规划组织8个NGC分别运营八个产业。此外，还建议组织成立矿区农业旅游联盟，负责协调大范围旅游路线、游客分流组织和服务分工。从总体上来看，项目区的一社一品会形成1+8合作组织。如图13-3所示。

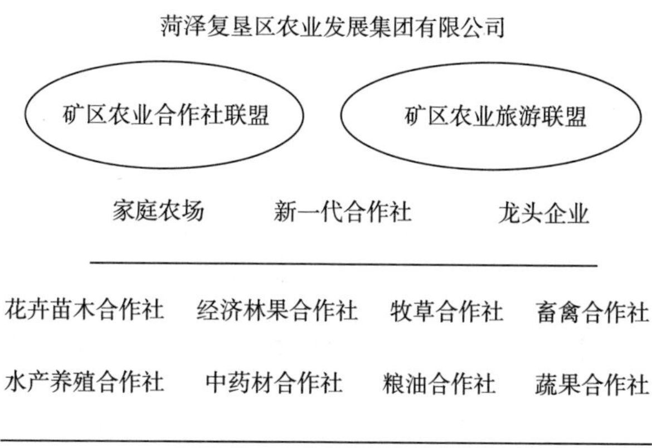

图13-3　菏泽采煤塌陷地复垦区的产业体系组织架构

图13-3中的菏泽复垦区农业发展集团有限公司由菏泽市人民政府牵头组建，负责管理各复垦地块农业示范园区的基础设施建设、投融资服务、技术服务、质量监管和品牌建设，并对属地园区的龙头企业进行控股或参股。

在运行机制设计方面，贯彻因人成事的原则。以龙头企业为中心运行经营资本，对各复垦地块（规划为示范园区）进行项目管理和企业化经营。示范园区由龙头企业按照市场经济规律进行运作，组织家庭农场和其他农业经营组织进行产业化、规模化和标准化生产，将示范园区的生产过程的产前、产中、产后的各个环节连接成一个完整的产业链，最终实现生产专业化、经营一体化和管理企业化。因此，一个龙头可以成为一个或若干个NGC的领办者。

根据示范园区的组建方式、投资结构等自身特点，建立现代企业制度，实施产业化经营。以龙头企业为经营主体，在示范园区组建核心产业的农民专业合作组织，通过合作组织与家庭农场进行对接，以利益联结为纽带，把分散的家庭农场与市场连接起来，提升矿区农业的生产经营组织化程度，通过培训提高新型农业经营主体的生产技能和素质水平，实现园区的示范带动功能。

菏泽复垦区农业发展集团有限公司按照现代企业制度要求，在政府指导下，会同有关部门编制各示范园区发展建设的实施规划，组织实施并明确参股各方的权利与义务。综合管理办公室还将负责组织各示范园区及龙头企业、合作社、家庭农场等经营主体，积极争取各级政府的财政支农政策，帮助经营主体招聘和培训技术骨干和经营管理人才，以及构建矿区农业品牌化运作平台、电子商务平台、股权交易和投融资服务平台，并建立风险防范机制。

各示范园区的日常管理和经营业务由龙头企业经理层负责，全力打造示范园区品牌，维护品牌形象；进行新品种、新技术的引进和研发，形成示范园区特色产业体系和产品系列；发展订单农业模式，以销定产，提高单位产品价格，综合提升各示范园经济效益；收集市场信息，培育高效的营销网络和营销专业队伍。

在各个示范园中，积极探索基层生产单元（如家庭农场、作业班组）、社会化服务项目（如物联网专业组、机耕队、收储专业组）的主体合伙运营机制。以激发微观经营主体内生动力，建立资本、劳动、智慧、土地、其他资源等投入要素分享经营成果的公平与效率兼顾的机制。

13.3.5 复垦区农业的营收指标

复垦区农业经营指标的设计，是农业产业规划的重要内容。要本着实事求是的态度进行科学预测，否则，设的指标不能落地，将失去其指导意义，也会误导具体项目的投资决策。

根据2019年修正的《土地复垦条例实施办法》和《土地复垦质量控制标准》（TD/T 1036—2013），复垦验收后的耕地，其生产力水平一般在若干年后（不同地区的验收标准略有差异）才能达到破坏前的产出水平。这意味着复垦区农业的经营指标设计，要考虑这一滞后过程，除非在规划方案中另外安排了提升地力的相关措施。

第 14 章　农业规划系统开发与应用

14.1　农业规划系统探索历程

农业规划系统是指为农业部门或农业经营组织服务的计算机辅助规划软件以及相应的知识体系和数据收集整理体系。我国自改革开放以来，农业规划系统的开发理念和应用实践，经历了三次特色明显的深化提升和重心转换。如以 10 年为一个阶段，本书笔者所在的研究团队在最近 40 年间先后探索了四类农业规划系统。

（1）20 世纪 80 年代，追求产出极大化。

这一阶段的农业规划系统我们标记为 V1. 0 版本。在 20 世纪 80 年代初，北京农业机械化学院（今中国农业大学东校区）以柳克令教授为首的教授团队，成立了农业系统工程教研室，开始招收农业系统工程应用方向的硕士研究生，探讨应用计算机和运筹学等系统分析工具来研究农业问题的解决方案。当时中国农业科学院区划所的杨俊田等人采用线性规划模型对全国种植业的布局进行优化，北京农业机械化学院则以“线性规划 + 参数模拟”分析方法，对北京市郊区的畜牧业和饲料加工业进行规划①。

当时的农业和农村经济还处于产品短缺的时代。其农业规划重点一般以产品产量极大化为目标，同时考虑进出口平衡，追求此目标下资源最优配置。

（2）20 世纪 90 年代，以科技示范为特色。

这一阶段的农业规划系统标记为 V2. 0 版本。这一阶段农业和农村经济发展的主旋律是依靠科技提高农业生产率。科学技术是第一生产力的理论深入人心，不同类型的农业科技园区开始出现，农业规划系统多为农业科技园区发展服务，农业技术选择与科技推广辐射模式以及相关的问题往往成为农业规划的首选因素。

南京农业大学顾焕章、张景顺教授与国家科委全国技术市场管理办公室宋祖琪主任主编出版的《技术作价与资产评估》一书中，收集了 11 个技术作价的模型，为农业规划 V2. 0 系统开发提供了重要的技术支撑。南京农业大学常向阳的著作《中国技术市场建构伦略——一个理论框架及对中国农业技术推广体系的考察》（全国优秀博士论文）中介绍

① 王树进，柳克令. 北京市 1990 年猪鸡生产和饲料加工厂的结构布局［J］. 北京农业机械化学院报，1985（02）：1 - 10.

了苏州未来农林大世界农业科技广场的规划思路与要点，包括科技广场的硬体功能及展示内容、软体结构及运行模式、农业科技展示的市场分析和运作条件等①。

（3）千禧年代，突出环境保护与质量安全。

进入21世纪后的第一个10年，我国宏观政策层面强调科学发展观。当时的背景是经济快速发展与环境承载力之间的矛盾日渐突出。这一阶段的农业规划更强调生态环境保护和食品安全，乡村旅游板块和新农村建设板块的嵌入进一步强化了这一特色。

这一阶段的农业规划系统在项目设置上强化环境保护和村庄的治理，其系统变量比较复杂，在农业用地上的约束更加严格，水面、设施用地、基本农田等有了更明确的指标。在规划原则上，很多规划文本都把“生态优先”作为农业规划的第一原则。我们将这一阶段的农业规划系统标记为V3.0版本。

（4）2010年以后，以培育新型经营主体为重心。

在这一时期，随着城市化进程的加快，我国农业和农村的人力资源短缺矛盾十分突出，新型农业经营主体的培育迫在眉睫。“未来谁来种地?”成为政府和学术界共同关切的问题。为此，农业部在2012年启动新型职业农民培育试点项目，2014年联合财政部开始实施新型职业农民培育工程，到2016年，新型职业农民培育工程已经覆盖8个整省、30个整市和800个示范县。在此期间，南京农业大学农业园区研究中心研究设计出5组42个对农村青年才俊和大学毕业生择农创业有一定吸引力的家庭农场模型②，并开始研发以家庭农场为基本生产单元的农业规划系统（标记为V4.0版本）③。

农业V4.0规划系统的特点是以保障农业基本生产单元（家庭农场）有满意收入的基础上，对一个区域（或组织）的有限资源进行优化配置，规划的结果具有较强的科学性和可操作性。规划区域（或组织）的管理者可依据规划结果，进一步指导对家庭农场的技术培训，组织有关的专业合作社进行产后营销，或模拟优化农业的最佳投资强度，从而降低平均成本。本章下文将详细介绍这一系统。

14.2 农业4.0规划系统的结构与工作原理

农业4.0规划系统由规划模型、数据库与用户操作平台三部分组成。规划系统的结构与工作原理如图14-1所示。

图14-1中，用户操作平台是直接面向用户的可视化操作界面，在此平台上，用户根

① 常向阳．中国技术市场建构伦略［M］．徐州：中国矿业大学出版社，1999：340-346.

② 详细参见王树进等著《家庭农场模型设计与评价》一书，科学出版社2016年11月第一版。该书收集并分析评价了粮油农场、蔬菜种植园、花卉林果种植园、中药材种植园、动物养殖场五大类42个家庭农场模型，每个模型的假定条件是以一对夫妇为主要劳动力，每户年纯收入20万元以上。模型给出了产品组合、技术要点提及主要控制参数。

③ 王树进，刘昭．一种便于培育家庭农场的规划模型构建与应用［J］．江苏农业科，2018，46（15）：335-338.

据自身需求与条件进行数据输入，对相关参数进行个性化设置。农业生产结构的优化由规划模型完成，模型运行结果输出至用户操作平台用户。规划模型的参数包括两个部分，一部分来自用户操作平台中输入的数据，另一部分参数则从系统数据库中调取。同时，规划模型的输出结果也反馈至数据库中，数据库中的数据通过数据挖掘与云计算等大数据技术进行实时更新。

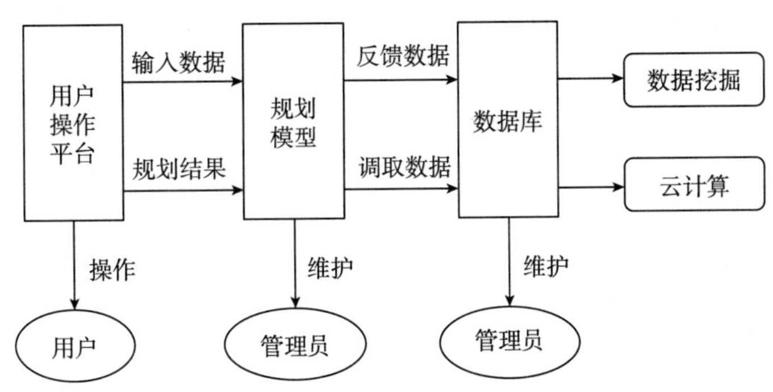

图 14－1　农业 4.0 规划系统的结构示意

14.2.1　规划模型

14.2.1.1　模型构建的基本假设

（1）决策变量与基本生产单元。

农业 4.0 规划系统中的模型设计，采用线性规划为结构框架，以家庭农场为决策变量。

众所周知，家庭农场是新型农业经营主体之一，也是未来农业的基本生产单元。农业生产的基本特性、人类社会发展的基本规律以及世界各国的基本经验表明，家庭经营是农业生产经营最符合规律的一种经营方式，从世界发达国家经验来看，不管各农业生产组织的类型与规模如何，最基本的组织形式还是家庭经营。

我国农业管理部门和主流农业经济管理研究者对家庭农场的定义为：所谓家庭农场，是指以家庭成员为主要劳动力，从事农业规模化、集约化、商品化生产经营，并以农业收入为家庭主要收入来源的新型农业经营主体。在农业 4.0 规划系统中，假定家庭农场的单体规模一般满足两个基本标准：一是农场纯收入不低于 20 万元/年，二是用工量不高于 1000 工日/年。前者参考一对青年夫妇从事非农产业可获得的中等以上收入水平，它可保证家庭农场经营对青年才俊有一定的吸引力；后者则保证这样的家庭农场符合以家庭成员为主要劳动力的属性要求。

家庭农场因其经营产品的种类不同，可以分为多种类型，如粮油、蔬菜、花卉林果、中药材种植和畜禽水产的养殖等。一个标准化的家庭农场模型，既提供了这个基本单元对主要资源（如土地、资金、劳动力、水资源等）的需求数据，也提供了这个基本单元的产品数量、产值和经济效益等有关信息。未来一个地区的农业经济总量，可认为是其域内全部家庭农场经营活动的总和。从面向未来的农业规划的视角来看，无论是一个园区、一个村、一个镇、一个县，还是更大区域内的农业供给侧的结构与规模，都可以用该区域内的家庭农场的种类与数量来描述。因此，在未来农业生产结构规划中，基本决策变量可以精细到家庭农场的种类和数量。

（2）农业生产组织。

“企业（或合作社，下同）+家庭农场”的组织模式是未来农业生产的基本经营模式。在农业生产中，各农业经营主体在不同的领域和环节形成的优势各不相同，种养业生产环节适宜采取家庭经营方式，而农业生产性服务，采购、加工、销售、物流等环节则适合采取公司经营或者合作经营模式。“企业+家庭农场”的组织形式兼备家庭农场在生产上的“精耕细作”与企业在市场营销上的优势，可将“小生产”与“大市场”有机地联系在一起，是农业生产较为理想的组织模式。

在“企业+家庭农场”模式下，两者分工明确。家庭农场作为农业的基本生产单元，承担具体的农业生产工作。农业企业往往通过与农户签订合约的模式间接参与农业经营，企业主要负责产品销售、品牌经营、生产组织、质量控制与计划管理。家庭农场与企业之间的产品结算价格一般通过计划与合同来约定。

（3）理性经济人。

理性经济人假定是对行为主体所做的基本假定，它假定任一行为主体在进行经济决策时总是理性的，并以利益最大化为决策的基本目标。

在农业生产中，各经营主体均为理性经济人。家庭农场追求家庭农业纯收入最大化，农业企业追求企业利润最大化。农业生产是否具有吸引力，极大程度上取决于农业收入是否能达到经营主体的最低预期，较高的经济效益是其进行持续投入的动力。“经济人”的逐利特性决定了经营主体在农业生产中的各项决策安排均服务于“收入最大化”目标，因而，在农业生产规划中，农业纯收入应作为农业生产布局是否合理的重要衡量指标。基于此，农业4.0规划模型将“农场纯收入最大化”作为农业生产决策系统的目标，该目标下的农业生产布局具有更高的可操作性与激励作用。

14.2.1.2　模型构建

线性规划法是一种解决资源优化配置问题的数学方法，线性规划模型广泛应用于农业产业结构调整中，农业4.0规划系统中构建的规划模型也是基于线性规划的基本原理。基于以上三个假设，规划模型以家庭农场为决策变量，以各家庭农场纯收入之和为目标函数，以土地、资金、劳动力、水资源等客观条件限制以及就业、粮油、蔬菜、肉制品等任务目标为约束条件，规划模型的基本表现形式如下：

$$z = \max \sum_{j=1}^{n} c_j x_j \tag{14-1}$$

$$\text{s.t.}\begin{cases} \sum_{j=1}^{n} a_{ij} x_j \leqslant b_i \quad i = 1, 2, \cdots, t & (14-2) \\ \sum_{j=1}^{n} a_{ij} x_j \geqslant b_i \quad i = t+1, t+2, \cdots, m & (14-3) \\ 0 \leqslant x_j \leqslant x_j^* \quad x \in N & (14-4) \\ i = 1, 2, \cdots, m;\ j = 1, 2, \cdots, n \end{cases}$$

式（14－1）为目标函数，目标值 Z 代表纯收入，是各类家庭农场的年纯收入总和。其中，c_j 代表第 j 类家庭农场单体的年纯收入，x_j 为第 j 类家庭农场的数量。

式（14－2）为资源约束，其中 a_{ij} 指第 j 类家庭农场对第 i 种资源的需求量，b_i 为第 i 种资源可供应量。

式（14－3）为任务约束，其中 a_{ij} 指第 j 类家庭农场对第 i 项任务的贡献量，b_i 为第 i 项任务的达成目标。

式（14－4）为风险约束，其中 x_j^* 是第 j 类家庭农场数量的上限。此约束可以防止出现某些高效模式一哄而上而导致农业结构调整出现大起大落的不利情况。式中的 N 是家庭农场模型的集合。

公式中的 j 代表家庭农场的种类，共 n 类，i 代表资源或任务约束的个数，共 m 项，其中，资源约束为 t 项，任务约束为 m－t 项。

14.2.2　用户操作平台

用户操作平台是直接面向用户的可视化操作界面，主要包括反映规划条件的数据输入模块与规划结果的输出模块。

14.2.2.1　数据输入模块

数据输入模块包括家庭农场模型的数量设置（即 x_j^*），以及资源上限与任务下限设置两部分（即式（14－2）、式（14－3）式中的右边项）。前者对应规划模型中的风险约束，后者对应规划模型中资源与任务约束条件。资源上限反映的是目标区域各类资源可获取的最大数量，任务下限是指规划区域所承担的农业生产任务目标。

14.2.2.2　结果输出模块

模型的输出结果包括规划方案一览表、产品一览表、影子价格三部分。其中，规划方案一览表反映所选择的各种家庭农场的规划数量，产品一览表反映各类农产品的生产规模与销售需求。两者共同反映了规划区域的农业生产结构。影子价格则反映了在当前规划结果情况下的农业生产效益进一步提升的制约因素。

（1）规划方案一览表。

规划方案即决策向量，是对规划区域内各类家庭农场发展的数量，具体数值用分量 x_j 表示。

$$X = (x_1, x_2, \cdots, x_n)^T \tag{14-5}$$

在式（14－5）中，x_j 代表规划区域内第 j 类家庭农场的数量，j＝1，2，…，n。

（2）产品一览表。

产品一览表呈现的是规划区域内生产的农产品种类和数量，反映了实施规划后农产品的生产结构和产出规模。产品的种类和数量用向量 Q 表示，表达式如下：

$$Q = (q_1, q_2, \cdots, q_L) \tag{14-6}$$

$$q_k = \sum_{j=1}^{n} x_j q_{ik} \tag{14-7}$$

在式（14－7）中，q_k 代表规划区域生产的第 k 类农产品的总产量，k＝1，

2，…，L；

q_{jk}代表规划区域内第 j 类家庭农场（x_j）生产的第 k 类农产品的产量。

（3）影子价格。

影子价格指某种资源在生产活动中的边际利用价值，在数值上等于每增加一个单位资源所带来的边际收益。它反映了资源的稀缺程度。影子价格越大，表示这种资源的实际价值越高，越趋于紧缺。若影子价格大于该种资源的获取成本，意味着增加单位资源投入带来的收益高于单位资源的获取成本，进一步扩大该资源的投入是有利可图的。影子价格为 0 时，则可能存在资源闲置，减少该种资源投入或外包转卖，可降低成本或带来额外收益。影子价格是模型的重要输出结果之一，对农业生产决策（特别是生产条件的改善决策）具有重要的参考价值，有助于科学制定实施规划的延伸方案。

14.2.3 数据库

农业 4.0 规划系统数据库中存储的数据主要包括三类：第一类是目标函数中的效益系数，即向量 C，代表每个不同类型的家庭农场年度纯收入情况，这部分数据受农产品市场行情影响较大；第二类是约束条件中的技术系数矩阵，即 A，反映不同类型的家庭农场对各种资源的耗费以及对任务的贡献，这部分数据受技术进步的影响较大，一般在短期内相对稳定；第三类是约束条件的右端常数项 B，反映了规划区自身的资源禀赋与任务要求，这部分数据通过对规划区以及规划实施单位进行实地调研获得。其中，第一类与第二类数据由管理员借助数据挖掘与云计算等大数据技术进行定期更新维护，第三类数据则来自用户输入。

（1）效益系数向量 C。

C 是 n 维向量，$C=(c_1, c_2, \cdots, c_n)$。其中 c_j 代表每个第 j 类家庭农场每年的纯收入。c_j 的表达式如下：

$$c_j = \sum_{k=1}^{f} q_{jk}p_{jk} - s_j \tag{14-8}$$

在式（14-8）中：

q_{jk}代表第 j 类家庭农场生产的第 k 种农产品的产量，$k=1, 2, \cdots, f$；

p_{jk}代表第 j 类家庭农场生产的第 k 种农产品的销售价格，$k=1, 2, \cdots, f$；

s_j 代表第 j 类家庭农场的生产成本。

（2）技术系数矩阵 A。

家庭农场有 n 类，资源与任务约束有 m 项，用 a_{ij}代表每个第 j 类家庭农场对第 i 种资源的需求量或第 i 种任务的贡献量，则技术系数矩阵 A 可以用下式表达。

$$A = \begin{bmatrix} a_{11} & a_{12} & \cdots & a_{1n} \\ a_{21} & a_{22} & \cdots & a_{2n} \\ \vdots & \vdots & \ddots & \vdots \\ a_{m1} & a_{m2} & \cdots & a_{mn} \end{bmatrix} \tag{14-9}$$

在式（14-9）中，技术系数的变化取决于家庭农场主对农业新技术的采用情况。一般来说，技术系数的变化周期比市场行情的变化周期要长得多，所以相对于变化较快的效益系数向量 C，技术系数矩阵 A 可在较长时期内保持稳定。

（3）资源或任务约束向量 B。

B 是规划模型的右边项（常数项），它代表具体规划实施主体的资源可获量和任务要求，构成了规划系统中约束条件的上限和下限。其表达式如下：

$$B=(b_1,\ b_2,\ \cdots,\ b_t,\ b_{t+1},\ \cdots,\ b_m)^T \qquad (4-10)$$

在式（14－10）中，$(b_1,\ b_2,\ \cdots,\ b_t)$ 为资源可获量上限，$(b_{t+1},\ \cdots,\ b_m)$ 为任务要求的下限。

14.3　农业 4.0 规划系统的应用要点

14.3.1　规划区域内农业资源约束的上限估计

农业资源对农业生产的约束具有绝对性，即便是技术革命也无法解除农业对资源的需求，仅仅是打破了旧的约束又形成新的约束。与农业持续增长的绝对需求相对应的是资源的相对不足，农业增长需求必然随着人口的增长而增加，而一定的时间与空间内，农业资源供给总是有限的。因此，农业规划必然是在有限的资源约束下进行的，农业资源的稀缺程度决定了约束的强弱。

农业资源种类多样，既包括土地等可量化的资源，也包括气候等不可量化的资源等。农业 4.0 规划系统主要考虑了土地、水资源、劳动力、资金等资源的可获量对农业生产决策的约束作用。每种资源对农业生产决策的约束可以用一个约束方程来表示，区域内各经营项目对每类资源消耗量之和不得超过该项资源可获量。

（1）土地。

土地是农业生产最基本的生产要素。土地对农业生产的约束是刚性的，在相当长的一段时间内是很难被打破的，土地约束只有当生物技术水平高度发展，无土栽培以及工厂化生产得以普及时，才有可能被打破。对于不同类型的产业，土地的约束强度有所不同：土地对直接扎根于土壤的种植业、林业的约束作用较强；相比而言，对可以进行工厂化养殖以及利用全价配合饲料的畜禽养殖业，约束作用有所减小，对以放牧为主的畜牧业则影响较大，对渔业起约束作用的则是土地中的可以养殖水面。

土地用于农业生产即为农用地，根据土地利用性质，农用地又分为耕地、园地、林地、牧草地、可养殖水面、设施农业用地及附属设施用地。在实际生产中，耕地、园地、林地、牧草地之间的界限并不十分明确，统计报表中会有具体明确的数据，可以用作规划约束条件的依据；可养殖水面主要指鱼塘，也包括河道湖泊和其他有一定蓄水深度的水体，在全国绝大部分地区，基本农田是不允许建设鱼塘的；设施农业用地以前需要专门指标，2019 年 12 月以后国家放宽了这一限制，明确在耕地上可以建立农业设施，因此这一约束条件也就不那么“刚性”了。但新建设施要受到资金投入的约束。

在农业4.0规划系统中，将可养殖水面、农业设施用地从农用地中单独列出，与农用地并列作为独立的资源约束条件（面积单位：亩）。在应用该系统进行规划时，村级以下的范围应以实际测量的数据，乡镇以上范围应采用有关部门的年度统计数据。如果可以取得土地管理部门的约束性数据（一般在同级土地利用规划中），当以土地部门的权威数据为准。

（2）水资源。

水资源对农业生产的重要性主要是通过灌溉来体现。我国75%的粮食作物生长在灌溉土地，而蔬菜的种植与鱼虾类养殖业对水资源的依赖性则更强。水资源主要来源于降水，我国降水量呈现地区分布不均，季节供给不平衡的特点。解决这个问题一般靠水利工程。水利工程是农业生产条件建设的基本工程，常用来储存自然降水以调节季节降水不均，或跨区域调水等。一个地区的水资源供给量直接影响到水利工程的建设规模以及灌溉模式的选择。此外，不同农作物对水资源的需求不同，农作物的品种选择对地区降水量有一定的要求。水资源还会影响到农业经营项目的选择。因而，水资源与农业规划设计息息相关。

应用农业4.0规划系统，需要测算规划范围内的水资源总量（单位：立方米/年）。一般考虑常年降雨量、规划区的汇水面积、塘坝蓄水能力、当地蒸腾系数、跨区调水能力（需计算水费）等因素。目前系统对水资源的约束还不够细致，仅仅考虑全年可以获取的水资源总量，作物需水量也是指全生长周期的。因此可以用年均降雨量乘以规划区汇水面积（注意量纲单位的一致性），再减去蒸腾量和流出规划区的数量。后者可以采用经验系数法进行估计。

（3）劳动力。

劳动力是农业生产的能动要素，是其他生产要素的操作主体，在农业生产要素中居于核心地位。农业劳动力不仅在数量上制约着农业生产，劳动力的个性特征、观念意识、学习技能、健康程度等是劳动力要素发挥作用的基础，更是农业经济增长的前提条件。

现实中劳动力对农业生产的约束体现在两个方面。一方面是农业劳动力在不断减少：随着城市化进程的深化，大量的非农就业使得农村劳动力向城市转移，农村可用于农业生产的劳动力的不断减少，劳动力成为农业生产的一大稀缺资源；另一方面是劳动力成本的增加：随着生活水平的普遍提高，与农村劳动力资源缺乏相对应的是劳动力成本的日渐增长，劳动力成本作为收入的扣除项，直接影响到农业的经济效益。因而，如何减少用工量、节省人工成本是所有农业生产者需要考虑的经济问题。

应用农业4.0规划系统，需要测算规划范围内的水资源总量，需要测算规划范围内的水资源总量，需要测算规划范围内的劳动力资源总量（单位：工日/年）。具体算法是当地可获得的农业劳动力人数乘以人均年劳动天数。期中人均劳动天数一般按250～300工日/年计算，劳动力人数可以包括少数稳定的外来务农人员。

（4）资金。

农业资金是指农业再生产过程中，生产、流通、分配及社会消费等环节中财产物资的货币形态，即社会各投资主体投入农业的各种货币资金。资金是农业生产的必要要素。无论是农业机械、温室大棚、动物棚舍等固定资产的购置，还是种子、化肥、农药、饲料、兽药等农业生产物质资料的采购，都需要农业资金的投入。根据资金的回转周期，将农业资金分为初始投资和流动资金，农业生产性投入所需资金为流动资金。

资金总是有限的，一方面体现在农户个体或组织自有资金的有限性；另一方面体现在信贷额度的有限性，个体或组织可申请的贷款不是无限的，且信贷额度根据主体的信誉程度于可抵押资产的不同而有所不同。因此，资金也是农业生产的重要约束条件之一。

应用农业 4.0 规划系统，需要测算规划范围内的资金需求总量。有两个约束条件：一是投资约束，即规划范围内的经营主体获益获得的投资能力（单位：万元），一般是在规划实施初期的一次性投入（包括自有资金和可获得的长期贷款额度）；二是流动资金约束，即在正常生产经营活动中，每年可以获得的流动资金数量（单位：万元/年），包括自有资金和可获得的短期贷款额度。

14.3.2　经营主体的社会责任和生产任务要求

农业生产既受到客观方面的农业资源约束，也受到主观方面的任务约束。我国农业实际上需要承担起粮食安全、食品安全以及一定程度的就业保障这三个功能。粮食安全要求农业生产满足消费者对以粮食为主的农产品的数量需求，食品安全则是对农产品质量的要求。一些企业主办农业园区，其重要动因就是要生产一定数量的能满足本企业员工生活需要的高品质农产品，以此提高企业员工福利；而乡村集体组织和农村基层政府，则往往希望通过发展现代农业能为农村劳动力提供一定的就业岗位。据此，规划系统中的生产任务约束主要包括产品供给约束与就业保障约束两大类。

（1）产品供给。

产品供给是农业生产最基本的任务与根本目的。我国是人口大国，粮食安全问题长期存在，产品约束是保证农业供给的基本保障。产品约束是对特定种类农产品生产数量的约束，表明此类产品的最低任务完成指标。产品约束可能来自自上而下的政策目标，因为粮食安全问题的存在，农业生产不可能不加限制地完全依据收益最大化目标去组织生产，对于保证粮食安全但效益一般的粮食作物，国家往往会对其产量有一定的要求。此外，产品约束还可能来自市场需求，对于一些按订单生产的农业企业来说，订单往往对具体的产品生产种类与数量提出了要求。

农业 4.0 规划系统中选取作为产品约束的产品种类参照统计年鉴农产品统计口径，包括大米、蔬菜、猪肉、其他畜产品（不包括猪肉）、禽产品、蛋类品、奶制品、水产品、果品（包括水果和坚果）、食用油（植物油）、面粉、豆制品、大米、茶叶。规划生产总量必须大于（或等于）任务要求（单位：千克/年）。

（2）就业保障。

就业保障是一个地区农业的重要任务之一，也体现了农业生产的社会效益功能。就业保障是指农业生产为农村劳动力提供就业岗位。就业约束是对规划区内农业生产提供的最少就业岗位数的要求。城市就业虽然转移了一部分的农村劳动力，但城市本身也有就业压力，且很多农户到城市的就业能力有限，一些农民也可能不愿离开农村到城市就业。因此，农业规划对劳动就业的约束一般来说很有必要。尤其在一些贫困地区，农业领域的产业扶贫还是非常重要的。

应用农业 4.0 规划系统，需要测算规划范围内的农业就业总需求（单位：人）。如是企业运作农业项目（或园区），地方政府（或村集体组织）往往也会对企业提出就业需要。当前系统中对就业能力的计算是以用工总数（工日）为基本数据，按照每个劳动力每年工作 300 天折算成就业机会。例如：假定规划的结果显示总用工量为 35000 个工日，则规划方案提供的就业机会就是 117 人（$35000 \div 300 \approx 117$）；反之，如果当地要求农业必须提供 200 个就业岗位，那么在就业约束界面，其输入数据就是 60000（$200 \times 300 = 60000$）个工日。

14.3.3 规划实施的风险防范

农业规划在实施过程中可能面临产业不匹配、结构调整幅度大等风险，本系统通过对决策变量上下边界进行人工设置的办法来控制规划方案在实施中的风险。决策变量的边界限制是对各类家庭农场数量下限和上限的设置。这是对农业经营项目类型与规模的初步删选，其值根据规划区域的实际情况予以设定。例如，某规划区传统上种植稻麦，那么对水稻小麦家庭农场的上限可不作限制；对其他农场个数限定在 5 个以内或 10 个以内。

对决策变量的边界进行设置是基于因地制宜的原则与降低风险的考量。一方面，根据因地制宜原则，农业生产结构的优化应充分考虑当地的地理环境与农业现状，因地制宜地选择适合当地的经营项目种类。对于当地不适宜发展的项目，此类家庭农场数量应减少或设置为 0，而对于适合当地发展的项目应放宽限制或不予限制。另一方面，基于线性规划原理的农业生产决策模型，在纯收入最大化的目标导向下，规划方案的输出结果容易出现高效农场数量极端化的现象，这可能带来当地农业生产结构调整的大起大落，增加农业经营风险，对决策变量上限的设置则能避免这种情况发生。

14.3.4 寻找农业要素投入的适度规模

本系统应用后会输出各种资源和任务约束条件的影子价格数据。这对于农业科学决策非常有用。例如，利用影子价格反映边际收益这一特性，就可以模拟测算出农业要素投入的适度规模。

根据木桶理论和边际分析方法原理，在一定的技术经济条件下，其他要素投入不变，仅改变单一要素的投入规模，当该要素投入水平达到一定限度后，就会因为其他生产条件不能得到相应的满足而使要素的边际收益出现递减现象，而每增加一单位要素投入，仍然需付出一定的成本，当该要素的边际收益等于边际成本时，总收益达到最大，与此对应的要素投入规模即为适度规模。

我们可以利用农业 4.0 规划系统来模拟发现这一适度规模的具体数据。方法是：先以固定步长不断改变某一要素的输入值，运行农业 4.0 规划系统，得出其影子价格一系列数据；再将输出的影子价格（边际收益）与边际投入成本进行比较；最后锁定边际投入等

于（或近似等于）边际收益的那个点，得出该要素投入的适度规模。

上述过程可以用图 14－2 来进一步说明：图中 Bi 表示要素投入值，△Bi 表示模拟步长，△Bi 代表除第 i 种要素以外的其他资源或任务输入值的集合，MR 表示边际收益，即第 i 种资源的影子价格，MC 表示第 i 种要素的边际成本。

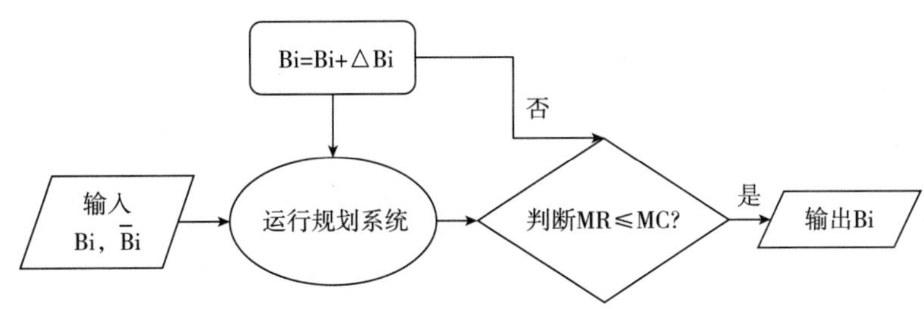

图 14－2　寻找要素投入适度规模的作业流程

图 14－2 中的模拟流程分为以下四步：

第一步，确定要素输入的初始模拟值。因为任务约束的存在，要素投入量需达到一定规模才能保证任务达成，在数学方程上反映为系统有解，因此初始模拟值通常不为 0，而是取使得系统有解的最小投入规模。

第二步，确定模拟步长△Bi。理论上，总收益的峰值在边际收益等于边际成本处出现，但在实际模拟过程中，会设定一个模拟步长，数据不是连续变化的，理论上的峰值可能在模拟值之间出现，因此测算值（模拟值）与理论值之间会存在一定误差。一般来说，步长越大，误差越大，步长的大小直接影响到适度规模测算值的精度。步长的确定要视具体数据变动情况和精度要求而定，当边际收益变动幅度大时，步长宜小，变动幅度小时，步长可适当放大；决策者对精度要求高则步长宜小，精度要求不高时，步长可酌情放大以减少模拟运算的次数。

第三步，循环模拟。确定初始模拟值和模拟步长后，输入数据并运行农业 4.0 规划系统，将系统输出的影子价格（边际收益）与边际成本进行对比：若边际收入大于边际成本，则将第 i 种资源输入值增△Bi，进入下一个循环，直到边际收入等于或小于边际成本，循环结束，并输出最后一次循环中的 Bi 值。

第四步，确定适度规模。图 14－2 的模拟流程输出的 Bi 是第一个满足 MR≤MC 条件的值。因为输入不是连续的，多数情况下，输出的 Bi 仅满足 MR＜MC，不满足 MR＝MC。当最优点无法获取时只能寻求次优点，而次优点可能是最后一次循环中的输入值，也可能是倒数第二次循环中的输入值。为了减少误差，有必要对与两者对应的总收益进行比较，最后取使总收益最大的输入值为适度规模。

14.3.5　应用案例

本部分以张村为例，进一步说明农业 4.0 规划系统如何应用。

张村是某城市近郊，拥有6500亩农用地，其中水面500亩，设施用地200亩，正常年份水资源总量198.5万立方米。投资能力为3000万元，可以短期贷款5000万元。拥有劳动力资源300人（折算工日9万个）。村委会要求在农业方面至少能解决200人就业。此外由于优质大米和蔬菜有订单，要求每年要保证生产100吨以上，蔬菜80吨以上。

希望通过规划使得全村农业纯收入最大。

以下应用农业4.0规划系统对张村的农业生产进行规划。

第一步：填入规划项目名称。

- 操作指南：

启动系统软件，出现如图14-3所示的界面。点击左侧基础信息，并在右侧的系统名称中填入规划项目名称，如“张村农业规划”，然后点击设置按钮。

图14-3 基础信息配置页面

第二步：设置家庭农场的数量上限。

- 操作指南：

上述第一步操作之后，系统出如图14-4所示界面。在这个界面中，系统默认每类家庭农场的最小值为0，最大值为9999。可根据定性分析的结果，在最大值栏目中填写每一类农场数量的上限。上限（最大值）可以根据当地的农业现状结构和其他具体情况来设定。例如，张村是城市郊区，该城市禁止发展畜禽养殖场，所以第33~38号农场的最大值设为0。

第三步：输入资源总量与任务约束。

- 操作指南：

上述第二步操作之后，系统出如图14-5所示界面。在图14-5示界面（输入）中，需要填写资源约束的上限值和任务约束的下限值。填好后，点击开始运行按钮。点击后，按钮中的绿色小人便开始向右奔跑，不到2秒钟运行结果就出来了，出现如图14-6所示的“结果”界面。

农场数量限制

	最小值	最大值		最小值	最大值
01. 稻麦连作园	0	20	31. 宜兴百合园	0	5
02. 水稻油菜连作园	0	20	32. 金钱草种植园	0	2
03. 小麦大豆连作园	0	20	33. 肉猪养殖场	0	0
04. 花生小麦连作园	0	20	34. 肉牛养殖场	0	0
05. 马铃薯种植园	0	20	35. 湖羊养殖场	0	0
06. 青蒜白姜种植园	0	50	36. 肉鸭养殖场	0	0
07. 番茄莴苣种植园	0	50	37. 蛋鸡养殖场	0	0
08. 荷藕水芹种植园	0	20	38. 肉鸽养殖场	0	0
09. 西瓜莴苣种植园	0	50	39. 牛蛙养殖场	0	20
10. 番茄冬瓜松花菜种植	0	50	40. 蜜蜂养殖场	0	20
11. 早椒佛手瓜种植园	0	50	41. 蚯蚓养殖场	0	20
12. 白菜茄子菠菜连作园	0	50	42. 青虾养殖场	0	20

图 14－4　决策变量边界设置界面

输入数据

资源约束（上限值）

农用地(亩):	6500	设施用地(亩):	200	可养殖水面(亩):	500
劳动力资源(工日):	90000	投资(万元):	3000	流动资金(万元):	5000
水资源(立方米):	1985000				

任务约束（下限值）

就业规模(人):	200	蔬菜(千克):	80000	猪肉(千克):	0
畜产品(千克):	0	禽产品(千克):	0	蛋类(千克):	0
奶制品(千克):	0	水产品(千克):	0	果品(千克):	0
食用油(升):	0	面粉(千克):	0	豆制品(千克):	0
大米(千克):	100000	茶叶(千克):	0		

开始运行

图 14－5　约束条件输入界面

第四步：读取规划方案。

- 规划方案读取指南：

图 14－6 所示的就是规划方案（即结果）。在这个界面中，右上角的纯收入合计数值（万元），就是该村农业在当前优化方案下的最大效益。图 14－6 表明：张村全村农业纯收入可以达到 5494.79 万元。该村应规划发展 10 类家庭农场，分别是 N02 号、N16 号、

N17 号、N19 号、N25 号、N27 号、N29 号、N43 号、N44 号、N55 号家庭农场。每一类家庭农场的详细技术说明和财务分析，详见家庭农场说明书。当前版本说明中书有 60 个已经设计好的家庭农场模型，其中前 42 个模型已经公开出版（见《家庭农场模型设计与评价》，科学出版社 2016 年 11 月版）。

结果

返回　　纯收入合计(万元): 5494.79

导出规划报告

规划方案一览表 | 非基变量一览表 | 影子价格分析表 | 产品一览表

序...	农场...	农场名称	数量(单位:个)
1	N02	水稻油菜连作园	0.65
2	N16	山茶盆栽园	11.64
3	N17	红掌种植园	0.33
4	N19	桂花园	20.00
5	N25	木本油料种植园	20.00
6	N27	半夏种植园	20.00
7	N29	猫爪草种植园	5.00
8	N43	玉米紫薯种植园	23.12
9	N44	黄秋葵种植园	77.60
10	N55	桃园养鸡场	20.00

图 14 -6　系统规划方案一览

在读取规划方案时，可采取四舍五入的原则对家庭农场的个数进行取整。如 N17 如红掌种植园应该去掉，而 N02 水稻油菜连作园应发展一户，N16 山茶盆栽家庭农场可以发展 12 户。图 14 -6 显示，张村首先应大力发展黄秋葵种植园（可以发展 78 户），其次是玉米紫薯种植园（23 户），最后是桃园养鸡、中药材（半夏）、木本油料和绿化苗木（桂花）等生产。相应的专业合作组织可以组织起来，解决组织市场营销、农资供给和生产技术辅导等配套问题。

第五步：读取产品一览表。

- 操作指南：

在图 14 -6 的界面中，点击其中“产品一览表”按钮，可以读取按规划方案生产后需要销售的产品情况，如图 14 -7 所示。产品一览表的用处是帮助规划实施主体组织产后加工物流等服务。例如对张村来说，规划实施后，每年可能需要销售大约 200 万公斤黄秋葵、276 万公斤紫薯、179 万公斤鲜食玉米、90 万公斤鲜桃等，从张村合作社来说，可能需要建设生鲜物流配送中心来统一组织营销和配送服务。

第六步：分析影子价格。

在图 14 -6 的界面中，点击其中“影子价格分析表”按钮，可以读取按规划方案实施后资源和任务约束的影子价格。用来分析资源和任务限制对全村纯收入总值的影响。

张村农业规划后的影子价格分析表如图 14 -7 所示。从图 14 -7 可以看出：设施用地的影子价格是 0. 85，说明再增加 1 亩的设施用地，每年纯收入将增加 0. 85 万元；大米的影子价格为负值 0.18，说明如果减少大米的约束可以增加纯收入，每减少 1 千克大米可以增加 0.18 元的纯收入。在投资方面，全村投资能力当前是 3000 万元，如果增加投资能力，对全村来说能够增加纯收入：在当前优化方案的基础上，每增加 1 万元投资，每年可以增加 0.41 万元纯收入。

结果

返 回　　纯收入合计(万元): 5494.79

规划方案一览表 | 非基变量一览表 | 影子价格分析表 | 产品一览表　　导出规划报告

序...	资源与任务	输入值	资源剩余值	超任务量	影子价格
1	农用地（亩）	6500.00	2496.48		0.00
2	设施用地（亩）	200.00	0.00		0.85
3	可养殖水面（亩）	500.00	500.00		0.00
4	劳动力资源（工日）	90000.00	0.00		0.01
5	投资（万元）	3000.00	0.00		0.41
6	流动资金（万元）	5000.00	1450.53		0.00
7	水资源（立方米）	1985000.00	0.00		0.00
8	就业规模（人）	200.00		226.41	0.00
9	蔬菜（千克）	80000.00		1927771.00	0.00
10	猪肉（千克）	0.00		0.00	0.00
11	畜产品（千克）	0.00		0.00	0.00
12	禽产品（千克）	0.00		48000.00	0.00
13	蛋类（千克）	0.00		0.00	0.00
14	奶制品（千克）	0.00		0.00	0.00
15	水产品（千克）	0.00		0.00	0.00
16	果品（千克）	0.00		960000.00	0.00
17	食用油（升）	0.00		42529.59	0.00
18	面粉（千克）	0.00		0.00	0.00
19	豆制品（千克）	0.00		60000.00	0.00
20	大米（千克）	100000.00		0.00	-0.1803572E-...
21	茶叶（千克）	0.00		0.00	0.00

图 14－7　张村农业规划方案下的影子价格分析

第七步：输出规划报告。

在图 14－6（或图 14－7）的界面中，点击右上角“导出规划报告”按钮，系统将自动输出带有防伪水印的 PDF 格式规划报告。

规划报告的内容包括：①输入的原始数据（供经营主体校对边界条件用）。②规划方案一览表：图 14－6 所示的方案。表明应该发展哪些类型的家庭农场，每一类分别为多少个。可用于引导农户组织合作社。③非基变量一览表：没有被选中的家庭农场清单。此表与规划方案一览表一起，可以帮助规划者分析系统内置的可选家庭农场的种类总数，表达系统目前只考虑到哪些选择，避免对规划结果的盲从。④影子价格一览表：每种资源的影子价格和每项任务的影子价格。为规划实施单位进一步获取有关资源和调整生产任务约束提供科学依据。⑤产品一览表：该村全部家庭农场生产的全部农产品。该村的农民专业合作社，可依据此表组织加工转化或营销活动。

14.4 农业4.0规划系统的升级策略

上述农业4.0规划系统需要与时俱进不断升级演化。未来升级的方向有两个：一是家庭农场模型的扩展，即不断扩展家庭农场模型的种类与数量；二是家庭农场模型参数的更新，即动态刷新有关的参数。两者皆可借助大数据与人工智能等手段来实现。

14.4.1 扩展家庭农场模型

家庭农场模型的种类与数量限制了规划系统的应用范围，为增加规划系统的适用性和科学性，不断增加家庭农场模型种类是规划系统演化升级的重点工作。目前，规划系统中纳入的家庭农场模型包括蔬菜、粮油、中药材、花卉苗木、养殖五大类型，作物的主要生产区域为长江流域。未来家庭农场模型的扩展主要有两个方向：一是增加产品种类，覆盖日常生活中常见的各种农产品生产；二是增加适应于全国各地经营的家庭农场类型，扩大模型的区域适用范围。

具体而言，家庭农场模型的扩展是要进一步收集更多不同农产品的生产技术和市场交易信息。一个标准化的家庭农场模型，既提供了这类家庭农场对主要资源的需求数据与任务贡献量，也提供了这个家庭农场的产品产量和经济效益等有关信息。表14－1是从规划系统数据库中选取的部分蔬菜类家庭农场模型的数据示例。

如表14－1所示，每个蔬菜家庭农场模型的农用地、农业设施用地、年用工量、耗水量、初始投资、流动资金、就业规模、产量等信息构成了规划模型约束条件中的技术参数，而年纯收入则与规划模型目标函数中的收益系数相对应。

表14－1 部分蔬菜类家庭农场的生产数据示例

家庭农场模型	农用地 亩	农业设施 用地亩	年用工量 工日	耗水量 立方米	初始投资 万元	流动资金 万元	产量 吨	年纯收入 万元
青蒜白姜种植园	30	2	750	6317	30.4	14.8	84	28.4
番茄莴苣种植园	20	20	496	6877	68	7.7	126	21.9
荷藕水芹种植园	30	2	786	26387	33	19.2	185	25.8
西瓜莴苣种植园	30	30	650	5893	70	12.3	50	22.4
黄秋葵种植园	12	0.5	580	4875	19.5	4.3	26	21.6
早椒佛手瓜种植园	30	30	598	6061	77.8	11.2	210	25.0
白菜茄子菠菜连作园	20	2	608	7457	49.8	12.9	189	25.7
香菇种植园	11.5	11.5	545	90000	41.2	19.8	25	22.8
猴头菇种植园	3	3	520	145800	32.5	17.9	41	16.1
茭白种植园	50	2	1518	9862	16	20.8	133	24.0
黄瓜四季豆西红柿种植园	15	5	1365	8078	25.5	13.8	117	21.5

14.4.2　更新参数

家庭农场模型中参数的精准性直接影响到规划方案的科学性，对农场模型参数进行实时更新的意义有两个方面：一方面，可克服线性规划静态缺陷；另一方面，可保证规划模型的与时俱进。模型中的参数主要包括技术参数 A_{ij} 与收益参数 C_j。技术参数的大小与农业技术水平的高低息息相关，如农业机械化水平的提高，能大幅度减少农业用工量；节水灌溉工程的应用会减少单位作物生产消耗的水资源，与之对应的家庭农场模型中的技术参数的数值便相应减小。一般来说，农业技术水平的变化不会太快，技术更迭需要一定的时间，因而技术参数 A_{ij} 的更新周期可适当延长，如三年更新一次。在技术水平一定，产量一定的条件下，收益参数主要依赖于农产品的价格，而农产品市场行情则瞬息万变，因而收益参数的更新周期要远短于技术参数，至少要保证一个产品季节更新一次，最好是建立在大数据跟踪预测的基础上，采用动态预测数据。

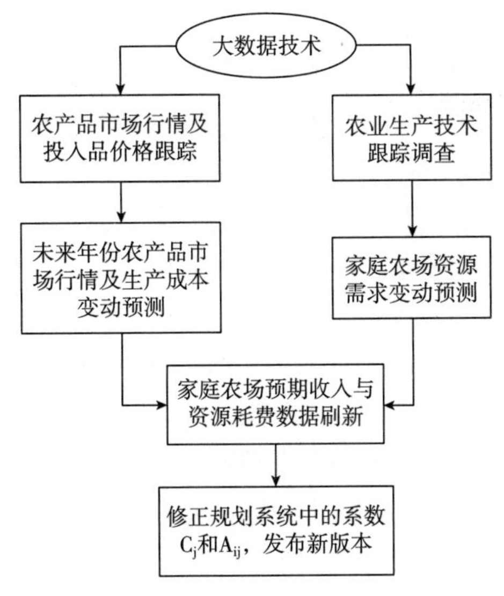

图 14-8　系统参数更新路径示意

如图 14-8 所示，规划系统的参数更新可以借助大数据技术来完成，参数更新分为两条路径：一是农产品与农业生产投入品的价格跟踪，通过对市场行情的持续跟踪，借助数据分析工具，预测未来年份的农产品价格与投入品价格，并以预测价格刷新家庭农场"纯收入"这一参数；二是生产技术跟踪，定期对农业新技术的应用情况进行跟踪调查，对新技术下农业生产对资源的需求变动进行预测，同时刷新不同家庭农场模型中的资源耗费数据。在此基础上，利用刷新后的家庭农场收入与资源耗费数据修正规划模型中的系数 C_j 和 A_{ij}，并发布新版本的规划系统。

第 15 章　关于智慧农业

15.1　智慧农业的概念及发展前景

15.1.1　智慧农业的概念

智慧农业是指现代信息技术成果（包括云计算机、物联网、音视频、3S 技术、无线通信等）与农业领域专家的智慧和知识相结合所形成的系统在农业领域的综合应用。智慧农业是现代农业发展的高级阶段。

具体来说，智慧农业依托部署在农业生产和经营现场的各种传感节点（温、光、气、水、肥、交易数据等）和无线通信网络，收集农业生产经营环境的智能感知信息，并运用专家知识与历史数据与外部其他数据进行比对，对生产经营状态进行智能分析和评价，通过实时预警、智能决策等方式，向生产经营主体提供专家在线诊导，实现农业生产经营的精准化、自动化管理和智能化决策。

随着智慧农业的发展，农业将会具有更加完备的信息化基础支撑（包括更透彻的信息感知、更有效的数据资源、更广泛的互联互通），通过更深入的智能化控制、更贴心的公共服务，使农业的生产、经营、决策、服务诸多环节内部运行更为合理，环节之间的配合更加完美，从而使农业整体上效率更高，各类经营主体更感受到公平和轻松愉悦。农业将成为一个高科技产业，新一代农民将成为一个令人向往的职业。

智慧农业融现代信息技术、现代生物技术、新材料、新能源于一体，将能大大提高农业的投入产出比，延伸农业的服务领域，拓展的农业的多项功能，增加农村的就业机会，促进农业农村的产业融合和现代化发展。

15.1.2　智慧农业作用

智慧农业的作用主要体现在以下几个方面：

（1）有效改善农业生态环境。

智慧农业在规划设计层面将农田、畜牧养殖场、水产养殖基地等生产单位和周边的生态环境视为整体，通过对其物质交换和能量循环关系进行系统、精密运算，保障农业生产的生态环境在可承受范围内。如定量施肥不会造成土壤板结，经处理排放的畜禽粪便不会造成水和大气污染，反而能培肥地力等。

（2）显著提高农业生产经营效率。

智慧农业采用智能化机械进行农业生产作业。基于精准的农业传感器进行实时监测，利用云计算、数据挖掘等技术进行多层次分析，并将分析指令与各种控制设备进行联动完成农业生产、管理。用这种智能机械代替人的农业劳作，不仅可解决农业劳动力日益紧缺的问题，而且还可以实现农业生产高度规模化、集约化、工厂化，提高农业生产对自然环境风险的应对能力，使弱势的传统农业成为具有高效率的现代产业。

（3）转变主体观念和组织体系结构。

智慧农业将通过完善的农业科技和电子商务网络服务体系，使农业相关人员和信息化终端成为农业生产者的大脑，指导农业生产经营，改变单纯依靠经验进行农业生产经营的传统模式，转变农业生产者和消费者对传统农业落后、科技含量低的观念。在智慧农业阶段，农业生产经营规模越来越大，生产效益越来越高，会加速小农生产模式逐步被市场淘汰，催生以大规模农业生产者为主体的农业组织体系。将通过构建各类农业示范园区，包括特色有机农业示范园、现代农业产业示范园、农业科技园、农业休闲体验区等，改变农业生产经营主体的组织结构，进而促进生产与市场的精准对接，促进农业生产和农产品流通过程的精准管理、推进农业资源和各类涉农资源的合理高效利用。

15.1.3　智慧农业的发展前景与路径

智慧农业通过生产领域的智能化、经营领域的个性化以及服务领域的系统化信息服务，推动农业产业链改造升级；发展智慧农业，可加速实现农业生产科学化、精细化、高效化与绿色化，切实保障农产品安全、农业竞争力提升和农业可持续发展。因此，智慧农业是我国农业现代化发展的必然趋势。我国自改革开放以来，农业发展取得了显著成绩。尤其是最近十几年，粮食产量连年递增，蔬菜、水果、肉类、禽蛋、水产品的人均占有量排在世界前列。但农业的迅速增长的背后，存在着代价高昂的问题。化肥农药滥用、地下水资源超采以及过度消竞争力不强，出现农业增产、进口增加与库存增量的“三量齐增”现象，越来越多的低端农产品滞销。解决这些问题就需要大力发展以运用智能设备、物联网、云计算与大数据等先进技术为主要手段的智慧农业。

如何促进智慧农业发展？需要从培育社会共识、突破关键技术和做好规划引领等方面入手。

（1）改造升级农业产业链。

一要升级生产领域，由人工作业走向智能化机械作业。在种植、养殖生产作业环节，摆脱人力依赖，构建集环境生理监控、作物模型分析和精准调节为一体的农业生产自动化系统和平台，根据自然生态条件改进农业生产工艺，进行农产品差异化生产；在食品安全环节，构建农产品溯源系统，将农产品生产、加工等过程的各种相关信息进行记录并存储，并能通过食品识别号在网络上对农产品进行查询认证，追溯全程信息；在生产管理环节，特别是在一些农垦垦区、现代农业产业园、大型农场等单位，可将智能设施与互联网广泛应用于测土配肥、茬口作业计划以及农场生产资料管理等生产计划系统，提高其效能。

二要升级经营领域，突出个性化与差异性营销方式。通过物联网、云计算等技术的应用，打破农业市场的时空地理限制，实时监测和传递农资采购、农产品流通等数据，有效解决信息不对称问题。一些地区特色品牌农产品可以在主流电商平台上开辟专区，拓展农产品销售渠道；有实力的农业产业化龙头企业可以通过自营基地、自建网站、自主配送的方式打造一体化农产品经营体系，促进其特色农产品的市场营销和品牌化运营，促进农业经营将向订单化、流程化、网络化转变；新型农业经营主体要注重个性化与差异性营销管理，发展定制农业，根据市场和消费者特定需求而设计生产流程和目标农产品，满足有特别偏好的消费者需求。此外，新型农业经营主体还可运用智慧农业手段，有针对性地发展农业休闲旅游、农家乐等新业态，通过网站、线上宣传、线下体验与配送等方式，在销售休闲旅游产品、为游客提供个性化服务的同时，分析感知市场消费新趋势，拓展特色农产品的销售渠道，开辟农民增收新途径。

三要升级服务领域，提供精确、动态、科学的全方位信息服务。例如，开发与应用基于北斗导航的农机与农事服务调度系统；通过室外大屏幕、手机终端等灵活便捷的信息传播形式向农户提供气象、灾害预警和公共社会信息服务，有效地解决“信息服务最后一公里”的问题。农业科技服务单位开发智能化 App，提供面向“三农”的信息服务，向农业经营者传播先进的农业科学技术知识、生产管理信息以及农业科技咨询服务，引导龙头企业、农业专业合作社和农户经营好自己的农业生产系统与营销活动，提高农业生产管理决策水平，增强市场抗风险能力，做好节本增效、提高收益。在政府层面，要构筑综合服务平台，有效利用云计算、大数据等技术提升对农业农村的治理能力，推进农业管理数字化和现代化，促进农业管理高效和透明，提高农业部门的行政效能。

（2）以农业供给侧结构性改革为主线。

一是要实现农业生产精细化，保障资源节约、产品安全。一方面，借助科技手段对不同的农业生产对象实施精确化操作，在满足作物生长需要的同时，保障资源节约又避免环境污染；另一方面，实施农业生产环境、生产过程及生产产品的标准化，保障产品安全。生产环境标准化是指通过智能化设备对土壤、大气环境、水环境状况实时动态监控，使之符合农业生产环境标准；生产过程标准化是指生产的各个环节按照一定技术经济标准和规范要求，通过智能化设备进行生产，保障农产品品质统一；生产产品标准化是指通过智能化设备实时精准地检测农产品品质，保障最终农产品符合相应的质量标准。

二是要实现高效化，提高农业效率，提升农业竞争力。通过利用云计算、农业大数据，让农业经营者便捷灵活地掌握天气变化数据、市场供需数据、农作物生长数据等，准确判断农作物是否该施肥、灌溉或打药，避免因自然因素造成的产量下降，提高农业生产对自然环境风险的应对能力。通过智能设施合理安排用工用时用地，减少劳动和土地使用成本，促进农业生产组织化，提高劳动生产效率。通过互联网与农业的深度融合，使得诸如农产品电商、土地流转平台、农业大数据、农业物联网等农业市场创新商业模式持续涌现，大大降低信息搜索、经营管理的成本。引导和支持专业大户、家庭农场、农民专业合作社、龙头企业等新型农业经营主体发展壮大和联合，促进农产品生产、流通、加工、储运、销售、服务等农业相关产业紧密链接，促进农业土地、劳动、资本、技术等要素资源得到有效组织和合理配置，从而提升农业全产业链的效率，促进农业与二三产业交叉渗透、融合发展，提升农业竞争力和农民收入水平。

三是要实现绿色化，推动资源永续利用和农业可持续发展。2016 年中央一号文件指出，必须确立发展绿色农业就是保护生态的观念。智慧农业作为运用高新技术、保护生态、发展生产、精准营销的农业全产业链运行的新模式，在生产环节通过构建农业精细化生产流程，实施测土配方施肥、精准科学施用农药、节水灌溉、废弃物资源化利用等科学手段，达到合理利用农业资源、减少污染、改善生态环境的目标，既保护好青山绿水，又实现产品绿色安全优质。在农产品安全监管环节，通过借助互联网及二维码等技术，建立全程可追溯、互联共享的农产品质量和食品安全信息平台，健全从农田到餐桌的农产品质量安全过程监管体系，保障人民群众“舌尖上的绿色与安全”。在宏观决策环节，可利用卫星搭载高精度感知设备，构建农业生态环境监测网络，精细获取土壤、墒情、水文等农业资源信息，匹配农业资源调度专家系统，实现农业环境综合治理、全国水土保持规划、农业生态保护和修复的科学决策，加快形成资源利用高效、生态系统稳定、产地环境良好、产品质量安全的农业发展新格局。

（3）借鉴国际上的先进经验。

美国、日本等发达国家的农业实践表明，智慧农业是农业发展进程中的必然趋势。据美国农业部统计，早在 2012 年，美国已有 69.6% 的农场使用互联网进行农业有关的生产经营活动，有 38.5%、23.7% 农场分别使用 DSL（数字用户线路）服务和卫星遥感服务。日本人均耕地仅有 0.7 亩，但通过农业信息网络、农业数据库系统、精准农业、生物信息、电子商务等现代信息技术，已经实现了播种、控制与质量安全及农产品物流等方面的智慧化，农业安全生产和农产品流通效率位居世界前列。

目前，我国智慧农业呈现良好发展势头，但整体上还处于概念导入期和产业链初步形成阶段，在关键技术方面和制度机制建设层面，还面临支撑不足问题，且缺乏统一、明确的顶层规划。尤其是资源共享困难和重复建设现象突出，智慧农业的发展在一定程度上滞后于信息化整体发展水平。因此，在智慧农业规划设计方面，我们要虚心学习国际上先进的理念、经验和技术，结合我国国情，巧妙地解决和跨越智慧农业发展的障碍。

15.2　支撑智慧农业的信息技术

15.2.1　物联网

物联网（Internet of Things）是智慧农业的基础性技术。它通过射频识别、传感器等方式获取物质世界的各种信息，结合互联网、移动通信网等网络进行信息的传送与交互，提高对物质世界的感知能力，为采用智能计算技术对信息进行分析处理，实现智能化的决策和控制提供依据。

国际电信联盟（ITU）发布的 ITU 互联网报告，对物联网作出的定义是：通过二维码识读设备、射频识别（RFID）装置、红外感应器、全球定位系统和激光扫描器等信息传感设备，按约定的协议，把任何物品与互联网相连接，进行信息交换和通信，以实现智能化识别、定位、跟踪、监控和管理的一种网络。

15. 2. 1. 1 传感器

根据国家标准 GB 7665—87，传感器是指“能感受规定的被测量并按照一定的规律（数学函数法则）转换成可用信号的器件或装置，通常由敏感元件和转换元件组成”。传感器是物联网的基本器件，它通常从一个系统接受功率，以另一种形式将功率送到第二个系统中。

在农业应用领域，传感器按工作原理可以划分为振动传感器、湿敏传感器、温敏传感器、磁敏传感器、气敏传感器、真空度传感器、生物传感器等。

农业上常用的传感器主要感知与农业生产及质量控制相关的信息，包括空气温度、空气湿度、土壤水分、光照、二氧化碳、氨气、甲烷、pH 值、EC 值、土壤和农用水中的氮、磷等化学成分、重金属含量等。传感器的具体物理形态可以根据应用现场的条件不同而灵活设计。当前市场上常见的传感器及物联网外围设备如图 15 - 1 所示。

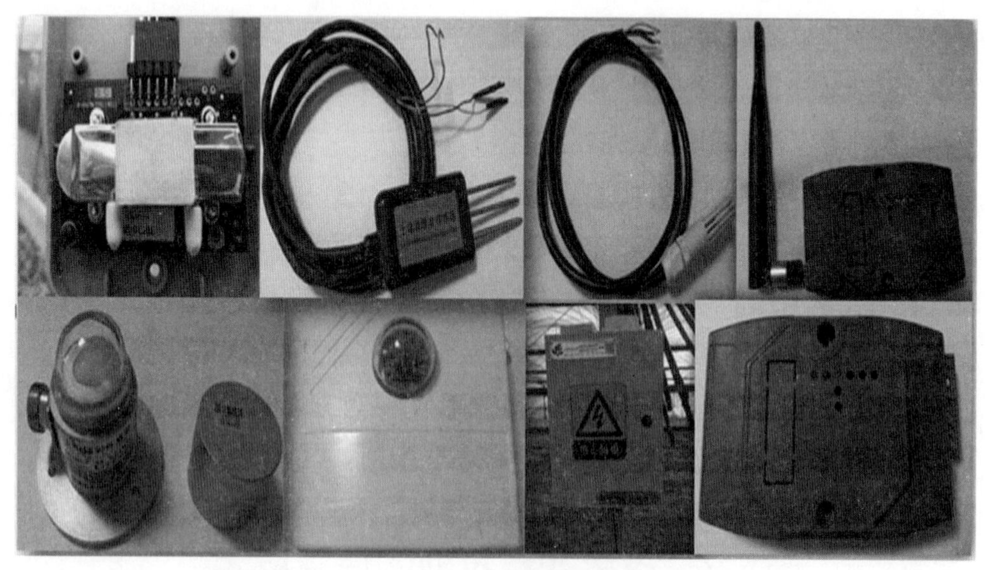

图 15 - 1 物联网传感器及外围设备

15. 2. 1. 2 物联网平台

物联网平台是整个物联网解决方案的核心。从广义上讲，物联网平台指一组工具和服务，使开发人员能够开发和运行应用程序。物联网平台处在物联网软硬结合的枢纽位置，一方面，肩负管理底层硬件并赋予上层应用服务的重任；另一方面，聚合硬件属性、感知信息、用户身份、交互指令等静态及动态讯息，具有通信、数据流通、设备管理和应用程序等功能。

当前，物联网平台主要出现在四个领域：通信领域、互联网领域、软件系统服务领域、垂直领域。其中，通信领域包括以移动、联通、电信、华为公司为代表的电信运营商和电信设备商；互联网领域包括阿里、腾讯、百度、小米等；软件系统服务领域包括IBM、微软、PTC等；垂直领域主要分为两个部分，一是以三一重工、GE、西门子等为代表的工业类企业，二是以基本立子、普奥云、机智云、涂鸦智能、寄云等为代表的创业企业。

一般来说，物联网平台的开发和维护需要投入大量的资金，涉农中小企业往往无法承担如此巨大的成本。好在国内现已经有许多成熟的物联网平台，可以为涉农中小企业提供物联网平台服务。下面为大家介绍几个常用的平台：

（1）百度天工智能物联网平台。

2016年7月由百度推出。该平台侧重于面向工业制造、能源、物流等行业的产业物联网。百度天工是一个端到云的全栈物联网平台，其包含了物接入、物解析、物管理、时序数据库、规则引擎五大产品，以千万级设备接入能力，百万数据点每秒的读写性能，超高的压缩率，端到端的安全防护，无缝对接天算智能大数据平台，为客户提供极速、安全、高性价比的智能物联网服务。

（2）阿里 Link 物联网平台。

2017年6月10日，在 IoT 合作伙伴计划大会2017（ICA）上，阿里巴巴 IoT 联合近200多家 IoT 产业链企业宣布成立 IoT 合作伙伴联盟。同年10月12日，阿里云在云栖大会上发布了 Link 物联网平台，将借助阿里云在云计算、人工智能领域的积累，将物联网打造为智联网。Link 物联网平台致力于建设物联网云端一体化平台、物联网市场、ICA 全球标准联盟三大基础设施，推动生活、工业、城市三大领域的智联网建设。

（3）腾讯 QQ 物联智能硬件开放平台。

2014年10月，“QQ 物联智能硬件开放平台”发布，将 QQ 账号体系及关系链、QQ 消息通道能力等核心能力，提供给可穿戴设备、智能家居、智能车载、传统硬件等领域合作伙伴，实现用户与设备及设备与设备之间的互联互通互动，充分利用和发挥腾讯 QQ 的亿万手机客户端及云服务的优势，在更大范围内帮助传统行业实现互联网化。

（4）中国移动 OneNET 物联网开放平台。

2014年10月中国移动物联网设备云——OneNET 正式上线。2017年11月，中国移动物联网开放平台 OneNET 实现完成了 NB－IoT 设备通过窄带蜂窝网络接入平台的能力，成为全国首家支持 CoAP＋LWM2M 协议、遵循 IPSO 组织制定的 Profile 国际规范、实现 NB－IoT 场景解决方案的物联网平台。

OneNE 拥有流分析、设备云管理、多协议配置、轻应用快速生成、API、在线调试几项功能，以其领先的平台能力优势，覆盖了新能源、环境保护、车联网等行业应用领域，帮助开发者轻松实现设备接入与设备连接，快速完成产品开发部署，还为智能硬件、智能家居产品提供完善的物联网解决方案。

（5）中国电信 NB－IOT。

2017 年 5 月 17 日中国电信宣布建成全球首个覆盖最广的商用新一代物联网（NB－IoT）网络，7 月 13 日物联网 NB－IoT（窄带物联网）在京正式商用。NB－IoT 作为物联网的新兴技术，可广泛服务于农业、政务、物流、零售、个人消费、智能家庭等，从而实现设备之间物联互通，实现数据的实时获取，提升企业效率并节约成本。

15.2.1.3　物联网通讯协议

物联网通信协议分为两大类，一类是接入协议，另一类是通信协议。接入协议一般负责子网内设备间的组网及通信；通信协议主要是运行在传统互联网 TCP/IP 协议之上的设备通信协议，负责设备通过互联网进行数据交换及通信。

（1）REST/HTTP（松耦合服务调用）。

REST（Representational State Transfer），表征状态转换，是基于 HTTP 协议开发的一种通信风格，目前还不是标准。主要为了简化互联网中的系统架构，快速实现客户端和服务器之间交互的松耦合，降低客户端和服务器之间的交互延迟。因此，适合在物联网的应用层面，通过 REST 开放物联网中资源，实现服务被其他应用所调用。

（2）CoAP（Constrained Application Protocol）协议。

受限应用协议，应用于无线传感网。是简化了 HTTP 协议的 RESTful API。适用于资源受限通信的 IP 网络。

（3）MQTT（Message Queuing Telemetry Transport）协议。

由 IBM 开发的即时通信协议，比较适合于物联网场景。MQTT 协议采用发布/订阅模式，所有的物联网终端都通过 TCP 连接到云端，云端通过主题的方式管理各个设备关注的通信内容，负责将设备与设备之间消息的转发。MQTT 在协议设计时就考虑到不同设备的计算性能的差异，所以，所有的协议都是采用二进制格式编解码，并且编解码格式都非常易于开发和实现。最小的数据包只有 2 个字节，对于低功耗低速网络也有很好的适应性。有非常完善的 QOS 机制，根据业务场景可以选择最多一次、至少一次、刚好一次三种消息送达模式。运行在 TCP 协议之上，同时支持 TLS（TCP＋SSL）协议，并且由于所有数据通信都经过云端，安全性得到了较好的保障。

（4）DDS（Data Distribution Service for Real－Time Systems）。

面向实时系统的数据分布服务。这是大名鼎鼎的 OMG 组织提出的协议，其权威性意味着该协议的未来应用前景。适用于分布式高可靠性、实时传输设备数据通信。目前 DDS 已经广泛应用于国防、民航、工业控制等领域。

（5）AMQP（Advanced Message Queuing Protocol）。

先进消息队列协议，由 OASIS 组织提出，该组织曾提出 OSLC（Open Source Lifecycle）标准，用于业务系统例如 PLM、ERP、MES 等进行数据交换。最早应用于金融系统之间的交易消息传递，在物联网应用中，主要适用于移动手持设备与后台数据中心的通信和分析。

（6）EMPP（Extensible Messaging and Presence Protocol）。

可扩展通信和表示协议，EMPP 的前身是 Jabber，一个开源形式组织产生的网络即时通信协议。EMPP 目前被 IETF 国际标准组织完成了标准化工作。适用于即时通信的应用程序，还能用在网络管理、内容供稿、协同工具、档案共享、游戏、远端系统监控等。

15.2.2　区块链

15.2.2.1　定义

区块链定义有狭义和广义之分。

狭义的区块链，是指一种按照时间顺序将数据区块以顺序相连的方式组合成的一种链式数据结构，这种结构是以密码学方式保证的不可篡改和不可伪造的分布式账本。

广义的区块链，是指利用块链式数据结构来验证与存储数据、利用分布式节点共识算法来生成和更新数据、利用密码学的方式保证数据传输和访问的安全、利用由自动化脚本代码组成的智能合约来编程和操作数据的一种全新的分布式基础架构与计算方式。

15.2.2.2　区块链的核心技术

（1）分布式账本。

区块链最大的特点就是分布式交易记账。交易记账由分布在不同地方的多个节点共同完成，而且每一个节点都记录的是完整的账目，因此，它们都可以参与监督交易合法性，同时也可以共同为其做证。

与传统的分布式存储有所不同，区块链的分布式存储的独特性主要体现在两个方面：一方面，区块链每个节点都按照块链式结构存储完整的数据，传统分布式存储一般是将数据按照一定的规则分成多份进行存储；另一方面，区块链每个节点存储都是独立的、地位等同的，依靠共识机制保证存储的一致性，而传统分布式存储一般是通过中心节点往其他备份节点同步数据。

因此，在区块链中没有任何一个节点可以单独记录账本数据，从而避免了单一记账人被控制或者被贿赂而记假账的可能性。也由于记账节点足够多，理论上讲除非所有的节点被破坏，否则账目就不会丢失，这就保证了账目数据的安全性。

（2）非对称加密和授权技术。

存储在区块链上的交易信息是公开的，但是账户身份信息是高度加密的，他人只有在数据拥有者授权的情况下才能访问到，这就保证了数据的安全和交易主体个人的隐私。

（3）共识机制。

所有记账节点之间怎么达成共识，去认定一个记录的有效性，这既是认定的手段，也是防止篡改的手段。区块链提出了四种不同的共识机制，适用于不同的应用场景，在效率和安全性之间取得平衡。

区块链的共识机制具备“少数服从多数”以及“人人平等”的特点，其中“少数服从多数”并不完全指节点个数，也可以是计算能力、股权数或者其他的计算机可以比较的特征量。“人人平等”是当节点满足条件时，所有节点都有权优先提出共识结果、直接被其他节点认同后并最后有可能成为最终共识结果。

以比特币为例，采用的是工作量证明，只有在控制了全网超过 51% 的记账节点的情况下，才有可能伪造出一条不存在的记录。当加入区块链的节点足够多的时候，这种情况基本上不可能出现，从而杜绝了造假的可能。

（4）智能合约。

智能合约是基于这些可信的不可篡改的数据，可以自动化的执行一些预先定义好的规则和条款。以保险为例，如果说每个人的信息（包括医疗信息和风险发生的信息）都是真实可信的，那就很容易在一些标准化的保险产品中，去进行自动化的理赔。

在保险公司的日常业务中，虽然交易不像银行和证券行业那样频繁，但是对可信数据的依赖是有增无减。利用区块链技术，从数据管理的角度切入，能够有效地帮助保险公司提高风险管理能力。

15.2.2.3 区块链特点

由于区块链采用上述技术与运行机制，使得它具有如下特点：

（1）去中心化。

由于使用分布式核算和存储，体系不存在中心化的硬件或管理机构，任意节点的权利和义务都是均等的，系统中的数据块由整个系统中具有维护功能的节点来共同维护。

（2）开放性。

系统是开放的，除了交易各方的私有信息被加密外，区块链的数据对所有人公开，任何人都可以通过公开的接口查询区块链数据和开发相关应用，因此，整个系统信息高度透明。

（3）自治性。

区块链采用基于协商一致的规范和协议（比如一套公开透明的算法）使得整个系统中的所有节点能够在无须征信的环境下自由安全地交换数据，使得对“人”的信任改成了对机器的信任，任何人为的干预不起作用。

（4）信息不可篡改。

一旦信息经过验证并添加至区块链，就会永久地存储起来，除非能够同时控制住系统中超过半数的节点，否则单个节点上对数据库的修改是无效的，因此，区块链的数据稳定性和可靠性极高。

（5）匿名性。

由于节点之间的数据交换遵循固定的算法，其数据交互是无须再征信的（区块链中的程序规则会自行判断活动是否有效），因此，交易对手无须通过公开身份的方式让对方对自己产生信任，这对信用的累积非常有帮助。

15.2.2.4 区块链在农业上应用的可能性

（1）农副产品溯源体系。

农产品的生产流通消费环节是复杂的，经历生产流通消费的许多个环节后，才能够完成从生产端到消费端的整个过程。利用区块链不可篡改和时间戳的特性，质量安全追溯是其创新应用的主要场景之一。基于区块链技术的农业生产质量安全追溯系统，将该技术与物联网、人工智能设备、互联网等相结合，从生产端到流通端、再到消费端所有环节的农业生产数据全方位、立体式地记录到去中心化、不可篡改的区块链账本中，依托不对称加密和约定算法，可从根本上消除人为因素，使得农业生产信息更加公开透明，实现消费者、监管者对农业生产全流程的有效监控。利用此场景，可以构建种植业农产品质量追溯、养殖业农产品质量追溯、标准化农田改造质量追溯、农业生产流通行为监管追溯等体系。

（2）农村金融服务改进。

农村金融服务方面应用区块链至少有以下三种可能：

其一：区块链 + 农业信贷。农民贷款难主要难在抵押信用机制缺乏。基于区块链技术的农村金融服务平台，建立在不可篡改的、去中心化的开放式信用机制之上，可以超越空间上的局限，发挥出传统信贷不可比拟的低成本、高效率的交易便利性。当农业经营主体申请贷款时，不再依赖第三方提供的资信证明，区块链金融服务平台通过分布式记账，有时间戳地将借贷双方的身份识别、资信确认、要约达成、合同签订等交易信息记录在区块链中，使得整个交易过程公开透明、不可篡改、封闭运行。

其二：区块链 + 农业保险。农业保险的困难之处是保户分散、核保困难、管理成本高。可将区块链技术嵌入农业保险推广体系，保险公司和农户投保理赔信息全部加载到公开化的区块链当中，如此可以精准营销农险业务，简化农险操作流程，预防农险中的骗保行为。同时，构建基于区块链技术的智能合约功能，建立农险智能化赔付机制，一旦检测到农业灾害，就会自动启动赔付流程，进而缩短定损赔付周期，提高农业保险的工作效率。

其三：区块链 + 农业众筹。可以分两类来讨论：一类是交易所式的区块链众筹。由众筹公司负责平台建设、技术维护和规则制定，在农业众筹项目运作中起到“类交易所”的中介作用，农业项目运营机构在区块链系统注册并发布众筹商业策划募资书，互联网公众自行认购、撤销或转让，众筹项目发起、筹资、运作、兑付等全过程信息全部纳入区块链。另一类是理财产品式众筹。依托银行、证券资金公司等建立区块链农业众筹平台，发挥理财专业优势，采取“受人之托、代人理财”的方式，将项目“穿透式”筹资的全过程加载入区块链，实现理财式农业众筹的低成本、低风险、高效率、专业化运作。

（3）利用区块链促进农业物联网的普及。区块链的去中心化机制可以解决当农业物联网中接入设备过多导致的高成本和低效率等问题。中国农业物联网发展的“瓶颈”在于：占主体地位的小规模农业生产者缺乏购买物联网设备的意愿。采用区块链技术最大的优势在于，能够提供去信任中介的直接交易，通过智能合约的方式制定执行条款，当条件达到时，自动交易并执行。这种方式可以产生很多应用场景：比如物联网设备除了监控农业生产，还能产出监控数据，这是农业大数据分析、农业模型构建、农业智能控制的重要基础。监控数据在通证经济中被认为是有价值的资产，通过区块链技术，可以设计智能合约，当物联网生成一条监控数据，就自动给予对农户一定的代币奖励，这将有效提升农户使用物联网设备的意愿。

15.2.3　大数据

15.2.3.1　大数据定义

“大数据”（Big Data）是指海量、高增长率和多样化的信息资产，这种资产需要创新处理模式，采用更强的决策力、洞察发现力和流程优化能力来与之相适应。麦肯锡全球研究所认为：大数据是一种规模大到在获取、存储、管理、分析方面大大超出了传统数据库软件工具能力范围的数据集合，具有海量的数据规模、快速的数据流转、多样的数据类型和价值密度低四大特征。

15.2.3.2　对大数据四大特点的理解

（1）数量巨大（Volume）。

大数据的特征首先就体现为数量巨大。随着信息技术的高速发展，数据开始爆发性增长。社交网络、移动网络、各种智能工具、服务工具等，都成为数据的来源。如电商平台每天产生大量的商品交易数据，各类物联网设施每时每刻产生大量的监测数据。这些数据数量很大，迫切需要智能的算法、强大的数据处理平台和新的数据处理技术来统计、分析、预测和实时处理。

（2）种类多样（Variety）。

广泛的数据来源，决定了大数据形式的多样性。任何形式的数据都可以产生作用，当今应用最广泛的就是推荐系统，如淘宝、网易云音乐、今日头条、快手等平台，他们通过对用户的日志数据进行分析，从而进一步推荐用户喜欢的东西。日志数据可以是结构化明显的数据，也可以是一些结构化不明显的数据，例如图片、音频、视频等。对那些因果关系弱的数据，往往需要人工或更加先进的智能化手段对其进行标注。

（3）高速（Velocity）。

指大数据的产生非常迅速，主要通过物联网、互联网进行传输。生活中每个人都离不开互联网，也就是说每个人每天都在向大数据提供大量的资料。并且这些数据是需要及时处理。因为花费大量资本去存储作用较小的历史数据是非常不划算的，对于一个平台而言，也许保存的数据只有过去几天或者一个月之内，再远的数据就要及时清理，不然代价太大。基于这种情况，大数据对处理速度有非常严格的要求，服务器中大量的资源都用于处理和计算数据，很多平台都需要做到实时分析。数据每时每刻都在产生，谁的速度更快，谁就有优势。

（4）价值（Value）。

这也是大数据的核心特征。在现实世界所产生的数据中，有价值的数据所占种类型的数据中，挖掘出对未来趋势与模式预测分析有价值的数据，并通过机器学习方法、人工智能方法或数据挖掘方法深度分析，发现新规律和新知识，并运用于农业、金融、医疗等各个领域，从而最终达到改善社会治理、提高生产效率、推进科学研究的目的。

15.2.3.3　大数据发展趋势

（1）数据的资源化。

大数据正在成为企业和社会关注的重要战略资源，并已成为大家争相抢夺的新焦点。发展智慧农业更是离不开大数据。

（2）与云计算的深度结合。

大数据离不开云处理，云处理为大数据提供了弹性可拓展的基础设备，是产生大数据的平台之一。自 2013 年开始，大数据技术已开始和云计算技术紧密结合，预计未来两者关系将更为密切。除此之外，物联网、移动互联网等新兴计算形态，也将一起助力大数据革命，让大数据营销发挥出更大的影响力。

（3）科学理论的突破。

随着大数据的快速发展，就像计算机和互联网一样，大数据很有可能是新一轮的技术革命。随之兴起的数据挖掘、机器学习和人工智能等相关技术，可能会改变数据世界里的很多算法和基础理论，实现科学技术上的突破。

（4）数据管理成为核心竞争力。

数据管理将会成为核心竞争力。当“数据资产是企业核心资产”的概念深入人心之后，企业对于数据管理便有了更清晰的界定，将数据管理作为企业核心竞争力，持续发展，战略性规划与运用数据资产，成为企业数据管理的核心。研究表明：数据资产管理效率与主营业务收入增长率、销售收入增长率呈显著正相关；对某些互联网关联企业而言，数据资产竞争力所占比重为甚至达36%以上。

（5）数据质量是商业智能成功的关键。

业内人士估计，未来采用自助式商业智能工具进行大数据处理的企业将会脱颖而出。其中要面临的一个挑战是，很多数据源会带来大量低质量数据。想要成功，企业需要理解原始数据与数据分析之间的差距，从而消除低质量数据的不利影响，并通过商业智能获得更佳决策。

（6）数据生态系统复合化程度会不断增强。

大数据的世界不只是一个单一的、巨大的计算机网络，而是一个由大量活动构件与多元参与者元素所构成的生态系统。该系统包括终端设备提供商、基础设施提供商、网络服务提供商、网络接入服务提供商、数据服务使能者、数据服务提供商、触点服务、数据服务零售商等一系列参与者。这样一套数据生态系统是一个复杂系统，其内部角色的细分，也就是市场的细分；系统机制的调整，也就是商业模式的创新；系统结构的调整，也就是具体参与者竞争环境的调整。根据复杂系统自组织理论，在强大的外部市场需求和创新动力的策动下，该系统构成要素的相互作用，将会使其复合化程度逐渐增强，从而显示出更优更强的功能。

15.3　智慧农业规划设计的要点

15.3.1　智慧农业发展中的主要问题

15.3.1.1　来自东部地区的专家调研

著名的智慧农业物联网专家、东南大学博士生导师陈俊杰教授近年来接受政府部门委托，对江苏省各市农业农村部门就农业物联网建设和运营情况进行调查，其结果发现存在很多问题，归纳起来主要表现在五个方面：

（1）服务商与技术方面。

近乎 98% 的农业物联网系统底层环境模型、控制算法不具备，造成系统实用性差；系统缺乏从生产、经营、管理、服务诸方面考虑的顶层设计，特别是其中的控制系统，缺乏运行稳定、低成本、适用维护方便合理的解决方案；很多系统没有开放式接口，不便应用扩展和大数据上传；很多系统的硬软件粗制滥造，存在严重的质量问题；近乎 95% 的农业物联网项目建设后 2 ~ 3 年就被拆除或运行瘫痪。

（2）行业管理方面。

缺乏可行的农业物联网建设规范和评估标准；农业物联网开发与集成服务企业队伍成分复杂，许多基本不懂农业物联网的企业也在承担农业物联网建设项目；不少项目属于形象工程，其实施的物联网项目呈现“领导来检查就开机，领导走了就关机”的运行状态；政府的监管职能没有很好地发挥。

（3）用户与市场方面。

在农业智能化系统方面，由于成本过大，又缺乏合适的商业模式，农业经营主体用不起；在农产品消费市场上，由于信息不对称，农产品质量安全溯源体系得不到消费者认可，线上线下的农产品都做不到优质优价，同时也存在许多高端消费者找不到被认可的优质农产品。

（4）人力资源方面。

农业物联网应用（指界面优化）人才缺乏；没有农业大数据的应用分析团队。在评估咨询体系中，迫切需要引入懂专业、懂技术、懂产品、懂市场、懂企业运营的综合性专家团队；但与此同时，又存在农业领域及农业物联网领域的各路专家的资源得不到充分利用的现象。

（5）建设与投资方面。

近乎 95% 的农业物联网是靠政府埋单，农业经营主体对政府资金使用的合理性重视不足；95% 以上的终端数据管理系统硬件建设投资过大；农业物联网、农产品质量安全溯源、农产品电商等项目彼此孤立，资源得不到充分有效利用。

15.3.1.2 来自西部地区的企业的调查

新疆慧尔农业集团股份有限公司自 2015 年起通过各地乡村走访，总结出以下制约智慧农业发展的因素：

（1）智慧农业是复杂的商业运作模式，需要农企、合作社、物联网企业、农户多方合作。

（2）企业的运营维护成本偏高，短期内难以获得预期经济效益。

（3）由于大部分农民还没有认识到智慧农业与传统生产经营方式之间的巨大差别，他们会下意识地固守传统；农民对物联网、云计算等新技术感到陌生，观念需要转变，这延缓了智慧农业的推广。

（4）农村互联网基础设施建设薄弱，光纤尚未在乡村普及。

（5）农村的交通条件落后、人才条件缺失等因素，广大农村物流基础设施和互联网公共服务平台建设达不到要求。

15.3.2　智慧农业发展路径规划

通过上节从不同视角对智慧农业物联网发展中存在问题之探讨，可以看出智慧农业的发展，需要克服的障碍因素很多。

从宏观上看，我们不可能在短期内解决所有的问题。因此，智慧农业的宏观层面的规划，应着重发展路径的选择。

考虑不同地区资源禀赋的差异和同一地区不同经营主体的发展条件的千差万别，智慧农业的发展，不可能一蹴而就。智慧农业发展路径的规划，应遵循"点——块——链——群"递进的方式。

所谓"点"，是指智慧农业发展的切入点。切入点就是经营主体的核心竞争力所在的位置。如某企业在某一技术领域有领先优势，或某企业在电商物流环节有领先优势，或某园区在规模化水产养殖上有核心竞争力，那么对该企业（或园区）来说，就以此为智慧农业的切入点。找到切入点，相当于实现了智慧农业核心竞争力的规划定位。

所谓"块"，是指智慧农业的集成块。它可以是智慧农场（渔场），或智慧园区，或智慧农业示范基地。我们不妨称之为"智慧农业园"。智慧农业园的规划设计，分两个部分：实体系统与伺服系统。实体系统是生产经营业务系统，主要功能是生产经营，以经济效益、社会效益、生态效益为目标；伺服系统可称为在"智慧农业系统"，主要功能信息采集、传输、加工、利用，目的是控制实体系统最优化运转。

所谓"链"，是指用智能化装备配套的、能产生较高附加值的农业产业链。它以智慧农业园为核心，向上下游两端延伸。对于每一个产品，涉及它的市场定位、产品设计、品种繁育、生产安排与服务、收获与加工、物流与销售等全过程，其中每一个环节都存在智能化需求。

所谓"群"，是指智慧农业产业链的集群。其重要特征是群中不同产业链之间存在互相竞争（如产品具有相互替代性或争抢有限资源）或共生（包括互助）的关系。因此产业链群是一个最复杂的生态系统，农业产业链群的智慧化，只有在产业链的智慧化基础上，再添加交叉影响的智能化算法和大数据资源，才可能实现。

15.3.3　智慧农业系统的设计

智慧农业系统可以从"点""块"起步。该系统的基本结构可以采用"平台＋模块"的基本结构。如图 15－2 所示。

在图 15－2 中，智慧农业云平台是一个由五大模块共享的公共服务平台，平台具有农业大数据处理能力，大数据及其分析能力来源于五大模块，又为五大模块服务。这五大模块分别是：溯源与监管、物联网服务、电商与消费者会员、农事社会化服务、专家咨询服务。其中：

溯源与监管：包括基于农产品质量安全体系下的食品溯源服务与政府监管服务。

物联网服务：包括物联网设备供应商与物联网运营商的交易记录、交易指南、交易评价与发展建议。

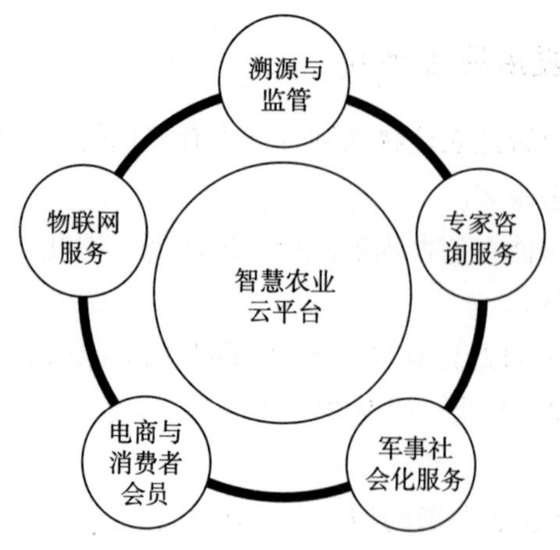

图 15－2　智慧农业系统的基本结构

电商与消费者会员：包括电子商务与物流服务的交易记录与评价、消费者会员健康管理服务、消费需求的评估与智能化引导等。

农事社会化服务：包括机械化耕作、植保、收获、农资提供或代购、动物饲料提供、动物疫病防控等服务供给能力评估与需求信息，以及交易记录与评价、交易自动安排以及问题发现与处理等。

专家咨询服务：各类专家知识的汇聚（专家知识库）与专家服务、专家会诊模块。包括农业技术咨询、从感知信息到控制措施的算法构建。其中专家知识库包括数据库、知识库、模型库。数据库内容包括（但不限于）：地理信息数据，作物品种农艺性状数据，气象数据，土壤数据，农艺管理数据，试验观测数据，病虫草害信息数据，农业生产条件数据，消费者健康需求数据、农产品市场交易数据等；知识库内容包括：品种选择知识，播期、密度知识，作物营养与施肥知识，农田水分管理知识，作物生长发育知识，植物保护知识，生长调节剂、生化制剂的使用知识，病虫草鼠害与防治知识，健康营养知识，农产品加工与物流知识，市场营销管理知识等；模型库内容包括：经验模型与机理模型，描述模型与解释模型，统计模型与过程模型，应用模型与研究模型，单一模型与综合模型等。

在智慧农业系统的运行过程中，专家咨询模块中专家队伍和知识库会不断壮大，物联网服务模块及其他各模块将源源不断地补充数据库和知识库，同时也从专家咨询模块中获得所期望的行动指令或建议。如此会循环，会导致该系统的智慧化水平不断提升。

15.3.4　典型案例

15.3.4.1　*石家庄圣启科技水产养殖环境远程监控系统*①

长期致力于智慧农业物联网系统建设与发展的石家庄圣启科技有限公司，构建了基于

① 资料来源：石家庄圣启科技有限公司官网。

物联网应用平台的水产养殖环境远程监控系统。该系统操作简单、数值传输迅速而精确，能够实现水产养殖全过程的实时监测。养殖户可以通过计算机、PDA、手机等信息终端，实时掌握养殖水质环境数据，及时获取异常报警信息，并可以根据水质监测结果，自动地调整调水、投饵、增氧等控制设备。

从设计层面来看，圣启科技水产养殖环境远程监控系统集成智能水质传感器、无线传感网、自动控制、视频监控等信息技术，自动采集养殖水质信息（温度、溶解氧、pH、水势、盐度、浊度、叶绿素等对水产品生长有重大影响的水质参数）对养殖环境、水质、鱼类生长状况等进行全方位监测管理，并通过 Zigbee、GPRS、4G 等无线传输方式将参数信息上报到监控中心或网络服务器，进而据此做出合理决策，指导水产养殖，最终实现水产养殖智能化，达到节能降耗、增产增收的目标。

系统由信息采集系统、自动控制系统、信息管理与视频监控系统三个部分构成，实现如下六项功能：

（1）水产养殖信息采集功能。

通过采集器和环境气象站可以把水产养殖基地水质的含氧量、温度、光照等参数和现场气象参数传输到互联网平台，以数据报表、变化曲线和实时图像方式显示。用户登录环境监测管理平台就可以查看养殖基地在任何时间段内的环境参数，通过对数据图表的分析可以提供生产管理建议。

（2）自动化控制功能。

由采集器根据目标参数及与实际参数的偏差以及养殖环境的变化进行计算，控制增氧泵、灯光、水泵等设备，可自动实现加氧、补光、换水、增温、喂料等功能。

（3）养殖智能化管理功能。

依据水产品在各养殖阶段的长度与重量关系，养殖环境因素与饵料养分的吸收能力和摄取量的关系，建立数据库、专家知识库，实施智能化管理。

（4）视频监控功能。

依据现场条件可在养殖区域内设置监控设备，对养殖场环境进行实时监控，视频资料可查看、传输和存储，采用视频监控技术，能直观地把养殖基地的现场情况呈现到眼前，为远程管理提供了直观的信息。

（5）信息管理功能。

各级相关单位（如水产局、畜牧水产局、水产技术服务推广中心等）可以通过信息管理平台对其服务范围内的经营主体生产活动进行科学化、全方位的智能化部署，提升监管工作的及时性、准确性和有效性。

（6）异常报警功能。

系统可设置每个传感器的报警限值，当实际感知的参数值超出报警限值时，自动向预先设置的手机号码或邮箱发送报警短信或报警邮件，提醒用户及时采取适当措施。

15.3.4.2 南京英埃格智能网络科技有限公司基于区块链的智慧农业系统

南京市高淳区是长三角地区著名的固城湖螃蟹产区，基于此产业，该区 2019 年获批国家向现代农业产业园创建单位。南京英埃格智能网络科技有限公司设计并创建的基于区块链的智慧农业系统在该区应用取得了好评。

基于区块链的智慧农业系统，将水产养殖的全产业链的重要环节（包括苗种繁育、养殖管理、水环境控制、产品质量溯源、消费者会员管理等）全部纳入区块链体系。依靠区块链的分布式账户原理和交易信息不可篡改的特性，提高相关主体的互信度，最终实现产品的优质优价，在保证消费者会员得到所期望的优质产品的同时，也使得生产环节的经营主体得到满意的产品销售收入。

参考文献

［1］GB/T 50817—2013 农田防护林工程设计规范［S］. 中华人民共和国住房和城乡建设部，2013.

［2］NY/T 2148—2012 高标准农田建设标准［S］. 中华人民共和国农业部，2012.

［3］鲍怀杰. 新时代背景下我国农业发展的特点［J］. 吉林农业，2018（3）：52.

［4］崔山，冯丽，杨其长. 农业文化旅游及其景观开发［J］. 北京农学院学报，2005（4）：70－72.

［5］范力勇. 农产品区域品牌构建的问题与方略［J］. 开放导报，2018（5）：93－95.

［6］冯间开. 广州市茅岗村人工湿地处理农村污水的工程实践［D］. 广州：华南理工大学，2012.

［7］郭旭新. 农业灌溉排水工程技术［M］. 北京：中国水利水电出版社，2017.

［8］国家科技部. 关于印发《农业科技园区指南》与《农业科技园区管理办法（试行）》的通知（国科发农社字［2001］229 号）［EB/OL］. http：//www. most. gov. cn/fg-gw/zfwj/zfwj2001/200512/t20051214_ 55014. htm，2001－07－06.

［9］过伟敏. 建筑艺术遗产保护与利用［M］. 南昌：江西美术出版社，2006.

［10］黑龙江省绿色食品区域品牌竞争力提升研究［D］. 哈尔滨：东北林业大学，2010.

［11］胡海建，南延长等. 休闲农业与乡村旅游［M］. 北京：中国农业科学技术出版社，2017.

［12］黄俊舟，赵悠，吴银铃. 基于经济持续发展的新农村规划原则［J］. 农业经济，2008（03）：44－46.

［13］蒋和平. 我国农业科技园区特点和类型分析［J］. 中国农村经济，2000（10）：101－120.

［14］李美羽，王成敏. 河北省培育农产品品牌的实现途径［J］. 中国农业资源与区划，2014，35（6）：150－158.

［15］李文华，杨全良，贺立龙等. 品牌竞争力评价指标体系的构建［J］. 统计与决策，2010（19）：77－78.

［16］李无双，王洪阳，潘淑君. 农村分散式生活污水现状与处理技术进展［J］. 天津农业科学，2008，14（6）：75－77.

［17］李亚林. 湖北省农产品区域品牌发展研究：现状、原因及发展对策［J］. 湖北社会科学，2010（10）：66－69.

［18］李亚林．农产品区域品牌发展研究［M］．北京：中国社会科学出版社，2012.

［19］李宗尧，于纪玉．农田灌溉与排水［M］．北京：中国水利水电出版社，2013.

［20］廖彩荣，陈美球．乡村振兴战略的理论逻辑、科学内涵与实现路径［J］．农林经济管理学报，2017，16（06）：795－802.

［21］刘凌云，陶德凯，杨晨．田园综合体规划协同路径研究［J］．规划师，2018（34）：12－17.

［22］刘梦琴．村庄终结：城中村及其改造研究［M］．北京：中国农业出版社，2010.

［23］刘婷．河南省农产品区域品牌与合作社协同发展策略研究［J］．农业经济，2017（2）71－73.

［24］刘新华．农业规划分类及其编制内容初步探讨［J］．南方农业，2018，12（10）：58－60.

［25］卢贵敏．田园综合体试点：理念、模式与推进思路［J］．地方财政研究，2017（7）：8.

［26］林峰．乡村旅游综合体模式研究［J］．旅游开发运营，2017（35）：12.

［27］罗其友，高明杰，张萌，刘洋．新时期区域农业规划若干问题思考［J］．中国农业资源与区划，2016，37（11）：1－6.

［28］罗许伍．略论乡村旅游组织模式的选择［J］．江西农业学报，2010，22（4）：212－214.

［29］毛勇．关于我国农业旅游开发的若干思考［J］．农业经济，2004（4）：17－18.

［30］农业部．农业科技园区建设规划（NY/T 2365—2013）［N］.2013－05－20.

［31］齐瑶，常杪．小城镇和农村生活污水分散处理的适用技术［J］．中国给水排水，2008，24（18）：24－27.

［32］钱海燕，陈葵，戴星照，张其海，严玉平．农村生活污水分散式处理研究现状及技术探讨［J］．中国农学通报，2014，30（33）：176－180.

［33］钱昕黎．可持续发展视角下生态农业经济的发展路径［J］．农场经济管理，2018（06）：50－51.

［34］宋丽影．农产品区域品牌竞争力评价研究［D］．哈尔滨：东北林业大学，2013.

［35］宋瑞．我国生态旅游利益相关者分析［J］．中国人口·资源与环境，2005（1）：39－44.

［36］王丽杰．我国农产品区域品牌发展对策探讨［J］．开发研究，2015，178（3）：81－84.

［37］王珑，杨文剑．农产品品牌形象设计研究——以临安山核桃为例［J］．包装世界，2012（6）：8－9.

［38］王树进．农业园区规划设计［M］．北京：科学出版社，2011.

［39］王勇．寿光市蔬菜高科技示范园发展对策研究［D］．青岛：中国海洋大学，2012.

［40］王远．基于农产品区域品牌建设的政府职能研究——以山东寿光为例［D］．青岛：中国海洋大学，2011.

［41］吴志强，李德华．城市规划原理［M］．北京：中国建筑工业出版社，2010.

［42］徐兴兵．农民专业合作社联合下我国农产品区域品牌构建与运行机理［J］．改革与战略，2018，34（2）：102－105.

［43］杨会娟．河北省农业文化旅游资源创新研究［J］．旅游纵览（下半月），2013（10）：56－57.

［44］尤飞，汤俊等．特色休闲农业经典规划案例赏析［M］．北京：中国农业科学技术出版社，2015.

［45］张家炜，周志勤．浅析农村生活污水分散式处理适用技术［J］．环境科学与管理，2011，36（1）：95－99.

［46］张建刚．新时代乡村振兴战略实施路径——产业振兴［J］．经济研究参考，2018（13）：75－79.

［47］张建国，孟明浩，崔会平，俞益武，张明如．基于古村落保护与发展的休闲农业规划研究——以诸葛村休闲农业带规划为例［J］．湖北农业科学，2011，50（9）：1925－1929.

［48］张军．乡村价值定位与乡村振兴［J］．中国农村经济，2018（01）：2－10.

［49］张晓山．实施乡村振兴战略的几个抓手［J］．人民论坛，2017（33）：72－74.

［50］张雅凌．河南省农产品区域品牌战略研究［D］．郑州：河南农业大学，2009.

［51］赵林强．创意农业旅游规划研究［D］．郑州：河南农业大学，2014.

［52］赵龙．基于城乡统筹背景下的农业产业园区规划设计研究［D］．保定：河北农业大学，2014.

［53］赵挺．对苏南农村分散式生活污水处理模式的探讨［J］．污染防治技术，2012，25（4）：1－4，14.

［54］郑璐．中国农产品品牌建设对策研究［D］．无锡：江南大学，2008.

［55］中共中央，国务院．中共中央国务院关于实施乡村振兴战略的意见［Z］．2018.

［56］周敏．新型城乡关系下田园综合体价值内涵与运行机制［J］．规划师，2018（34）：5－11.

［57］周绪元，王梁，苗鹏飞，赵锦彪，卢勇．沂蒙特色农产品区域公用品牌构建模式与提升策略探讨［J］．江西农业学报，2016，28（9）：107－111.

［58］朱启臻．有效的乡村治理要在理解和尊重乡村价值基础上实现［J］．农村工作通讯，2018（04）：50.

［59］邹统钎．乡村旅游：理论·案例［M］．天津：南开大学出版社，2008.

后　　记

本书从动议到最终成稿，历时两年，凝聚了南京农业大学农业园区研究中心农业规划项目研究团队成员几十年的心血。编写此书是为了交流团队在本领域研究的心得，收集新时代农业规划设计相关的政策依据和案例，或提供可以进一步研究与追寻的线索，为此项事业的进一步发展贡献微薄之力。

本书可供新时代农业农村工作者阅读，也可作为农业规划工作者的工具，还可作为本科和研究生相关课程的教学参考。

研究团队除了王树进、耿献辉之外，还有许朗、宋俊峰、伽红凯、李保凯、冯晓梅、刘爱军、田素妍、张春飞、黄燕、潘超、俞志成、陈劲松、张武超、刘昭等。南京农业大学中央高校基本科研业务费人文社科基金专著出版资助项目为本书出版提供了资助。很多涉农规划单位和专家都提供了相关的案例。在此一并致以衷心的感谢。

尽管本书磨合的时间较长，但由于作者认识能力和写作水平有限，书中缺点错误在所难免，恳请各位读者不吝赐教。

王树进　耿献辉

2020 年 3 月 31 日